Large Language Models selbst programmieren

Sebastian Raschka, PhD, arbeitet seit mehr als einem Jahrzehnt im Bereich des maschinellen Lernens und der KI. Sebastian ist nicht nur Forscher, sondern hat auch eine große Leidenschaft für die Bildung. Er ist bekannt für seine Bestsellerbücher über Machine Learning mit Python und seine Beiträge zu Open Source. Sebastian ist Forschungsingenieur bei Lightning AI. Hier konzentriert er sich auf die Implementierung und das Training von LLMs. Vor seiner Tätigkeit in der Industrie war Sebastian Assistenzprofessor im Fachbereich für Statistik an der University of Wisconsin-Madison mit dem Forschungsschwerpunkt Deep Learning. Mehr über Sebastian können Sie unter *https://sebastianraschka.com* erfahren.

Sebastian Raschka

Large Language Models selbst programmieren

Mit Python und PyTorch ein eigenes LLM entwickeln

dpunkt.verlag

Wir hoffen, dass Sie Freude an diesem Buch haben und sich Ihre Erwartungen erfüllen. Falls Sie Anregungen, Wünsche und Kommentare haben, lassen Sie es uns wissen: **service@rheinwerk-verlag.de**.

Informationen zu unserem Verlag und Kontaktmöglichkeiten finden Sie auf unserer Verlagswebsite **www.dpunkt.de**. Dort können Sie sich auch umfassend über unser aktuelles Programm informieren und unsere Bücher und E-Books bestellen.

Autor: Sebastian Raschka
Übersetzung: Frank Langenau
Lektorat: Alexandra Follenius
Buchmanagement: Friederike Demmig, Julia Griebel
Copy-Editing: Sibylle Feldmann, *www.richtiger-text.de*
Satz: III-satz, *www.drei-satz.de*
Herstellung: Stefanie Weidner
Covergestaltung: Eva Hepper, Silke Braun
Druck: mediaprint solutions GmbH, 33100 Paderborn

PEFC
PEFC/04-31-0810

Dieses Buch wurde mit mineralölfreien Farben auf PEFC-zertifiziertem Papier aus nachhaltiger Waldwirtschaft gedruckt. Der Umwelt zuliebe verzichten wir zusätzlich auf die Einschweißfolie. Hergestellt in Deutschland.

Bibliografische Information der Deutschen Nationalbibliothek:
Die Deutsche Nationalbibliothek verzeichnet diese Publikation in der Deutschen Nationalbibliografie; detaillierte bibliografische Daten sind im Internet über *http://dnb.dnb.de* abrufbar.

ISBN Print: 978-3-98889-044-3
ISBN PDF: 978-3-98890-265-8
ISBN ePub: 978-3-98890-266-5

1. Auflage 2025, 1. Nachdruck 2026

Rheinwerk Verlag GmbH • Rheinwerkallee 4 • 53227 Bonn
service@rheinwerk-verlag.de

Inhalt

Vorwort

Sprachmodelle haben mich schon immer fasziniert. Vor mehr als einem Jahrzehnt begann meine Reise in die KI mit einem Kurs zur statistischen Musterklassifizierung, der zu meinem ersten eigenständigen Projekt führte: der Entwicklung eines Modells und einer Webanwendung, um die Stimmung eines Songs anhand seines Texts zu erkennen.

Mit der Veröffentlichung von ChatGPT im Jahr 2022 haben LLMs, *Large Language Models* (große Sprachmodelle), die Welt im Sturm erobert und die Arbeitsweise vieler von uns revolutioniert. Diese Modelle sind unglaublich vielseitig und helfen bei Aufgaben wie der Grammatikprüfung, dem Verfassen von E-Mails, Zusammenfassungen langer Dokumente und vielem mehr. Zu verdanken ist dies ihrer Fähigkeit, Klartext zu analysieren und zu generieren, was in verschiedenen Bereichen wichtig ist, vom Kundenservice über die Erstellung von Inhalten bis hin zu eher technischen Bereichen wie Programmierung und Datenanalyse.

Wie schon der Name verrät, sind LLMs »groß« – und zwar sehr groß – und umfassen Millionen bis Milliarden von Parametern. (Zum Vergleich: Herkömmliche Methoden des Machine Learning oder der Statistik sind in der Lage, den Iris-Blumendatensatz mit einem kleinen Modell, das nur zwei Parameter verarbeitet, mit einer Genauigkeit von über 90 % zu klassifizieren.) Trotz der Größe von LLMs im Vergleich zu traditionelleren Methoden müssen LLMs keine Blackboxes sein.

Dieses Buch zeigt Ihnen, wie Sie ein LLM Schritt für Schritt aufbauen. Am Ende verfügen Sie über solide Kenntnisse in der grundlegenden Funktionsweise von LLMs, wie sie in ChatGPT verwendet werden. Meiner Ansicht nach ist es für den Erfolg entscheidend, Vertrauen in jeden Teil der grundlegenden Konzepte und des zugrunde liegenden Codes zu entwickeln. Dies hilft Ihnen nicht nur, Fehler zu beheben und die Performance zu verbessern, sondern ermöglicht es auch, mit neuen Ideen zu experimentieren.

Als ich vor einigen Jahren anfing, mit LLMs zu arbeiten, musste ich von der Pike auf lernen, wie man sie implementiert. Dazu wühlte ich mich durch viele Forschungsarbeiten und unvollständige Code-Repositories, um ein allgemeines

Verständnis zu entwickeln. Mit diesem Buch möchte ich Ihnen LLMs näherbringen, und zwar anhand eines Schritt-für-Schritt-Tutorials zur Implementierung, das alle wesentlichen Komponenten und Entwicklungsphasen eines LLM detailliert beschreibt.

Ich bin der festen Überzeugung, dass sich LLMs am besten verstehen lassen, wenn man eines von Grund auf selbst programmiert – und Sie werden sehen, dass dies auch Spaß machen kann!

Viel Spaß beim Lesen und Programmieren!

Über dieses Buch

Large Language Models selbst programmieren wurde geschrieben, um Ihnen zu helfen, Ihre eigenen GPT-ähnlichen großen Sprachmodelle (*Large Language Models*, LLMs) von Grund auf zu verstehen und zu erstellen. Es beginnt bei den grundlegenden Arbeiten mit Textdaten und der Codierung von Attention-Mechanismen (Aufmerksamkeitsmechanismen) und führt Sie dann durch die Implementierung eines vollständigen GPT-Modells von Grund auf. Anschließend geht es um den Vortrainingsmechanismus sowie das Feintuning bei spezifischen Aufgaben wie Textklassifizierung und dem Befolgen von Anweisungen. Wenn Sie sich bis zum Ende des Buchs durchgearbeitet haben, werden Sie über profunde Kenntnisse zur Funktionsweise von LLMs verfügen und in der Lage sein, Ihre eigenen Modelle zu erstellen. Obwohl derartige Modelle im Vergleich zu den großen Grundlagenmodellen deutlich kleiner sind, verwenden sie dieselben Konzepte und dienen als leistungsstarke Lehrmittel, um die Kernmechanismen und -techniken zu verstehen, die in modernen LLMs zum Einsatz kommen.

Wer das Buch lesen sollte

Large Language Models selbst programmieren richtet sich an Enthusiasten des Machine Learning, also Ingenieure, Forscherinnen, Studenten und Praktikerinnen, die ein tiefes Verständnis von der Funktionsweise von LLMs erlangen möchten und lernen wollen, ihre eigenen Modelle von Grund auf zu erstellen. Sowohl Einsteiger als auch erfahrene Entwicklerinnen werden in der Lage sein, ihre vorhandenen Fähigkeiten und Kenntnisse zu nutzen, um die Konzepte und Techniken zu verstehen, die für die Erstellung von LLMs relevant sind.

Von anderen Büchern hebt sich dieses Buch dadurch ab, dass es umfassend den gesamten Prozess der LLM-Erstellung abdeckt, von der Arbeit mit Datensätzen bis zur Implementierung der Modellarchitektur, dem Vortraining mit ungelabelten Daten und der Feinabstimmung oder Optimierung für spezifische Aufgaben. Zur Entstehungszeit dieses Buchs gab es keine andere Quelle, die einen so vollständigen und praxisnahen Ansatz zur Erstellung von LLMs von Grund auf bietet.

Um die Codebeispiele in diesem Buch zu verstehen, sollten Sie über solide Kenntnisse in der Python-Programmierung verfügen. Vorteilhaft kann es sein, wenn Sie mit Machine Learning, Deep Learning und künstlicher Intelligenz schon etwas vertraut sind, wobei aber ein umfassendes Hintergrundwissen in diesen Bereichen nicht erforderlich ist. LLMs sind ein einzigartiger Teilbereich der KI, sodass Sie auch dann, wenn Sie auf diesem Gebiet relativ neu sind, problemlos dem Buch folgen können.

Falls Sie bereits Erfahrung mit tiefen neuronalen Netzen (*Deep Neural Networks*) haben, sind Ihnen bestimmte Konzepte vielleicht schon vertraut, da LLMs auf diesen Architekturen aufbauen. Die Beherrschung von PyTorch ist jedoch keine Voraussetzung. Anhang A bietet eine kurze Einführung in PyTorch, die Sie mit den notwendigen Fähigkeiten ausstattet, um die Codebeispiele im Buch zu verstehen.

Als hilfreich können sich auch Kenntnisse in höherer Mathematik erweisen, insbesondere im Umgang mit Vektoren und Matrizen, wenn wir die Funktionsweise von LLMs erkunden. Darüber hinausgehendes mathematisches Wissen ist jedoch nicht erforderlich, um die im Buch vorgestellten Schlüsselkonzepte und Ideen zu verstehen.

Die wichtigste Voraussetzung ist eine solide Grundlage in der Python-Programmierung. Mit diesen Kenntnissen sind Sie gut gerüstet, um die faszinierende Welt der LLMs zu erkunden und die Konzepte sowie die Codebeispiele im Buch in eigenen Projekten umsetzen zu können.

Wie das Buch aufgebaut ist: ein Wegweiser

Dieses Buch ist so konzipiert, dass Sie es sequenziell lesen sollten, da jedes Kapitel auf den Konzepten und Techniken aufbaut, die in den vorangegangenen Kapiteln eingeführt wurden. Gegliedert ist das Buch in sieben Kapitel, die die wesentlichen Aspekte von LLMs und deren Implementierung behandeln.

Kapitel 1 bietet eine umfassende Einführung in die grundlegenden Konzepte von LLMs. Es erläutert die Transformer-Architektur, die die Basis für LLMs bildet, wie sie beispielsweise auf der ChatGPT-Plattform realisiert sind.

Kapitel 2 legt einen Plan für den Aufbau eines LLM von Grund auf fest. Es beschreibt den Ablauf davon, wie der Text für das LLM-Training vorbereitet wird. Dazu gehört die Aufteilung des Texts in Wort- und Teilworttokens, die Verwendung der Bytepaar-Codierung für eine fortgeschrittene Tokenisierung, die Auswahl der Stichproben von Trainingsbeispielen mit einem Schiebefensteransatz und das Konvertieren von Tokens in Vektoren, die in das LLM eingespeist werden.

Kapitel 3 konzentriert sich auf die Attention-Mechanismen (die Aufmerksamkeitsmechanismen), die in LLMs verwendet werden. Es stellt ein grundlegendes Framework für Self-Attention vor und geht dann zu einem erweiterten Self-Attention-Mechanismus über. Außerdem behandelt das Kapitel die Implementierung eines kausalen Attention-Moduls, das LLMs in die Lage versetzt, einzelne Tokens nacheinander zu erzeugen, zufällig ausgewählte Attention-Gewichte mit Dropout zu maskieren, um Überanpassung zu verringern, und mehrere kausale Attention-Module in einem Multi-Head-Attention-Modul übereinanderzustapeln.

Der Schwerpunkt von Kapitel 4 ist die Codierung eines GPT-artigen LLM, das sich trainieren lässt, um Klartext zu erzeugen. Es beschreibt Techniken wie die Normalisierung von Schichtaktivierungen, um das Training neuronaler Netze zu stabilisieren, das Hinzufügen von Shortcut-Verbindungen in Deep Neural Networks (tiefen neuronalen Netzen), um Modelle effektiver zu trainieren, das Implementieren von Transformer-Blöcken, um GPT-Modelle verschiedener Größen zu erzeugen, und die Berechnung der Parameteranzahl und des Speicherbedarfs von GPT-Modellen.

Kapitel 5 implementiert den Vortrainingsprozess von LLMs. Hier erfahren Sie, wie Sie die Verluste von Trainings- und Validierungsmengen berechnen, um die Qualität des LLM-generierten Texts zu bewerten, wie Sie eine Trainingsfunktion implementieren und das LLM vortrainieren und wie Sie die Modellgewichte speichern und wieder laden, um das Training eines LLM fortzusetzen sowie vortrainierte Gewichte von OpenAI zu laden.

Kapitel 6 stellt verschiedene Ansätze für das Feintuning von LLMs vor. Es beschreibt, wie Sie einen Datensatz für die Textklassifizierung vorbereiten, ein vortrainiertes LLM zum Feintuning modifizieren, ein LLM feintunen, um Spam-Nachrichten zu identifizieren, und die Genauigkeit eines feingetunten LLM-Klassifizierers bewerten.

Kapitel 7 untersucht den Prozess des Feintunings von LLMs per Anweisung, die Organisation von Anweisungsdaten in Trainingsstapeln, das Laden eines vortrainierten LLM und dessen Feinabstimmung, um menschliche Anweisungen zu befolgen, das Extrahieren von LLM-generierten Antworten auf Anweisungen zur Bewertung und die Bewertung eines per Anweisung feingetunten LLM.

Über den Code

Damit Sie die Codebeispiele in diesem Buch möglichst einfach nachvollziehen können, finden Sie sie auf der Manning-Website unter *https://www.manning.com/books/build-a-large-language-model-from-scratch* und im Jupyter-Notebook-Format auf GitHub unter *https://github.com/rasbt/LLMs-from-scratch*. Und machen Sie sich keine Sorgen, wenn Sie nicht weiterkommen – die Lösungen zu allen Codeübungen finden Sie in Anhang C.

Dieses Buch enthält viele Beispiele für Quellcode sowohl in nummerierten Listings als auch im laufenden Text. In beiden Fällen ist der Quellcode in `Schreibmaschinenschrift` formatiert, um ihn von normalem Text zu unterscheiden.

In vielen Fällen ist der ursprüngliche Quellcode neu formatiert worden. Es sind Zeilenumbrüche hinzugekommen und geänderte Einrückungen, um die Codezeilen an den Platz auf einer Druckseite anzupassen. Außerdem wurden oftmals die Kommentare im Quellcode aus den Listings entfernt, wenn der Text ohnehin den Code beschreibt. Codeanmerkungen sind in vielen Listings zu finden, um wichtige Konzepte hervorzuheben.

Eines der Hauptziele dieses Buchs ist die Zugänglichkeit, sodass Codebeispiele sorgfältig so gestaltet wurden, dass sie sich auf einem normalen Laptop effizient ausführen lassen, ohne dass eine spezielle Hardware erforderlich ist. Wenn Sie aber auf eine GPU zugreifen können, geben Ihnen bestimmte Abschnitte hilfreiche Tipps dazu, wie Sie die Datensätze und Modelle skalieren, um diese zusätzliche Leistung zu nutzen.

Das gesamte Buch hindurch verwenden wir PyTorch als Bibliothek für Tensor-Operationen und Deep-Learning-Routinen, um LLMs von Grund auf zu implementieren. Sollte PyTorch für Sie neu sein, empfehle ich, mit Anhang A zu beginnen, der eine ausführliche Einführung bietet und Empfehlungen für die Einrichtung gibt.

Andere Onlineressourcen

Interessieren Sie sich für die neuesten Trends in der KI- und LLM-Forschung?

- Besuchen Sie mein Blog unter *https://magazine.sebastianraschka.com*, in dem ich regelmäßig über die neueste KI-Forschung mit Schwerpunkt auf LLMs diskutiere.

Benötigen Sie Hilfe, um sich schneller mit Deep Learning und PyTorch vertraut zu machen?

- Ich biete mehrere kostenlose Kurse auf meiner Website unter *https://sebastianraschka.com/teaching* an. Nutzen Sie diese Ressourcen, um Ihren Einstieg in diese Gebiete anzukurbeln.

Suchen Sie nach Bonusmaterialien zum Buch?

- Im GitHub-Repository des Buchs unter *https://github.com/rasbt/LLMs-from-scratch* finden Sie zusätzliche Ressourcen und Beispiele, die Ihr Lernen ergänzen.

Danksagungen

Ein Buch zu schreiben ist ein beträchtliches Unterfangen, und ich möchte meiner Frau Liza meinen aufrichtigen Dank für ihre Geduld und Unterstützung während dieses Prozesses aussprechen. Ihre bedingungslose Liebe und ständige Ermutigung waren unverzichtbar.

Unglaublich dankbar bin ich Daniel Kleine, dessen unschätzbares Feedback zu den entstehenden Kapiteln und zum Code meine Erwartungen übertroffen hat. Mit seinem scharfen Blick für Details und seinen aufschlussreichen Vorschlägen haben Daniels Beiträge zweifellos dazu beigetragen, dass dieses Buch zu einem entspannten und unterhaltsamen Leseerlebnis wird.

Ich möchte auch den wunderbaren Mitarbeitern von Manning Publications danken, darunter Michael Stephens für die vielen produktiven Diskussionen, die dazu beigetragen haben, die Ausrichtung dieses Buchs zu bestimmen, und Dustin Archibald, dessen konstruktives Feedback und dessen Anleitung zur Einhaltung der Manning-Richtlinien entscheidend waren. Ich weiß auch eure Flexibilität zu schätzen, mit der ihr den einzigartigen Anforderungen dieses unkonventionellen Ansatzes Rechnung getragen habt. Ein besonderer Dank gilt Aleksandar Dragosavljević, Kari Lucke und Mike Beady für ihre Arbeit an den professionellen Layouts und Susan Honeywell und ihrem Team für die Präzisierung und den Feinschliff der Grafiken.

Robin Campbell und ihrem hervorragenden Marketingteam möchte ich für ihre unschätzbare Unterstützung während des gesamten Schreibprozesses von ganzem Herzen danken.

Schließlich möchte ich mich bei den Gutachtern bedanken: Anandaganesh Balakrishnan, Anto Aravinth, Ayush Bihani, Bassam Ismail, Benjamin Muskalla, Bruno Sonnino, Christian Prokopp, Daniel Kleine, David Curran, Dibyendu Roy Chowdhury, Gary Pass, Georg Sommer, Giovanni Alzetta, Guillermo Alcántara, Jonathan Reeves, Kunal Ghosh, Nicolas Modrzyk, Paul Silisteanu, Raul Ciotescu, Scott Ling, Sriram Macharla, Sumit Pal, Vahid Mirjalili, Vaijanath Rao und Walter Reade für ihr gründliches Feedback zu den Entwürfen. Ihre scharfen Augen und die aufschlussreichen Kommentare haben wesentlich dazu beigetragen, die Qualität dieses Buchs zu verbessern.

Allen, die an dieser Reise mitgewirkt haben, bin ich aufrichtig dankbar. Ihre Unterstützung, ihr Fachwissen und ihr Engagement haben einen entscheidenden Beitrag dazu geleistet, dass dieses Buch zustande gekommen ist. Ich danke euch!

1 LLMs verstehen

In diesem Kapitel:

- Erläuterungen der grundlegenden Konzepte hinter Large Language Models (LLMs) im Überblick
- Einblicke in die Transformer-Architektur, von der LLMs abgeleitet werden
- Ein Plan für den Aufbau eines LLM von Grund auf

Large Language Models (LLMs, große Sprachmodelle), wie sie in ChatGPT von OpenAI angeboten werden, sind Modelle tiefer neuronaler Netze (*Deep Neural Networks*), die in den letzten Jahren entwickelt wurden. Sie haben eine neue Ära in der Verarbeitung natürlicher Sprache (*Natural Language Processing*, NLP) eingeläutet. Bevor LLMs aufgekommen sind, genügten herkömmliche Methoden vollauf bei Kategorisierungsaufgaben wie zum Beispiel E-Mail-Spam-Klassifizierung und einfacher Mustererkennung, die sich mit handgestrickten Regeln oder einfacheren Modellen erfassen ließen. Allerdings waren sie bei Sprachaufgaben, die komplexe Verständnis- und Generierungsfähigkeiten erfordern, wie zum Beispiel detaillierte Anweisungen parsen, Kontextanalysen durchführen sowie kohärent und kontextuell angemessene Originaltexte erzeugen, in der Regel unterlegen. Zum Beispiel konnten frühere Generationen von Sprachmodellen keine E-Mail aus einer Liste von Schlüsselwörtern schreiben – eine Aufgabe, die für moderne LLMs trivial ist.

LLMs besitzen bemerkenswerte Fähigkeiten, um menschliche Sprache zu verstehen, zu erzeugen und zu interpretieren. Allerdings müssen wir Folgendes klarstellen: Wenn wir sagen, dass Sprachmodelle etwas »verstehen«, meinen wir, dass sie Text in einer Weise verarbeiten und erzeugen können, der kohärent und kontextuell relevant erscheint, und nicht, dass sie menschenähnliches Bewusstsein oder Verständnis besitzen.

Dank der Fortschritte beim *Deep Learning*, einem Teilbereich des *Machine Learning* (des maschinellen Lernens) und der *künstlichen Intelligenz* (KI), der sich auf neuronale Netze konzentriert, werden LLMs mit riesigen Mengen von

Textdaten trainiert. Dieses groß angelegte Training versetzt LLMs in die Lage, im Vergleich zu früheren Ansätzen tiefere kontextuelle Informationen und Feinheiten der menschlichen Sprache zu erfassen. Infolgedessen haben LLMs die Leistung in einem breiten Spektrum von NLP-Aufgaben erheblich verbessert, einschließlich Textübersetzung, Stimmungsanalyse, Beantwortung von Fragen und vielem mehr.

Heutige LLMs und frühere NLP-Modelle unterscheiden sich zudem dadurch, dass frühere NLP-Modelle in der Regel für bestimmte Aufgaben wie Textkategorisierung, Sprachübersetzung usw. konzipiert wurden. Diese früheren NLP-Modelle konnten zwar in ihren eng gefassten Anwendungen brillieren, doch LLMs erweisen sich als kompetenter in einem breiten Spektrum von NLP-Aufgaben.

Der Erfolg der LLMs lässt sich auf die Transformer-Architektur zurückführen, die vielen LLMs zugrunde liegt, sowie auf die riesigen Datenmengen, mit denen LLMs trainiert wurden, sodass sie eine umfangreiche Palette an sprachlichen Nuancen, Kontexten und Mustern erfassen können, die manuell nur schwer zu codieren wären.

Dieser Übergang zur Implementierung von Modellen, die auf der Transformer-Architektur basieren und große Trainingsdatensätze verwenden, um LLMs zu trainieren, hat NLP grundlegend verändert, sodass jetzt leistungsfähigere Tools verfügbar sind, um menschliche Sprache zu verstehen und damit zu interagieren.

Die folgende Erörterung umreißt den Ausgangspunkt, um das primäre Ziel dieses Buchs zu erreichen: Verstehen von LLMs durch schrittweise Implementierung des Codes eines ChatGPT-ähnlichen LLM, das auf der Transformer-Architektur basiert.

1.1 Was ist ein LLM?

Ein LLM ist ein neuronales Netz, das darauf ausgelegt ist, Klartext zu verstehen, zu erzeugen und darauf zu reagieren. Diese Modelle sind tiefe neuronale Netze (Deep Neural Networks), die mit riesigen Mengen an Textdaten trainiert wurden, die manchmal große Teile des gesamten öffentlich zugänglichen Texts im Internet umfassen.

Das »Large« in »Large Language Models« bezieht sich sowohl auf die Größe des Modells in Bezug auf die Parameter als auch auf den riesigen Datensatz, mit dem es trainiert wurde. Derartige Modelle haben oft Dutzende oder sogar Hunderte von Milliarden an Parametern, d.h. die anpassbaren Gewichte im Netz, die während des Trainings optimiert werden, um das nächste Wort in einer Sequenz vorherzusagen. Die Vorhersage des nächsten Worts ist sinnvoll, weil sie die inhärente sequenzielle Natur der Sprache nutzt, um Modelle für das Verstehen von Kontext, Struktur und Beziehungen im Text zu trainieren. Da es sich um eine sehr einfache Aufgabe handelt, überrascht es viele Forscher, dass sie dennoch derart leistungsfähige Modelle hervorbringen kann. In späteren Kapiteln werden wir den Ablauf für das Training mit dem nächsten Wort Schritt für Schritt erläutern und implementieren.

LLMs setzen auf eine als *Transformer* bezeichnete Architektur, die es ihnen ermöglicht, Aufmerksamkeit selektiv auf verschiedene Teile der Eingabe zu richten, um Vorhersagen zu erstellen, sodass sie speziell dafür geeignet sind, die Nuancen und Komplexitäten der menschlichen Sprache zu berücksichtigen.

Da LLMs in der Lage sind, Text zu generieren, betrachtet man sie oftmals auch als eine Form der generativen künstlichen Intelligenz, kurz GenAI (für *Generative Artificial Intelligence*). Wie Abbildung 1.1 zeigt, umfasst künstliche Intelligenz die Entwicklung von Maschinen, die Aufgaben ausführen können, für die eine menschliche Intelligenz erforderlich ist – einschließlich Sprache verstehen, Muster erkennen und Entscheidungen treffen –, und Teilbereiche wie Machine Learning oder Deep Learning.

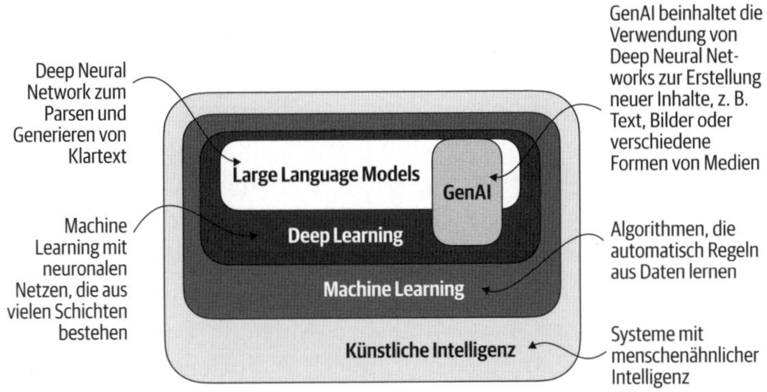

Abb. 1.1 *Wie diese hierarchische Darstellung der Beziehungen zwischen den verschiedenen Bereichen zeigt, verkörpern LLMs eine spezifische Anwendung von Deep-Learning-Techniken, indem sie deren Fähigkeit nutzen, menschenähnlichen Text zu verarbeiten und zu erzeugen. Deep Learning ist ein spezialisierter Zweig des Machine Learning, der sich auf mehrschichtige neuronale Netze stützt. Machine Learning und Deep Learning sind Bereiche mit dem Ziel, Algorithmen zu implementieren, die Computer in die Lage versetzen, aus Daten zu lernen und Aufgaben durchzuführen, die normalerweise menschliche Intelligenz erfordern.*

Die Algorithmen, die KI implementieren sollen, stehen im Mittelpunkt des Machine Learning. Insbesondere geht es bei Machine Learning um die Entwicklung von Algorithmen, die anhand von Daten lernen und Vorhersagen oder Entscheidungen treffen können, ohne explizit programmiert zu werden. Um dies zu veranschaulichen, stellen Sie sich einen Spam-Filter als praktische Anwendung des

Machine Learning vor. Anstatt Spam-E-Mails mithilfe von manuell formulierten Regeln zu identifizieren, wird ein Algorithmus für Machine Learning mit Beispielen von E-Mails gefüttert, die als Spam- und Nicht-Spam-E-Mails gekennzeichnet sind. Indem man den Fehler des Modells in seinen Vorhersagen auf einem Trainingsdatensatz minimiert, lernt es, Muster und Charakteristika von Spam zu erkennen, sodass es in die Lage versetzt wird, neue E-Mails entweder als Spam oder als Nicht-Spam zu klassifizieren.

Wie Abbildung 1.1 zeigt, bildet Deep Learning einen Teilbereich des Machine Learning, bei dem es darum geht, komplexe Muster und Abstraktionen in den Daten durch neuronale Netze mit drei oder mehr Schichten (auch als Deep Neural Networks bezeichnet) zu modellieren. Im Gegensatz zum Deep Learning ist beim herkömmlichen Machine Learning eine manuelle Merkmalsextraktion erforderlich. Das heißt, dass menschliche Experten die relevantesten Features für das Modell identifizieren und auswählen müssen.

Der Bereich der künstlichen Intelligenz wird heute von Machine Learning und Deep Learning dominiert, umfasst aber auch andere Ansätze – zum Beispiel regelbasierte Systeme, genetische Algorithmen, Expertensysteme, Fuzzy-Logik oder Computeralgebra (symbolische Manipulation algebraischer Ausdrücke).

Kommen wir auf das Beispiel der Spam-Klassifizierung zurück: Beim traditionellen Machine Learning könnten menschliche Experten manuell Merkmale aus dem E-Mail-Text herausziehen, wie zum Beispiel die Häufigkeit bestimmter Trigger-Wörter (etwa »Preis«, »Gewinn«, »kostenlos«), die Anzahl der Ausrufezeichen, die Verwendung von Wörtern in Großbuchstaben oder das Vorhandensein verdächtiger Links. Mit diesem Datensatz, der auf der Grundlage der von menschlichen Experten definierten Merkmale erstellt wurde, wird dann das Modell trainiert. Im Unterschied zum herkömmlichen Machine Learning ist beim Deep Learning kein manuelles Extrahieren erforderlich. Für ein Deep-Learning-Modell müssen also keine menschlichen Experten die relevantesten Merkmale identifizieren und auswählen. (Allerdings müssen sowohl beim herkömmlichen Machine Learning als auch beim Deep Learning für die Spam-Klassifizierung immer noch Labels erfasst werden, zum Beispiel ob es sich um Spam oder Nicht-Spam handelt, die entweder von einem Experten oder von den Usern bestimmt werden.)

Schauen wir uns nun an, für welche Probleme LLMs heute infrage kommen, welche Herausforderungen LLMs angehen können und wie die allgemeine LLM-Architektur aussieht, die wir später implementieren werden.

1.2 Anwendungen von LLMs

Dank ihrer fortgeschrittenen Fähigkeiten, unstrukturierte Textdaten zu analysieren und zu verstehen, sind LLMs in einem breiten Spektrum von Anwendungen in verschiedenen Bereichen zu finden. Heute nutzt man LLMs für die maschinelle Übersetzung, das Generieren von Prosatexten (siehe Abbildung 1.2) sowie Stimmungsanalysen, Textzusammenfassungen und viele andere Aufgaben. Seit Kurzem werden LLMs auch für das Erstellen von Inhalten verwendet, um beispielsweise Romane, Artikel oder sogar Computercode zu schreiben.

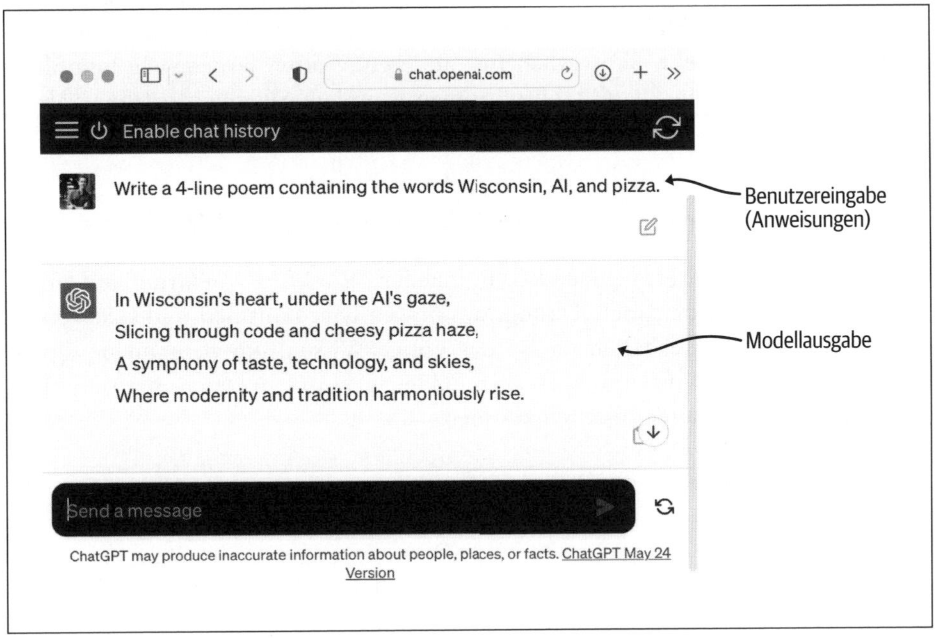

Abb. 1.2 *LLM-Schnittstellen ermöglichen die Kommunikation zwischen Benutzern und KI-Systemen in natürlicher Sprache. Dieser Screenshot zeigt, wie ChatGPT ein Gedicht nach den Vorgaben eines Benutzers schreibt.*

LLMs können auch anspruchsvolle Chatbots und virtuelle Assistenten antreiben, wie es zum Beispiel bei ChatGPT von OpenAI und Gemini (früher Bard genannt) von Google der Fall ist. Derartige Anwendungen können Benutzeranfragen beantworten und herkömmliche Suchmaschinen wie Google Search oder Microsoft Bing ergänzen.

Darüber hinaus eignen sich LLMs zur effektiven Wissensabfrage aus riesigen Textmengen in Spezialgebieten wie Medizin oder Recht. Dazu gehören das Durchsuchen von Dokumenten, das Zusammenfassen langer Passagen und die Beantwortung technischer Fragen.

Kurz gesagt, LLMs sind von unschätzbarem Wert für die Automatisierung fast aller Aufgaben, die das Parsen und Generieren von Text beinhalten. Die Anwendungsmöglichkeiten sind schier unendlich, und da wir weiterhin Innovationen entwickeln und neue Wege zur Nutzung dieser Modelle erforschen, ist klar, dass LLMs das Potenzial besitzen, unsere Beziehung zur Technologie neu zu definieren, indem sie sie dialogfähiger, intuitiver und zugänglicher machen.

Uns geht es in erster Linie darum, die prinzipielle Funktionsweise von LLMs zu verstehen. Zu diesem Zweck programmieren wir ein LLM, das Texte erzeugen kann. Außerdem lernen Sie Techniken kennen, die es LLMs ermöglichen, Abfragen durchzuführen, die von der Beantwortung von Fragen über die Zusammenfassung von Text bis hin zur Übersetzung von Text in verschiedene Sprachen reichen – und vieles mehr. Sie werden mit anderen Worten lernen, wie komplexe LLM-Assistenten à la ChatGPT funktionieren, indem Sie einen solchen Schritt für Schritt aufbauen.

1.3 Phasen beim Erstellen und Verwenden von LLMs

Warum sollten wir unsere eigenen LLMs erstellen? Ein LLM von Grund auf zu codieren, ist eine ausgezeichnete Übung, um dessen Mechanismen und Grenzen zu verstehen. Außerdem erhalten wir so das nötige Wissen, um vorhandene Open-Source-LLM-Architekturen für unsere domänenspezifischen Datensätze oder Aufgaben vorab zu trainieren oder feinzutunen.

Hinweis

Die meisten LLMs werden heute mithilfe der Deep-Learning-Bibliothek PyTorch implementiert, die wir ebenfalls verwenden. In Anhang A finden Sie eine umfassende Einführung in PyTorch.

Wie die Forschung in Bezug auf die Modellierungsleistung gezeigt hat, können benutzerdefinierte LLMs – solche, die auf spezifische Aufgaben oder Bereiche zugeschnitten sind – allgemeine LLMs – solche, wie sie von ChatGPT bereitgestellt und für ein breites Anwendungsspektrum konzipiert sind – übertreffen. Beispiele hierfür sind BloombergGPT (spezialisiert auf Finanzen) und LLMs, die auf die Beantwortung medizinischer Fragen zugeschnitten sind (siehe Anhang B für weitere Details).

Maßgeschneiderte LLMs bieten mehrere Vorteile, insbesondere im Hinblick auf den Datenschutz. Zum Beispiel können Unternehmen darauf bestehen, keine sensiblen Daten mit Drittanbietern von LLMs wie OpenAI zu teilen, da sie Bedenken hinsichtlich der Vertraulichkeit haben. Darüber hinaus ermöglicht die Entwicklung kleinerer benutzerdefinierter LLMs ein direktes Deployment auf Kundengeräten wie Laptops und Smartphones, was von Unternehmen wie Apple derzeit erforscht wird.

Diese lokale Implementierung kann die Latenzzeit erheblich senken und die serverbezogenen Kosten verringern. Darüber hinaus gewähren benutzerdefinierte LLMs den Entwicklerinnen und Entwicklern völlige Autonomie, sodass sie Aktualisierungen und Änderungen des Modells nach Bedarf steuern können.

Der allgemeine Ablauf beim Erstellen eines LLM umfasst das Vortraining und das Feintuning. Das »Vor« in Vortraining bezieht sich auf die Anfangsphase, in der ein Modell wie ein LLM mit einem großen, breit gefächerten Datensatz trainiert wird, um ein umfassendes Verständnis von Sprache zu entwickeln. Dieses vortrainierte Modell dient dann als grundlegende Ressource, die sich durch ein Feintuning weiterentwickeln lässt. Bei diesem Prozess wird das Modell speziell mit einem engeren Datensatz trainiert, der für bestimmte Aufgaben oder Bereiche spezifischer ist. Abbildung 1.3 veranschaulicht diesen zweistufigen Trainingsansatz, der aus Vortraining und Feintuning besteht.

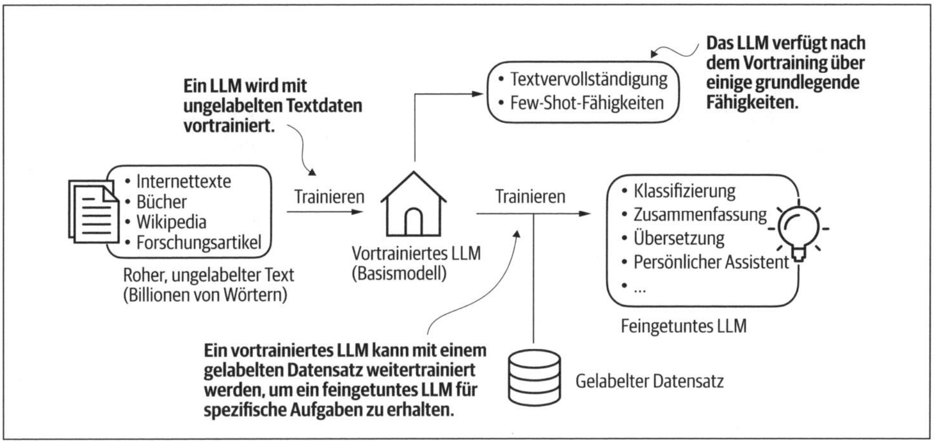

Abb. 1.3 *Das Vortraining eines LLM beinhaltet die Vorhersage des nächsten Worts auf großen Textdatensätzen. Ein vortrainiertes LLM kann dann mit einem kleineren gelabelten Datensatz feingetunt werden.*

Um ein LLM zu erstellen, trainiert man es im ersten Schritt mit einem großen Korpus von Textdaten, den man auch als *Rohtext* bezeichnet. Hier bezieht sich »roh« auf die Tatsache, dass es sich bei diesen Daten lediglich um normalen Text ohne irgendwelche Beschriftungsinformationen handelt. (Es kann aber ein Filter angewendet werden, um beispielsweise Formatierungszeichen oder Dokumente in unbekannten Sprachen zu entfernen.)

Hinweis

Leser, die sich bereits mit Machine Learning auskennen, werden feststellen, dass für herkömmliche Modelle des Machine Learning und Deep Neural Networks, die über die konventionellen überwachten Lernparadigmen trainiert werden, normalerweise Beschriftungsinformationen erforderlich sind. Dies ist jedoch nicht der Fall für die Vortrainingsphase von LLMs. In dieser Phase verwenden LLMs Self-supervised Learning (selbstüberwachtes Lernen), bei dem das Modell seine eigenen Labels aus den Eingabedaten generiert.

In der als *Vortraining* bezeichneten ersten Trainingsphase eines LLM wird ein erstes vortrainiertes LLM erstellt, das oft als *Basis-* oder *Grundmodell* bezeichnet wird. Ein typisches Beispiel für ein derartiges Modell ist das GPT-3-Modell (der Vorläufer des in ChatGPT angebotenen Originalmodells). Dieses Modell ist in der Lage, Text zu vervollständigen – d.h., einen halb geschriebenen Satz, den der Benutzer bereitstellt, zu beenden. Zudem besitzt es beschränkte Few-Shot-Fähigkeiten, kann also neue Aufgaben auf der Grundlage von nur wenigen Beispielen erlernen, anstatt umfangreiche Trainingsdaten zu benötigen.

Ist ein LLM mit großen Textdatensätzen für die Vorhersage des nächsten Worts im Text vortrainiert worden, können wir das LLM mit gelabelten Daten weitertrainieren, was auch als *Feintuning* (Feinabstimmung) bezeichnet wird.

Die beiden populärsten Kategorien des Feintunings von LLMs sind das *Feintuning per Anweisung* und das *Feintuning per Klassifizierung*. Beim Feintuning per Anweisung besteht der gelabelte Datensatz aus Anweisungs-Antwort-Paaren, wie zum Beispiel die Anfrage zur Übersetzung eines Texts, die vom korrekt übersetzten Text begleitet wird. Beim Feintuning per Klassifizierung besteht der gelabelte Datensatz aus Texten und zugeordneten Klassenlabels – zum Beispiel E-Mails, denen die Labels »Spam« und »Nicht-Spam« zugeordnet sind.

Wir werden die Codeimplementierungen für das Vortraining und das Feintuning eines LLM behandeln und uns nach dem Vortraining eines grundlegenden LLM eingehender mit den Besonderheiten des Feintunings – sowohl per Anweisung als auch per Klassifizierung – befassen.

1.4 Einführung in die Transformer-Architektur

Die meisten modernen LLMs stützen sich auf die *Transformer*-Architektur, eine Architektur für Deep Neural Networks, die 2017 im Paper »Attention Is All You Need« (*https://arxiv.org/abs/1706.03762*) vorgestellt wurde. Um LLMs zu verstehen, müssen wir den ursprünglichen Transformer verstehen, der für die maschinelle Übersetzung von englischen Texten ins Deutsche und Französische entwickelt wurde. Abbildung 1.4 stellt eine vereinfachte Version der Transformer-Architektur dar.

Die Transformer-Architektur besteht aus zwei Teilmodulen: einem Encoder und einem Decoder. Das Encoder-Modul verarbeitet den Eingabetext und codiert ihn in eine Folge von numerischen Darstellungen oder Vektoren, die die kontextuelle Information der Eingabe erfassen. Dann übernimmt das Decoder-Modul diese codierten Vektoren und generiert den Ausgabetext. Zum Beispiel würde in einer Übersetzungsaufgabe der Encoder den Text aus der Quellsprache in Vektoren codieren, und der Decoder würde diese Vektoren decodieren, um Text in der Zielsprache zu generieren. Sowohl der Encoder als auch der Decoder bestehen aus vielen Schichten, die durch einen sogenannten Self-Attention-Mechanismus miteinander verbunden sind. Möglicherweise haben Sie viele Fragen dazu, wie die Eingaben vorverarbeitet und codiert werden. Diese Fragen klären wir in den folgenden Kapiteln anhand einer schrittweisen Implementierung.

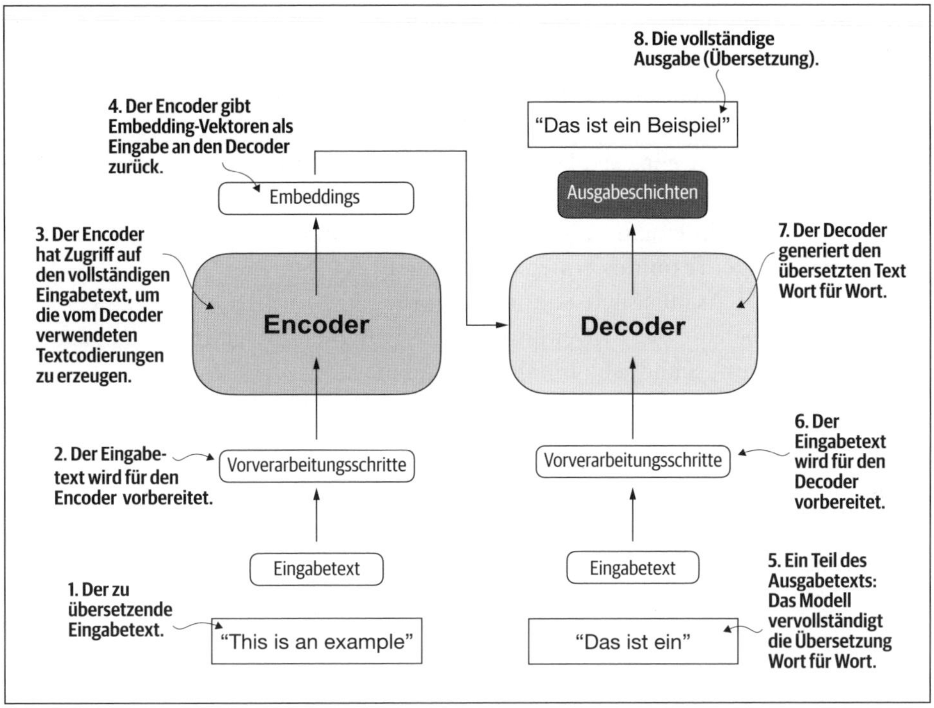

Abb. 1.4 *Eine vereinfachte Darstellung der ursprünglichen Transformer-Architektur, die ein Deep-Learning-Modell für die Sprachübersetzung ist. Der Transformer besteht aus zwei Teilen: einem Encoder (links), der den Eingabetext verarbeitet und eine Embedding-Repräsentation des Texts erzeugt (eine numerische Darstellung, die viele verschiedene Faktoren in verschiedenen Dimensionen erfasst), die der Decoder (rechts) verwenden kann, um den übersetzten Text Wort für Wort zu erzeugen. Die Abbildung zeigt die letzte Phase des Übersetzungsprozesses, in der der Decoder für den ursprünglichen Eingabetext (»This is an example«) und einen teilweise übersetzten Satz (»Das ist ein«) nur noch das letzte Wort (»Beispiel«) erzeugen muss, um die Übersetzung abzuschließen.*

Eine Schlüsselkomponente von Transformern und LLMs ist der Self-Attention-Mechanismus (hier nicht gezeigt), der es dem Modell ermöglicht, die Bedeutung verschiedener Wörter oder Tokens in einer Sequenz relativ zueinander zu gewichten. Dieser Mechanismus ermöglicht dem Modell, weitreichende Abhängigkeiten und kontextuelle Beziehungen innerhalb der Eingabedaten zu erfassen. Dies erweitert seine Fähigkeiten, kohärent und kontextuell relevante Ausgaben zu erzeugen. Allerdings verschieben wir die weitere Erläuterung aufgrund der Komplexität auf Kapitel 3, wo wir ihn Schritt für Schritt diskutieren und implementieren werden.

Spätere Varianten der Transformer-Architektur, wie BERT (kurz für *Bidirectional Encoder Representations from Transformers*) und die verschiedenen GPT-Modelle (kurz für *Generative Pretrained Transformers*), bauten auf diesem Konzept auf, um diese Architektur für verschiedene Aufgaben anzupassen. In Anhang B finden Sie hierzu weitere Literaturempfehlungen.

BERT, das auf dem Encoder-Submodul des ursprünglichen Transformers aufbaut, unterscheidet sich in seinem Trainingsansatz von GPT. Während GPT für generative Aufgaben entwickelt wurde, sind BERT und seine Varianten auf die Vorhersage maskierter Wörter spezialisiert, wobei das Modell maskierte oder versteckte Wörter in einem gegebenen Satz vorhersagt, wie Abbildung 1.5 zeigt. Diese einzigartige Trainingsstrategie verleiht BERT Stärken bei Textklassifizierungsaufgaben, einschließlich Stimmungsvorhersage und Dokumentkategorisierung. Als Beispiel für die Anwendung seiner Fähigkeiten verwendet X (vormals Twitter) BERT, um schädliche Inhalte zu erkennen.

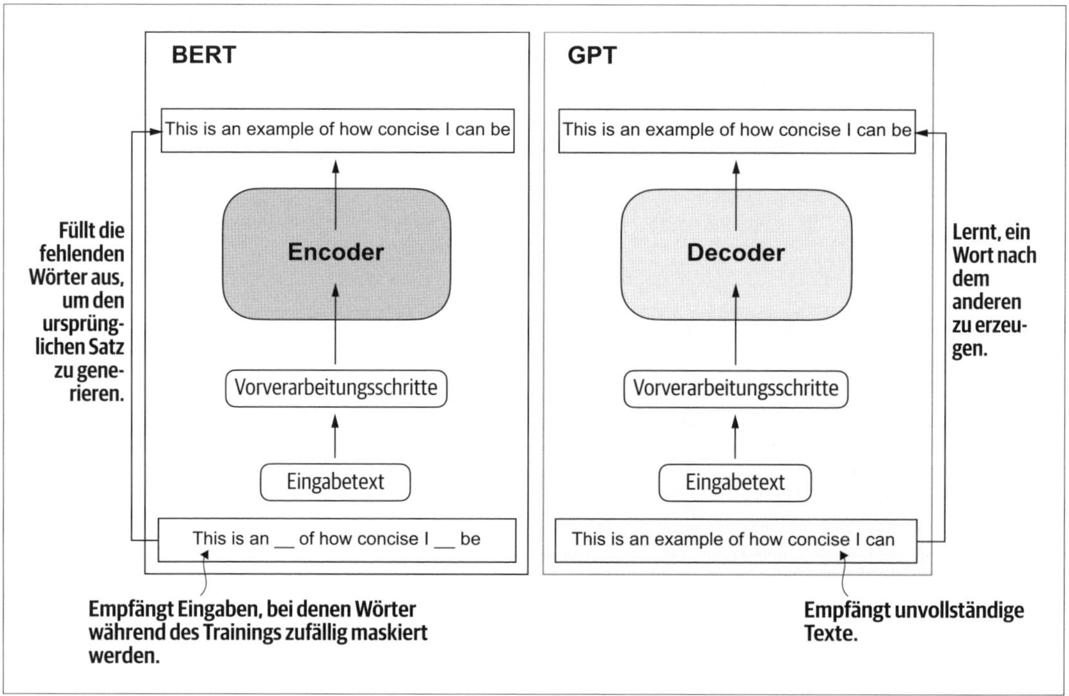

Abb. 1.5 *Eine visuelle Darstellung der Encoder- und Decoder-Submodule des Transformers. Die linke Seite zeigt exemplarisch BERT-ähnliche LLMs, die auf die Vorhersage maskierter Wörter ausgelegt sind und hauptsächlich für Aufgaben wie Textklassifizierung verwendet werden. Rechts zeigt das Decoder-Segment GPT-ähnliche LLMs, die für generative Aufgaben und die Erzeugung kohärenter Textsequenzen konzipiert sind.*

GPT hingegen konzentriert sich auf den Decoder-Teil der ursprünglichen Transformer-Architektur und ist für Aufgaben konzipiert, bei denen Texte erstellt werden müssen. Dazu gehören maschinelle Übersetzungen, Textzusammenfassungen, das Schreiben von Belletristik, das Schreiben von Computercode und vieles mehr.

GPT-Modelle, die hauptsächlich dafür entwickelt und trainiert wurden, Texte zu vervollständigen, zeigen ebenfalls eine bemerkenswerte Vielseitigkeit in ihren Fähigkeiten. Diese Modelle sind in der Lage, sowohl Zero-Shot- als auch Few-Shot-Learning-Aufgaben auszuführen. Zero-Shot-Learning bezieht sich auf die Fähigkeit, ohne vorherige spezifische Beispiele auf völlig unbekannte Aufgaben zu generalisieren. Andererseits geht es beim Few-Shot-Learning darum, aus einer minimalen Anzahl von Beispielen zu lernen, die der Benutzer als Eingabe zur Verfügung stellt (siehe Abbildung 1.6).

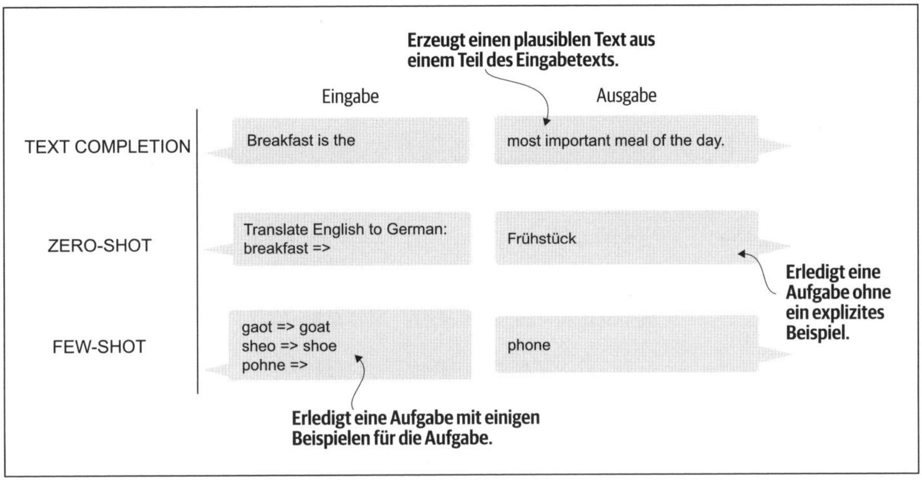

Abb. 1.6 *Zusätzlich zur Textvervollständigung können GPT-ähnliche LLMs verschiedene Aufgaben anhand ihrer Eingaben lösen, ohne dass Neutraining, Feintuning oder aufgabenspezifische Änderungen der Modellarchitektur erforderlich sind. Manchmal ist es hilfreich, Beispiele des Ziels innerhalb der Eingabe bereitzustellen, was als »Few-Shot-Setting« bekannt ist. Allerdings sind GPT-ähnliche LLMs auch in der Lage, Aufgaben ohne ein konkretes Beispiel zu realisieren, was man als »Zero-Shot-Setting« bezeichnet.*

Transformer- vs. LLM-Architekturen

Die heutigen LLMs basieren auf der Transformer-Architektur. Daher sind Transformer und LLMs Begriffe, die in der Literatur oft synonym verwendet werden. Beachten Sie aber, dass nicht alle Transformer LLMs sind, da Transformer auch für Computervision verwendet werden können. Zudem sind nicht alle LLMs Transformer, da LLMs auf rekurrenten und konvolutionalen Architekturen basieren. Die Hauptmotivation hinter diesen

→

alternativen Ansätzen ist die Verbesserung der Berechnungseffizienz von LLMs. Es bleibt abzuwarten, ob diese alternativen LLM-Architekturen mit den Fähigkeiten von Transformer-basierten LLMs konkurrieren können und ob sie sich in der Praxis durchsetzen werden. Der Einfachheit halber verwende ich den Begriff »LLM«, um mich auf Transformer-basierte LLMs ähnlich wie GPT zu beziehen. (Interessierte Leser finden in Anhang B Hinweise auf Quellen, die diese Architekturen beschreiben.)

1.5 Große Datensätze nutzen

Die großen Trainingsdatensätze für populäre GPT- und BERT-ähnliche Modelle stellen vielfältige und umfassende Textkorpora dar, die Milliarden von Wörtern umfassen und eine große Bandbreite an Themen sowie natürliche und Computersprachen beinhalten. Um ein konkretes Beispiel zu geben, fasst Tabelle 1.1 den Datensatz zusammen, der für das Vortraining von GPT-3 verwendet wurde, das als Basismodell für die erste Version von ChatGPT diente.

Datensatzname	Datensatzbeschreibung	Anzahl der Tokens	Anteil an den Trainingsdaten
CommonCrawl (gefiltert)	Web-Crawl-Daten	410 Milliarden	60%
WebText2	Web-Crawl-Daten	19 Milliarden	22%
Books1	internetbasierter Buchkorpus	12 Milliarden	8%
Books2	internetbasierter Buchkorpus	55 Milliarden	8%
Wikipedia	hochwertiger Text	3 Milliarden	3%

Tab. 1.1 *Der Datensatz für das Vortraining des populären GPT-3-LLM*

Tabelle 1.1 gibt die Anzahl der Tokens an, wobei ein Token eine Texteinheit ist, die ein Modell liest. Die Anzahl der Tokens im Datensatz entspricht ungefähr der Anzahl der Wörter und Satzzeichen im Text. Kapitel 2 befasst sich mit der Tokenisierung, d.h. mit der Umwandlung von Text in Tokens.

Die wichtigste Erkenntnis ist, dass Umfang und Vielfalt dieses Trainingsdatensatzes es diesen Modellen ermöglichen, bei verschiedenen Aufgaben, einschließlich Sprachsyntax, Semantik und Kontext, gut abzuschneiden – sogar bei solchen, die Allgemeinwissen erfordern.

Details zum GPT-3-Datensatz

Tabelle 1.1 zeigt den Datensatz, der für GPT-3 verwendet wurde. Die Tabellenspalte mit den Anteilen summiert sich zu 100% der Beispieldaten, wobei Rundungsfehler zu berücksichtigen sind. Obwohl die Teilmengen in der Spalte »Anzahl der Tokens« insge-

→

samt 499 Milliarden ergeben, wurde das Modell nur mit etwa 300 Milliarden Tokens trainiert. Die Autoren des Papers zu GPT-3 haben nicht angegeben, warum das Modell nicht mit allen 499 Milliarden Tokens trainiert wurde.

Man bedenke die Größe des Datensatzes CommonCrawl, der allein aus 410 Milliarden Tokens besteht und etwa 570 GB Speicherplatz benötigt. Im Vergleich dazu haben spätere Iterationen von Modellen wie GPT-3 – zum Beispiel Llama von Meta – ihren Trainingsumfang erweitert, um zusätzliche Datenquellen wie die arXiv-Forschungspapers (92 GB) und die codebezogenen Fragen und Antworten von StackExchange (78 GB) einzubeziehen.

Die Autoren des GPT-3-Papers haben den Trainingsdatensatz nicht veröffentlicht, aber ein vergleichbarer und öffentlich zugänglicher Datensatz ist »Dolma: An Open Corpus of Three Trillion Tokens for LLM Pretraining Research« von Soldaini et al. 2024 (*https://arxiv.org/abs/2402.00159*). Allerdings kann die Sammlung urheberrechtlich geschützte Werke enthalten, und die genauen Nutzungsbedingungen können vom beabsichtigten Verwendungszweck und vom Land abhängen.

Wegen ihres Vortrainings sind diese Modelle unglaublich vielseitig für ein weiteres Feintuning bei Downstream-Aufgaben. Deshalb bezeichnet man sie auch als Basis- oder Grundmodelle. Das Vortraining von LLMs setzt den Zugang zu erheblichen Ressourcen voraus und ist sehr teuer. So werden beispielsweise die Kosten für das Vortraining von GPT-3 auf 4,6 Millionen Dollar in Form von Cloud Computing Credits geschätzt (*https://mng.bz/VxEW*).

Die gute Nachricht ist, dass sich viele vortrainierte LLMs, die als Open-Source-Modelle verfügbar sind, als Allzweckwerkzeuge eignen, um Texte, die nicht Teil der Trainingsdaten waren, zu schreiben, zu extrahieren und zu bearbeiten. Außerdem lassen sich LLMs für spezifische Aufgaben mit relativ kleinen Datensätzen feintunen, was die erforderlichen Rechenressourcen reduziert und die Performance verbessert.

Wir werden den Code für das Vortraining implementieren und ihn nutzen, um ein LLM für Lehrzwecke vorab zu trainieren. Alle Berechnungen sind auf Consumer-Hardware ausführbar. Nachdem Sie den Code für das Vortraining implementiert haben, lernen Sie, wie sich offen verfügbare Modellgewichte wiederverwenden und in die von uns implementierte Architektur laden lassen, um die teure Vortrainingsphase zu überspringen, wenn wir unser LLM feintunen.

1.6 Die GPT-Architektur unter der Lupe

GPT wurde ursprünglich im Paper »Improving Language Understanding by Generative Pre-Training« (*https://mng.bz/x2qg*) von Radford et al. bei OpenAI vorgestellt. GPT-3 ist eine vergrößerte Version dieses Modells, das mehr Parameter umfasst und mit einem größeren Datensatz trainiert wurde. Darüber hinaus wurde das ursprüngliche Modell in ChatGPT durch Feintuning von GPT-3 auf einem großen Anweisungsdatensatz mit einer Methode aus dem InstructGPT-Paper von OpenAI (*https://arxiv.org/abs/2203.02155*) erzeugt. Wie Abbildung 1.6 zeigt, sind diese Modelle kompetente Textvervollständigungsmodelle, die auch andere Aufgaben wie Rechtschreibkorrektur, Klassifizierung oder Sprachübersetzung übernehmen können. Dies ist tatsächlich sehr bemerkenswert, wenn man bedenkt, dass die GPT-Modelle mit einer relativ einfachen Aufgabe zur Vorhersage des nächsten Worts trainiert werden, wie Abbildung 1.7 zeigt.

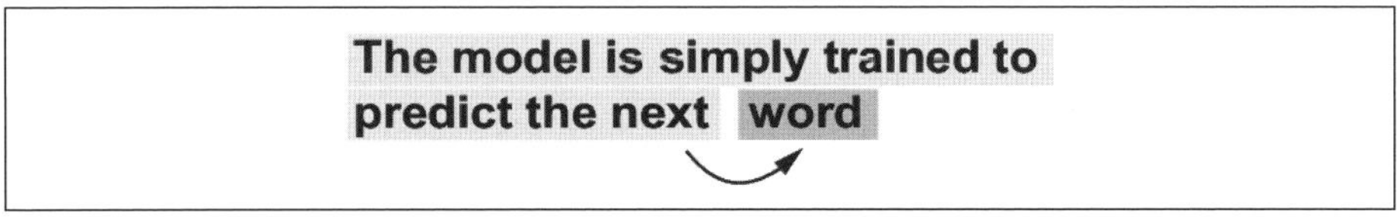

Abb. 1.7 *Beim Vortraining der Vorhersage des nächsten Worts für GPT-Modelle lernt das System, das nächste Wort in einem Satz vorherzusagen, indem es sich die Wörter betrachtet, die davor standen. Dieser Ansatz hilft dem Modell, zu verstehen, wie Wörter und Sätze in der Sprache typischerweise zusammenpassen, und bildet eine Grundlage, die auf verschiedene andere Aufgaben angewendet werden kann.*

Die Aufgabe, das nächste Wort vorherzusagen, ist eine Form des selbstüberwachten Lernens (Self-supervised Learning), d.h. eine Form der Selbstbeschriftung. Das bedeutet, dass wir Labels für die Trainingsdaten nicht explizit sammeln müssen, sondern die Struktur der Daten selbst nutzen können: indem wir das nächste Wort in einem Satz oder Dokument als das Label verwenden, das das Modell vorhersagen soll. Da uns diese Aufgabe der Vorhersage des nächsten Worts erlaubt, Labels »während des Betriebs« zu erstellen, ist es möglich, LLMs mit riesigen ungelabelten Textdatensätzen zu trainieren.

Verglichen mit der ursprünglichen Transformer-Architektur, die Abschnitt 1.4 behandelt hat, ist die allgemeine GPT-Architektur relativ einfach. Im Wesentlichen handelt es sich nur um den Decoder-Teil ohne den Encoder (siehe Abbildung 1.8). Da Decoder-ähnliche Modelle wie GPT den Text generieren, indem sie ein Wort nach dem anderen vorhersagen, betrachtet man sie als eine Art *autoregressives Modell*. Autoregressive Modelle beziehen ihre vorherigen Ausgaben als Eingaben für zukünftige Vorhersagen ein. Folglich wird bei GPT jedes neue Wort auf der Grundlage der ihm vorausgehenden Sequenz ausgewählt, was die Kohärenz des resultierenden Texts verbessert.

Architekturen wie GPT-3 sind auch erheblich größer als das ursprüngliche Transformer-Modell. So werden im ursprünglichen Transformer die Encoder- und Decoder-Blöcke sechsmal wiederholt. GPT-3 umfasst 96 Transformer-Schichten und insgesamt 175 Milliarden Parameter.

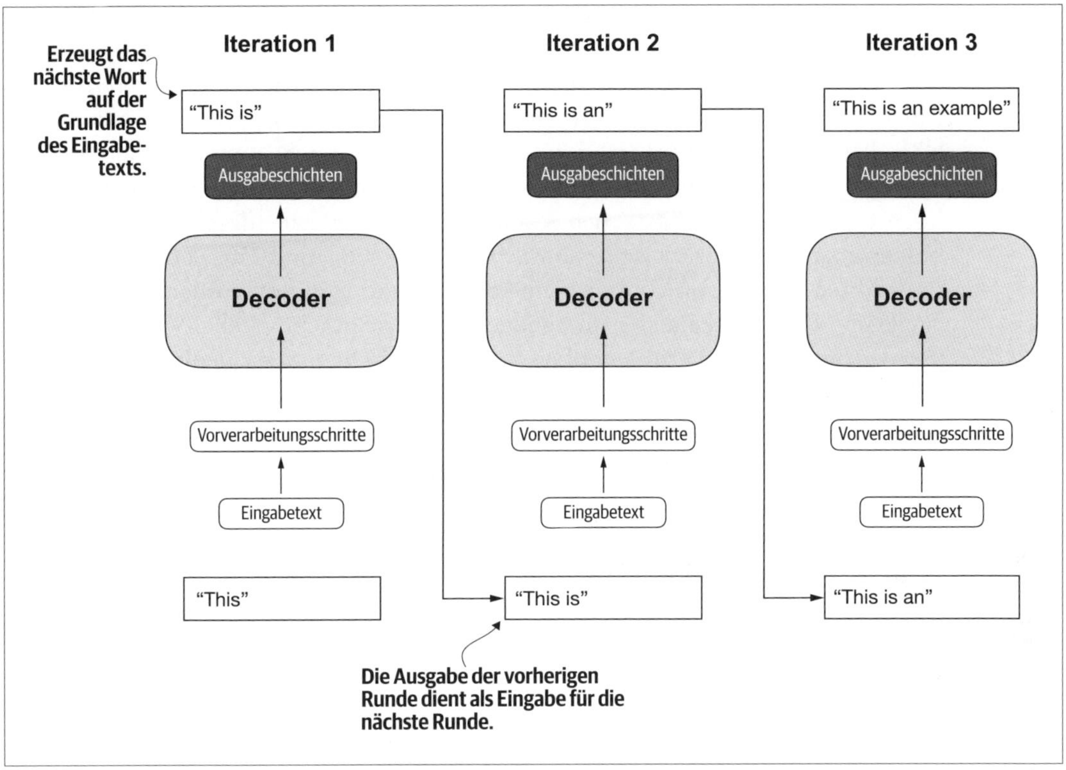

Abb. 1.8 *Die GPT-Architektur nutzt nur den Decoder-Teil des ursprünglichen Transformers. Konzipiert ist diese Architektur für unidirektionale Verarbeitung von links nach rechts, sodass sie gut geeignet ist für Aufgaben wie Textgenerierung und die Vorhersage des nächsten Worts, um Text auf iterative Weise Wort für Wort zu erzeugen.*

GPT-3 wurde im Jahr 2020 eingeführt, was nach den Maßstäben von Deep Learning und der Entwicklung großer Sprachmodelle als vor langer Zeit zu betrachten ist. Allerdings basieren die neueren Architekturen wie die Llama-Modelle von Meta immer noch auf denselben zugrunde liegenden Konzepten und weisen nur geringfügige Änderungen auf. Daher ist das Verständnis von GPT so wichtig wie eh und je, und ich konzentriere mich auf die Implementierung der prominenten Architektur hinter GPT, während ich Hinweise auf spezifische Anpassungen gebe, die von alternativen LLMs genutzt werden.

Obwohl das ursprüngliche Transformer-Modell, das aus Encoder- und Decoder-Blöcken besteht, ausdrücklich für die Sprachübersetzung entwickelt wurde, sind GPT-Modelle – trotz ihrer zwar größeren, aber auch einfacheren reinen Decoder-Architektur, die auf die Vorhersage des nächsten Worts abzielt – ebenfalls in der Lage, Übersetzungsaufgaben zu erfüllen. Diese Fähigkeit war für die Forschenden zunächst unerwartet, da sie aus einem Modell hervorging, das in erster Linie für die Vorhersage des nächsten Worts trainiert wurde, also für eine Aufgabe, die nicht speziell auf die Übersetzung abzielte.

Die Fähigkeit, Aufgaben auszuführen, für die das Modell nicht explizit trainiert wurde, bezeichnet man als *emergentes Verhalten*. Diese Fähigkeit wird dem Modell nicht explizit während des Trainings beigebracht, sondern ergibt sich als natürliche Konsequenz aus dem Umgang des Modells mit großen mehrsprachigen Daten in unterschiedlichen Kontexten. Die Tatsache, dass GPT-Modelle die Übersetzungsmuster zwischen Sprachen »erlernen« und Übersetzungsaufgaben ausführen können, obwohl sie nicht speziell dafür trainiert wurden, zeigt die Vorteile und Fähigkeiten dieser großen, generativen Sprachmodelle. Wir können verschiedene Aufgaben erfüllen, ohne für jede Aufgabe unterschiedliche Modelle zu verwenden.

1.7 Ein großes Sprachmodell aufbauen

Nachdem wir nun die Grundlagen für das Verständnis von LLMs geschaffen haben, wollen wir eines von Grund auf programmieren. Wir greifen die fundamentale Idee hinter GPT als Blaupause auf und realisieren diese Aufgabe in drei Phasen, wie sie Abbildung 1.9 veranschaulicht.

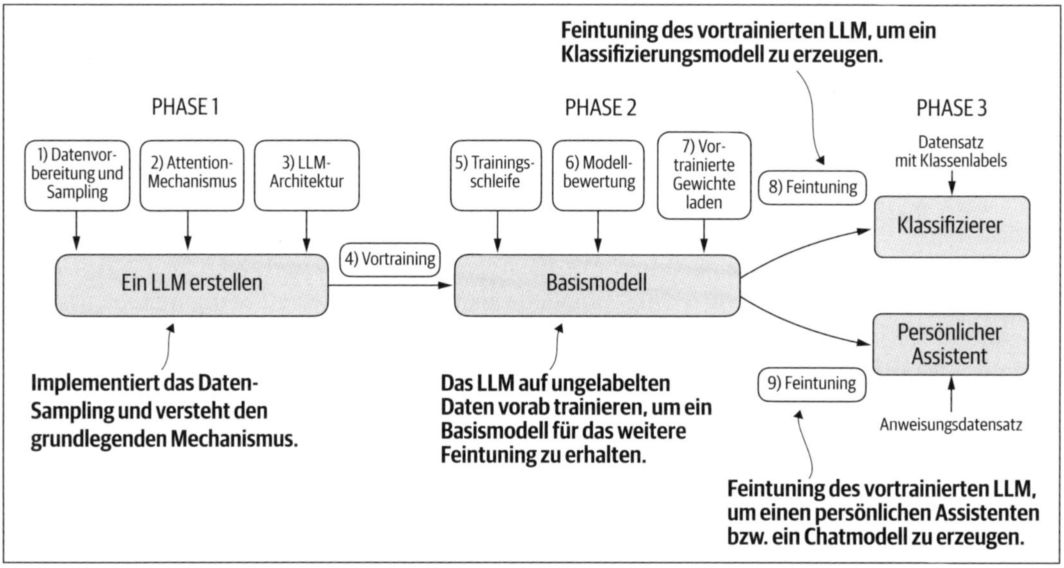

Abb. 1.9 *Die drei Hauptphasen für die Programmierung eines LLM. PHASE 1: Implementierung der LLM-Architektur und Datenvorbereitungsprozess, PHASE 2: Vortraining eines LLM, um ein Basismodell zu erstellen, und PHASE 3: Feintuning des Basismodells, um ein persönlicher Assistent oder Klassifizierer zu werden.*

In Phase 1 lernen Sie die grundlegenden Schritte der Datenvorverarbeitung kennen und codieren den Attention-Mechanismus, das Herzstück jedes LLM. Als Nächstes erfahren Sie in Phase 2, wie man ein GPT-ähnliches LLM codiert und trainiert, das in der Lage ist, neue Texte zu generieren. Außerdem werden wir uns mit den Grundlagen der Bewertung von LLMs beschäftigen, die für die Entwicklung leistungsfähiger NLP-Systeme unerlässlich ist.

Das Vortraining eines LLM von Grund auf ist ein bedeutendes Unterfangen, das Tausende oder Millionen von Dollar an Rechenkosten für GPT-ähnliche Modelle verschlingt. Daher liegt der Schwerpunkt bei Phase 2 auf der Implementierung des Trainings für Lehrzwecke anhand eines kleinen Datensatzes. Darüber hinaus bringe ich auch Beispiele für Code, mit dem sich frei verfügbare Modellgewichte laden lassen.

Schließlich nehmen wir in Phase 3 ein vortrainiertes LLM und feintunen es, um Anweisungen zu befolgen, wie zum Beispiel Fragen zu beantworten oder Texte zu klassifizieren – die häufigsten Aufgaben in vielen realen Anwendungen und in der Forschung.

Ich hoffe, Sie freuen sich auf diese spannende Reise!

1.8 Zusammenfassung

- LLMs haben das Gebiet der Verarbeitung natürlicher Sprache umgewandelt, das sich bis dahin vorwiegend auf explizit regelbasierte Systeme und einfachere statistische Methoden gestützt hat. Das Aufkommen von LLMs förderte auch neue auf Deep Learning basierende Ansätze zutage, die zu Fortschritten beim Verstehen, Erzeugen und Übersetzen menschlicher Sprache geführt haben.
- Moderne LLMs werden in zwei Hauptschritten trainiert:
  - Zunächst werden sie auf einem großen Korpus von ungelabeltem Text trainiert, indem die Vorhersage des nächsten Worts in einem Satz als Label verwendet wird.
  - Dann werden sie mit einem kleineren, gelabelten Zieldatensatz feingetunt, um Anweisungen zu befolgen oder Klassifizierungsaufgaben durchzuführen.
- LLMs basieren auf der Transformer-Architektur. Die Schlüsselidee der Transformer-Architektur ist ein Attention-Mechanismus, der dem LLM selektiven Zugriff auf die gesamte Eingabesequenz gibt, wenn die Ausgabe Wort für Wort generiert wird.
- Die ursprüngliche Transformer-Architektur besteht aus einem Encoder, der den Text parst, und einem Decoder, der Text generiert.

- LLMs wie GPT-3 und ChatGPT, die Text generieren und Anweisungen befolgen sollen, implementieren nur Decoder-Module, was die Architektur vereinfacht.
- Große Datensätze, die aus Milliarden von Wörtern bestehen, sind für das Vortraining von LLMs unerlässlich.
- Während die allgemeine Vortrainingsaufgabe für GPT-ähnliche Modelle darin besteht, das nächste Wort in einem Satz vorherzusagen, weisen derartige LLMs emergente Eigenschaften auf, wie zum Beispiel die Fähigkeit, Texte zu klassifizieren, zu übersetzen oder zusammenzufassen.
- Sobald ein LLM vortrainiert ist, kann das resultierende Basismodell für verschiedene Downstream-Aufgaben effizienter feingetunt werden.
- LLMs, die auf benutzerdefinierten Datensätzen feingetunt wurden, können allgemeine LLMs bei spezifischen Aufgaben übertreffen.

2 Mit Textdaten arbeiten

In diesem Kapitel:

- Text für das LLM-Training aufbereiten
- Text in Wörter und Teilworttokens aufteilen
- Bytepaar-Codierung als fortgeschrittenere Methode der Tokenisierung von Text
- Sampling von Trainingsbeispielen mit einem Gleitfensteransatz
- Tokens in Vektoren konvertieren, die in ein LLM eingespeist werden

Bisher haben wir uns mit der allgemeinen Struktur von *Large Language Models* (großen Sprachmodellen, LLMs) beschäftigt und festgestellt, dass diese mit riesigen Textmengen vortrainiert werden. Insbesondere haben wir uns auf LLMs konzentriert, die nur den Decoder-Teil der Transformer-Architektur nutzen. Derartige Modelle liegen ChatGPT und anderen populären GPT-ähnlichen LLMs zugrunde.

Während der Vortrainingsphase verarbeiten LLMs den Text Wort für Wort. Das Training von LLMs mit Millionen bis Milliarden von Parametern und der Aufgabe, das nächste Wort vorherzusagen, liefert Modelle mit beeindruckenden Fähigkeiten. Diese Modelle lassen sich dann weiter verfeinern, damit sie allgemeine Anweisungen befolgen oder bestimmte Zielaufgaben erfüllen können. Bevor wir aber LLMs implementieren und trainieren können, müssen wir den Trainingsdatensatz vorbereiten, wie Abbildung 2.1 zeigt.

Hier lernen Sie, wie man den Eingabetext für das Trainieren von LLMs vorbereitet. Dazu gehört es, den Text in einzelne Wort- und Teilworttokens aufzuteilen, die sich dann in Vektordarstellungen für das LLM codieren lassen. Außerdem geht es um fortgeschrittene Tokenisierungsschemas wie etwa die Bytepaar-Codierung, die in beliebten LLMs wie GPT genutzt werden. Schließlich implementieren Sie eine Sampling- und Datenladestrategie, um die Eingabe-Ausgabe-Paare zu erzeugen, die für das Training von LLMs notwendig sind.

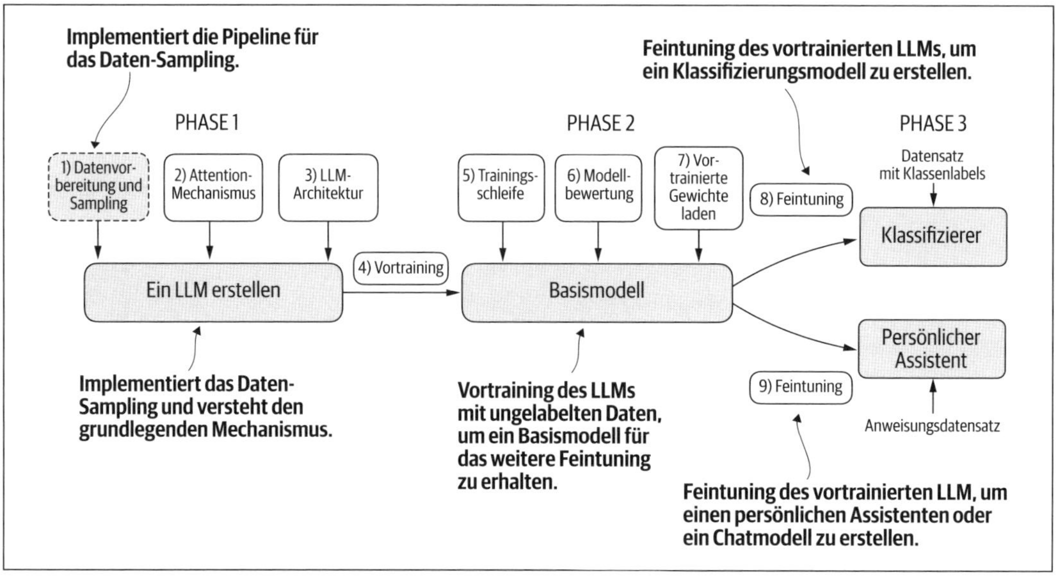

Abb. 2.1 *Die drei Hauptphasen beim Programmieren eines LLM. Dieses Kapitel konzentriert sich auf Schritt 1 in Phase 1: Implementieren der Pipeline für das Daten-Sampling.*

2.1 Wort-Embeddings

Deep-Neural-Networks-Modelle, einschließlich LLMs, können Rohtext nicht direkt verarbeiten. Die kategoriale Natur von Text ist mit den mathematischen Operationen, mit denen neuronale Netze implementiert und trainiert werden, nicht kompatibel. Daher benötigen wir eine Methode, um Wörter als Vektoren mit kontinuierlichen Werten darzustellen.

> **Hinweis**
>
> Für Leser, die mit Vektoren und Tensoren in einem rechentechnischen Kontext nicht vertraut sind, bietet Anhang A, Abschnitt A.2.2, eine kurze Einführung.

Das Konzept, Daten in ein Vektorformat zu konvertieren, wird oft als *Embedding* (Einbettung) bezeichnet. Mithilfe einer bestimmten Schicht eines neuronalen Netzes oder eines anderen vortrainierten Modells eines neuronalen Netzes können wir verschiedene Datentypen einbetten – zum Beispiel Video, Audio und Text, wie Abbildung 2.2 veranschaulicht. Beachten Sie aber unbedingt, dass verschiedene Datenformate besondere Embedding-Modelle erfordern. Zum Beispiel ist ein Embedding-Modell, das für Text ausgelegt ist, nicht geeignet, um Audio- oder Videodaten einzubetten.

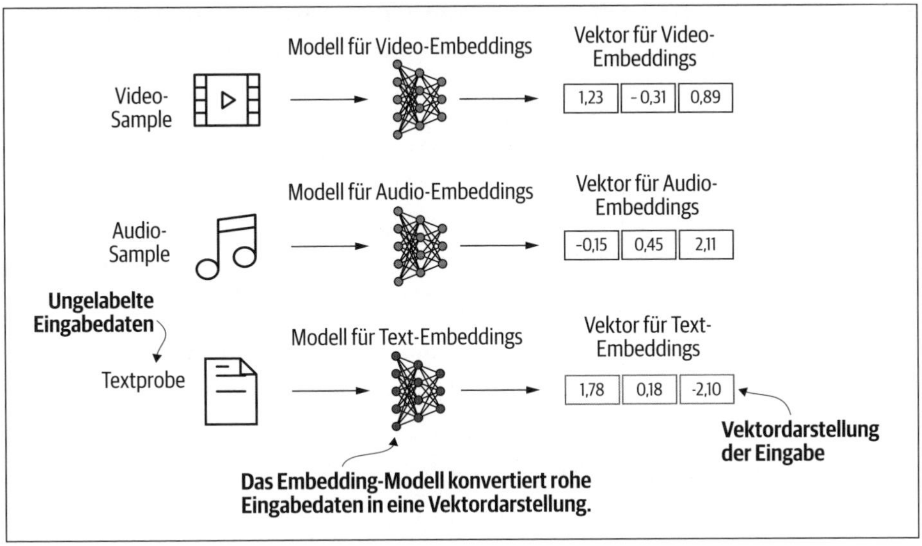

Abb. 2.2 *Deep-Learning-Modelle können keine Datenformate wie Video, Audio und Text in ihrer Rohform verarbeiten. Daher verwenden wir ein Embedding-Modell, um diese Rohdaten in eine dichte Vektordarstellung zu transformieren, die Deep-Learning-Architekturen problemlos verstehen und verarbeiten können. Insbesondere veranschaulicht diese Abbildung die Konvertierung von Rohdaten in einen dreidimensionalen numerischen Vektor.*

Ein Embedding, eine Einbettung, ist prinzipiell eine Abbildung von diskreten Objekten wie Wörtern, Bildern oder sogar ganzen Dokumenten auf Punkte in einem kontinuierlichen Vektorraum – der Hauptzweck von Embeddings besteht darin, nicht numerische Daten in ein Format zu konvertieren, das Neural Networks verarbeiten können.

Wort-Embeddings sind zwar die häufigste Form des Text-Embeddings, doch gibt es auch Embeddings für Sätze, Absätze oder ganze Dokumente. Satz- oder Absatz-Embeddings sind vor allem beliebt für *Retrieval-Augmented Generation*. Die Retrieval-Augmented Generation kombiniert das Generieren (wie das Erzeugen von Text) mit dem Abrufen (wie dem Suchen in einer externen Wissensbasis), um relevante Informationen beim Generieren von Text einzuholen. Diese Technik zu besprechen, würde aber den Rahmen dieses Buchs sprengen. Da unser Ziel darin besteht, GPT-ähnliche LLMs zu trainieren, die das Generieren von Text Wort für Wort lernen, konzentrieren wir uns auf Wort-Embeddings.

Um Wort-Embeddings zu generieren, wurden mehrere Algorithmen und Frameworks entwickelt. Eines der früheren und beliebtesten Beispiele ist der *Word2Vec*-Ansatz. Die mit Word2Vec trainierte neuronale Netzarchitektur soll Wort-Embeddings generieren, indem der Kontext eines Worts für ein gegebenes Zielwort vorhergesagt wird oder umgekehrt. Word2Vec liegt die Idee zugrunde, dass Wörter, die in ähnlichen Kontexten erscheinen, tendenziell ähnliche Bedeutungen haben. Folglich erscheinen bei der Projektion in zweidimensionale Wort-Embeddings zu Visualisierungszwecken ähnliche Begriffe in Clustern, wie Abbildung 2.3 zeigt.

Wort-Embeddings können unterschiedliche Dimensionen haben, von einer bis zu Tausenden. Eine höhere Dimensionalität erfasst möglicherweise nuancenreichere Beziehungen, allerdings auf Kosten der Recheneffizienz.

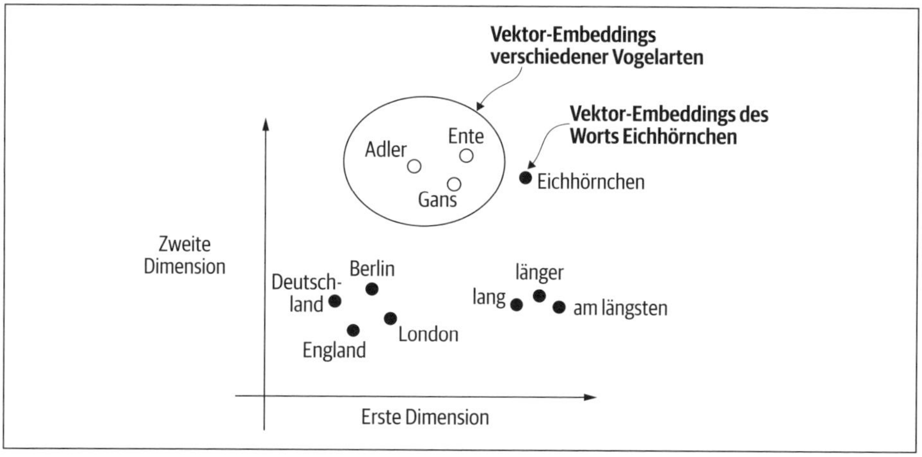

Abb. 2.3 *Wenn Wort-Embeddings zweidimensional sind, können wir sie zu Anschauungszwecken in einem zweidimensionalen Streudiagramm darstellen, wie hier gezeigt. Bei Verwendung von Wort-Embedding-Techniken wie Word2Vec erscheinen Wörter, die ähnlichen Konzepten entsprechen, oft nahe beieinander im Einbettungsraum. Zum Beispiel befinden sich verschiedene Vogelarten im Einbettungsraum näher beieinander als Länder und Städte.*

Wir können zwar für Modelle des Machine Learning mit vortrainierten Modellen wie Word2Vec Embeddings generieren, doch erzeugen LLMs üblicherweise ihre eigenen Embeddings, die Teil der Eingabeschicht sind und während des Trainings aktualisiert werden. Embeddings als Teil des LLM-Trainings statt per Word2Vec zu optimieren, hat den Vorteil, dass die Embeddings für die jeweilige Aufgabe und die vorliegenden Daten optimiert werden. Weiter unten in diesem Kapitel werden wir derartige Embedding-Schichten implementieren. (LLMs können auch kontextualisierte Ausgabe-Embeddings erzeugen, wie Kapitel 3 zeigen wird.)

Leider sind hochdimensionale Embeddings nur schwer zu visualisieren, da unsere Sinneswahrnehmungen und die üblichen grafischen Darstellungen von Natur aus auf drei oder weniger Dimensionen beschränkt sind. Deshalb zeigt Abbildung 2.3 zweidimensionale Embeddings in einem zweidimensionalen Streudiagramm. Wenn wir aber mit LLMs arbeiten, verwenden wir normalerweise Embeddings mit einer viel höheren Dimensionalität. Sowohl bei GPT-2 als auch bei GPT-3 variiert die Größe des Embeddings (oft als Dimensionalität der verborgenen Zustände des Modells bezeichnet) je nach Modellvariante und -größe. Sie ist ein Kompromiss zwischen Performance und Effizienz. Die kleinsten GPT-2-Modelle (117 Millionen und 125 Millionen Parameter) verwenden eine Embedding-Größe von 768 Dimensionen, um konkrete Beispiele zu liefern. Das größte GPT-3-Modell (175 Milliarden Parameter) nutzt eine Embedding-Größe von 12.288 Dimensionen.

Als Nächstes werden wir die erforderlichen Schritte durchgehen, um die von einem LLM verwendeten Embeddings vorzubereiten: Text in Wörter aufteilen, Wörter in Tokens konvertieren und Tokens in Embedding-Vektoren umwandeln.

2.2 Text tokenisieren

Dieser Abschnitt erläutert, wie der Eingabetext in einzelne Tokens aufgeteilt wird – ein notwendiger Vorverarbeitungsschritt, um Embeddings für ein LLM zu erstellen. Diese Tokens sind entweder einzelne Wörter oder Sonderzeichen einschließlich Interpunktionszeichen, wie Abbildung 2.4 veranschaulicht.

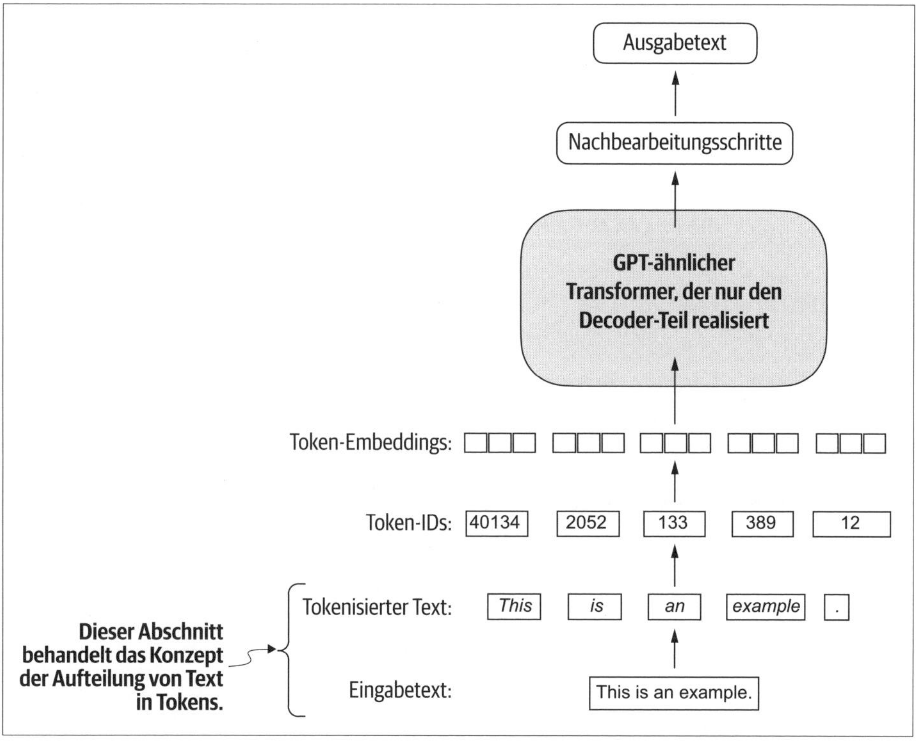

Abb. 2.4 *Textverarbeitungsschritte im Kontext eines LLM. Hier teilen wir einen Eingabetext in einzelne Tokens auf, die entweder Wörter oder Sonderzeichen (wie zum Beispiel Interpunktionszeichen) sind.*

Für das LLM-Training tokenisieren wir hier den Text von »The Verdict«, einer Kurzgeschichte von Edith Wharton. Dieser Text ist als Public Domain verfügbar und darf somit für LLM-Trainingsaufgaben verwendet werden. Verfügbar ist er auf Wikisource unter *https://en.wikisource.org/wiki/The_Verdict*. Kopieren Sie den Text und fügen Sie ihn in eine Textdatei *the-verdict.txt* ein.

Alternativ finden Sie die Datei *the-verdict.txt* im GitHub-Repository zum Buch unter *https://mng.bz/Adng*. Die Datei laden Sie mit dem folgenden Python-Code herunter:

```
import urllib.request
url = ("https://raw.githubusercontent.com/rasbt/"
       "LLMs-from-scratch/main/ch02/01_main-chapter-code/"
       "the-verdict.txt")
file_path = "the-verdict.txt"
urllib.request.urlretrieve(url, file_path)
```

Als Nächstes können Sie die Datei *the-verdict.txt* mit den Standardprogrammen von Python zum Lesen von Dateien laden.

Listing 2.1 *Eine Kurzgeschichte als Textbeispiel in Python laden*

```
with open("the-verdict.txt", "r", encoding="utf-8") as f:
    raw_text = f.read()
print("Total number of character:", len(raw_text))
print(raw_text[:99])
```

Der `print`-Befehl gibt die Gesamtanzahl der Zeichen (`Total number of character`) und danach die ersten 99 Zeichen dieser Datei zur Veranschaulichung aus:

```
Total number of character: 20479
I HAD always thought Jack Gisburn rather a cheap genius--
though a good fellow enough--so it was no
```

Unser Ziel ist es, diese Kurzgeschichte mit 20.479 Zeichen in einzelne Wörter und Sonderzeichen zu tokenisieren, die wir dann in Embeddings für das LLM-Training umwandeln können.

Hinweis

Es ist üblich, beim Arbeiten mit LLMs Millionen von Artikeln und Hunderte oder Tausende von Büchern zu verarbeiten – viele Gigabytes an Text. Für Schulungszwecke genügt es aber, mit kleineren Textbeispielen wie einem einzelnen Buch zu beginnen, um die Hauptideen hinter den Verarbeitungsschritten zu veranschaulichen und die Ausführung auf Verbraucherhardware in einer angemessenen Zeit zu ermöglichen.

Wie können wir aber diesen Text am besten aufteilen, um eine Liste von Tokens zu erhalten? Hierzu unternehmen wir einen kleinen Ausflug und verwenden zur Veranschaulichung die Regex-Bibliothek von Python namens `re` für Illustrationszwecke. (Die Syntax für reguläre Ausdrücke oder eine Ausdruckssyntax müssen Sie sich nicht merken, da wir später einen vorher erstellten Tokenizer nutzen werden.

Mit einigen einfachen Beispieltexten können wir den Befehl `re.split` mit der folgenden Syntax verwenden, um einen Text bei Leerzeichen zu trennen:

```
import re
text = "Hello, world. This, is a test."
result = re.split(r'(\s)', text)
print(result)
```

Das Ergebnis ist eine Liste von einzelnen Wörtern und Interpunktionszeichen:

```
['Hello,', ' ', 'world.', ' ', 'This,', ' ', 'is', ' ', 'a', ' ', 'test.']
```

Dieses einfache Tokenisierungsschema funktioniert weitestgehend, um Beispieltext in einzelne Wörter zu zerlegen, allerdings sind einige Wörter noch mit Satzzeichen verbunden, die wir als separate Listeneinträge haben wollen. Wir verzichten auch darauf, den gesamten Text in Kleinbuchstaben umzuwandeln, denn die Groß-/Kleinschreibung hilft den LLMs, zwischen Eigennamen und gewöhnlichen Substantiven zu unterscheiden, die Satzstruktur zu verstehen und zu lernen, Text mit korrekter Großschreibung zu erzeugen.

Ändern wir den regulären Ausdruck, sodass bei Leerzeichen (`\s`), Kommas und Punkten (`[,.]`) geteilt wird:

```
result = re.split(r'([,.]|\s)', text)
print(result)
```

Die Wörter und Satzzeichen erscheinen jetzt als separate Listeneinträge, genau wie wir es wollten:

```
['Hello', ',', '', ' ', 'world', '.', '', ' ', 'This', ',', '', ' ', 'is',
' ', 'a', ' ', 'test', '.', '']
```

Ein kleines Problem bleibt: Die Liste enthält immer noch Leerzeichen. Optional können wir diese redundanten Zeichen wie folgt sicher entfernen:

```
result = [item for item in result if item.strip()]
print(result)
```

Die nun leerzeichenfreie Ausgabe sieht folgendermaßen aus:

```
['Hello', ',', 'world', '.', 'This', ',', 'is', 'a', 'test', '.']
```

Hinweis

Wenn man einen einfachen Tokenizer entwickelt, hängt es von der konkreten Anwendung und ihren Anforderungen ab, ob man Leerzeichen als separate Zeichen codieren oder sie einfach entfernen sollte. Das Entfernen von Leerzeichen verringert den Speicher- und Rechenbedarf. Allerdings kann es nützlich sein, Leerzeichen zu behalten, wenn man Modelle trainiert, die auf die genaue Struktur des Texts reagieren (zum Beispiel Python-Code, bei dem Einrückungen und Abstände wichtig sind). Hier entfernen wir Leerzeichen, um die tokenisierten Ausgaben einfach und kurz zu halten. Später wechseln wir zu einem Tokenisierungsschema, das Leerzeichen einschließt.

Das Tokenisierungsschema, das wir hier entwickelt haben, funktioniert gut mit dem einfachen Beispieltext. Wir wollen es noch ein wenig modifizieren, sodass es auch andere Arten von Interpunktion verarbeiten kann, wie Fragezeichen, Anführungszeichen und die doppelten Bindestriche, die wir bereits in den ersten 100 Zeichen von Edith Whartons Kurzgeschichte gesehen haben, sowie weitere Sonderzeichen:

```
text = "Hello, world. Is this-a test?"
result = re.split(r'([,.:;?_!"()\']|--|\s)', text)
result = [item.strip() for item in result if item.strip()]
print(result)
```

Die Ausgabe sieht so aus:

```
['Hello', ',', 'world', '.', 'Is', 'this', '--', 'a', 'test', '?']
```

Wie Sie anhand der in Abbildung 2.5 zusammengefassten Ergebnisse sehen können, kann das Tokenisierungsschema nun erfolgreich mit den verschiedenen Sonderzeichen im Text umgehen.

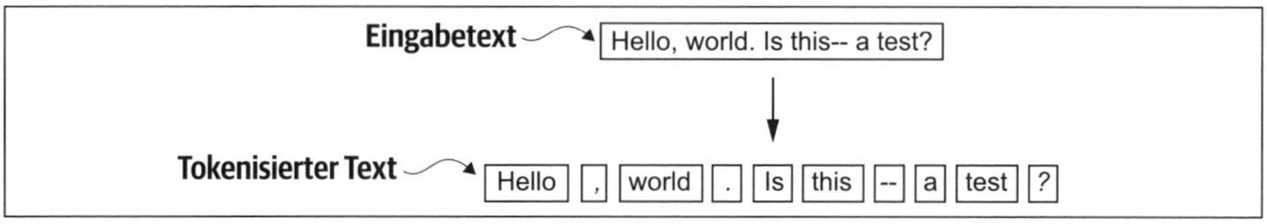

Abb. 2.5 *Das Tokenisierungsschema, das wir bisher implementiert haben, teilt den Text in einzelne Wörter und Satzzeichen auf. In diesem spezifischen Beispiel wird der Beispieltext in zehn einzelne Tokens zerlegt.*

Nachdem wir über einen funktionierenden Basis-Tokenizer verfügen, wollen wir ihn auf die gesamte Kurzgeschichte von Edith Wharton anwenden:

```
preprocessed = re.split(r'([,.:;?_!"()\']|--|\s)', raw_text)
preprocessed = [item.strip() for item in preprocessed if item.strip()]
print(len(preprocessed))
```

Diese `print`-Anweisung gibt 4690 aus – die Anzahl der Tokens in diesem Text (ohne Leerzeichen). Für eine schnelle visuelle Kontrolle geben wir die ersten 30 Tokens aus:

```
print(preprocessed[:30])
```

Die Ausgabe zeigt, dass unser Tokenizer offenbar gut mit dem Text klarkommt, da alle Wörter und Sonderzeichen sauber getrennt sind:

```
['I', 'HAD', 'always', 'thought', 'Jack', 'Gisburn', 'rather', 'a',
'cheap', 'genius', '--', 'though', 'a', 'good', 'fellow', 'enough',
'--', 'so', 'it', 'was', 'no', 'great', 'surprise', 'to', 'me', 'to',
'hear', 'that', ',', 'in']
```

2.3 Tokens in Token-IDs konvertieren

Als Nächstes konvertieren wir diese Tokens von einem Python-String in eine ganzzahlige Darstellung, um die Token-IDs zu erzeugen.

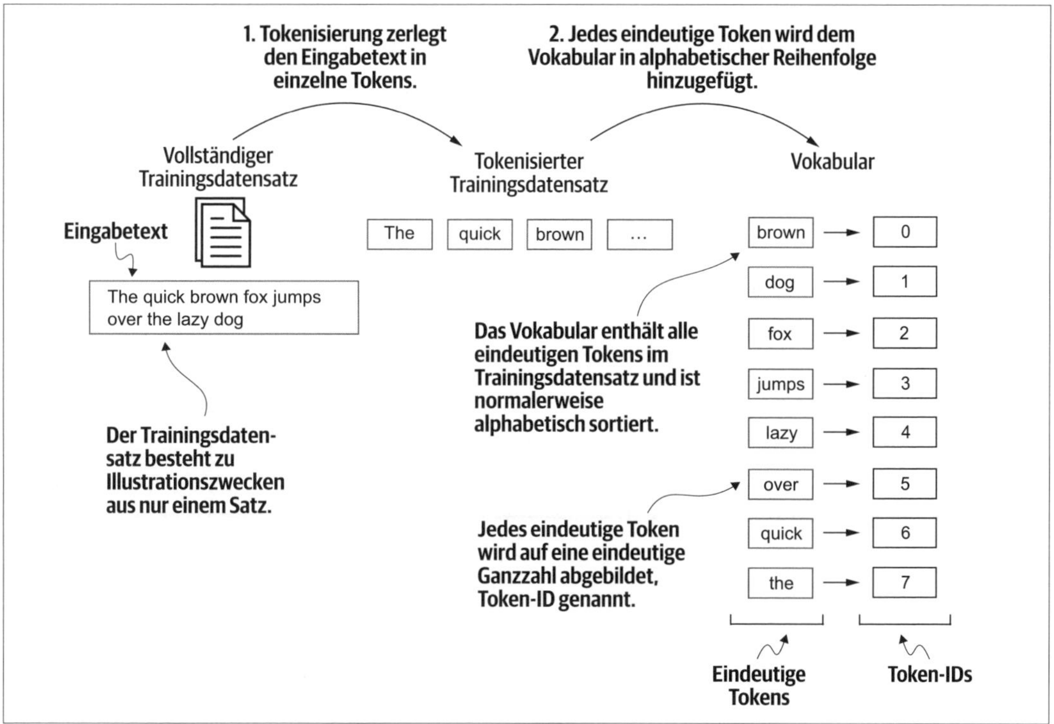

Abb. 2.6 *Wir bauen ein Vokabular auf, indem wir den gesamten Text in einem Trainingsdatensatz in einzelne Tokens zerlegen. Diese einzelnen Tokens werden dann alphabetisch sortiert, doppelte Tokens werden entfernt. Dann werden die eindeutigen Tokens in einem Vokabular zusammengefasst, das eine Zuordnung von jedem eindeutigen Token zu einem eindeutigen ganzzahligen Wert definiert. Das dargestellte Vokabular ist bewusst klein gehalten und enthält der Einfachheit halber weder Interpunktions- noch Sonderzeichen.*

Diese Umwandlung ist ein Zwischenschritt, bevor die Token-IDs in Embedding-Vektoren konvertiert werden. Um die zuvor generierten Tokens in Token-IDs umzuwandeln, müssen wir zunächst ein Vokabular erstellen. Dieses Vokabular definiert, wie wir jedes einzelne Wort und jedes Sonderzeichen auf eine eindeutige Ganzzahl abbilden, wie Abbildung 2.6 zeigt.

Nachdem wir nun die Kurzgeschichte von Edith Wharton tokenisiert und ihr eine Python-Variable namens `preprocessed` zugewiesen haben, erstellen wir eine Liste aller eindeutigen Tokens und sortieren sie alphabetisch, um die Vokabulargröße zu bestimmen:

```
all_words = sorted(set(preprocessed))
vocab_size = len(all_words)
print(vocab_size)
```

Nachdem wir mit diesem Code eine Vokabulargröße von 1.130 ermittelt haben, erstellen wir das Vokabular und geben die ersten 51 Einträge zu Illustrationszwecken aus.

Listing 2.2 *Ein Vokabular erstellen*

```
vocab =  {token:integer for integer,token in enumerate(all_words)}
for i, item in enumerate(vocab.items()):
    print(item)
    if i >= 50:
        break
```

Die Ausgabe sieht so aus:

```
('!', 0)
('"', 1)
("'", 2)
...
('Her', 49)
('Hermia', 50)
```

Das Wörterbuch enthält also einzelne Tokens, die mit eindeutigen ganzzahligen Labels verknüpft sind. Unser nächstes Ziel ist es, dieses Vokabular anzuwenden, um neuen Text in Token-IDs umzuwandeln (siehe Abbildung 2.7).

Wenn wir die Ausgaben eines LLM von Zahlen wieder in Text umwandeln wollen, brauchen wir eine Methode, um Token-IDs in Text zu überführen. Hierfür können wir eine inverse Version des Vokabulars erstellen, die Token-IDs in die entsprechenden Texttokens zurückverwandelt.

Wir implementieren eine vollständige Tokenizer-Klasse in Python mit einer Methode `encode`, die Text in Tokens zerlegt und die Strings auf Ganzzahlen abbildet, um Token-IDs über das Vokabular zu erzeugen. Darüber hinaus implementieren wir eine Methode `decode`, die die umgekehrte Ganzzahl-zu-String-Zuordnung vornimmt, um die Token-IDs wieder in Text zu konvertieren. Listing 2.3 zeigt den Code für diese Tokenizer-Implementierung.

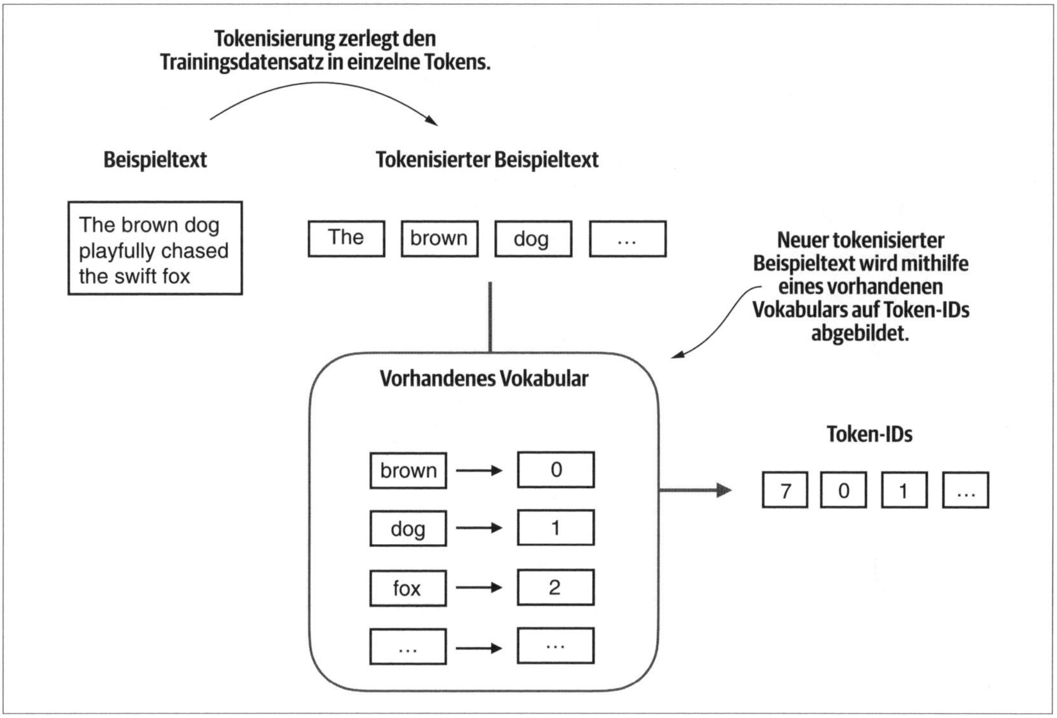

Abb. 2.7 *Ausgehend von einem neuen Textbeispiel wird der Text tokenisiert, und das Vokabular wird verwendet, um die Texttokens in Token-IDs umzuwandeln. Das Vokabular wird aus dem gesamten Trainingsdatensatz erstellt und lässt sich dann auf den Trainingsdatensatz selbst und auf alle neuen Textproben anwenden. Das dargestellte Vokabular enthält der Einfachheit halber weder Interpunktions- noch Sonderzeichen.*

Listing 2.3 *Einen einfachen Text-Tokenizer implementieren*

```
class SimpleTokenizerV1:
    def __init__(self, vocab):
        self.str_to_int = vocab                                   ❶
        self.int_to_str = {i:s for s,i in vocab.items()}          ❷

    def encode(self, text):                                       ❸
        preprocessed = re.split(r'([,.?_!"()\']|--|\s)', text)
        preprocessed = [
            item.strip() for item in preprocessed if item.strip()
        ]
        ids = [self.str_to_int[s] for s in preprocessed]
        return ids

    def decode(self, ids):                                        ❹
        text = " ".join([self.int_to_str[i] for i in ids])

        text = re.sub(r'\s+([,.?!"()\'])', r'\1', text)           ❺
        return text
```

❶ Speichert das Vokabular als Attribut der Klasse, um in den Encode- und Decode-Methoden darauf zuzugreifen.

❷ Erzeugt ein inverses Vokabular, das Token-IDs zurück auf die ursprünglichen Texttokens abbildet.

❸ Verarbeitet Eingabetext zu Token-IDs.

❹ Konvertiert Token-IDs zurück in Text.

❺ Entfernt Leerzeichen vor den festgelegten Satzzeichen.

Mithilfe der Python-Klasse `SimpleTokenizerV1` können wir nun neue Tokenizer-Objekte über ein vorhandenes Vokabular instanziieren. Dies können wir dann nutzen, um Text zu codieren und zu decodieren, wie Abbildung 2.8 veranschaulicht.

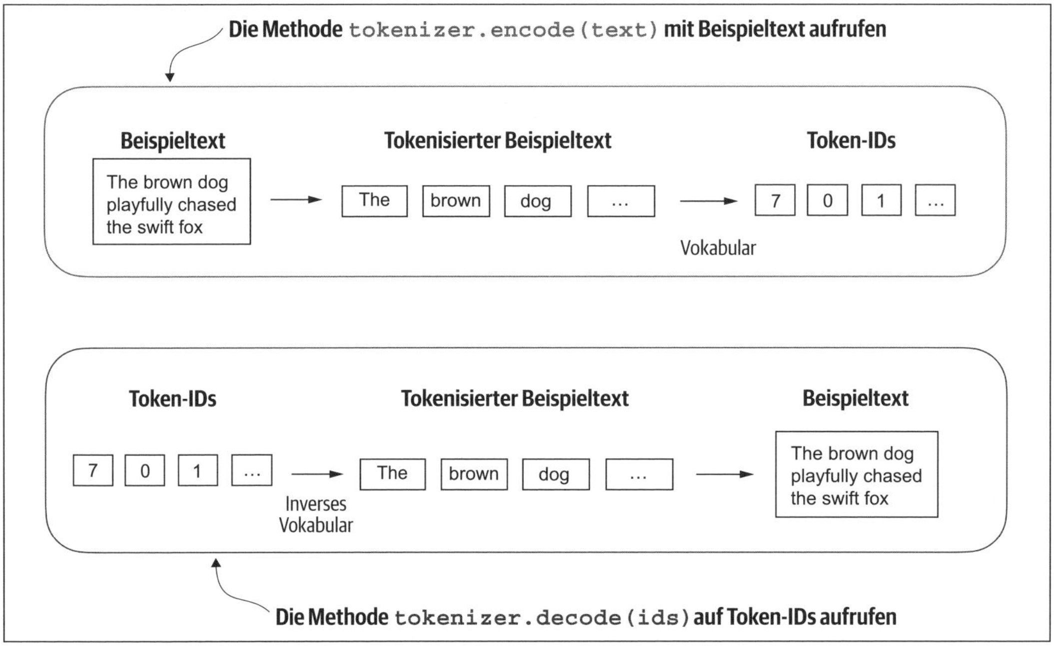

Abb. 2.8 *Tokenizer-Implementierungen nutzen zwei allgemeine Methoden gemeinsam: eine Encode-Methode und eine Decode-Methode. Die Encode-Methode übernimmt den Beispieltext, zerlegt ihn in individuelle Tokens und konvertiert die Tokens über das Vokabular in Token-IDs. Die Decode-Methode übernimmt Token-IDs, konvertiert sie zurück in Texttokens und verkettet die Texttokens in natürlichen Text.*

Wir instanziieren nun ein neues Tokenizer-Objekt aus der Klasse `SimpleTokenizerV1` und tokenisieren eine Passage aus Edith Whartons Kurzgeschichte, um es in der Praxis auszuprobieren:

```
tokenizer = SimpleTokenizerV1(vocab)
text = """"It's the last he painted, you know,"
       Mrs. Gisburn said with pardonable pride."""
ids = tokenizer.encode(text)
print(ids)
```

Der obige Code gibt die folgenden Token-IDs aus:

```
[1, 56, 2, 850, 988, 602, 533, 746, 5, 1126, 596, 5, 1, 67, 7, 38, 851,
1108, 754, 793, 7]
```

Als Nächstes sehen wir uns an, ob wir diese Token-IDs mithilfe der decode-Methode zurück in Text verwandeln können:

```
print(tokenizer.decode(ids))
```

Die Ausgabe lautet:

```
'" It\' s the last he painted, you know," Mrs. Gisburn said with
pardonable pride.'
```

Diese Ausgabe zeigt, dass die decode-Methode die Token-IDs erfolgreich zurück in den ursprünglichen Text konvertiert hat.

So weit, so gut. Wir haben einen Tokenizer implementiert, der Text basierend auf einem Ausschnitt der Trainingsdatensätze tokenisieren und detokenisieren kann. Wenden wir dies nun auf ein neues Textbeispiel an, das im Trainingsdatensatz nicht enthalten ist:

```
text = "Hello, do you like tea?"
print(tokenizer.encode(text))
```

Wenn Sie diesen Code ausführen, liefert die Ausgabe folgenden Fehler:

```
KeyError: 'Hello'
```

Hier liegt das Problem darin, dass das Wort »Hello« in der Kurzgeschichte »The Verdict« nicht vorkommt. Folglich ist es auch im Vokabular nicht enthalten. Dies unterstreicht die Notwendigkeit, beim Arbeiten mit LLMs große und diverse Trainingsdatensätze zu verwenden, um das Vokabular zu erweitern.

Als Nächstes testen wir den Tokenizer weiter an Texten, die unbekannte Wörter enthalten, und diskutieren zusätzliche spezielle Tokens, die sich nutzen lassen, um weiteren Kontext für ein LLM während des Trainings zu erhalten.

2.4 Spezielle Kontexttokens hinzufügen

Wir müssen den Tokenizer modifizieren, um mit unbekannten Wörtern umgehen zu können. Außerdem müssen wir uns mit der Verwendung und dem Hinzufügen von speziellen Kontexttokens befassen, die das Verständnis des Modells für den Kontext oder andere relevante Informationen im Text verbessern können. Diese speziellen Tokens können zum Beispiel Markierungen für unbekannte Wörter und Dokumentgrenzen enthalten. Im Speziellen modifizieren wir das Vokabular und den Tokenizer `SimpleTokenizerV2`, um mit `<|unk|>` und `<|endoftext|>` zwei neue Tokens zu unterstützen, wie Abbildung 2.9 veranschaulicht.

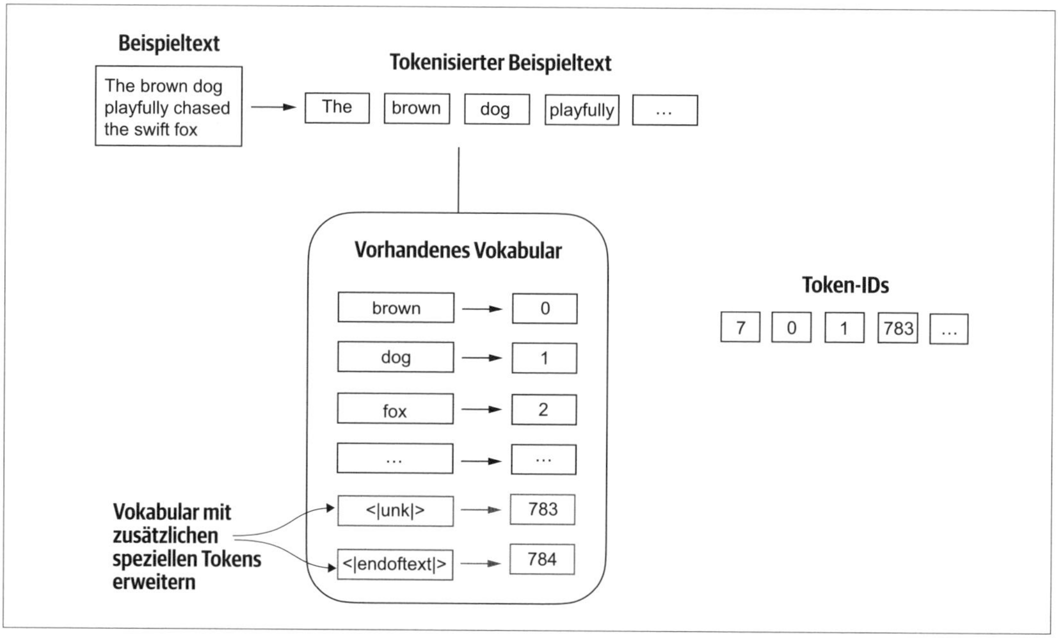

Abb. 2.9 *Wir fügen einem Vokabular spezielle Tokens hinzu, um mit bestimmten Kontexten umzugehen, zum Beispiel ein Token »<|unk|>«, um neue und unbekannte Wörter zu repräsentieren, die nicht Teil der Trainingsdaten sind und somit nicht Teil des bestehenden Vokabulars waren, außerdem ein Token »<|endoftext|>«, um zwei nicht miteinander verbundene Textquellen zu trennen.*

Den Tokenizer können wir so modifizieren, dass er ein Token `<|unk|>` verwendet, wenn er auf ein Wort stößt, das nicht Teil des Vokabulars ist. Außerdem fügen wir ein Token zwischen nicht zusammenhängenden Texten ein.

Wenn wir zum Beispiel GPT-ähnliche LLMs mit mehreren unabhängigen Dokumenten oder Büchern trainieren, ist es üblich, vor jedem Dokument oder Buch ein Token einzufügen, das auf eine vorherige Textquelle folgt, wie es Abbildung 2.10 darstellt. Das LLM kann dadurch lernen, dass diese Textquellen zwar für das Training verkettet werden, in Wirklichkeit aber nicht miteinander verbunden sind.

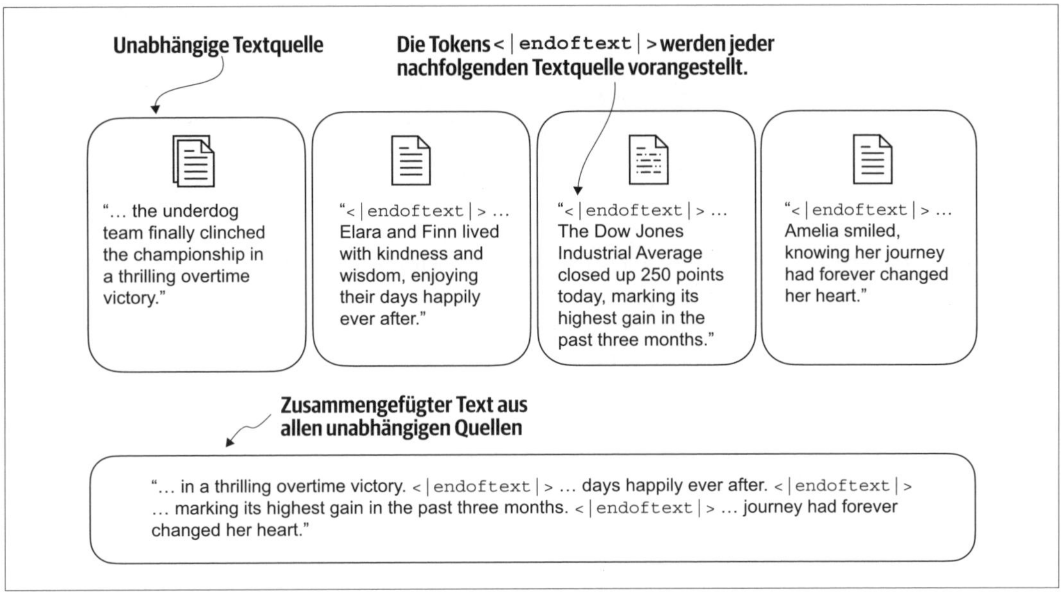

Abb. 2.10 *Wenn wir mehrere unabhängige Textquellen verwenden, fügen wir »<|endoftext|>«-Tokens zwischen diesen Texten ein. Die »<|endoftext|>«-Tokens dienen als Marker, die den Beginn oder das Ende eines bestimmten Segments signalisieren, was eine effektivere Verarbeitung und ein besseres Verständnis durch das LLM ermöglicht.*

Fügen wir nun dem Vokabular diese beiden speziellen Tokens `<unk>` und `<|endoftext|>` hinzu, indem wir sie in unsere Liste aller eindeutigen Wörter aufnehmen:

```
all_tokens = sorted(list(set(preprocessed)))
all_tokens.extend(["<|endoftext|>", "<|unk|>"])
vocab =  {token:integer for integer,token in enumerate(all_tokens)}

print(len(vocab.items()))
```

Ausgehend von der Ausgabe dieser `print`-Anweisung beträgt die neue Vokabulargröße 1.132 (bisher 1.130).

Als zusätzliche schnelle Überprüfung können wir die letzten fünf Einträge des aktualisierten Vokabulars ausgeben:

```
for i, item in enumerate(list(vocab.items())[-5:]):
    print(item)
```

Der Code liefert dieses Ergebnis:

```
('younger', 1127)
('your', 1128)
('yourself', 1129)
('<|endoftext|>', 1130)
('<|unk|>', 1131)
```

Basierend auf der Codeausgabe können wir bestätigen, dass die beiden neuen speziellen Tokens tatsächlich erfolgreich in das Vokabular eingebunden wurden. Als Nächstes passen wir den Tokenizer aus Listing 2.3 entsprechend an, gezeigt in Listing 2.4.

Listing 2.4 *Ein einfacher Text-Tokenizer, der unbekannte Wörter verarbeitet*

```
class SimpleTokenizerV2:
    def __init__(self, vocab):
        self.str_to_int = vocab
        self.int_to_str = { i:s for s,i in vocab.items()}

    def encode(self, text):
        preprocessed = re.split(r'([,.:;?_!"()\']|--|\s)', text)
        preprocessed = [
            item.strip() for item in preprocessed if item.strip()
        ]
        preprocessed = [item if item in self.str_to_int              ❶
                        else "<|unk|>" for item in preprocessed]

        ids = [self.str_to_int[s] for s in preprocessed]
        return ids

    def decode(self, ids):
        text = " ".join([self.int_to_str[i] for i in ids])
        text = re.sub(r'\s+([,.:;?!"()\'])', r'\1', text)            ❷
        return text
```

❶ Ersetzt unbekannte Wörter durch »<|unk|>«-Tokens.

❷ Ersetzt Leerzeichen vor den angegebenen Interpunktionszeichen.

Verglichen mit dem in Listing 2.3 implementierten »SimpleTokenizerV1« ersetzt der neue »SimpleTokenizerV2« unbekannte Wörter durch »<|unk|>«-Tokens.

Probieren wir diesen neuen Tokenizer in der Praxis aus. Hierfür verwenden wir ein einfaches Textbeispiel, das wir aus zwei unabhängigen und nicht zusammengehörenden Sätzen zusammenfügen:

```
text1 = "Hello, do you like tea?"
text2 = "In the sunlit terraces of the palace."
text = " <|endoftext|> ".join((text1, text2))
print(text)
```

Die Ausgabe lautet:

```
Hello, do you like tea?
 <|endoftext|> In the sunlit terraces of the palace.
```

Als Nächstes tokenisieren wir den Beispieltext mit dem `SimpleTokenizerV2` und dem Vokabular, das wir in Listing 2.4 erzeugt haben:

```
tokenizer = SimpleTokenizerV2(vocab)
print(tokenizer.encode(text))
```

Dieser Code liefert die folgenden Token-IDs:

```
[1131, 5, 355, 1126, 628, 975, 10, 1130, 55, 988, 956, 984, 722, 988,
1131, 7]
```

Wie die Ausgabe zeigt, enthält die Liste der Token-IDs `1130` für das Trennzeichentoken `<|endoftext|>` sowie zwei `1131`-Tokens, die für unbekannte Wörter verwendet werden.

Um schnell die Richtigkeit zu überprüfen, wandeln wir die Tokens wieder in Text um:

```
print(tokenizer.decode(tokenizer.encode(text)))
```

Die Ausgabe lautet:

```
<|unk|>, do you like tea? <|endoftext|> In the sunlit terraces
of the <|unk|>.
```

Durch den Vergleich dieses enttokenisierten Texts mit dem ursprünglichen Eingabetext wissen wir, dass der Trainingsdatensatz aus der Kurzgeschichte »The Verdict« von Edith Wharton die Wörter »Hello« und »palace« nicht enthält.

Je nach LLM berücksichtigen einige Forscher auch zusätzliche spezielle Tokens wie die folgenden:

- `[BOS]` (*Beginning Of Sequence*): Dieses Token markiert den Beginn eines Texts. Es teilt dem LLM mit, wo ein Teil des Inhalts beginnt.
- `[EOS]` (*End Of Sequence*): Dieses Token steht am Ende eines Texts und ist vor allem nützlich, wenn mehrere nicht zusammenhängende Texte miteinander verknüpft werden, ähnlich wie `<|endoftext|>`. Wenn Sie zum Beispiel zwei verschiedene Wikipedia-Artikel oder Bücher miteinander verbinden, zeigt das `[EOS]`-Token an, wo eine Einheit endet und die nächste beginnt.
- `[PAD]` (*Padding*): Werden LLMs mit Stapelgrößen von mehr als 1 trainiert, kann der Stapel Texte unterschiedlicher Längen enthalten. Um sicherzustellen, dass alle Texte die gleiche Länge haben, werden die kürzeren Texte mit dem Token `[PAD]` bis zur Länge des längsten Texts im Stapel erweitert oder »aufgefüllt«.

Der für GPT-Modelle verwendete Tokenizer benötigt keines dieser Tokens, denn er kommt der Einfachheit halber nur mit einem `<|endoftext|>`-Token aus. Das Token `<|endoftext|>` ist analog zum `[EOS]`-Token. Außerdem dient `<|endoftext|>` auch zum Auffüllen. Wie wir aber in den folgenden Kapiteln untersuchen werden, nutzen wir beim Training auf gestapelten Eingaben typischerweise eine Maske, das heißt, wie kümmern uns gar nicht um aufgefüllte Tokens. Somit wird das spezifische Token, das den Text auffüllen soll, belanglos.

Darüber hinaus verwendet der Tokenizer für GPT-Modelle auch kein `<|unk|>`-Token für Wörter, die nicht im Vokabular stehen. Stattdessen greifen GPT-Modelle auf einen Tokenizer zurück, der ein Bytepaar codiert und damit Wörter in Unterworteinheiten zerlegt, auf die wir im Folgenden eingehen werden.

2.5 Bytepaar-Codierung

Sehen wir uns ein ausgefeilteres Tokenisierungsschema an, das auf einem Konzept namens Bytepaar-Codierung (*Byte Pair Encoding*, BPE) basiert. LLMs wie GPT-2, GPT-3 und das in ChatGPT verwendete Originalmodell wurden mit dem BPE-Tokenizer trainiert.

Da es relativ kompliziert sein kann, BPE zu implementieren, verwenden wir eine Python-Open-Source-Bibliothek namens `tiktoken` (*https://github.com/openai/tiktoken*), die den BPE-Algorithmus sehr effizient auf der Grundlage von Quellcode in Rust implementiert. Ähnlich wie andere Python-Bibliotheken können wir die `tiktoken`-Bibliothek über den `pip`-Installer von Python vom Terminal aus installieren:

```
pip install tiktoken
```

Der hier wiedergegebene Code basiert auf `tiktoken 0.7.0`. Mit dem folgenden Code können Sie die aktuell installierte Version überprüfen:

```
from importlib.metadata import version
import tiktoken
print("tiktoken version:", version("tiktoken"))
```

Nachdem Sie die Bibliothek installiert haben, können Sie den BPE-Tokenizer von `tiktoken` wie folgt instanziieren:

```
tokenizer = tiktoken.get_encoding("gpt2")
```

Diesen Tokenizer verwenden Sie auf ähnliche Weise wie den `SimpleTokenizerV2`, den wir weiter oben über eine `encode`-Methode implementiert haben:

```
text = (
    "Hello, do you like tea? <|endoftext|> In the sunlit  terraces"
     "of someunknownPlace."
```

```
)
integers = tokenizer.encode(text, allowed_special={"<|endoftext|>"})
print(integers)
```

Der Code gibt die folgenden Token-IDs aus:

```
[15496,  11, 466, 345, 588, 8887,  30, 220, 50256, 554, 262, 4252, 18250,
 8812,  2114, 286, 617, 34680, 27271,  13]
```

Ähnlich wie bei unserem `SimpleTokenizerV2` lassen sich die Token-IDs mit der Methode `decode` zurück in Text konvertieren:

```
strings =  tokenizer.decode(integers)
print(strings)
```

Der Code liefert folgende Ausgabe:

```
Hello, do you like tea? <|endoftext|> In the sunlit terraces of
 someunknownPlace.
```

Anhand der Token-IDs und des decodierten Texts können wir zwei bemerkenswerte Beobachtungen machen. Zum einen wird dem Token `<|endoftext|>` eine relativ große Token-ID zugewiesen, nämlich 50256. Tatsächlich umfasst der BPE-Tokenizer, mit dem Modelle wie GPT-2, GPT-3 und das in ChatGPT verwendete Originalmodell trainiert wurden, ein Gesamtvokabular von 50.257, wobei `<|endoftext|>` die größte Token-ID zugewiesen wurde.

Zum anderen codiert und decodiert der BPE-Tokenizer unbekannte Wörter, wie zum Beispiel `someunknownPlace`, korrekt. Der BPE-Tokenizer kann mit jedem unbekannten Wort umgehen. Wie erreicht er das, ohne `<|unk|>`-Tokens zu verwenden?

Der Algorithmus, der BPE zugrunde liegt, zerlegt Wörter, die nicht in seinem vordefinierten Vokabular enthalten sind, in kleinere Teilworteinheiten oder sogar einzelne Zeichen, sodass er Wörter außerhalb des Vokabulars verarbeiten kann. Stößt der Tokenizer während der Tokenisierung auf ein unbekanntes Wort, kann er es dank des BPE-Algorithmus als Folge von Teilworttokens oder Zeichen darstellen, wie Abbildung 2.11 zeigt.

Die Fähigkeit, unbekannte Wörter in einzelne Zeichen zu zerlegen, stellt sicher, dass der Tokenizer, und folglich das damit trainierte LLM, jeden Text verarbeiten kann, auch wenn er Wörter enthält, die in den Trainingsdaten nicht vorgekommen sind.

Übung 2.1: Bytepaar-Codierung unbekannter Wörter

Probieren Sie den BPE-Tokenizer aus der Bibliothek `tiktoken` auf den unbekannten Wörtern »Akwirw ier« aus und geben Sie die einzelnen Token-IDs aus. Rufen Sie dann die Funktion `decode` mit jeder der resultierenden Ganzzahlen in dieser Liste auf, um die in

Abbildung 2.11 gezeigte Zuordnung zu reproduzieren. Schließlich rufen Sie die Methode decode auf den Token-IDs auf, um zu überprüfen, ob sie die ursprüngliche Eingabe »Akwirw ier« rekonstruieren kann.

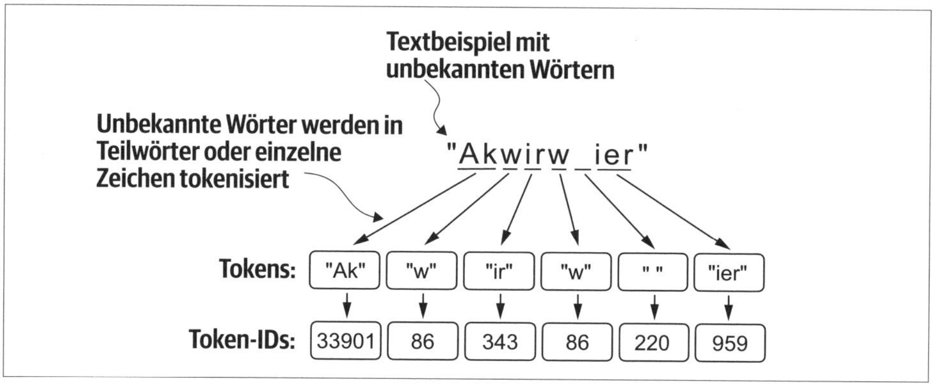

Abb. 2.11 *BPE-Tokenizer zerlegen unbekannte Wörter in Teilwörter und einzelne Zeichen. Auf diese Weise kann ein BPE-Tokenizer jedes beliebige Wort parsen und muss unbekannte Wörter nicht durch spezielle Tokens wie »<|unk|>« ersetzen.*

Eine ausführliche Erörterung und Implementierung von BPE würde den Rahmen dieses Buchs sprengen. Kurz gesagt, baut der Tokenizer sein Vokabular auf, indem er iterativ häufig vorkommende Zeichen zu Teilwörtern und häufig vorkommende Teilwörter zu Wörtern zusammenfügt. Zum Beispiel beginnt BPE damit, alle Einzelzeichen (»a«, »b« usw.) in sein Vokabular aufzunehmen. In der nächsten Phase fasst er häufig vorkommende Zeichenkombinationen zu Teilwörtern zusammen. Zum Beispiel können »d« und »e« zum Teilwort »de« zusammengefasst werden, das in vielen englischen Wörtern wie »define«, »depend«, »made« und »hidden« vorkommt. Diese Zusammenführungen werden durch einen Häufigkeitsschwellenwert bestimmt.

2.6 Daten-Sampling mit einem gleitenden Fenster

Im nächsten Schritt des Erzeugens von Embeddings für das LLM werden die Eingabe-Ziel-Paare generiert, die für das Training eines LLM erforderlich sind. Wie sehen diese Eingabe-Ziel-Paare aus? Wie Sie bereits gelernt haben, werden LLMs durch Vorhersage des nächsten Worts in einem Text trainiert, wie Abbildung 2.12 zeigt.

Implementieren wir nun einen DataLoader, der die Eingabe-Ziel-Paare gemäß Abbildung 2.12 aus dem Trainingsdatensatz mithilfe eines Gleitfensteransatzes abruft. Für den Anfang tokenisieren wir die gesamte Kurzgeschichte »The Verdict« mit dem BPE-Tokenizer:

```
with open("the-verdict.txt", "r", encoding="utf-8") as f:
    raw_text = f.read()

enc_text = tokenizer.encode(raw_text)
print(len(enc_text))
```

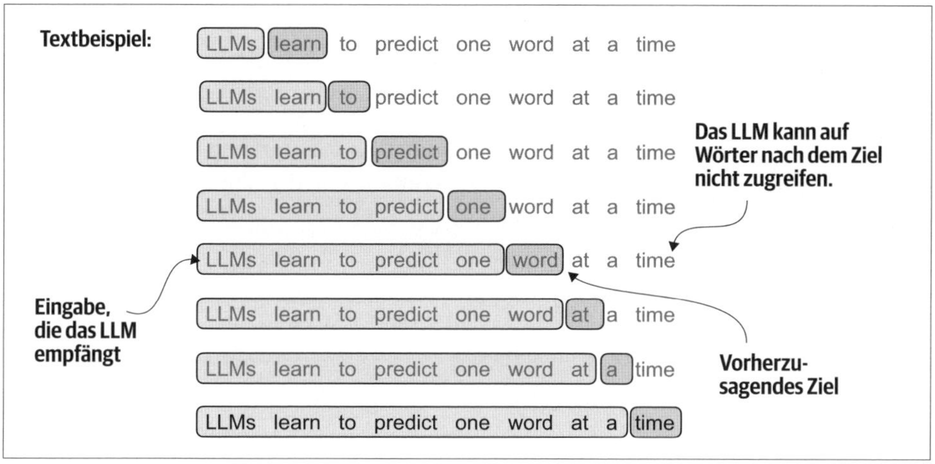

Abb. 2.12 *Für das angegebene Textbeispiel werden Eingabeblöcke als Teilproben extrahiert, die als Eingabe für das LLM dienen. Das LLM hat beim Training die Aufgabe, das nächste Wort vorherzusagen, das auf den Eingabeblock folgt. Während des Trainings maskieren wir alle Wörter aus, die hinter dem Ziel liegen. Beachten Sie, dass der in der Abbildung gezeigte Text zunächst einer Tokenisierung zu unterziehen ist, bevor das LLM ihn verarbeiten kann. Im Sinne einer übersichtlichen Darstellung wurde der Tokenisierungsschritt in der Abbildung weggelassen.*

Dieser Code gibt mit `5145` die Gesamtanzahl der Tokens in der Trainingsmenge zurück, nachdem der BPE-Tokenizer angewendet wurde.

Als Nächstes entfernen wir zu Demonstrationszwecken die ersten 50 Tokens aus dem Datensatz, da sich dadurch in den nächsten Schritten eine etwas interessantere Textpassage ergibt:

```
enc_sample = enc_text[50:]
```

Eine der einfachsten und intuitivsten Methoden, um die Eingabe-Ziel-Paare für die Vorhersage des nächsten Worts zu erzeugen, besteht darin, zwei Variablen `x` und `y` einzurichten, wobei `x` die Eingabetokens und `y` die Ziele – die um 1 verschobenen Eingaben – aufnimmt:

```
context_size = 4                    ❶
x = enc_sample[:context_size]
y = enc_sample[1:context_size+1]
print(f"x: {x}")
print(f"y:      {y}")
```

❶ Die Kontextgröße (»context_size«) bestimmt, wie viele Tokens in der Eingabe erfasst werden.

Die Ausführung des obigen Codes liefert die folgende Ausgabe:

```
x: [290, 4920, 2241, 287]
y:      [4920, 2241, 287, 257]
```

Indem die Eingaben zusammen mit den Zielen, die die um eine Position verschobenen Eingaben sind, verarbeitet werden, können wir die Vorhersage des nächsten Worts wie folgt erstellen (siehe Abbildung 2.12):

```
for i in range(1, context_size+1):
    context = enc_sample[:i]
    desired = enc_sample[i]
    print(context, "---->", desired)
```

Der Code liefert folgende Ausgaben:

```
[290] ----> 4920
[290, 4920] ----> 2241
[290, 4920, 2241] ----> 287
[290, 4920, 2241, 287] ----> 257
```

Alles links vom Pfeil (---->) bezieht sich auf die Eingabe, die ein LLM erhalten würde, und die Token-ID auf der rechten Seite des Pfeils stellt die Token-ID des Ziels dar, die das LLM voraussagen soll. Wiederholen wir nun den vorherigen Code, wir konvertieren aber die Token-IDs in Text:

```
for i in range(1, context_size+1):
    context = enc_sample[:i]
    desired = enc_sample[i]
    print(tokenizer.decode(context), "---->", tokenizer.decode([
desired]))
```

Die folgenden Ausgaben zeigen, wie die Eingabe und die Ausgaben im Textformat aussehen:

```
and ---->  established
and established ---->  himself
and established himself ---->  in
and established himself in ---->  a
```

Damit haben wir die Eingabe-Ziel-Paare erzeugt, die wir für das LLM-Training verwenden können.

Es ist nur noch eines zu tun, bevor wir die Tokens in Embeddings umwandeln können: einen effizienten DataLoader implementieren, der über den Eingabedatensatz iteriert und die Eingaben und Ziele als PyTorch-Tensoren zurückgibt, die man sich als mehrdimensionale Arrays vorstellen kann. Insbesondere sind wir daran interessiert, zwei Tensoren zurückzugeben: einen Eingabe-Tensor mit dem Text, den das LLM sieht, und einen Ziel-Tensor mit den Zielen, die das LLM vorhersagen soll, wie Abbildung 2.13 zeigt. Zur Veranschaulichung sind hier die Tokens im String-Format dargestellt, die Codeimplementierung arbeitet aber direkt mit den Token-IDs, da die Methode `encode` des BPE-Tokenizers sowohl die Tokenisierung als auch die Konvertierung in Token-IDs in einem einzigen Schritt durchführt.

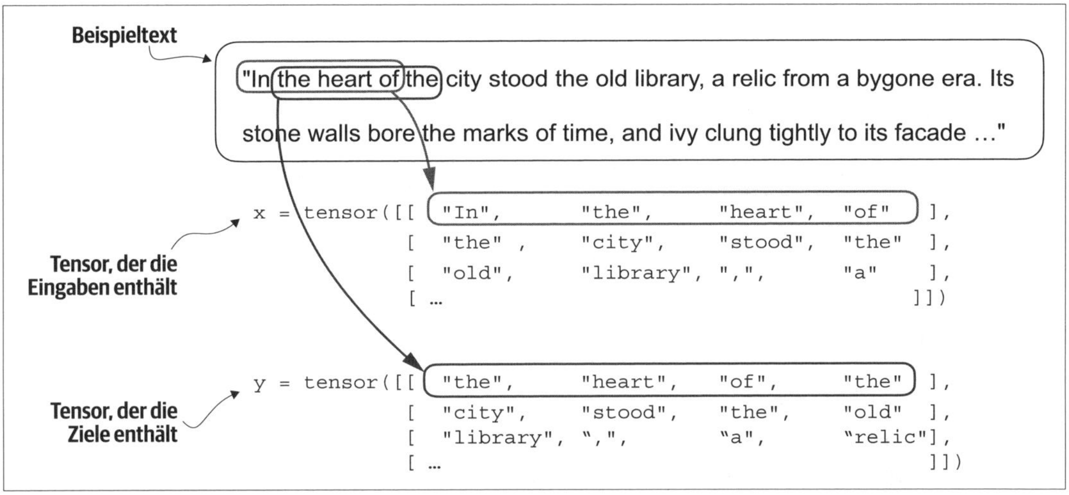

Abb. 2.13 *Um effiziente DataLoader zu implementieren, sammeln wir die Eingaben in einem Tensor »x«, wobei jede Zeile einen Eingabekontext darstellt. Ein zweiter Tensor »y« enthält die entsprechenden Vorhersageziele (die nächsten Wörter), die durch Verschieben der Eingabe um eine Position erzeugt werden.*

Hinweis

Für die effiziente Implementierung des DataLoader greifen wir auf die Klassen `Dataset` und `DataLoader` zurück, die in PyTorch integriert sind. Weitere Informationen und Anleitungen zur Installation von PyTorch finden Sie in Abschnitt A.2.1 in Anhang A.

Listing 2.5 zeigt den Code für die Datensatzklasse.

Listing 2.5 *Ein Datensatz für gestapelte Eingaben und Ziele*

```
import torch
from torch.utils.data import Dataset, DataLoader

class GPTDatasetV1(Dataset):
    def __init__(self, txt, tokenizer, max_length, stride):
        self.input_ids = []
        self.target_ids = []

        token_ids = tokenizer.encode(txt)                          ❶

            for i in range(0, len(token_ids) max_length, stride): ❷
                input_chunk = token_ids[i:i + max_length]
                target_chunk = token_ids[i + 1: i + max_length + 1]
                self.input_ids.append(torch.tensor(input_chunk))
                self.target_ids.append(torch.tensor(target_chunk))

        def __len__(self):                                         ❸
            return len(self.input_ids)

        def __getitem__(self, idx):                                ❹
            return self.input_ids[idx], self.target_ids[idx]
```

❶ Tokenisiert den gesamten Text.

❷ Verwendet ein gleitendes Fenster, um das Buch in überlappende Sequenzen von »max_length« zu unterteilen.

❸ Gibt die Gesamtanzahl der Zeilen im Datensatz zurück.

❹ Gibt eine einzelne Zeile aus dem Datensatz zurück.

Die Klasse `GPTDatasetV1` basiert auf der PyTorch-Klasse `Dataset` und definiert, wie einzelne Zeilen aus dem Datensatz abgerufen werden, wobei jede Zeile aus einer Anzahl von Token-IDs (basierend auf `max_length`) besteht, die einem `input_chunk`-Tensor zugeordnet sind. Der Tensor `target_chunk` enthält die entsprechenden Ziele. Ich empfehle weiterzulesen, um zu sehen, wie die von diesem Datensatz zurückgegebenen Daten aussehen, wenn wir den Datensatz mit einem PyTorch-DataLoader kombinieren – dies wird zusätzliche Einsichten und Klarheit bringen.

Hinweis

Wenn Sie mit der Struktur von PyTorch-`Dataset`-Klassen wie in Listing 2.5 gezeigt nicht vertraut sind, lesen Sie bitte Abschnitt A.6 in Anhang A, in dem die allgemeine Struktur und Verwendung der PyTorch-Klassen `Dataset` und `DataLoader` erläutert wird.

Der Code in Listing 2.6 verwendet GPTDatasetV1, um die Eingaben stapelweise über einen PyTorch-DataLoader zu laden.

Listing 2.6 *Ein DataLoader, um Stapel mit Eingabe-Ziel-Paaren zu generieren*

```
def create_dataloader_v1(txt, batch_size=4, max_length=256,
                         stride=128, shuffle=True, drop_last=True,
                         num_workers=0):
    tokenizer = tiktoken.get_encoding("gpt2")                 ❶
    dataset = GPTDatasetV1(txt, tokenizer, max_length, stride) ❷
    dataloader = DataLoader(
        dataset,
        batch_size=batch_size,
        shuffle=shuffle,
        drop_last=drop_last,                                   ❸
        num_workers=num_workers                                ❹
    )

    return dataloader
```

❶ Initialisiert den Tokenizer.

❷ Erzeugt ein Dataset.

❸ drop_last=True lässt den letzten Stapel fallen, wenn er kürzer als die angegebene batch_size ist, um Verlustspitzen beim Training zu verhindern.

❹ Die Anzahl der CPU-Prozesse, die für die Vorverarbeitung verwendet werden.

Testen wir nun den DataLoader mit einer Stapelgröße von 1 für ein LLM mit einer Kontextgröße von 4, um ein Gefühl dafür zu entwickeln, wie die Klasse GPTDatasetV1 aus Listing 2.5 und die Funktion create_dataloader_v1 aus Listing 2.6 zusammenwirken:

```
with open("the-verdict.txt", "r", encoding="utf-8") as f:
    raw_text = f.read()

dataloader = create_dataloader_v1(
    raw_text, batch_size=1, max_length=4, stride=1, shuffle=False)
data_iter = iter(dataloader)                                      ❶
first_batch = next(data_iter)
print(first_batch)
```

❶ Konvertiert »dataloader« in einen Python-Iterator, um den nächsten Eintrag mit der in Python integrierten Funktion »next()« abzurufen.

Dieser Code liefert die folgende Ausgabe:

```
[tensor([[  40,  367, 2885, 1464]]), tensor([[ 367, 2885, 1464, 1807]])]
```

Die Variable `first_batch` enthält zwei Tensoren: Der erste Tensor speichert die Eingabetoken-IDs, der zweite Tensor die Zieltoken-IDs. Da `max_length` auf 4 gesetzt ist, enthält jeder der beiden Tensoren vier Token-IDs. Allerdings ist eine Eingabegröße von 4 ziemlich klein und wurde nur der Einfachheit halber gewählt. Üblich ist es, LLMs mit Eingabegrößen von mindestens 256 zu trainieren.

Um die Bedeutung von `stride=1` zu verstehen, rufen wir einen weiteren Stapel aus diesem Datensatz ab:

```
second_batch = next(data_iter)
print(second_batch)
```

Der zweite Stapel hat den folgenden Inhalt:

```
[tensor([[ 367, 2885, 1464, 1807]]), tensor([[2885, 1464, 1807, 3619]])]
```

Ein Vergleich des ersten mit dem zweiten Stapel zeigt, dass die Token-IDs des zweiten Stapels um eine Position verschoben sind (zum Beispiel ist die zweite ID in der Eingabe des ersten Stapels 367, was die erste ID der Eingabe des zweiten Stapels ist). Die Einstellung `stride` (Schrittweite) bestimmt die Anzahl der Positionen, um die sich die Eingaben zwischen den Batches verschieben, was den Ansatz eines gleitenden Fensters emuliert, wie Abbildung 2.14 veranschaulicht.

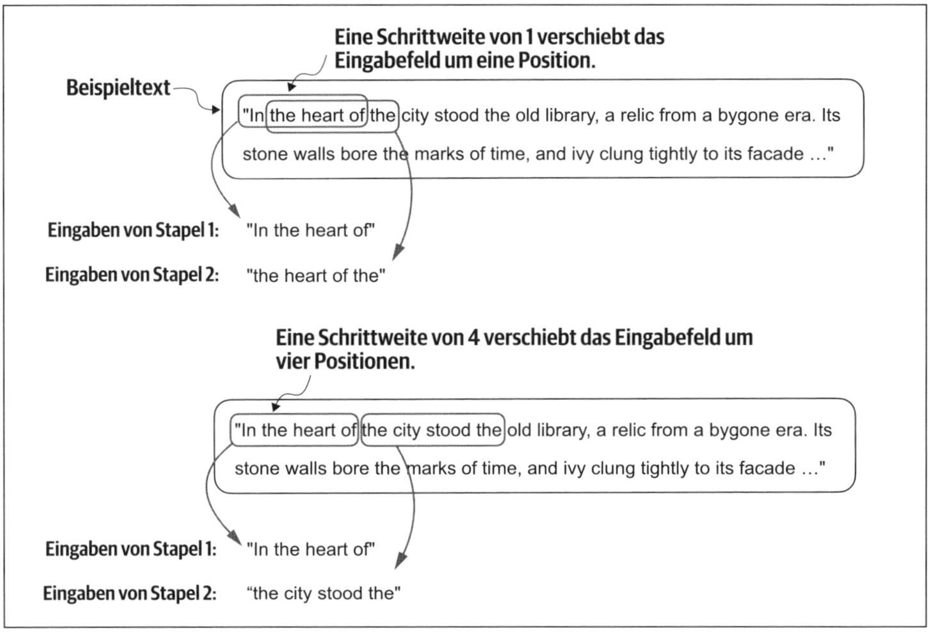

Abb. 2.14 *Wenn wir mehrere Stapel aus dem Eingabedatensatz erstellen, schieben wir ein Eingabefenster über den Text. Ist die Schrittweite auf 1 gesetzt, wird das Eingabefenster um eine Position verschoben, um den nächsten Stapel zu erzeugen. Wenn wir die Schrittweite gleich der Eingabefenstergröße setzen, verhindern wir Überlappungen zwischen den Stapeln.*

Übung 2.2: DataLoader mit verschiedenen Schrittweiten und Kontextgrößen

Um ein besseres Gespür für die Funktionsweise des DataLoader zu entwickeln, versuchen Sie, ihn mit verschiedenen Einstellungen wie `max_length=2` und `stride=2` oder `max_length=8` und `stride=2` auszuführen.

Stapelgrößen von 1, wie wir sie bisher im DataLoader ausprobiert haben, sind zu Illustrationszwecken durchaus nützlich. Wenn Sie bereits Erfahrung mit Deep Learning haben, wissen Sie vielleicht, dass kleine Stapelgrößen beim Training zwar weniger Speicher benötigen, aber zu verrauschteren Modellaktualisierungen führen. Genau wie beim regulären Deep Learning ist die Stapelgröße sowohl ein Kompromiss als auch ein Hyperparameter, mit dem man beim Training von LLMs experimentieren kann.

Schauen wir uns kurz an, wie wir den DataLoader verwenden können, um eine Stichprobe mit einer Stapelgröße größer als 1 zu erstellen:

```
dataloader = create_dataloader_v1(
    raw_text, batch_size=8, max_length=4, stride=4,
    shuffle=False
)

data_iter = iter(dataloader)
inputs, targets = next(data_iter)
print("Inputs:\n", inputs)
print("\nTargets:\n", targets)
```

Dieser Code liefert folgende Ausgaben:

```
Inputs:
 tensor([[   40,   367,  2885,  1464],
        [ 1807,  3619,   402,   271],
        [10899,  2138,   257,  7026],
        [15632,   438,  2016,   257],
        [  922,  5891,  1576,   438],
        [  568,   340,   373,   645],
        [ 1049,  5975,   284,   502],
        [  284,  3285,   326,    11]])

Targets:
 tensor([[  367,  2885,  1464,  1807],
        [ 3619,   402,   271, 10899],
        [ 2138,   257,  7026, 15632],
        [  438,  2016,   257,   922],
        [ 5891,  1576,   438,   568],
        [  340,   373,   645,  1049],
        [ 5975,   284,   502,   284],
        [ 3285,   326,    11,   287]])
```

Beachten Sie, dass wir die Schrittweite auf 4 erhöht haben, um den Datensatz vollständig zu nutzen (ein einzelnes Wort überspringen wir nicht). Dadurch lassen sich Überschneidungen zwischen den Stapeln vermeiden, da weitere Überlappungen zu erhöhter Überanpassung führen könnten.

2.7 Token-Embeddings erzeugen

Im letzten Schritt der Vorbereitung des Eingabetexts für das LLM-Training werden die Token-IDs in Embedding-Vektoren konvertiert, wie Abbildung 2.15 veranschaulicht. Als Vorbereitungsschritt müssen wir diese Embedding-Gewichte mit zufälligen Werten initialisieren. Diese Initialisierung dient als Ausgangspunkt für den Lernprozess des LLM. In Kapitel 5 werden Sie die Embedding-Gewichte als Teil des LLM-Trainings optimieren.

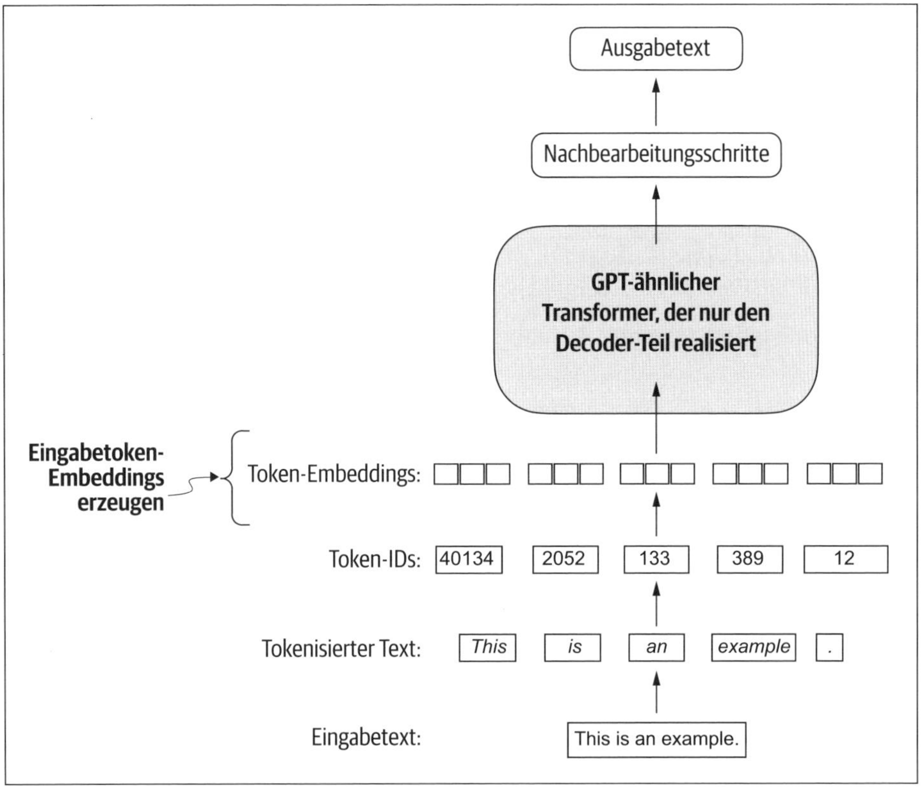

Abb. 2.15 *Zur Vorbereitung gehört es, den Text zu tokenisieren, die Texttokens in Token-IDs umzuwandeln und die Token-IDs in Embedding-Vektoren zu konvertieren. Im Beispiel betrachten wir die zuvor erzeugten Token-IDs, um die Token-Embedding-Vektoren zu erzeugen.*

Eine kontinuierliche Vektordarstellung oder ein Embedding ist notwendig, da GPT-ähnliche LLMs Deep Neural Networks sind, die mit dem Backpropagation-Algorithmus trainiert werden.

Hinweis

Wenn Sie nicht damit vertraut sind, wie neuronale Netze per Backpropagation trainiert werden, lesen Sie bitte Abschnitt A.4 in Anhang A.

Anhand eines praktischen Beispiels soll gezeigt werden, wie die Umwandlung von Token-IDs in Embedding-Vektoren funktioniert. Angenommen, wir hätten die folgenden vier Eingabetokens mit den IDs 2, 3, 5 und 1:

```
input_ids = torch.tensor([2, 3, 5, 1])
```

Der Einfachheit halber nehmen wir ein kleines Vokabular von nur sechs Wörtern an (anstelle der 50.257 Wörter im Vokabular des BPE-Tokenizers), und wir wollen Embeddings der Größe 3 erzeugen (in GPT-3 beträgt die Embedding-Größe 12.288 Dimensionen):

```
vocab_size = 6
output_dim = 3
```

Mit den Werten für `vocab_size` und `output_dim` instanziieren wir nun eine Embedding-Schicht in PyTorch. Den Startwert für den Zufallsgenerator (`manual_seed`) setzen wir auf 123, um reproduzierbare Ergebnisse zu erhalten:

```
torch.manual_seed(123)
embedding_layer = torch.nn.Embedding(vocab_size, output_dim)
print(embedding_layer.weight)
```

Die `print`-Anweisung gibt die zugrunde liegende Gewichtsmatrix der Embedding-Schicht zurück:

```
Parameter containing:
tensor([[ 0.3374, -0.1778, -0.1690],
        [ 0.9178,  1.5810,  1.3010],
        [ 1.2753, -0.2010, -0.1606],
        [-0.4015,  0.9666, -1.1481],
        [-1.1589,  0.3255, -0.6315],
        [-2.8400, -0.7849, -1.4096]], requires_grad=True)
```

Die Gewichtsmatrix der Embedding-Schicht enthält kleine Zufallswerte. Diese Werte werden während des LLM-Trainings als Teil der LLM-Optimierung selbst optimiert. Außerdem ist zu sehen, dass die Gewichtsmatrix sechs Zeilen und drei Spalten umfasst. Es gibt für jedes der sechs möglichen Tokens im Vokabular eine Zeile und für jede der drei Embedding-Dimensionen eine Spalte.

Als Nächstes wenden wir die Gewichtsmatrix auf eine Token-ID an, um den Embedding-Vektor zu erhalten:

```
print(embedding_layer(torch.tensor([3])))
```

Der zurückgegebene Embedding-Vektor lautet:

```
tensor([[-0.4015,  0.9666, -1.1481]], grad_fn=<EmbeddingBackward0>)
```

Vergleicht man den Embedding-Vektor für Token-ID 3 mit der vorherigen Embedding-Matrix, ist festzustellen, dass er mit der vierten Zeile identisch ist. (Python beginnt die Indizierung bei 0, es handelt sich also um die Zeile, die dem Index 3 entspricht.) Mit anderen Worten, die Embedding-Schicht ist im Wesentlichen eine Nachschlageoperation, die über eine Token-ID Zeilen aus der Gewichtsmatrix der Embedding-Schicht abruft.

Hinweis

Für diejenigen, die mit 1-aus-n-Codierung (auch One-Hot-Codierung) vertraut sind, ist der hier beschriebene Ansatz der Embedding-Schicht nur eine effizientere Art der Implementierung der 1-aus-n-Codierung, gefolgt von einer Matrixmultiplikation in einer vollständig verbundenen Schicht, die im Ergänzungscode auf GitHub unter *https://mng.bz/ZEB5* dargestellt ist. Da die Embedding-Schicht lediglich eine effizientere Implementierung ist, die dem Ansatz mit 1-aus-n-Codierung und Matrixmultiplikation entspricht, kann man sie als Schicht eines neuronalen Netzes betrachten, die per Backpropagation optimiert werden kann.

Wir haben gesehen, wie man eine einzelne Token-ID in einen dreidimensionalen Embedding-Vektor umwandelt. Wenden wir dies nun auf alle vier Eingabe-IDs an (`torch.tensor([2, 3, 5, 1])`):

```
print(embedding_layer(input_ids))
```

Die `print`-Ausgabe zeigt, dass dies in einer 4×3-Matrix resultiert:

```
tensor([[ 1.2753, -0.2010, -0.1606],
        [-0.4015,  0.9666, -1.1481],
        [-2.8400, -0.7849, -1.4096],
        [ 0.9178,  1.5810,  1.3010]], grad_fn=<EmbeddingBackward0>)
```

Jede Zeile in dieser Ausgabematrix wird über eine Nachschlageoperation aus der Gewichtsmatrix des Embeddings gewonnen, wie Abbildung 2.16 veranschaulicht.

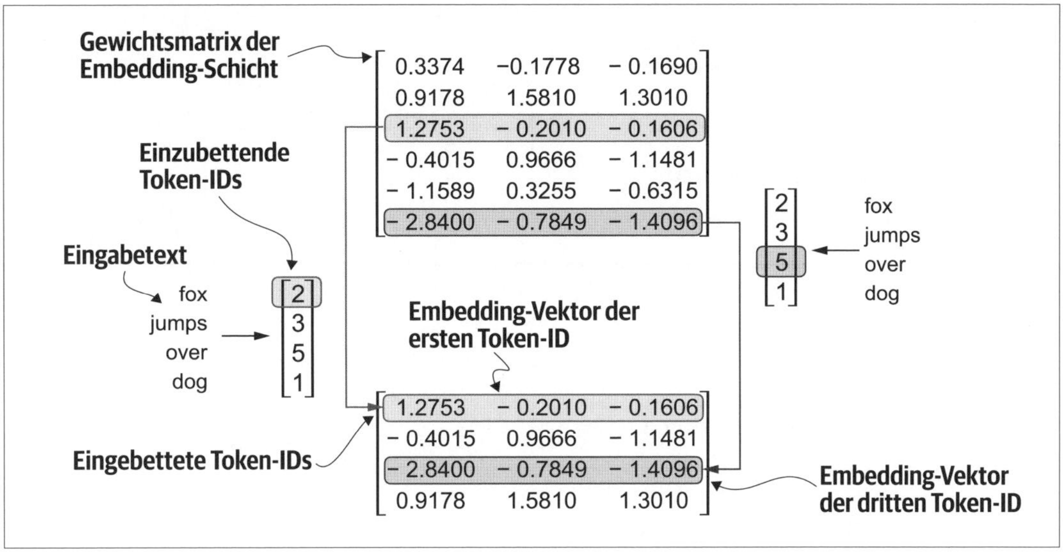

Abb. 2.16 *Embedding-Schichten führen eine Nachschlageoperation durch, bei der der Embedding-Vektor, der der Token-ID entspricht, aus der Gewichtsmatrix der Embedding-Schicht abgerufen wird. Zum Beispiel ist der Embedding-Vektor der Token-ID 5 die sechste Zeile der Gewichtsmatrix der Embedding-Schicht (die sechste und nicht die fünfte Zeile, weil Python bei 0 zu zählen beginnt). Wir gehen davon aus, dass die Token-IDs durch das kleine Vokabular aus Abschnitt 2.3 erzeugt wurden.*

Nachdem wir nun die Embedding-Vektoren aus Token-IDs erstellt haben, modifizieren wir diese Embedding-Vektoren etwas, um Positionsinformationen über ein Token innerhalb eines Texts zu codieren.

2.8 Wortpositionen codieren

Prinzipiell sind Token-Embeddings als Eingabe für ein LLM geeignet. Allerdings weisen LLMs ein kleines Manko auf: Ihr Self-Attention-Mechanismus (Selbstaufmerksamkeitsmechanismus; siehe Kapitel 3) hat nämlich keine Vorstellung von Position oder Reihenfolge der Tokens innerhalb einer Sequenz. Die zuvor eingeführte Embedding-Schicht funktioniert so, dass die gleiche Token-ID immer auf die gleiche Vektordarstellung abgebildet wird, unabhängig davon, wo die Token-ID in der Eingabesequenz positioniert ist, wie Abbildung 2.17 zeigt.

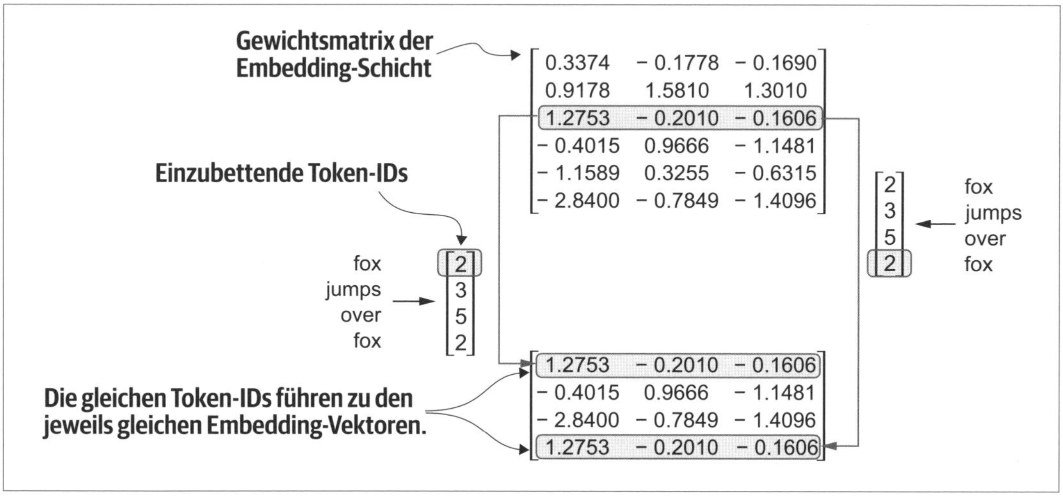

Abb. 2.17 *Die Embedding-Schicht konvertiert eine Token-ID in dieselbe Vektordarstellung, unabhängig davon, wo sie sich in der Eingabesequenz befindet. Beispielsweise ergibt die Token-ID 5 unabhängig davon, ob sie sich an der ersten oder vierten Position im Token-ID-Eingabevektor befindet, denselben Embedding-Vektor.*

Im Prinzip ist das deterministische, positionsunabhängige Embedding der Token-ID gut geeignet, wenn es um Reproduzierbarkeit geht. Allerdings ist der Self-Attention-Mechanismus der LLMs selbst ebenfalls positionsunabhängig, sodass es hilfreich ist, zusätzliche Positionsinformationen in das LLM einzubringen.

Um dies zu erreichen, können wir zwei große Kategorien von positionsabhängigen Embeddings verwenden: relative Positions-Embeddings und absolute Positions-Embeddings. Absolute Positions-Embeddings sind direkt mit bestimmten Positionen in einer Sequenz verknüpft. Für jede Position in der Eingabesequenz wird ein eindeutiges Embedding zur Einbettung des Tokens hinzugefügt, um dessen genaue Position zu übermitteln. So hat beispielsweise das erste Token ein bestimmtes Positions-Embedding, das zweite Token hat ein anderes eindeutiges Embedding usw., wie es in Abbildung 2.18 dargestellt ist.

Anstatt sich auf die absolute Position eines Tokens zu konzentrieren, liegt der Schwerpunkt der relativen Positions-Embeddings auf der relativen Position oder dem Abstand zwischen Tokens. Das bedeutet, dass das Modell die Beziehungen im Sinne von »wie weit voneinander entfernt« und nicht im Sinne von »an welcher genauen Position« lernt. Dies hat den Vorteil, dass das Modell besser auf Sequenzen unterschiedlicher Länge verallgemeinert werden kann, auch wenn es solche Längen beim Training nicht gesehen hat.

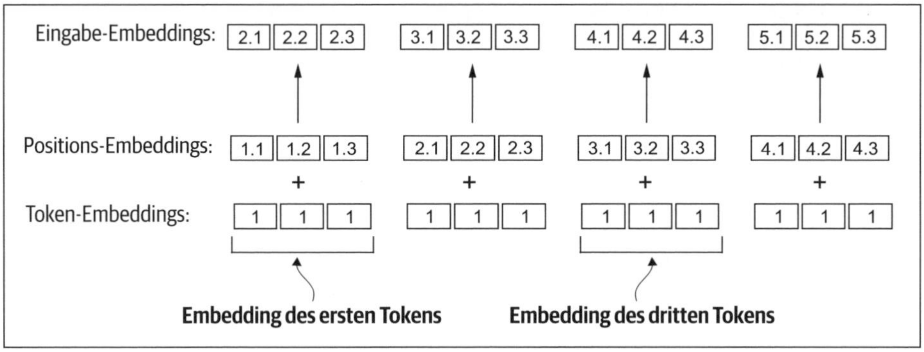

Abb. 2.18 *Positions-Embeddings werden zum Token-Embedding-Vektor hinzugefügt, um die Eingabe-Embeddings für ein LLM zu erzeugen. Die Positionsvektoren haben die gleiche Dimension wie die ursprünglichen Token-Embeddings. Die Token-Embeddings sind der Einfachheit halber mit dem Wert 1 dargestellt.*

Beide Arten von Positions-Embeddings sollen die Fähigkeit von LLMs verbessern, die Reihenfolge und die Beziehungen zwischen Tokens zu verstehen, um genauere und kontextbezogene Vorhersagen zu gewährleisten. Die Wahl zwischen ihnen hängt oft von der konkreten Anwendung und der Art der zu verarbeitenden Daten ab.

Die GPT-Modelle von OpenAI nutzen absolute Positions-Embeddings, die während des Trainingsprozesses optimiert werden und nicht fest oder vordefiniert sind wie die Positionscodierungen im ursprünglichen Transformer-Modell. Dieser Optimierungsprozess ist Teil des Modelltrainings selbst. Erstellen wir nun die anfänglichen Positions-Embeddings, um die LLM-Eingaben zu erzeugen.

Bisher haben wir uns auf sehr kleine Embedding-Größen beschränkt, um die Dinge einfach zu halten. Betrachten wir nun realistischere und nützlichere Embedding-Größen und codieren wir die Eingabetokens in eine 256-dimensionale Vektordarstellung, die zwar kleiner ist als die des ursprünglichen GPT-3-Modells (in GPT-3 beträgt die Embedding-Größe 12.288 Dimensionen), aber immer noch angemessen groß für Experimente. Außerdem gehen wir davon aus, dass die Token-IDs von dem zuvor implementierten BPE-Tokenizer erstellt wurden, der eine Vokabulargröße von 50.257 hat:

```
vocab_size = 50257
output_dim = 256
token_embedding_layer = torch.nn.Embedding(vocab_size, output_dim)
```

Wenn wir mit der obigen `token_embedding_layer`-Schicht Daten aus dem DataLoader auswählen, betten wir jedes Token in jedem Stapel in einen 256-dimensionalen Vektor ein. Bei einer Stapelgröße von 8 mit jeweils vier Tokens ergibt sich ein Tensor der Größe $8 \times 4 \times 256$.

Instanziieren wir zunächst den DataLoader (siehe Abschnitt 2.6):

```
max_length = 4
dataloader = create_dataloader_v1(
    raw_text, batch_size=8, max_length=max_length,
   stride=max_length, shuffle=False
)
data_iter = iter(dataloader)
inputs, targets = next(data_iter)
print("Token IDs:\n", inputs)
print("\nInputs shape:\n", inputs.shape)
```

Dieser Code gibt Folgendes aus:

```
Token IDs:
 tensor([[   40,   367,  2885,  1464],
        [ 1807,  3619,   402,   271],
        [10899,  2138,   257,  7026],
        [15632,   438,  2016,   257],
        [  922,  5891,  1576,   438],
        [  568,   340,   373,   645],
        [ 1049,  5975,   284,   502],
        [  284,  3285,   326,$tab$11]])

Inputs shape:
 torch.Size([8, 4])
```

Der Tensor mit den Token-IDs ist also 8×4-dimensional, das heißt, der Datenstapel besteht aus acht Textbeispielen mit jeweils vier Tokens.

Verwenden wir nun die Embedding-Schicht, um diese Token-IDs in 256-dimensionale Vektoren einzubetten:

```
token_embeddings = token_embedding_layer(inputs)
print(token_embeddings.shape)
```

Der Aufruf der `print`-Funktion liefert:

```
torch.Size([8, 4, 256])
```

Die Ausgabe des 8×4×256-dimensionalen Tensors zeigt, dass jede Token-ID nun als 256-dimensionaler Vektor eingebettet ist.

Für den absoluten Embedding-Ansatz eines GPT-Modells müssen wir lediglich eine weitere Embedding-Schicht erstellen, die die gleiche Embedding-Dimension wie `token_embedding_layer` hat:

```
context_length = max_length
pos_embedding_layer = torch.nn.Embedding(context_length, output_dim)
pos_embeddings = pos_embedding_layer(torch.arange(context_length))
print(pos_embeddings.shape)
```

Die Eingabe für `pos_embeddings` ist normalerweise ein Platzhaltervektor `torch.arange(context_length)`, der eine Folge von Zahlen 0, 1, ..., bis zur maximalen Eingabelänge –1 enthält. Die Variable `context_length` steht für die Eingabegröße, die das LLM unterstützt. Hier wählen wir sie ähnlich wie die maximale Länge des Eingabetexts. In der Praxis kann der Eingabetext länger als die unterstützte Kontextlänge sein. In diesem Fall müssen wir den Text abschneiden.

Die Ausgabe der `print`-Anweisung lautet:

```
torch.Size([4, 256])
```

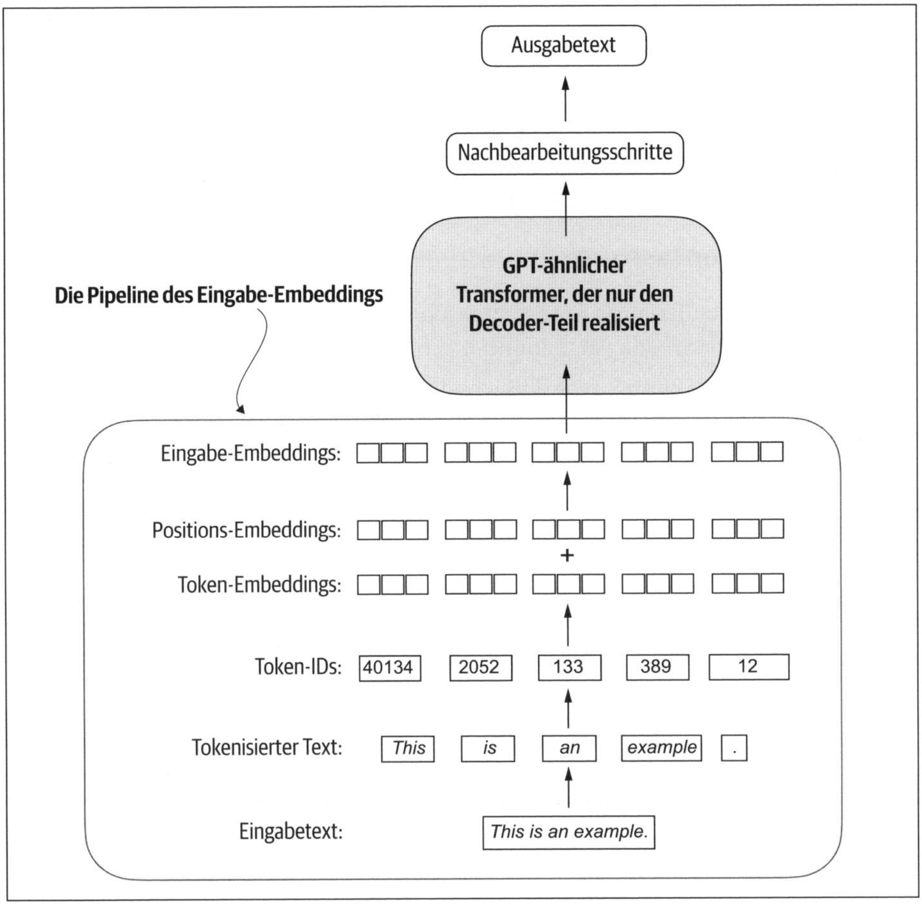

Abb. 2.19 *Als Teil der Pipeline zur Eingabeverarbeitung wird der Eingabetext zuerst in einzelne Tokens zerlegt. Diese Tokens werden dann mithilfe eines Vokabulars in Token-IDs zerlegt. Dann werden die Token-IDs in Embedding-Vektoren konvertiert, denen Positions-Embeddings ähnlicher Größe hinzugefügt werden, was Eingabe-Embeddings ergibt, die als Eingabe für die Haupt-LLM-Schichten dienen.*

Der Tensor des Positions-Embeddings besteht demnach aus vier 256-dimensionalen Vektoren. Diese können wir nun direkt zu den Token-Embeddings hinzufügen, wobei PyTorch den 4×256-dimensionalen Tensor `pos_embeddings` zu jedem 4×256-dimensionalen Token-Embedding-Vektor in jedem der acht Stapel hinzufügt:

```
input_embeddings = token_embeddings + pos_embeddings
print(input_embeddings.shape)
```

Die Anweisung `print` gibt Folgendes aus:

```
torch.Size([8, 4, 256])
```

Wie die Zusammenfassung in Abbildung 2.19 zeigt, sind die von uns erzeugten `input_embeddings` die eingebetteten Eingabebeispiele, die nun von den Haupt-LLM-Modulen verarbeitet werden können, deren Implementierung wir im nächsten Kapitel beginnen.

2.9 Zusammenfassung

- Da LLMs keinen Rohtext verarbeiten können, müssen die Textdaten in numerische Vektoren – die sogenannten Embeddings – konvertiert werden. Embeddings transformieren diskrete Daten (wie Wörter oder Bilder) in kontinuierliche Vektorräume um, sodass sie mit Operationen neuronaler Netze kompatibel werden.
- Im ersten Schritt wird der Rohtext in Tokens zerlegt, bei denen es sich um Wörter oder Zeichen handeln kann. Dann werden die Tokens in ganzzahlige Darstellungen umgewandelt, die sogenannten Token-IDs.
- Es lassen sich spezielle Tokens wie <|unk|> und <|endoftext|> hinzufügen, um das Verständnis des Modells zu erweitern und verschiedene Kontexte zu berücksichtigen, wie zum Beispiel unbekannte Wörter oder die Markierung von Grenzen zwischen nicht verwandten Texten.
- Der für LLMs wie GPT-2 und GPT-3 verwendete BPE-Tokenizer (Bytepaar-Codierung) kann unbekannte Wörter effizient verarbeiten, indem er sie in Teilworteinheiten oder einzelne Zeichen zerlegt.
- Mit dem Ansatz eines gleitenden Fensters für tokenisierte Daten lassen sich Eingabe-Ziel-Paare für das LLM-Training erzeugen.
- Embedding-Schichten in PyTorch fungieren als Nachschlageoperation, um Vektoren abzurufen, die Token-IDs entsprechen. Die resultierenden Embedding-Vektoren liefern kontinuierliche Darstellungen von Tokens, was für das Training von Deep-Learning-Modellen wie LLMs entscheidend ist.

- Während Token-Embeddings konsistente Vektordarstellungen für jedes Token liefern, fehlt ihnen eine Vorstellung von der Position des Tokens in einer Sequenz. Dies lässt sich mit zwei Arten von Positions-Embeddings korrigieren: absoluten und relativen. Die GPT-Modelle von OpenAI verwenden absolute Positions-Embeddings, die zu den Token-Embedding-Vektoren hinzugefügt und während des Modelltrainings optimiert werden.

3 Attention-Mechanismen programmieren

In diesem Kapitel:

- Die Gründe für die Verwendung von Attention-Mechanismen (Aufmerksamkeitsmechanismen) in Neural Networks (neuronalen Netzen).
- Ein grundlegendes Framework für Self-Attention (Selbstaufmerksamkeit), das zu einem erweiterten Self-Attention-Mechanismus übergeht.
- Ein kausales Attention-Modul, das es LLMs ermöglicht, jeweils ein Token zu erzeugen.
- Zufällig ausgewählte Attention-Gewichte mit Dropout maskieren, um Überanpassung zu verringern.
- Mehrere kausale Attention-Module in einem Modul für Multi-Head-Attention übereinanderstapeln.

Mittlerweile wissen Sie, wie Sie den Eingabetext für das Training von LLMs vorbereiten, indem Sie den Text in einzelne Wörter und Teilworttokens zerlegen, die sich in Vektordarstellungen – Embeddings (Einbettungen) – für das LLM codieren lassen.

Nun wenden wir uns einem integralen Teil der LLM-Architektur selbst zu: den *Attention-Mechanismen* (Aufmerksamkeitsmechanismen, engl. *Attention Mechanisms*), wie sie Abbildung 3.1 veranschaulicht. Die Attention-Mechanismen werden wir weitgehend isoliert betrachten und uns in erster Linie auf die funktionelle Ebene konzentrieren. Dann codieren wir die übrigen Teile des LLM, die den Self-Attention-Mechanismus umgeben, um ihn in Aktion zu sehen und ein Modell zur Texterzeugung zu erstellen.

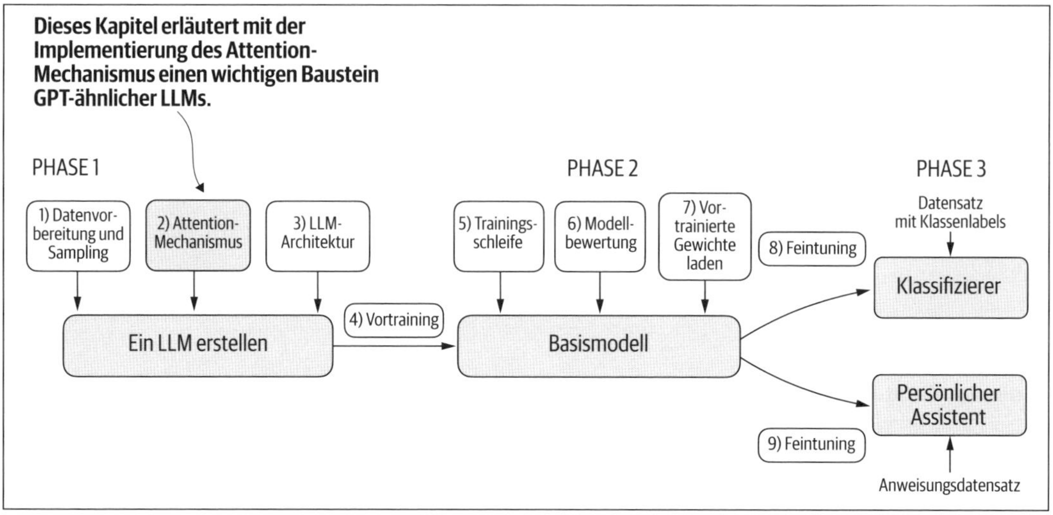

Abb. 3.1 *Die drei Hauptphasen beim Programmieren eines LLM. Im Mittelpunkt dieses Kapitels steht Schritt 2 von Phase 1: Implementieren von Attention-Mechanismen, die ein integraler Bestandteil der LLM-Architektur sind.*

Wir werden vier verschiedene Varianten der Attention-Mechanismen implementieren, wie Abbildung 3.2 zeigt. Diese Attention-Varianten bauen aufeinander auf. Ziel ist es, eine kompakte und effiziente Implementierung von Multi-Head-Attention zu erreichen, die wir dann in die LLM-Architektur einfügen können, deren Programmierung Inhalt des nächsten Kapitels ist.

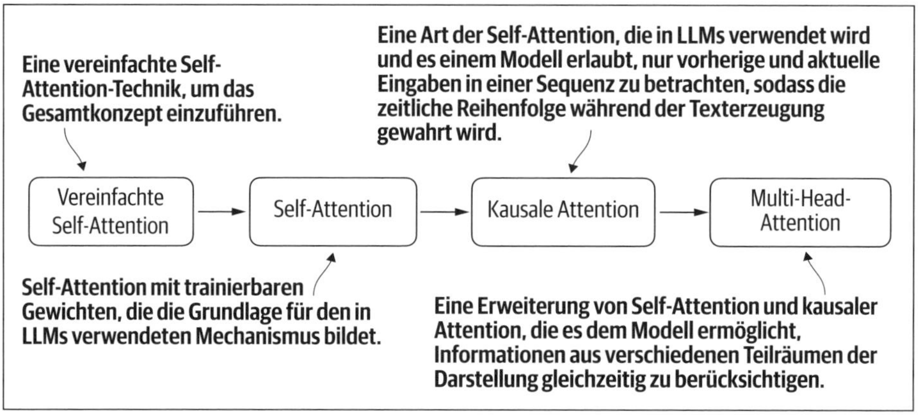

Abb. 3.2 *Die Abbildung zeigt verschiedene Attention-Mechanismen, die wir in diesem Kapitel programmieren werden. Los geht es mit einer vereinfachten Version der Self-Attention, bevor die trainierbaren Gewichte hinzukommen. Der kausale Attention-Mechanismus fügt eine Maske zur Self-Attention hinzu, die dem LLM ermöglicht, jeweils ein Wort nach dem anderen zu generieren. Schließlich organisiert die Multi-Head-Attention die Attention-Mechanismen in mehreren Köpfen, sodass das Modell verschiedene Aspekte der Eingabedaten parallel erfassen kann.*

3.1 Das Problem beim Modellieren langer Sequenzen

Bevor wir in den Mechanismus der *Self-Attention* (Selbstaufmerksamkeit) im Kern von LLMs eintauchen, betrachten wir das Problem mit den Vor-LLM-Architekturen, die keine Attention-Mechanismen enthalten. Angenommen, wir wollten ein Sprachübersetzungsmodell entwickeln, das Text von einer Sprache in eine andere übersetzt. Wie Abbildung 3.3 zeigt, lässt sich der Text nicht einfach Wort für Wort übersetzen, was an den grammatikalischen Strukturen in der Ausgangs- und der Zielsprache liegt.

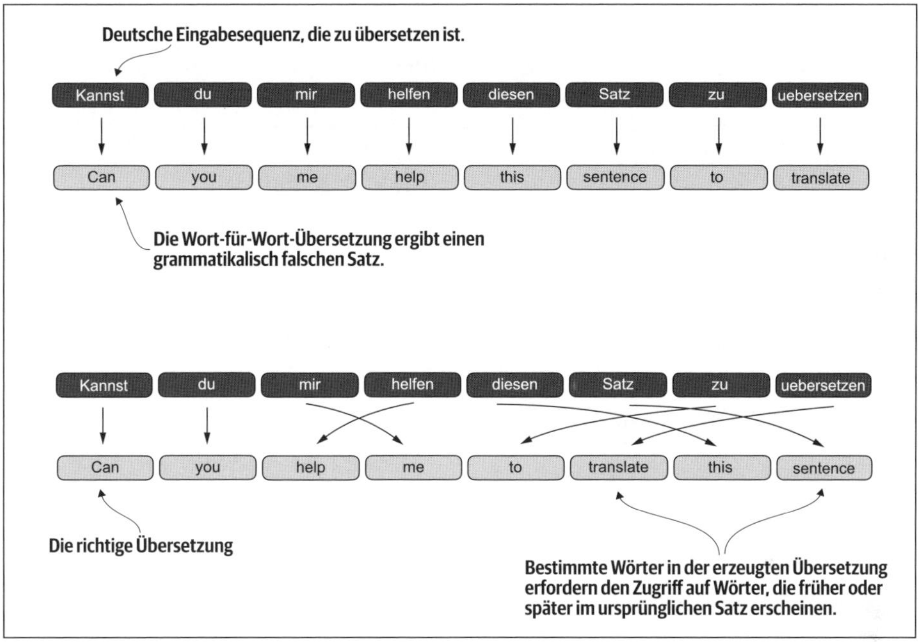

Abb. 3.3 *Wenn Text von einer Sprache in eine andere – beispielsweise von Deutsch in Englisch – übersetzt wird, ist es nicht möglich, lediglich Wort für Wort zu übersetzen. Vielmehr verlangt der Übersetzungsvorgang ein kontextuelles Verständnis und eine grammatikalische Ausrichtung.*

Um dieses Problem anzugehen, verwendet man üblicherweise ein Deep Neural Network (ein tiefes neuronales Netz) mit zwei Teilmodulen, einem *Encoder* und einem *Decoder*. Der Encoder hat die Aufgabe, zunächst den gesamten Text einzulesen und zu verarbeiten, während der Decoder dann den übersetzten Text erstellt.

Bevor Transformer erschienen, waren *rekurrente neuronale Netze* (RNNs) die populärste Encoder-Decoder-Architektur für die Sprachübersetzung. Ein RNN ist eine Art neuronales Netz, dessen Ausgänge von vorherigen Schritten als Eingaben in den aktuellen Schritt eingehen, wodurch es sich hervorragend für sequenzielle

Daten wie zum Beispiel Text eignet. Sollten Sie mit RNNs noch nicht vertraut sein, keine Sorge – Sie müssen die Funktionsweise von RNNs nicht im Detail kennen, um den Erläuterungen hier zu folgen. Unser Schwerpunkt liegt eher auf dem allgemeinen Konzept der Encoder-Decoder-Konstruktion.

In einem Encoder-Decoder-RNN wird der Eingabetext in den Encoder eingespeist, der ihn sequenziell verarbeitet. Der Encoder aktualisiert seinen verborgenen Zustand (die internen Werte in den verborgenen Schichten, *Hidden State*) bei jedem Schritt und versucht, die gesamte Bedeutung des Eingabesatzes im letzten verborgenen Zustand zu erfassen, wie es Abbildung 3.4 veranschaulicht. Der Decoder übernimmt dann diesen finalen verborgenen Zustand, um den übersetzten Satz Wort für Wort zusammenzubauen. Außerdem aktualisiert er bei jedem Schritt seinen verborgenen Zustand, der den erforderlichen Kontext für die Vorhersage des nächsten Worts enthalten soll.

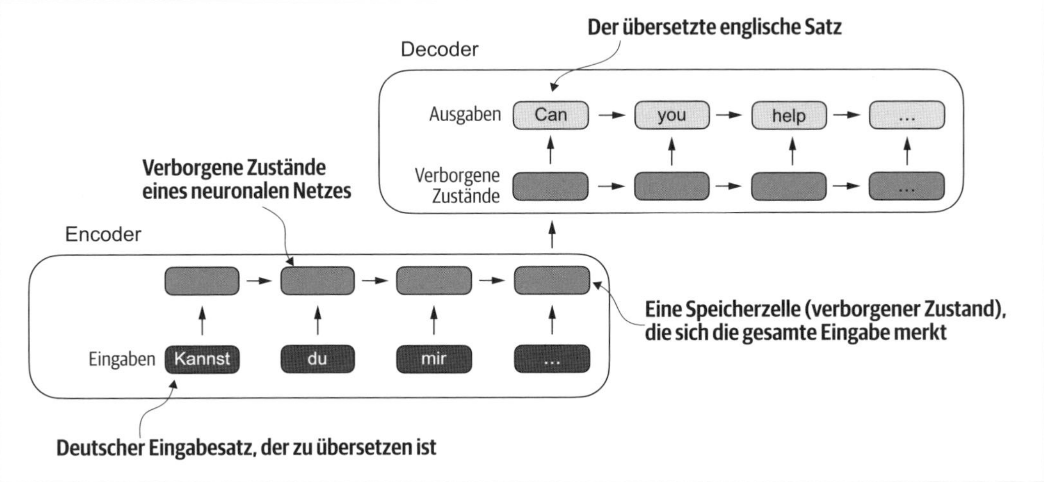

Abb. 3.4 *Vor dem Aufkommen von Transformer-Modellen waren Encoder-Decoder-RNNs eine beliebte Wahl für die maschinelle Übersetzung. Der Encoder übernimmt eine Sequenz von Tokens aus der Ausgangssprache als Eingabe, wobei ein verborgener Zustand (eine Zwischenschicht im neuronalen Netz) des Encoders eine komprimierte Darstellung der gesamten Eingabesequenz codiert. Dann verwendet der Decoder seinen aktuellen verborgenen Zustand, um die Übersetzung Token für Token zu realisieren.*

Die innere Funktionsweise dieser Encoder-Decoder-RNNs müssen wir zwar nicht kennen, der prinzipielle Ablauf sieht aber so aus: Der Encoder-Teil überführt den gesamten Eingabetext in einen verborgenen Zustand (Speicherzelle). Dann übernimmt der Decoder diesen verborgenen Zustand und erzeugt die Ausgabe. Den verborgenen Zustand können Sie sich als Embedding-Vektor vorstellen – ein Konzept, das Sie in Kapitel 2 kennengelernt haben.

Encoder-Decoder-RNNs sind nun aber dahin gehend eingeschränkt, dass das RNN während der Decodierungsphase nicht direkt auf frühere verborgene Zustände des Encoders zugreifen kann. Folglich stützt es sich ausschließlich auf den aktuellen verborgenen Zustand, der alle relevanten Informationen kapselt. Dies kann zu einem Verlust von Kontext führen, insbesondere bei komplexen Sätzen, bei denen Abhängigkeiten über große Entfernungen bestehen können.

Glücklicherweise ist es nicht notwendig, RNNs zu verstehen, um ein LLM zu erstellen. Denken Sie einfach daran, dass Encoder-Decoder-RNNs mit einem Mangel behaftet sind, der die Entwicklung der Attention-Mechanismen vorangebracht hat.

3.2 Datenabhängigkeiten mit Attention-Mechanismen erfassen

Obwohl RNNs gut für die Übersetzung kurzer Sätze geeignet sind, schneiden sie bei längeren Texten schlechter ab, da sie auf vorherige Wörter in der Eingabe nicht direkt zugreifen können. Ein wesentliches Manko dieses Ansatzes ist, dass sich das RNN die gesamte codierte Eingabe in einem einzigen verborgenen Zustand merken muss, bevor es sie an den Decoder weitergibt (siehe Abbildung 3.4).

Deshalb haben Forscher 2014 den *Bahdanau-Attention-Mechanismus* für RNNs entwickelt (benannt nach dem ersten Autor des Papers; weitere Informationen finden Sie in Anhang B), der das Encoder-Decoder-RNN so modifiziert, dass der Decoder bei jedem Decodierungsschritt selektiv auf verschiedene Teile der Eingabesequenz zugreifen kann, wie Abbildung 3.5 zeigt. Beachten Sie, dass diese Abbildung das allgemeine Konzept hinter Attention (Aufmerksamkeit) zeigt und nicht die genaue Implementierung des Bahdanau-Mechanismus, der als RNN-Methode nicht zu den Themen dieses Buchs gehört.

Interessanterweise haben Forscher nur drei Jahre später festgestellt, dass RNN-Architekturen für den Aufbau von Deep Neural Networks, die natürliche Sprache verarbeiten sollen, gar nicht erforderlich sind. Daher haben sie die ursprüngliche *Transformer-Architektur* (die Kapitel 1 erläutert hat) vorgeschlagen, deren Self-Attention-Mechanismus vom Bahdanau-Attention-Mechanismus inspiriert wurde.

Self-Attention (zu Deutsch Selbstaufmerksamkeit) ist ein Mechanismus, mit dem sich die Relevanz jeder Position in der Eingabesequenz bezüglich aller anderen Positionen in derselben Sequenz berücksichtigen oder betrachten lässt, wenn die Darstellung einer Sequenz berechnet wird. Damit ist Self-Attention eine Schlüsselkomponente moderner LLMs, die auf der Transformer-Architektur basieren, wie zum Beispiel die GPT-Serie.

Dieses Kapitel konzentriert sich auf die Programmierung und das Verständnis dieses Self-Attention-Mechanismus, der in GPT-ähnlichen Modellen eingesetzt wird (siehe Abbildung 3.6). Im nächsten Kapitel codieren wir die restlichen Teile des LLM.

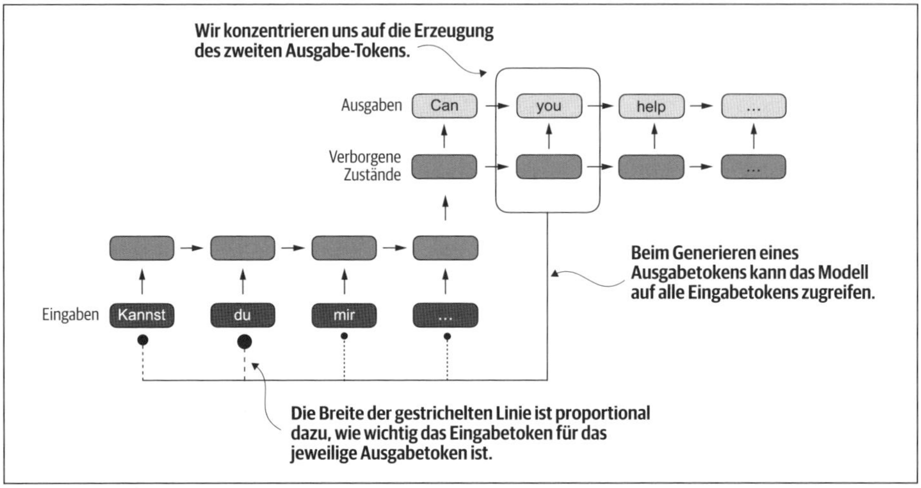

Abb. 3.5 *Mithilfe eines Attention-Mechanismus kann der texterzeugende Decoder-Teil des Netzes auf alle Eingabetokens selektiv zugreifen. Das heißt, dass manche Eingabetokens für das Generieren eines bestimmten Ausgabetokens wichtiger sind als andere. Die Wichtigkeit wird durch die Attention-Gewichte bestimmt, die wir später berechnen werden.*

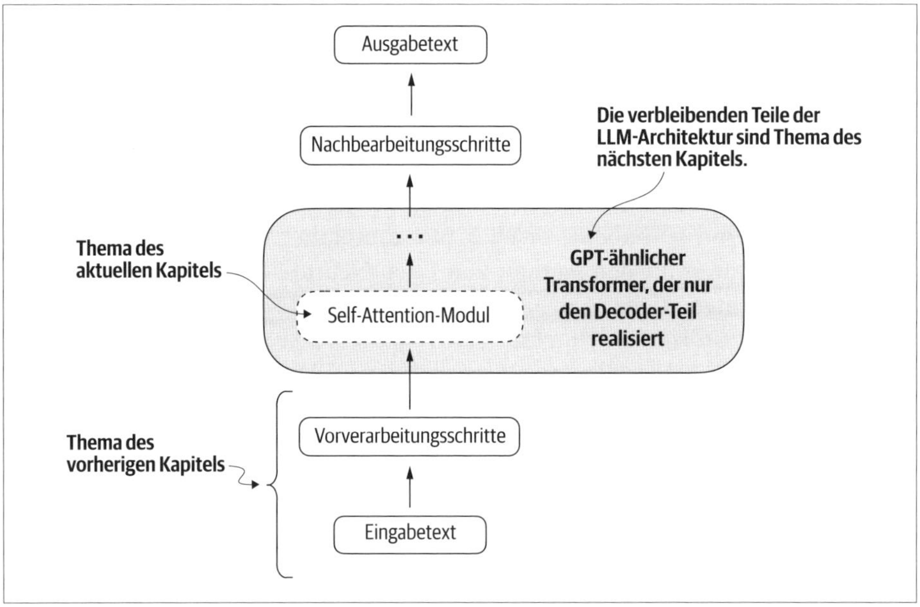

Abb. 3.6 *Self-Attention ist ein Mechanismus in Transformern, der dazu dient, effizientere Eingabedarstellungen zu berechnen, indem er jeder Position in einer Sequenz erlaubt, mit allen anderen Positionen innerhalb derselben Sequenz zu interagieren und deren Bedeutung zu gewichten. In diesem Kapitel werden wir diesen Self-Attention-Mechanismus von Grund auf programmieren, bevor wir die restlichen Teile des GPT-ähnlichen LLM im folgenden Kapitel codieren.*

3.3 Verschiedene Teile der Eingabe mit Self-Attention berücksichtigen

Wir werden uns nun mit der Funktionsweise des Self-Attention-Mechanismus befassen und zeigen, wie er sich von Grund auf neu programmieren lässt. *Self-Attention* dient als Eckpfeiler jedes LLM, das auf der Transformer-Architektur basiert. Dieses Thema verlangt Ihnen möglicherweise viel Konzentration und Aufmerksamkeit ab, aber sobald Sie die Grundlagen beherrschen, werden Sie einen der schwierigsten Aspekte dieses Buchs und der LLM-Implementierung im Allgemeinen erobert haben.

Das »Self« in Self-Attention

Im Terminus *Self-Attention* (Selbstaufmerksamkeit) bezieht sich »Self« (das Selbst) auf die Fähigkeit des Mechanismus, Attention-Gewichte zu berechnen, indem verschiedene Positionen innerhalb ein und derselben Eingabesequenz in Beziehung gesetzt werden. Der Algorithmus bewertet und erlernt die Beziehungen und Abhängigkeiten zwischen verschiedenen Teilen der Eingabe selbst, wie zum Beispiel Wörter in einem Satz oder Pixel in einem Bild.

Herkömmliche Attention-Mechanismen legen dagegen den Schwerpunkt auf die Beziehungen zwischen Elementen zweier verschiedener Sequenzen, beispielsweise bei Sequenz-zu-Sequenz-Modellen, bei denen die Attention zwischen einer Eingabesequenz und einer Ausgabesequenz besteht. So ist es bei dem Beispiel, das Abbildung 3.5 veranschaulicht hat.

Da Self-Attention sehr komplex erscheinen kann, vor allem wenn man erstmals mit ihr zu tun bekommt, sehen wir uns zunächst eine vereinfachte Version an. Dann implementieren wir den Self-Attention-Mechanismus mit trainierbaren Gewichten, wie sie in LLMs üblich sind.

3.3.1 Ein einfacher Self-Attention-Mechanismus ohne trainierbare Gewichte

Beginnen wir mit der Implementierung einer vereinfachten Variante der Self-Attention ohne trainierbare Gewichte, wie sie in Abbildung 3.7 dargestellt ist. Ziel ist es, einige Schlüsselkonzepte der Self-Attention zu veranschaulichen, bevor die trainierbaren Gewichte hinzukommen.

Abbildung 3.7 zeigt eine Eingabesequenz x, bestehend aus T Elementen, die als x(1) bis x(T) dargestellt werden. Diese Sequenz repräsentiert typischerweise einen Text, zum Beispiel einen Satz, der bereits in Token-Embeddings transformiert worden ist.

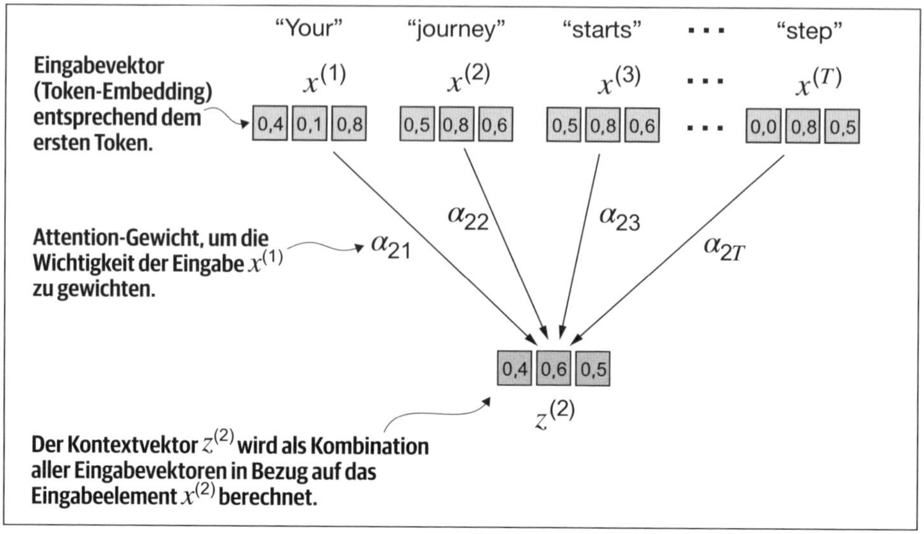

Abb. 3.7 *Das Ziel der Self-Attention besteht darin, für jedes Eingabeelement einen Kontextvektor zu berechnen, der die Informationen aus allen anderen Eingabeelementen kombiniert. In diesem Beispiel berechnen wir den Kontextvektor $z^{(2)}$. Die Wichtigkeit oder der Beitrag jedes Eingabeelements für die Berechnung von $z^{(2)}$ wird durch die Attention-Gewichte α_{21} bis α_{2T} bestimmt. Bei der Berechnung von $z^{(2)}$ werden die Attention-Gewichte in Bezug auf das Eingabeelement $x^{(2)}$ und alle anderen Eingaben berechnet.*

Nehmen wir zum Beispiel einen Eingabetext wie »Your journey starts with one step«. In diesem Fall entspricht jedes Element der Sequenz, wie zum Beispiel $x^{(1)}$, einem d-dimensionalen Embedding-Vektor, der ein bestimmtes Token, etwa »Your«, repräsentiert. Abbildung 3.7 zeigt diese Eingabevektoren als dreidimensionale Embeddings.

Bei Self-Attention besteht unser Ziel darin, Kontextvektoren $z^{(i)}$ für jedes Element $x^{(i)}$ in der Eingabesequenz zu berechnen. Einen *Kontextvektor* kann man als angereicherten Embedding-Vektor interpretieren.

Um dieses Konzept zu veranschaulichen, konzentrieren wir uns auf den Embedding-Vektor des zweiten Eingabeelements $x^{(2)}$ (das dem Token »journey« entspricht) und den entsprechenden Kontextvektor $z^{(2)}$, wie in Abbildung 3.7 unten dargestellt. Dieser erweiterte Kontextvektor $z^{(2)}$ ist ein Embedding, das Informationen über $x^{(2)}$ und alle anderen Eingabeelemente von $x^{(1)}$ bis $x^{(T)}$ enthält.

Kontextvektoren spielen eine entscheidende Rolle für die Self-Attention. Ihr Zweck ist es, angereicherte Darstellungen jedes Elements in einer Eingabesequenz (wie einem Satz) zu erstellen, indem sie Informationen von allen anderen Elementen in der Sequenz einbeziehen (siehe Abbildung 3.7). Dies ist von wesentlicher Bedeutung für LLMs, die die Beziehungen und die Relevanz von Wörtern in einem Satz zueinander verstehen müssen. Später fügen wir trainierbare Gewichte hinzu, die ein LLM beim Lernen darin unterstützen, diese Kontextvektoren so zu konstruieren, dass sie für das LLM relevant sind, um das nächste Token zu erzeugen. Zunächst aber implementieren wir einen vereinfachten Self-Attention-Mechanismus, um diese Gewichte und den resultierenden Kontextvektor Schritt für Schritt zu berechnen.

Sehen Sie sich die folgende Eingabesequenz an, die bereits in dreidimensionale Vektoren eingebettet wurde (siehe Kapitel 2). Ich habe eine kleine Embedding-Dimension gewählt, damit sie ohne Zeilenumbrüche auf die Seite passt:

```
import torch
inputs = torch.tensor(
  [[0.43, 0.15, 0.89], # Your     (x^1)
   [0.55, 0.87, 0.66], # journey  (x^2)
   [0.57, 0.85, 0.64], # starts   (x^3)
   [0.22, 0.58, 0.33], # with     (x^4)
   [0.77, 0.25, 0.10], # one      (x^5)
   [0.05, 0.80, 0.55]] # step     (x^6)
)
```

Um Self-Attention zu implementieren, berechnen wir im ersten Schritt die Zwischenwerte ω, die als Attention-Scores (Aufmerksamkeitswerte) bezeichnet werden, wie Abbildung 3.8 veranschaulicht. Aufgrund räumlicher Beschränkungen zeigt die Abbildung die Werte des vorhergehenden `inputs`-Tensors in einer gekürzten Version an. Zum Beispiel wird 0,87 zu 0,8 gekürzt. In dieser gekürzten Version können die Embeddings der Wörter »journey« und »starts« zufällig ähnlich erscheinen.

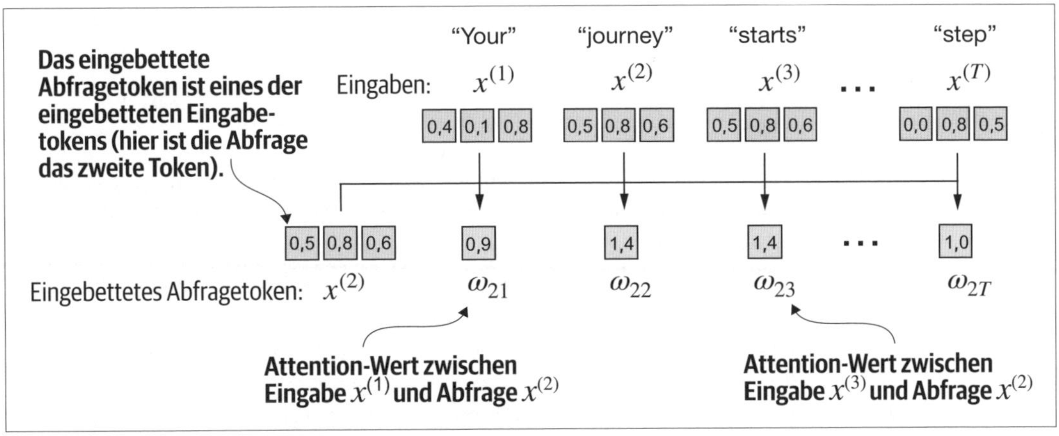

Abb. 3.8 *Es geht hier vor allem darum, die Berechnung des Kontextvektors $z^{(2)}$ zu veranschaulichen, der mithilfe des zweiten Eingabeelements $x^{(2)}$ als Abfrage berechnet wird. Diese Abbildung zeigt den ersten Zwischenschritt, die Berechnung der Attention-Scores ω zwischen der Abfrage $x^{(2)}$ und allen anderen Eingabeelementen als Punktprodukt. (Beachten Sie, dass die Zahlenwerte im Sinne einer übersichtlicheren Darstellung auf eine Nachkommastelle gekürzt wurden.)*

Abbildung 3.8 zeigt, wie wir die Zwischenwerte für die Attention zwischen dem Abfragetoken und jedem Eingabetoken berechnen. Wir bestimmen diese Werte, indem wir das Punktprodukt der Abfrage $x^{(2)}$ mit jedem anderen Eingabetoken berechnen:

```
query = inputs[1]                ❶
attn_scores_2 = torch.empty(inputs.shape[0])
for i, x_i in enumerate(inputs):
    attn_scores_2[i] = torch.dot(x_i, query)
print(attn_scores_2)
```

❶ Das zweite Eingabetoken dient als Abfrage (»query«).

Die berechneten Attention-Scores lauten:

```
tensor([0.9544, 1.4950, 1.4754, 0.8434, 0.7070, 1.0865])
```

Punktprodukte verstehen

Ein Punktprodukt ist im Wesentlichen eine Kurzschreibweise, um zwei Vektoren elementweise zu multiplizieren und dann die Produkte zu summieren, was sich wie folgt zeigen lässt:

```
res = 0.
for idx, element in enumerate(inputs[0]):
    res += inputs[0][idx] * query[idx]
print(res)
print(torch.dot(inputs[0], query))
```

Die Ausgabe bestätigt, dass die Summe der elementweisen Multiplikation die gleichen Ergebnisse liefert wie das Punktprodukt:

```
tensor(0.9544)
tensor(0.9544)
```

Das Punktprodukt lässt sich nicht nur als mathematisches Tool betrachten, das zwei Vektoren zu einem Skalarwert verknüpft, sondern auch als Maß für die Ähnlichkeit, da es quantifiziert, wie eng zwei Vektoren zueinander ausgerichtet sind: Ein größeres Punktprodukt zeigt einen größeren Grad von Ausrichtung oder Ähnlichkeit zwischen den Vektoren an. Im Kontext der Self-Attention-Mechanismen bestimmt das Punktprodukt das Ausmaß, in dem sich jedes Element in einer Sequenz auf ein anderes Element konzentriert oder diesem »Aufmerksamkeit schenkt«: Je größer das Punktprodukt, desto stärker die Ähnlichkeit und die Attention-Bewertung zwischen zwei Elementen.

Im nächsten Schritt, den Abbildung 3.9 veranschaulicht, normalisieren wir die zuvor berechneten Attention-Scores. Die Normalisierung hat vor allem das Ziel,

Attention-Gewichte zu erhalten, die sich zu 1 summieren. Diese Normalisierung ist eine Konvention, die für die Interpretation und die Erhaltung der Trainingsstabilität in einem LLM nützlich ist. Der folgende Code zeigt eine einfache Methode, um diesen Normalisierungsschritt zu realisieren:

```
attn_weights_2_tmp = attn_scores_2 / attn_scores_2.sum()
print("Attention weights:", attn_weights_2_tmp)
print("Sum:", attn_weights_2_tmp.sum())
```

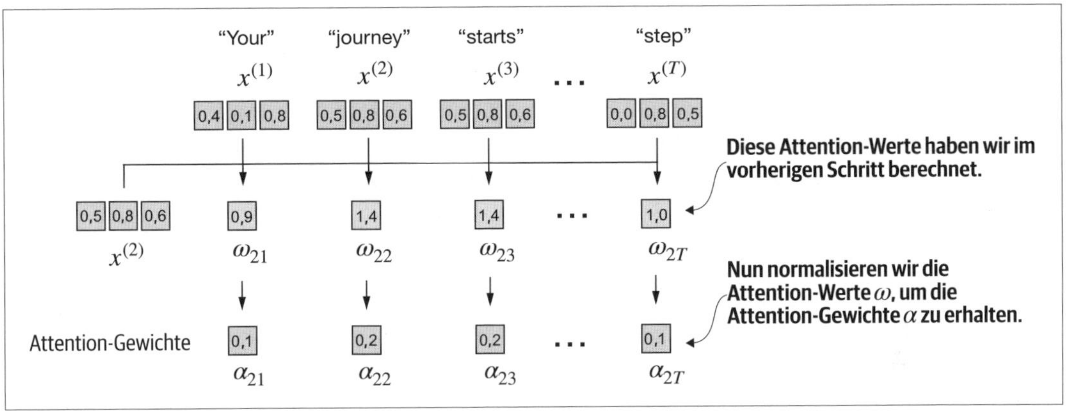

Abb. 3.9 *Nachdem die Attention-Scores ω_{21} bis ω_{2T} in Bezug auf die Eingabeabfrage $x^{(2)}$ berechnet wurden, werden im nächsten Schritt die Attention-Gewichte α_{21} bis α_{2T} durch Normalisierung der Attention-Scores ermittelt.*

Wie die Ausgabe zeigt, summieren sich die Attention-Gewichte nun zu 1:

```
Attention weights: tensor([
0.1455, 0.2278, 0.2249, 0.1285, 0.1077, 0.1656])
Sum: tensor(1.0000)
```

In der Praxis ist es üblicher und empfehlenswerter, die Normalisierung per `softmax`-Funktion vorzunehmen. Dieser Ansatz ist besser, wenn Extremwerte zu verarbeiten sind, und er bietet günstige Gradienteneigenschaften während des Trainings. Der folgende Code zeigt eine grundlegende Implementierung der `softmax`-Funktion zur Normalisierung der Attention-Scores:

```
def softmax_naive(x):
    return torch.exp(x) / torch.exp(x).sum(dim=0)

attn_weights_2_naive = softmax_naive(attn_scores_2)
print("Attention weights:", attn_weights_2_naive)
print("Sum:", attn_weights_2_naive.sum())
```

Wie die Ausgabe beweist, erreicht die `softmax`-Funktion ebenfalls das Ziel und normalisiert die Attention-Gewichte, sodass sie sich zu 1 summieren:

```
Attention weights: tensor([
0.1385, 0.2379, 0.2333, 0.1240, 0.1082, 0.1581])
Sum: tensor(1.)
```

Außerdem stellt die `softmax`-Funktion sicher, dass die Attention-Gewichte immer positiv sind. Dadurch lässt sich die Ausgabe besser als Wahrscheinlichkeit oder relative Wichtigkeit interpretieren, wobei größere Gewichte auf höhere Wichtigkeit hinweisen.

Diese naive `softmax`-Implementierung (`softmax_naive`) kann sich aber bei großen oder kleinen Eingabewerten als numerisch instabil – wie Überlauf und Unterlauf – erweisen. Daher ist es in der Praxis ratsam, die PyTorch-Implementierung von `softmax` zu verwenden, die umfassend auf Performance optimiert wurde:

```
attn_weights_2 = torch.softmax(attn_scores_2, dim=0)
print("Attention weights:", attn_weights_2)
print("Sum:", attn_weights_2.sum())
```

In diesem Fall liefert sie die gleichen Ergebnisse wie unsere vorherige Funktion `softmax_naive`:

```
Attention weights: tensor([
0.1385, 0.2379, 0.2333, 0.1240, 0.1082, 0.1581])
Sum: tensor(1.)
```

Nachdem wir nun die normalisierten Attention-Gewichte berechnet haben, sind wir bereit für den letzten Schritt, den Abbildung 3.10 zeigt: die Berechnung des Kontextvektors $z^{(2)}$, indem die eingebetteten Eingabetokens $x^{(i)}$ mit den entsprechenden Attention-Gewichten multipliziert und dann die resultierenden Vektoren summiert werden. Somit ist also der Kontextvektor $z^{(2)}$ die gewichtete Summe aller Eingabevektoren, die sich durch Multiplizieren jedes Eingabevektors mit seinem entsprechenden Attention-Gewicht ergibt:

```
query =  inputs[1]                          ❶
context_vec_2 = torch.zeros(query.shape)
for i,x_i in enumerate(inputs):
    context_vec_2 += attn_weights_2[i]*x_i print(context_vec_2)
```

❶ Das zweite Eingabetoken ist die Abfrage.

Die Ergebnisse dieser Berechnung lauten:

```
tensor([0.4419, 0.6515, 0.5683])
```

Als Nächstes verallgemeinern wir dieses Verfahren zur Berechnung von Kontextvektoren, um alle Kontextvektoren gleichzeitig zu berechnen.

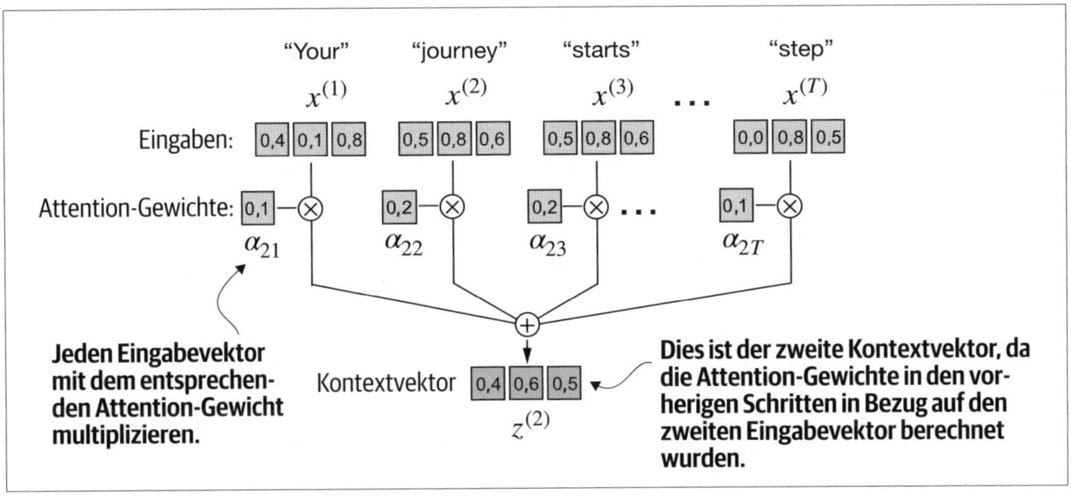

Abb. 3.10 *Nachdem die Attention-Scores berechnet und normalisiert wurden, um die Attention-Gewichte für Abfrage $x^{(2)}$ zu erhalten, wird im letzten Schritt der Kontextvektor $z^{(2)}$ berechnet. Dieser ist eine Kombination aller Eingabevektoren $x^{(1)}$ bis $x^{(T)}$, gewichtet mit den Attention-Gewichten.*

3.3.2 Attention-Gewichte für alle Eingabetokens berechnen

Bislang haben wir die Attention-Gewichte und den Kontextvektor für Eingabe zwei berechnet, wie es die markierte Zeile in Abbildung 3.11 zeigt. Nun erweitern wir diese Berechnung, um Attention-Gewichte und Kontextvektoren für alle Eingaben zu berechnen.

	Your	journey	starts	with	one	step
Your	0,20	0,20	0,19	0,12	0,12	0,14
journey	0,13	0,23	0,23	0,12	0,10	0,15
starts	0,13	0,23	0,23	0,12	0,11	0,15
with	0,14	0,20	0,20	0,14	0,12	0,17
one	0,15	0,19	0,19	0,13	0,18	0,12
step	0,13	0,21	0,21	0,14	0,09	0,18

Diese Zeile enthält die zuvor berechneten Attention-Gewichte (normalisierte Attention-Werte).

Abb. 3.11 *Die markierte Zeile enthält die Attention-Gewichte für das zweite Eingabeelement als Abfrage. Nun verallgemeinern wir die Berechnung, um alle anderen Attention-Gewichte zu erhalten. (Beachten Sie bitte, dass die Zahlenwerte in dieser Darstellung auf zwei Stellen nach dem Komma abgeschnitten sind, damit die Tabelle übersichtlich bleibt. Die Werte in jeder Zeile sollten sich zu 1,0 bzw. 100% summieren.)*

Wir folgen den gleichen drei Schritten wie zuvor (siehe Abbildung 3.12), wir ändern lediglich den Code etwas, um alle Kontextvektoren zu berechnen anstatt nur den zweiten $z^{(2)}$:

```
attn_scores = torch.empty(6, 6)
for i, x_i in enumerate(inputs):
    for j, x_j in enumerate(inputs):
        attn_scores[i, j] = torch.dot(x_i, x_j)
print(attn_scores)
```

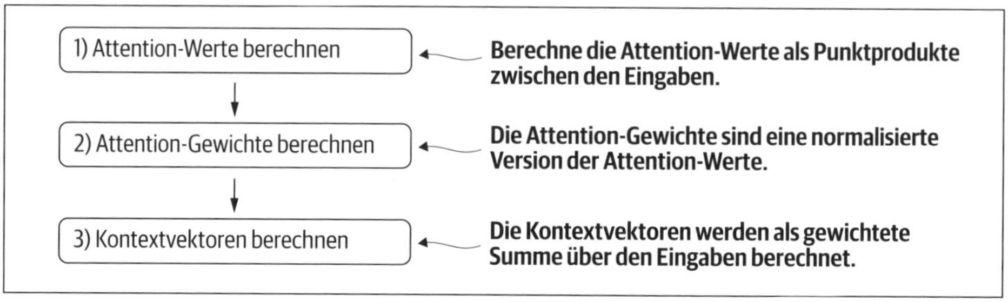

Abb. 3.12 *In Schritt 1 bauen wir eine zusätzliche for-Schleife ein, um die Punktprodukte für alle Paare von Eingaben zu berechnen.*

Es ergeben sich folgende Attention-Scores:

```
tensor([[0.9995, 0.9544, 0.9422,  0.4753, 0.4576, 0.6310],
        [0.9544, 1.4950, 1.4754,  0.8434, 0.7070, 1.0865],
        [0.9422, 1.4754, 1.4570,  0.8296, 0.7154, 1.0605],
        [0.4753, 0.8434, 0.8296,  0.4937, 0.3474, 0.6565],
        [0.4576, 0.7070, 0.7154,  0.3474, 0.6654, 0.2935],
        [0.6310, 1.0865, 1.0605,  0.6565, 0.2935, 0.9450]])
```

Jedes Element im Tensor repräsentiert einen Attention-Score zwischen jedem Paar von Eingaben, wie Abbildung 3.11 gezeigt hat. Da die Werte in dieser Abbildung normalisiert sind, unterscheiden sie sich von den nicht normalisierten Attention-Scores im vorangegangenen Tensor. Um die Normalisierung werden wir uns später kümmern.

Der vorangegangene Tensor für die Attention-Scores wurde mithilfe von `for`-Schleifen in Python berechnet. Da aber `for`-Schleifen im Allgemeinen relativ langsam sind, kommt man durch Matrixmultiplikation schneller zu den gleichen Ergebnissen:

```
attn_scores = inputs @ inputs.T
print(attn_scores)
```

Dass es sich um die gleichen Ergebnisse wie zuvor handelt, lässt sich durch einen visuellen Vergleich bestätigen:

```
tensor([[0.9995, 0.9544, 0.9422,  0.4753, 0.4576, 0.6310],
        [0.9544, 1.4950, 1.4754,  0.8434, 0.7070, 1.0865],
        [0.9422, 1.4754, 1.4570,  0.8296, 0.7154, 1.0605],
        [0.4753, 0.8434, 0.8296,  0.4937, 0.3474, 0.6565],
        [0.4576, 0.7070, 0.7154,  0.3474, 0.6654, 0.2935],
        [0.6310, 1.0865, 1.0605,  0.6565, 0.2935, 0.9450]])
```

In Schritt 2 von Abbildung 3.12 normalisieren wir jede Zeile, sodass sich die Werte in jeder Zeile zu 1 summieren:

```
attn_weights = torch.softmax(attn_scores, dim=-1)
print(attn_weights)
```

Dieser Code gibt den folgenden Tensor mit Attention-Gewichten zurück, die den in Abbildung 3.10 gezeigten Werten entsprechen.

```
tensor([[0.2098, 0.2006, 0.1981,  0.1242, 0.1220, 0.1452],
        [0.1385, 0.2379, 0.2333,  0.1240, 0.1082, 0.1581],
        [0.1390, 0.2369, 0.2326,  0.1242, 0.1108, 0.1565],
        [0.1435, 0.2074, 0.2046,  0.1462, 0.1263, 0.1720],
        [0.1526, 0.1958, 0.1975,  0.1367, 0.1879, 0.1295],
        [0.1385, 0.2184, 0.2128,  0.1420, 0.0988, 0.1896]])
```

Im Zusammenhang mit PyTorch spezifiziert der Parameter `dim` in Funktionen wie `torch.softmax` die Dimension des Eingabe-Tensors, an der entlang die Funktion berechnet wird. Mit `dim=-1` weisen wir die `softmax`-Funktion an, die Normalisierung entlang der letzten Dimension des Tensors `attn_scores` anzuwenden. Wenn `attn_scores` ein zweidimensionaler Tensor ist (zum Beispiel in der Form [Zeilen, Spalten]), wird er über die Spalten normalisiert, sodass die Werte in jeder Zeile (die über die Spaltendimension summiert werden) den Wert 1 ergeben.

Dass die Zeilen tatsächlich alle zu 1 summiert werden, lässt sich wie folgt überprüfen:

```
row_2_sum = sum([0.1385, 0.2379,  0.2333, 0.1240, 0.1082,  0.1581])
print("Row 2 sum:", row_2_sum)
print("All row sums:", attn_weights.sum(dim=-1))
```

Das Ergebnis lautet:

```
Row 2 sum: 1.0
All row  sums: tensor([1.0000, 1.0000, 1.0000, 1.0000, 1.0000, 1.0000])
```

Im dritten und letzten Schritt von Abbildung 3.12 berechnen wir mit diesen Attention-Gewichten alle Kontextvektoren über Matrixmultiplikation:

```
all_context_vecs = attn_weights @ inputs
print(all_context_vecs)
```

Der resultierende Ausgabe-Tensor enthält in jeder Zeile einen dreidimensionalen Kontextvektor:

```
tensor([[0.4421, 0.5931, 0.5790],
        [0.4419, 0.6515, 0.5683],
        [0.4431, 0.6496, 0.5671],
        [0.4304, 0.6298, 0.5510],
        [0.4671, 0.5910, 0.5266],
        [0.4177, 0.6503, 0.5645]])
```

Dass der Code korrekt ist, können wir zudem überprüfen, indem wir die zweite Zeile mit dem in Abschnitt 3.3.1 berechneten Kontextvektor $z^{(2)}$ vergleichen:

```
print("Previous 2nd context vector:", context_vec_2)
```

Anhand der Ergebnisse können wir sehen, dass der zuvor berechnete `context_vec_2` genau mit der zweiten Zeile des vorherigen Tensors übereinstimmt:

```
Previous 2nd context vector: tensor([0.4419, 0.6515, 0.5683])
```

Damit ist der Durchlauf durch die Programmierung eines einfachen Self-Attention-Mechanismus abgeschlossen. Als Nächstes fügen wir trainierbare Gewichte hinzu, sodass das LLM aus den Daten lernen und seine Performance bei spezifischen Aufgaben verbessern kann.

3.4 Self-Attention mit trainierbaren Gewichten implementieren

Im nächsten Schritt implementieren wir den Self-Attention-Mechanismus, der in der ursprünglichen Transformer-Architektur, den GPT-Modellen und den meisten anderen gängigen LLMs verwendet wird. Dieser Self-Attention-Mechanismus ist die sogenannte *skalierte Punktprodukt-Attention*. Abbildung 3.13 zeigt, wie dieser Self-Attention-Mechanismus in das Gesamtkonzept der Implementierung eines LLM passt.

Wie Abbildung 3.13 zeigt, baut der Self-Attention-Mechanismus mit trainierbaren Gewichten auf den vorherigen Konzepten auf: Wir wollen Kontextvektoren als gewichtete Summen über die für ein bestimmtes Eingabeelement spezifischen Eingabevektoren berechnen. Wie Sie sehen werden, gibt es nur geringfügige Unterschiede zu dem grundlegenden Mechanismus der Self-Attention, den wir zuvor programmiert haben.

Der herausragende Unterschied ist die Einführung von Gewichtsmatrizen, die während des Modelltrainings aktualisiert werden. Diese trainierbaren Gewichtsmatrizen sind entscheidend dafür, dass das Modell (insbesondere das Attention-Modul innerhalb des Modells) lernen kann, »gute« Kontextvektoren zu erzeugen. (Das LLM werden wir in Kapitel 5 trainieren.)

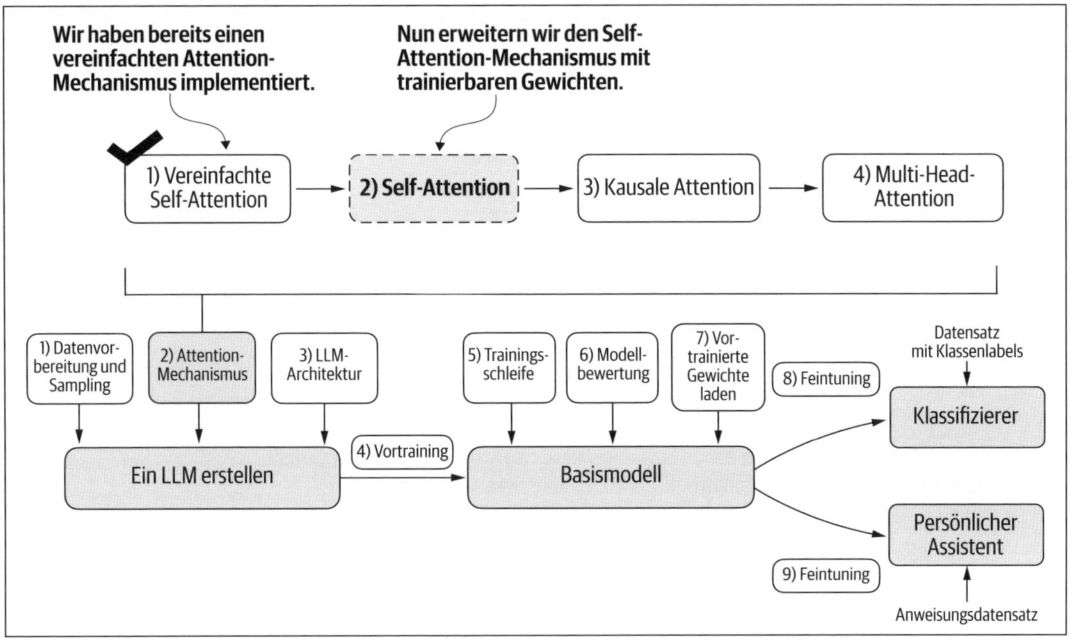

Abb. 3.13 *Zuvor haben wir einen vereinfachen Attention-Mechanismus programmiert, um den Grundmechanismus hinter Attention-Mechanismen zu verstehen. Nun fügen wir diesem Attention-Mechanismus trainierbare Gewichte hinzu. Später erweitern wir diesen Self-Attention-Mechanismus mit einer kausalen Maske und mehreren Köpfen (Heads).*

In den nächsten beiden Teilabschnitten werden wir uns mit diesem Self-Attention-Mechanismus auseinandersetzen. Zunächst programmieren wir ihn schrittweise genau wie bisher. Anschließend organisieren wir den Code in einer kompakten Python-Klasse, die in die LLM-Architektur importiert werden kann.

3.4.1 Attention-Gewichte Schritt für Schritt berechnen

Den Mechanismus der Self-Attention werden wir Schritt für Schritt implementieren, indem wir die drei trainierbaren Gewichtsmatrizen W_q, W_k und W_v einführen. Diese drei Matrizen projizieren die eingebetteten Eingabetokens $x^{(i)}$ in Abfrage-, Schlüssel- und Wertvektoren, wie Abbildung 3.14 veranschaulicht.

Zuvor haben wir das zweite Eingabeelement $x^{(2)}$ als Abfrage definiert, als wir die vereinfachten Attention-Gewichte berechnet haben, um den Kontextvektor $z^{(2)}$ zu ermitteln. Dann haben wir dies verallgemeinert, um alle Kontextvektoren $z^{(1)}$ bis $z^{(T)}$ für den aus sechs Wörtern bestehenden Eingabesatz »Your journey starts with one step« zu berechnen.

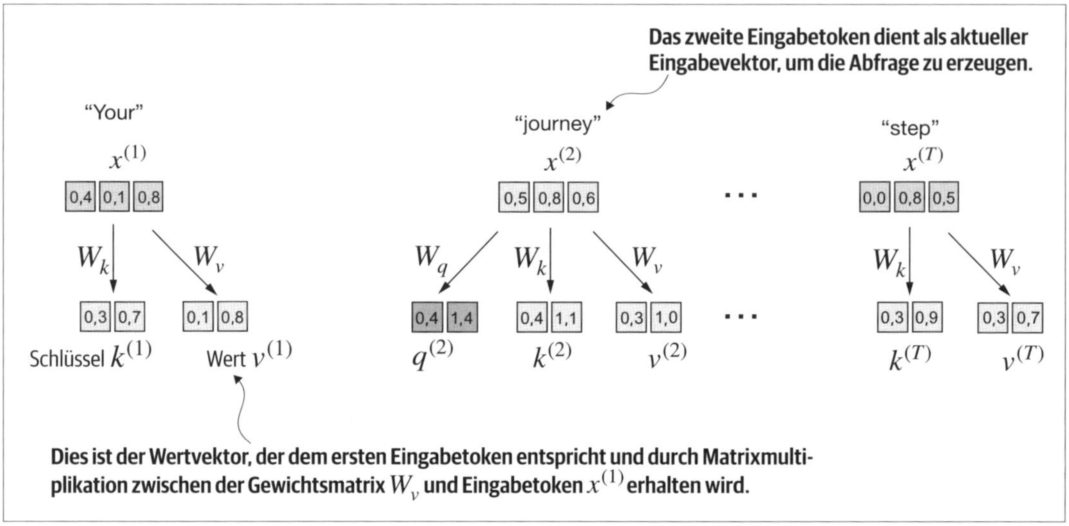

Abb. 3.14 *Im ersten Schritt des Self-Attention-Mechanismus mit trainierbaren Gewichtsmatrizen berechnen wir die Vektoren für Abfrage (q), Schlüssel (k) und Wert (v) für die Eingabeelemente x. Wie in den vorherigen Abschnitten bezeichnen wir die zweite Eingabe $x^{(2)}$ als Abfrageeingabe. Der Abfragevektor $q^{(2)}$ ergibt sich aus der Matrixmultiplikation zwischen der Eingabe $x^{(2)}$ und der Gewichtsmatrix W_q. Analog dazu erhalten wir die Schlüssel- und Wertvektoren durch Matrixmultiplikation mit den Gewichtsmatrizen W_k und W_v.*

Analog dazu berechnen wir hier zunächst zur Veranschaulichung nur einen Kontextvektor $z^{(2)}$. Dann modifizieren wir diesen Code, um sämtliche Kontextvektoren zu berechnen.

Definieren wir als Erstes einige Variablen:

```
x_2 = inputs[1]           ❶
d_in = inputs.shape[1]    ❷
d_out =  2                ❸
```

❶ Das zweite Eingabeelement.

❷ Die Größe des Eingabe-Embeddings, »d=3«.

❸ Die Größe des Ausgabe-Embeddings, »d_out=2«.

In GPT-ähnlichen Modellen sind die Eingabe- und Ausgabedimensionen normalerweise gleich. Um aber die Berechnung besser nachvollziehen zu können, verwenden wir hier verschiedene Dimensionen für Eingabe (`d_in=3`) und Ausgabe (`d_out=2`).

Als Nächstes initialisieren wir die drei Gewichtsmatrizen W_q, W_k und W_v (siehe Abbildung 3.14):

```
torch.manual_seed(123)
W_query = torch.nn.Parameter(torch.rand(d_in, d_out), requires_grad=False)
W_key   = torch.nn.Parameter(torch.rand(d_in, d_out), requires_grad=False)
W_value = torch.nn.Parameter(torch.rand(d_in, d_out), requires_grad=False)
```

Mit `requires_grad=False` halten wir die Ausgaben übersichtlicher. Wenn wir aber die Gewichtsmatrizen für das Modelltraining verwenden, setzen wir `requires_grad=True`, um diese Matrizen während des Modelltrainings zu aktualisieren.

Als Nächstes berechnen wir die Abfrage-, Schlüssel- und Wertvektoren:

```
query_2  = x_2 @ W_query
key_2 =  x_2 @ W_key
value_2  = x_2 @ W_value
print(query_2)
```

Die Ausgabe für die Abfrage ergibt einen zweidimensionalen Vektor, da wir die Anzahl der Spalten der entsprechenden Gewichtsmatrix über `d_out` auf 2 gesetzt haben:

```
tensor([0.4306, 1.4551])
```

Gewichtsparameter vs. Attention-Gewichte

In den Gewichtsmatrizen *W* steht der Begriff »Gewicht« für *Gewichtsparameter*, also die Werte eines neuronalen Netzes, die während des Trainings optimiert werden. Dies ist nicht zu verwechseln mit den Attention-Gewichten. Wie wir bereits gesehen haben, bestimmen die Attention-Gewichte das Ausmaß, in dem ein Kontextvektor von den verschiedenen Teilen der Eingabe abhängig ist (d.h. in welchem Maße sich das Netz auf verschiedene Teile der Eingabe konzentriert).

Zusammenfassend lässt sich sagen, dass Gewichtsparameter die grundlegenden, gelernten Koeffizienten sind, die die Verbindungen des Netzes definieren, während die Attention-Gewichte dynamische, kontextspezifische Werte darstellen.

Auch wenn unser vorläufiges Ziel darin besteht, nur den einen Kontextvektor $z^{(2)}$ zu berechnen, benötigen wir noch die Schlüssel- und Wertvektoren für alle Eingabeelemente, da sie an der Berechnung der Attention-Gewichte in Bezug auf die Anfrage $q^{(2)}$ beteiligt sind (siehe Abbildung 3.14).

Per Matrixmultiplikation bekommen wir sämtliche Schlüssel und Werte:

```
keys = inputs @ W_key
values = inputs @ W_value
print("keys.shape:", keys.shape)
print("values.shape:", values.shape)
```

Wie man den Ausgaben entnehmen kann, haben wir die sechs Eingabetokens erfolgreich von einem dreidimensionalen auf einen zweidimensionalen Einbettungsraum projiziert:

```
keys.shape: torch.Size([6, 2])
values.shape: torch.Size([6, 2])
```

Im zweiten Schritt berechnen wir die Attention-Scores, wie Abbildung 3.15 zeigt.

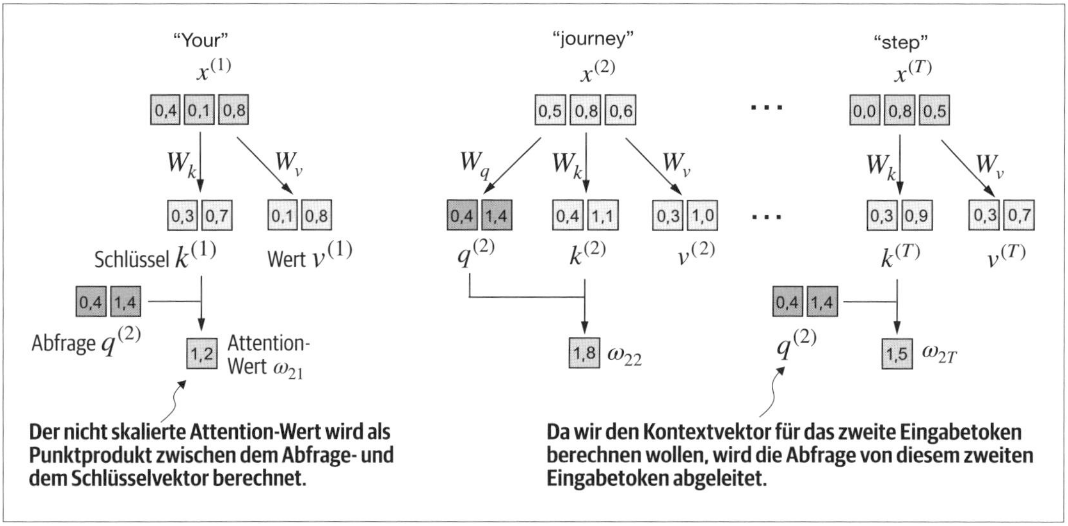

Abb. 3.15 *Die Berechnung des Attention-Scores ist eine Punktproduktberechnung ähnlich der, die wir im vereinfachten Self-Attention-Mechanismus in Abschnitt 3.3 verwendet haben. Neu ist hier der Aspekt, dass wir das Punktprodukt zwischen den Eingabeelementen nicht direkt berechnen, sondern die Abfrage und den Schlüssel verwenden, die wir über die Transformation der Eingaben über die jeweiligen Gewichtsmatrizen erhalten haben.*

Als Erstes berechnen wir den Attention-Score ω_{22}:

```
keys_2 = keys[1]                  ❶
attn_score_22 = query_2.dot(keys_2)
print(attn_score_22)
```

❶ Denken Sie daran, dass die Indexierung in Python bei 0 beginnt.

Das Ergebnis für den nicht normalisierten Attention-Score lautet:

```
tensor(1.8524)
```

Auch hier können wir diese Berechnung auf alle Attention-Scores per Matrixmultiplikation verallgemeinern.

```
attn_scores_2 = query_2 @ keys.T            ❶
print(attn_scores_2)
```

❶ Alle Attention-Scores für eine gegebene Abfrage.

Wie Sie sehen können, stimmt das zweite Element in der Ausgabe mit dem zuvor berechneten `attn_score_22` überein:

```
tensor([1.2705, 1.8524, 1.8111, 1.0795, 0.5577, 1.5440])
```

Nun wollen wir von den Attention-Scores zu den Attention-Gewichten übergehen, wie in Abbildung 3.16 dargestellt. Um die Attention-Gewichte zu berechnen, skalieren wir die Attention-Scores und rufen darauf die `softmax`-Funktion auf. Die Attention-Scores skalieren wir aber, indem wir sie durch die Quadratwurzel aus der Embedding-Dimension der Schlüssel dividieren (die Quadratwurzel einer Zahl entspricht mathematisch der Potenz dieser Zahl von 0,5):

```
d_k = keys.shape[-1]
attn_weights_2 = torch.softmax(attn_scores_2 / d_k**0.5,  dim=-1)
print(attn_weights_2)
```

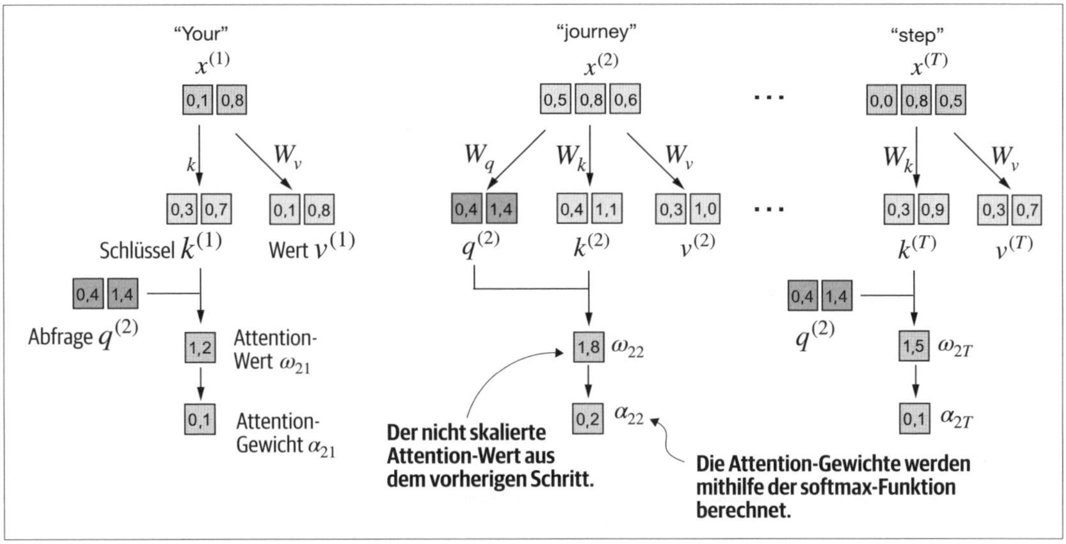

Abb. 3.16 *Nachdem die Attention-Scores ω berechnet sind, werden diese Werte im nächsten Schritt mithilfe der »softmax«-Funktion normalisiert, um die Attention-Gewichte a zu erhalten.*

Die resultierenden Attention-Gewichte lauten:

```
tensor([0.1500, 0.2264, 0.2199, 0.1311, 0.0906, 0.1820])
```

Der Grund für die Attention-Berechnung per Punktprodukt und Skalierung

Die Normalisierung nach Größe der Embedding-Dimension soll kleine Gradienten vermeiden und damit die Trainingsperformance verbessern. Wenn man beispielsweise die Embedding-Dimension hochskaliert, die bei GPT-ähnlichen LLMs typischerweise größer als 1.000 ist, können große Punktprodukte aufgrund der auf sie angewandten `softmax`-Funktion während der Backpropagation zu sehr kleine Gradienten führen. Mit größer werdenden Punktprodukten verhält sich die `softmax`-Funktion eher wie eine Stufenfunktion, was Gradienten nahe null ergibt. Diese kleinen Gradienten können das Lernen drastisch verlangsamen oder zu einer Stagnation des Trainings führen.

Die Skalierung nach der Quadratwurzel der Embedding-Dimension ist der Grund, weshalb dieser Self-Attention-Mechanismus auch als skalierte Punktprodukt-Attention bezeichnet wird.

Abschließend sind nun noch die Kontextvektoren zu berechnen, wie Abbildung 3.17 zeigt.

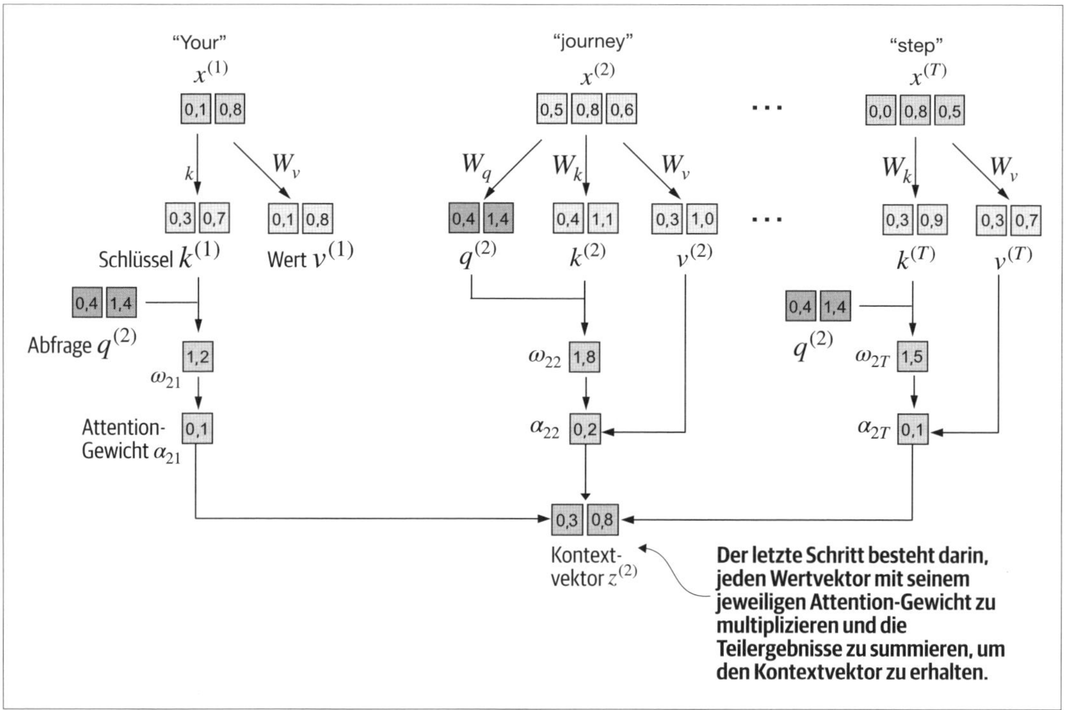

Abb. 3.17 *Im letzten Schritt der Self-Attention-Berechnung berechnen wir den Kontextvektor, indem alle Wertvektoren über die Attention-Gewichte zusammengefasst werden.*

Ähnlich wie bei der Berechnung des Kontextvektors als gewichtete Summe über die Eingabevektoren (siehe Abschnitt 3.3) berechnen wir nun den Kontextvektor als gewichtete Summe über die Wertvektoren. Hier dienen die Attention-Gewichte als Gewichtungsfaktor, der die jeweilige Bedeutung der einzelnen Wertvektoren gewichtet. Und wie zuvor können wir die Ausgabe per Matrixmultiplikation in einem Schritt erhalten:

```
context_vec_2 = attn_weights_2 @ values
print(context_vec_2)
```

Der resultierende Vektor hat folgenden Inhalt:

```
tensor([0.3061, 0.8210])
```

Bis jetzt haben wir mit $z^{(2)}$ nur einen einzelnen Kontextvektor berechnet. Als Nächstes verallgemeinern wir den Code, um alle Kontextvektoren $z^{(1)}$ bis $z^{(T)}$ in der Eingabesequenz zu berechnen.

Warum Abfrage, Schlüssel und Wert?

Die Begriffe *Schlüssel*, *Abfrage* und *Wert* im Zusammenhang mit Attention-Mechanismen stammen aus den Bereichen Informationsabruf und Datenbanken, wo man ähnliche Konzepte verwendet, um Informationen zu speichern, zu suchen und abzurufen.

Eine Abfrage (engl. *Query*) entspricht einer Suchabfrage in einer Datenbank. Sie stellt das aktuelle Element (z. B. ein Wort oder Token in einem Satz) dar, auf das sich das Modell konzentriert oder das es zu verstehen versucht. Die Abfrage dient dazu, die anderen Teile der Eingabesequenz zu untersuchen, um festzustellen, wie viel Aufmerksamkeit ihnen gewidmet werden soll.

Der Schlüssel (engl. *Key*) ähnelt einem Datenbankschlüssel, der für die Indizierung und Suche verwendet wird. Im Attention-Mechanismus wird jedem Element in der Eingabesequenz (z. B. jedem Wort in einem Satz) ein Schlüssel zugeordnet. Diese Schlüssel werden verwendet, um die Abfrage abzugleichen.

Der Wert (engl. *Value*) ist in diesem Zusammenhang vergleichbar mit dem Wert in einem Schlüssel-Wert-Paar in einer Datenbank. Er repräsentiert den eigentlichen Inhalt oder die Darstellung der Eingabeelemente. Sobald das Modell ermittelt hat, welche Schlüssel (und damit welche Teile der Eingabe) für die Abfrage (das aktuelle Fokuselement) am relevantesten sind, ruft es die entsprechenden Werte ab.

3.4.2 Eine kompakte Python-Klasse für Self-Attention implementieren

Mittlerweile haben wir viele Schritte durchlaufen, um Ausgaben für Self-Attention zu berechnen. Wir haben dies hauptsächlich zur Veranschaulichung getan, damit wir einen Schritt nach dem anderen durchgehen können. Mit Blick auf die LLM-Implementierung im nächsten Kapitel ist es in der Praxis allerdings hilfreich, diesen Code in einer Python-Klasse zu organisieren, wie Listing 3.1 zeigt.

Listing 3.1 *Eine kompakte Self-Attention-Klasse*

```
import torch.nn as nn
class SelfAttention_v1(nn.Module):
    def __init__(self, d_in, d_out):
        super().__init__()
        self.W_query = nn.Parameter(torch.rand(d_in, d_out))
        self.W_key   = nn.Parameter(torch.rand(d_in, d_out))
        self.W_value = nn.Parameter(torch.rand(d_in, d_out))

    def  forward(self, x):
        keys = x @ self.W_key
        queries = x @ self.W_query
        values = x @ self.W_value
        attn_scores = queries @ keys.T # omega
        attn_weights = torch.softmax(
            attn_scores / keys.shape[-1]**0.5, dim=-1
        )
        context_vec = attn_weights @ values
        return context_vec
```

In diesem PyTorch-Code ist `SelfAttention_v1` eine Klasse, die von `nn.Module` abgleitet ist, einem grundlegenden Baustein von PyTorch-Modellen, der die erforderlichen Funktionen bietet, um Modellebenen zu erstellen und zu verwalten.

Die Methode `__init__` initialisiert trainierbare Gewichtsmatrizen (`W_query`, `W_key` und `W_value`) für Abfragen, Schlüssel und Werte, die jeweils die Eingabedimension `d_in` in eine Ausgabedimension `d_out` transformieren.

Während des Vorwärtsdurchlaufs berechnen wir mithilfe der Methode `forward` die Attention-Scores (`attn_scores`), indem Abfragen und Schlüssel multipliziert und diese Werte mit der Funktion `softmax` normalisiert werden. Schließlich gewichten wir die Werte mit diesen normalisierten Attention-Scores, um einen Kontextvektor zu erstellen.

Diese Klasse können wir folgendermaßen verwenden:

```
torch.manual_seed(123)
sa_v1 =  SelfAttention_v1(d_in, d_out)
print(sa_v1(inputs))
```

Da `inputs` sechs Embedding-Vektoren enthält, entsteht eine Matrix, die sechs Inhaltsvektoren speichert:

```
tensor([[0.2996, 0.8053],
        [0.3061, 0.8210],
```

```
        [0.3058, 0.8203],
        [0.2948, 0.7939],
        [0.2927, 0.7891],
        [0.2990, 0.8040]], grad_fn=<MmBackward0>)
```

In einer schnellen Kontrolle können Sie feststellen, dass die zweite Zeile (`[0.3061, 0.8210]`) mit dem Inhalt von `context_vec_2` aus dem vorherigen Abschnitt übereinstimmt. Abbildung 3.18 fasst den Self-Attention-Mechanismus zusammen, den wir eben implementiert haben.

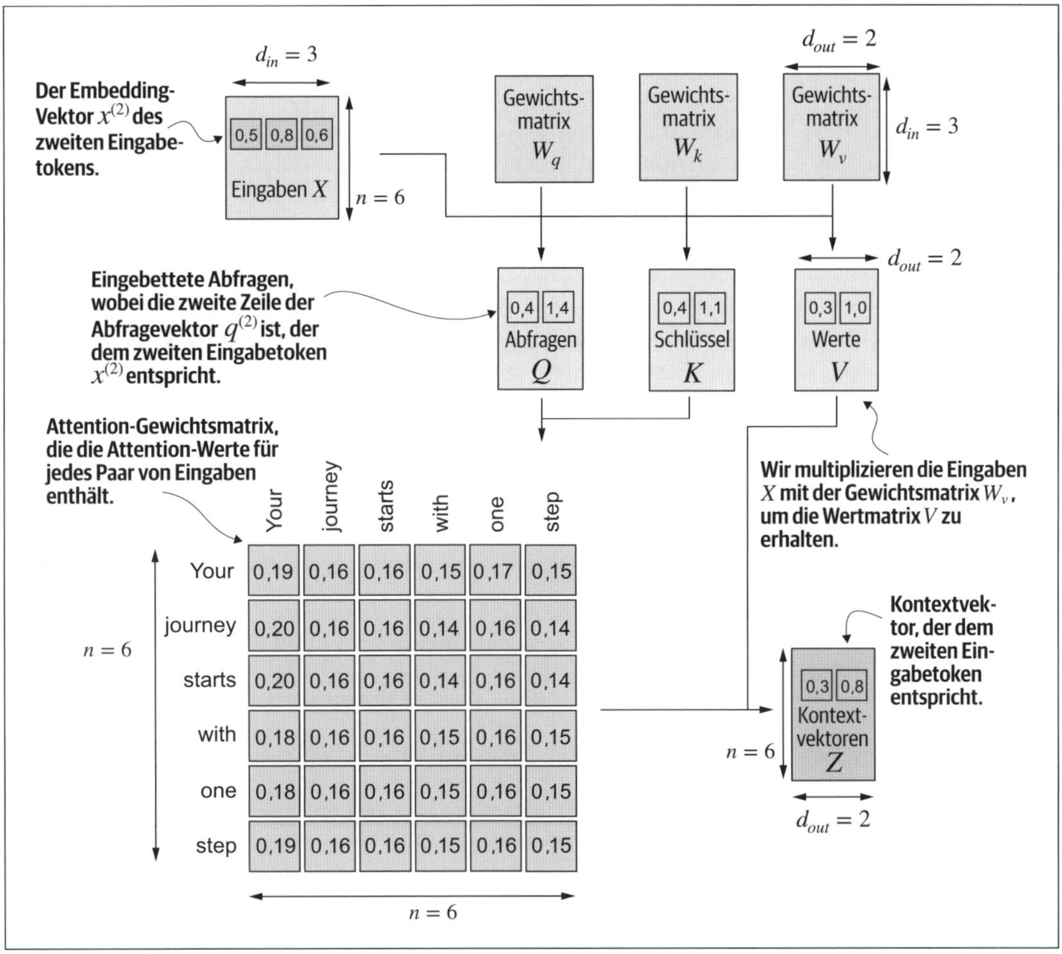

Abb. 3.18 *Der Self-Attention-Mechanismus zusammengefasst.*

Bei Self-Attention transformieren wir die Eingabevektoren in der Eingabematrix X mit den drei Gewichtsmatrizen W_q, W_k und W_v. Basierend auf den resultierenden Abfragen (Q) und Schlüsseln (K) wird die Self-Attention-Matrix berechnet.

Mit den Attention-Gewichten und -Werten (V) berechnen wir dann die Kontextvektoren (Z). Um die Übersichtlichkeit zu wahren, konzentrieren wir uns auf eine einzelne Texteingabe mit n Tokens und nicht auf einen Stapel von mehreren Eingaben. Folglich vereinfacht sich der dreidimensionale Eingabe-Tensor in diesem Zusammenhang zu einer zweidimensionalen Matrix. Dieser Ansatz ermöglicht eine einfachere Visualisierung und ein besseres Verständnis der beteiligten Prozesse. Um mit späteren Abbildungen konsistent zu bleiben, stellen die Werte in der Attention-Matrix nicht die tatsächlichen Attention-Gewichte dar. (Die Zahlen in dieser Abbildung sind auf zwei Nachkommastellen abgeschnitten, um den Überblick behalten zu können. Die Werte in jeder Zeile sollten sich zu 1,0 oder 100 % summieren.)

Zur Self-Attention gehören die trainierbaren Gewichtsmatrizen W_q, W_k und W_v. Diese Matrizen transformieren Eingabedaten in Abfragen, Schlüssel und Werte, die entscheidende Komponenten des Attention-Mechanismus sind. Wenn das Modell während des Trainings mit zusätzlichen Daten konfrontiert wird, passt es diese trainierbaren Gewichte an, wie wir in den nächsten Kapiteln sehen werden.

Die Implementierung von `SelfAttention_v1` lässt sich mit den `nn.Linear`-Schichten von PyTorch verbessern. Diese führen effektiv eine Matrixmultiplikation aus, wenn die Bias-Einheiten deaktiviert sind. Die `nn.Linear`-Schichten zu nutzen, anstatt `nn.Parameter(torch.rand(...))` manuell zu implementieren, bietet den wesentlichen Vorteil, dass `nn.Linear` über ein optimiertes Initialisierungsschema für Gewichte verfügt, das zu einem stabileren und effektiveren Modelltraining beiträgt.

Listing 3.2 *Eine Klasse für Self-Attention, die sich auf »Linear«-Schichten von PyTorch stützt*

```
class SelfAttention_v2(nn.Module):
    def __init__(self, d_in, d_out, qkv_bias=False):
        super().__init__()
        self.W_query = nn.Linear(d_in, d_out, bias=qkv_bias)
        self.W_key   = nn.Linear(d_in, d_out, bias=qkv_bias)
        self.W_value = nn.Linear(d_in, d_out, bias=qkv_bias)

    def forward(self, x):
        keys = self.W_key(x)
        queries = self.W_query(x)
        values = self.W_value(x)
        attn_scores = queries @ keys.T
        attn_weights = torch.softmax(
            attn_scores / keys.shape[-1]**0.5, dim=-1
        )
        context_vec = attn_weights @ values
        return context_vec
```

Die Klasse `SelfAttention_v2` können Sie ähnlich wie `SelfAttention_v1` verwenden:

```
torch.manual_seed(789)
sa_v2 =  SelfAttention_v2(d_in, d_out)
print(sa_v2(inputs))
```

Die Ausgabe lautet:

```
tensor([[-0.0739,  0.0713],
        [-0.0748,  0.0703],
        [-0.0749,  0.0702],
        [-0.0760,  0.0685],
        [-0.0763,  0.0679],
        [-0.0754,  0.0693]], grad_fn=<MmBackward0>)
```

Beachten Sie, dass `SelfAttention_v1` und `SelfAttention_v2` unterschiedliche Ausgaben liefern, was an verschiedenen Anfangsgewichten für die Gewichtsmatrizen liegt, da die Initialisierung der Gewichte bei `nn.Linear` einem ausgefeilteren Schema erfolgt.

Übung 3.1: SelfAttention_v1 und SelfAttention_v2 vergleichen

Die Methode `nn.Linear` in `SelfAttention_v2` verwendet ein anderes Initialisierungsschema für die Gewichte als die Methode `nn.Parameter(torch.rand(d_in, d_out)` in `SelfAttention_v1`, wodurch beide Mechanismen verschiedene Ergebnisse liefern. Um zu überprüfen, ob beide Implementierungen, `SelfAttention_v1` und `SelfAttention_v2`, ansonsten ähnlich sind, können wir die Gewichtsmatrizen von einem `SelfAttention_v2`-Objekt auf ein `SelfAttention_v1`-Objekt übertragen, sodass dann beide Objekte die gleichen Ergebnisse erzeugen.

Ihre Aufgabe besteht darin, die Gewichte einer Instanz von `SelfAttention_v2` einer Instanz von `SelfAttention_v1` korrekt zuzuordnen. Hierfür müssen Sie die Beziehung zwischen den Gewichten in beiden Versionen verstehen. (Tipp: Die Methode `nn.Linear` speichert die Gewichtsmatrix in einer transponierten Form.) Nach der Zuweisung sollten Sie feststellen, dass beide Instanzen die gleichen Ausgaben liefern.

Als Nächstes erweitern wir den Self-Attention-Mechanismus, wobei wir uns besonders auf die Einbeziehung von kausalen und Multi-Head-Elementen konzentrieren. Der kausale Aspekt beinhaltet die Modifizierung des Attention-Mechanismus, um zu verhindern, dass das Modell auf zukünftige Informationen in der Sequenz zugreift, was für Aufgaben wie die Sprachmodellierung entscheidend ist, bei der jede Wortvorhersage nur von den vorherigen Wörtern abhängen sollte.

Die Multi-Head-Komponente beinhaltet die Aufteilung des Attention-Mechanismus in mehrere »Köpfe« (engl. *Heads*). Jeder Kopf lernt verschiedene Aspekte der Daten, sodass das Modell gleichzeitig auf Informationen aus verschiedenen Repräsentationsunterräumen an unterschiedlichen Positionen achten kann. Dies verbessert die Performance des Modells bei komplexen Aufgaben.

3.5 Zukünftige Wörter mit kausaler Attention ausblenden

Bei vielen LLM-Aufgaben soll der Self-Attention-Mechanismus nur die Tokens berücksichtigen, die vor der aktuellen Position erscheinen, wenn das nächste Token in einer Sequenz vorherzusagen ist. Die auch als maskierte Attention bezeichnete *kausale Attention* ist eine spezielle Form der Self-Attention. Sie schränkt ein Modell darauf ein, bei der Berechnung der Attention-Scores nur vorherige und aktuelle Eingaben in einer Sequenz zu berücksichtigen, wenn ein bestimmtes Token verarbeitet wird. Dies steht im Gegensatz zum Standardmechanismus der Self-Attention, der den Zugriff auf die gesamte Eingabesequenz auf einmal erlaubt.

Wir modifizieren nun den standardmäßigen *Self-Attention-Mechanismus*, um einen *kausalen Attention-Mechanismus* zu schaffen, der für die Entwicklung eines LLM in den folgenden Kapiteln wesentlich ist. Um dies in GPT-ähnlichen LLMs zu erreichen, maskieren wir für jedes verarbeitete Token die zukünftigen Tokens aus, die im Eingabetext nach dem aktuellen Token kommen, wie Abbildung 3.19 zeigt. Wir maskieren die Attention-Gewichte oberhalb der Diagonale aus, und wir normalisieren die nicht maskierten Attention-Gewichte, sodass sich die Attention-Gewichte in jeder Zeile zu 1 summieren. Später werden wir diese Maskierung und die Normalisierungsroutine in Code umsetzen.

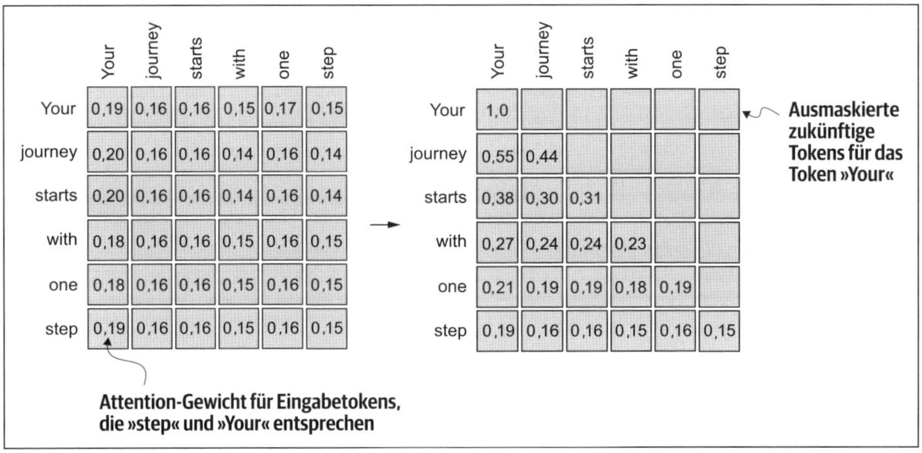

Abb. 3.19 *Bei kausaler Attention maskieren wir die Attention-Gewichte oberhalb der Diagonale aus, sodass das LLM für eine gegebene Eingabe nicht auf zukünftige Tokens zugreifen kann, wenn es die Kontextvektoren mithilfe von Attention-Gewichten berechnet. Zum Beispiel behalten wir für das Wort »journey« in der zweiten Zeile nur die Attention-Gewichte für die Wörter vor (»Your«) und an der aktuellen Position (»journey«).*

3.5.1 Eine kausale Attention-Maske anwenden

Unser nächster Schritt besteht darin, die kausale Attention-Maske in Code umzusetzen. Um diese Schritte zu implementieren und eine kausale Attention-Maske anzuwenden, mit der sich die maskierten Attention-Gewichte erhalten lassen, wie Abbildung 3.20 zusammenfassend zeigt, greifen wir auf die Attention-Scores und -Gewichte aus dem vorherigen Abschnitt zurück und codieren damit den Mechanismus der kausalen Attention.

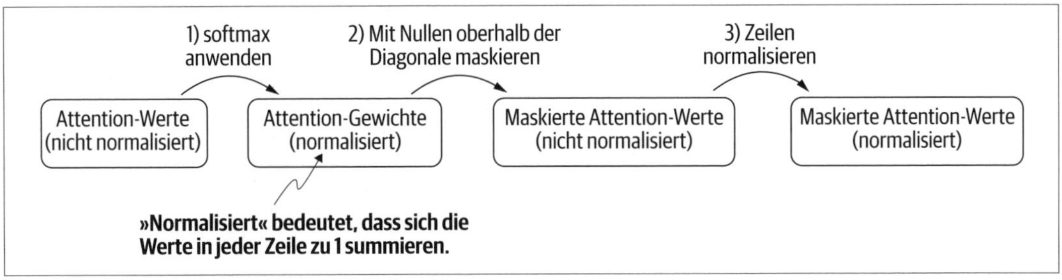

Abb. 3.20 *Um die Matrix mit den maskierten Attention-Gewichten in kausaler Attention zu erhalten, kann man die »softmax«-Funktion auf die Attention-Scores anwenden, die Elemente über der Diagonale auf 0 setzen und die resultierende Matrix normalisieren.*

Im ersten Schritt berechnen wir die Attention-Gewichte mithilfe der `softmax`-Funktion, wie wir es bereits getan haben:

❶ Der Einfachheit halber nutzen wir die Abfrage- und Schlüsselgewichtsmatrizen des »SelfAttention_v2«-Objekts aus dem vorherigen Abschnitt.

```
queries = sa_v2.W_query(inputs)                    ❶
keys = sa_v2.W_key(inputs)
attn_scores = queries @ keys.T
attn_weights = torch.softmax(attn_scores / keys.shape[-1]**0.5, dim=-1)
print(attn_weights)
```

Das ergibt die folgenden Attention-Gewichte:

```
tensor([[0.1921, 0.1646, 0.1652,  0.1550, 0.1721, 0.1510],
        [0.2041, 0.1659, 0.1662,  0.1496, 0.1665, 0.1477],
        [0.2036, 0.1659, 0.1662,  0.1498, 0.1664, 0.1480],
        [0.1869, 0.1667, 0.1668,  0.1571, 0.1661, 0.1564],
        [0.1830, 0.1669, 0.1670,  0.1588, 0.1658, 0.1585],
        [0.1935, 0.1663, 0.1666,  0.1542, 0.1666, 0.1529]],
       grad_fn=<SoftmaxBackward0>)
```

Den zweiten Schritt können wir mit der Funktion `tril` von PyTorch implementieren, um eine Maske zu erzeugen, bei der die Werte oberhalb der Diagonale null sind:

```
context_length = attn_scores.shape[0]
mask_simple = torch.tril(torch.ones(context_length, context_length))
print(mask_simple)
```

Die resultierende Maske lautet:

```
tensor([[1., 0., 0., 0., 0., 0.],
        [1., 1., 0., 0., 0., 0.],
        [1., 1., 1., 0., 0., 0.],
        [1., 1., 1., 1., 0., 0.],
        [1., 1., 1., 1., 1., 0.],
        [1., 1., 1., 1., 1., 1.]])
```

Nun können wir diese Maske mit den Attention-Gewichten multiplizieren, um die Werte über der Diagonale auf null zu setzen:

```
masked_simple = attn_weights*mask_simple
print(masked_simple)
```

Wie Sie sehen, wurden die Elemente über der Diagonale erfolgreich auf null gesetzt:

```
tensor([[0.1921, 0.0000, 0.0000, 0.0000, 0.0000, 0.0000],
        [0.2041, 0.1659, 0.0000, 0.0000, 0.0000, 0.0000],
        [0.2036, 0.1659, 0.1662, 0.0000, 0.0000, 0.0000],
        [0.1869, 0.1667, 0.1668, 0.1571, 0.0000, 0.0000],
        [0.1830, 0.1669, 0.1670, 0.1588, 0.1658, 0.0000],
        [0.1935, 0.1663, 0.1666, 0.1542, 0.1666, 0.1529]],
       grad_fn=<MulBackward0>)
```

Im dritten Schritt normalisieren wir die Attention-Gewichte erneut, sodass sie in jeder Zeile die Summe 1 ergeben. Hierzu dividieren wir jedes Element in jeder Zeile durch die Summe in jeder Zeile:

```
row_sums = masked_simple.sum(dim=-1, keepdim=True)
masked_simple_norm = masked_simple / row_sums
print(masked_simple_norm)
```

Das Ergebnis ist eine Matrix mit Attention-Gewichten, in der die Gewichte oberhalb der Diagonale auf 0 gesetzt sind und die Zeilensumme 1 ergibt:

```
tensor([[1.0000, 0.0000, 0.0000, 0.0000, 0.0000, 0.0000],
        [0.5517, 0.4483, 0.0000, 0.0000, 0.0000, 0.0000],
        [0.3800, 0.3097, 0.3103, 0.0000, 0.0000, 0.0000],
        [0.2758, 0.2460, 0.2462, 0.2319, 0.0000, 0.0000],
        [0.2175, 0.1983, 0.1984, 0.1888, 0.1971, 0.0000],
        [0.1935, 0.1663, 0.1666, 0.1542, 0.1666, 0.1529]],
       grad_fn=<DivBackward0>)
```

Durchsickern von Informationen

Wenn wir eine Maske anwenden und dann die Attention-Gewichte wieder normalisieren, könnte es auf den ersten Blick so aussehen, als ob Informationen aus zukünftigen Tokens (die wir maskieren wollen) immer noch das aktuelle Token beeinflussen könnten, da ihre Werte in die `softmax`-Berechnung einfließen. Die wichtigste Erkenntnis ist jedoch, dass wir bei der erneuten Normalisierung der Attention-Gewichte nach der Maskierung die `softmax`-Funktion eigentlich über einer kleineren Teilmenge neu berechnen (da maskierte Positionen nicht zum `softmax`-Wert beitragen).

Die mathematische Eleganz der `softmax`-Funktion liegt gerade darin, dass trotz der anfänglichen Einbeziehung aller Positionen in den Nenner nach dem Maskieren und der erneuten Normalisierung die Wirkung der maskierten Positionen aufgehoben wird – sie tragen nicht auf sinnvolle Weise zum `softmax`-Wert bei. Einfacher ausgedrückt: Nach dem Maskieren und der erneuten Normalisierung ist die Verteilung der Attention-Gewichte so, als wäre sie zu Beginn nur unter den nicht maskierten Positionen berechnet worden. Dies stellt sicher, dass keine Informationen von zukünftigen (oder anderweitig maskierten) Tokens durchsickern, wie wir es beabsichtigt haben.

Wir könnten zwar unsere Implementierung der kausalen Attention an dieser Stelle abschließen, doch wir wollen sie noch verbessern. Dazu nutzen wir eine mathematische Eigenschaft der `softmax`-Funktion und implementieren die Berechnung der maskierten Attention-Gewichte effizienter in weniger Schritten, wie in Abbildung 3.21 dargestellt.

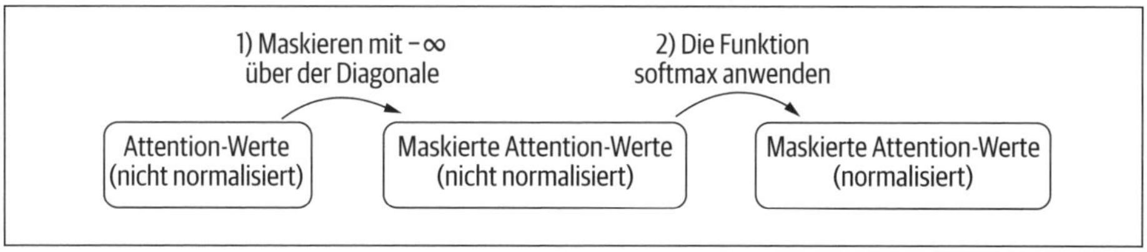

Abb. 3.21 *Die maskierte Matrix mit den Attention-Gewichten in kausaler Attention lässt sich effizienter erhalten, wenn man die Attention-Scores mit negativen Unendlichkeitswerten maskiert und erst dann die »softmax«-Funktion aufruft.*

Die `softmax`-Funktion konvertiert ihre Eingaben in eine Wahrscheinlichkeitsverteilung. Wenn native Unendlichkeitswerte (-∞) in einer Zeile vorhanden sind, behandelt die `softmax`-Funktion sie als Nullwahrscheinlichkeit. (Mathematisch gesehen liegt das daran, dass $e^{-\infty}$ gegen 0 geht.)

Um diesen effizienteren »Maskierungstrick« zu implementieren, erstellen wir eine Maske, die oberhalb der Diagonale Einsen enthält, und ersetzen dann diese Einsen durch die Werte für negative Unendlichkeit (`-inf`):

```
mask = torch.triu(torch.ones(context_length, context_length), diagonal=1)
masked = attn_scores.masked_fill(mask.bool(), -torch.inf)
print(masked)
```

Das Ergebnis ist die folgende Maske:

```
tensor([[0.2899,   -inf,   -inf,   -inf,   -inf,   -inf],
        [0.4656, 0.1723,   -inf,   -inf,   -inf,   -inf],
        [0.4594, 0.1703, 0.1731,   -inf,   -inf,   -inf],
        [0.2642, 0.1024, 0.1036, 0.0186,   -inf,   -inf],
        [0.2183, 0.0874, 0.0882, 0.0177, 0.0786,   -inf],
        [0.3408, 0.1270, 0.1290, 0.0198, 0.1290, 0.0078]],
       grad_fn=<MaskedFillBackward0>)
```

Wir müssen nun lediglich noch die `softmax`-Funktion auf diese maskierten Ergebnisse anwenden, und wir sind fertig:

```
attn_weights = torch.softmax(masked / keys.shape[-1]**0.5, dim=1)
print(attn_weights)
```

Wie die Ausgabe zeigt, summieren sich die Werte in jeder Zeile zu 1, und es ist keine weitere Normalisierung erforderlich:

```
tensor([[1.0000, 0.0000, 0.0000, 0.0000, 0.0000, 0.0000],
        [0.5517, 0.4483, 0.0000, 0.0000, 0.0000, 0.0000],
        [0.3800, 0.3097, 0.3103, 0.0000, 0.0000, 0.0000],
        [0.2758, 0.2460, 0.2462, 0.2319, 0.0000, 0.0000],
        [0.2175, 0.1983, 0.1984, 0.1888, 0.1971, 0.0000],
        [0.1935, 0.1663, 0.1666, 0.1542, 0.1666, 0.1529]],
       grad_fn=<SoftmaxBackward0>)
```

Wir könnten nun die modifizierten Attention-Gewichte verwenden, um die Kontextvektoren wie in Abschnitt 3.4 über `context_vec = attn_weights @ values` zu berechnen. Zunächst werden wir jedoch auf eine weitere kleinere Änderung am Mechanismus der kausalen Attention eingehen, die nützlich ist, um beim Training von LLMs eine Überanpassung zu verringern.

3.5.2 Zusätzliche Attention-Gewichte mit Dropout maskieren

Im Deep Learning ist *Dropout* eine Technik, bei der zufällig ausgewählte Einheiten der versteckten Schicht während des Trainings ignoriert werden, sodass sie effektiv »herausfallen« (engl. *drop out*). Diese Methode trägt dazu bei, eine Überanpassung zu verhindern, indem sichergestellt wird, dass ein Modell nicht zu sehr von bestimmten Einheiten der versteckten Schicht abhängig wird. Hervorzuheben ist hier unbedingt, dass Dropout nur während des Trainings zum Einsatz kommt und danach deaktiviert wird.

In der Transformer-Architektur, einschließlich der GPT-artigen Modelle, wird Dropout im Attention-Mechanismus typischerweise zu zwei bestimmten Zeitpunkten angewandt: nach der Berechnung der Attention-Gewichte oder nach der Anwendung der Attention-Gewichte auf die Wertvektoren. Hier wenden wir die Dropout-Maske an, nachdem die Attention-Gewichte berechnet wurden, wie Abbildung 3.22 zeigt, da dies in der Praxis die häufigere Variante ist.

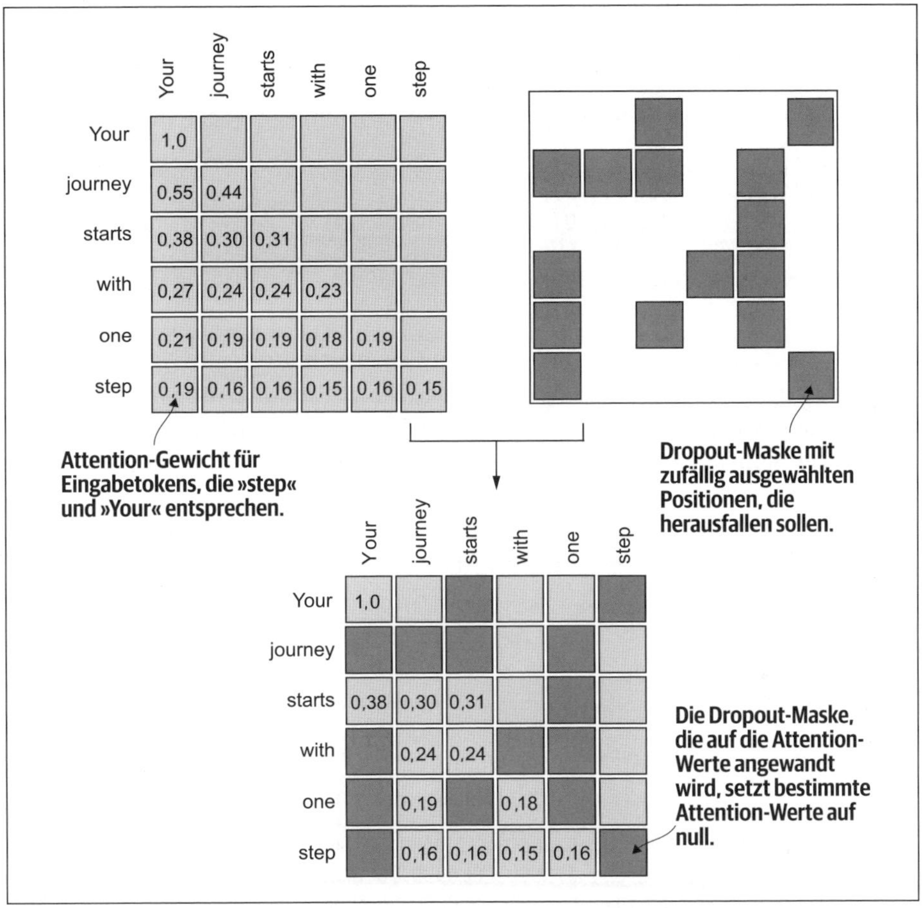

Abb. 3.22 *Mit der Maske für kausale Attention (oben links) wenden wir eine zusätzliche Dropout-Maske (oben rechts) an, um zusätzliche Attention-Gewichte auf null zu setzen und damit die Überanpassung während des Trainings zu verringern.*

Im folgenden Codebeispiel verwenden wir ein Dropout-Verhältnis von 50 %, was bedeutet, dass die Hälfte der Attention-Gewichte ausmaskiert wird. (Wenn wir ein GPT-Modell in späteren Kapiteln trainieren, verwenden wir ein geringeres Dropout-Verhältnis von 0,1 oder 0,2.) Die Dropout-Implementierung von Python wenden wir der Einfachheit halber zunächst auf einen 6×6-Tensor an, der aus Einsen besteht:

```
torch.manual_seed(123)
dropout  = torch.nn.Dropout(0.5)          ❶
example  = torch.ones(6, 6)               ❷
print(dropout(example))
```

❶ Wir wählen ein Dropout-Verhältnis von 50 %.

❷ Hier erzeugen wir eine Matrix, die nur Einsen enthält.

Es zeigt sich, dass ungefähr die Hälfte der Werte genullt wurde:

```
tensor([[2., 2., 0., 2., 2., 0.],
        [0., 0., 0., 2., 0., 2.],
        [2., 2., 2., 2., 0., 2.],
        [0., 2., 2., 0., 0., 2.],
        [0., 2., 0., 2., 0., 2.],
        [0., 2., 2., 2., 2., 0.]])
```

Wendet man Dropout auf eine Attention-Gewichtsmatrix mit einer Rate von 50 % an, wird die Hälfte der Elemente in der Matrix zufällig auf null gesetzt. Um die geringere Anzahl aktiver Elemente auszugleichen, werden die Werte der in der Matrix verbleibenden Elemente um den Faktor 1 / 0,5 = 2 hochskaliert. Diese Skalierung ist entscheidend, um das Gleichgewicht der Attention-Gewichte insgesamt aufrechtzuerhalten und sicherzustellen, dass der durchschnittliche Einfluss des Attention-Mechanismus sowohl in der Trainings- als auch in der Inferenzphase konsistent bleibt.

Wenden wir nun Dropout auf die Attention-Gewichtsmatrix selbst an:

```
torch.manual_seed(123)
print(dropout(attn_weights))
```

In der resultierenden Attention-Gewichtsmatrix wurden nun zusätzliche Elemente auf null gesetzt und die verbleibenden Einsen neu skaliert:

```
tensor([[2.0000, 0.0000, 0 .0000, 0.0000, 0.0000, 0.0000],
        [0.0000, 0.0000, 0.0000, 0.0000, 0.0000, 0.0000],
        [0.7599, 0.6194, 0.6206, 0.0000, 0.0000, 0.0000],
        [0.0000, 0.4921, 0.4925, 0.0000, 0.0000, 0.0000],
        [0.0000, 0.3966, 0.0000, 0.3775, 0.0000, 0.0000],
        [0.0000, 0.3327, 0.3331, 0.3084, 0.3331, 0.0000]],
       grad_fn=<MulBackward0>
```

Beachten Sie, dass die resultierenden Dropout-Ausgaben je nach Betriebssystem unterschiedlich aussehen können. Mehr über diese Inkonsistenz finden Sie auf dem PyTorch Issue Tracker unter *https://github.com/pytorch/pytorch/issues/121595*.

Da Sie nun über kausale Attention und Dropout-Maskierung Bescheid wissen, sind Sie in der Lage, eine kompakte Python-Klasse zu entwickeln. Diese Klasse ist so konzipiert, dass Sie diese beiden Techniken effizient anwenden können.

3.5.3 Eine kompakte Klasse für kausale Attention implementieren

In die in Abschnitt 3.4 entwickelte Python-Klasse `SelfAttention` bauen wir nun die Änderungen in Bezug auf kausale Attention und Dropout ein. Diese Klasse soll Ihnen dann als Vorlage dienen, um *Multi-Head-Attention* zu entwickeln – als letzte Attention-Klasse, die wir implementieren werden.

Vorher aber müssen wir gewährleisten, dass der Code Stapel mit mehr als einer Eingabe verarbeiten kann, damit die Klasse `CausalAttention` die vom – in Kapitel 2 implementierten – DataLoader gelieferten Stapelausgaben unterstützt.

Um derartige Stapeleingaben zu simulieren, duplizieren wir der Einfachheit halber das Beispiel mit dem Eingabetext:

```
batch =  torch.stack((inputs, inputs), dim=0)
print(batch.shape)                                  ❶
```

❶ Zwei Eingaben mit jeweils sechs Tokens; jedes Token hat die Embedding-Dimension 3.

Das Ergebnis ist ein dreidimensionaler Tensor, der aus zwei Eingabetexten mit je sechs Tokens besteht, wobei jedes Token einen dreidimensionalen Embedding-Vektor darstellt:

```
torch.Size([2, 6, 3])
```

Die in Listing 3.3 angegebene Klasse `CausalAttention` ähnelt der Klasse `SelfAttention`, die wir zuvor implementiert haben, mit dem Unterschied, dass wir die Komponenten für Dropout und kausale Maske hinzugefügt haben,

Listing 3.3 *Eine kompakte Klasse für kausale Attention*

```
class CausalAttention(nn.Module):
    def __init__(self, d_in, d_out, context_length,
                 dropout, qkv_bias=False):
        super().__init__()
        self.d_out = d_out
        self.W_query = nn.Linear(d_in, d_out, bias=qkv_bias)
        self.W_key   = nn.Linear(d_in, d_out, bias=qkv_bias)
        self.W_value = nn.Linear(d_in, d_out, bias=qkv_bias)
        self.dropout = nn.Dropout(dropout)                      ❶
        self.register_buffer(
           'mask',
```

```
                torch.triu(torch.ones(context_length, context_length),
                diagonal=1)
        )                                                  ❷

    def forward(self, x):
        b, num_tokens, d_in = x.shape                      ❸
        keys = self.W_key(x)
        queries = self.W_query(x)
        values = self.W_value(x)

        attn_scores = queries @ keys.transpose(1, 2)
        attn_scores.masked_fill_(                          ❹
            self.mask.bool()[:num_tokens, :num_tokens], -torch.inf)
        attn_weights = torch.softmax(
            attn_scores / keys.shape[-1]**0.5, dim=-1
        )

        attn_weights = self.dropout(attn_weights)

        context_vec = attn_weights @ values
        return context_vec
```

❶ Im Vergleich zur vorherigen Klasse »SelfAttention_v1« haben wir eine Dropout-Schicht hinzugefügt.

❷ Der Aufruf von »register_buffer« ist ebenfalls eine Neuerung (mehr dazu in der nachfolgenden Erläuterung).

❸ Wir transponieren die Dimensionen 1 und 2, wobei die Stapeldimension an der ersten Position (0) bleibt.

❹ In PyTorch werden Operationen mit einem nachgestellten Unterstrich direkt ausgeführt, sodass unnötige Speicherkopien vermieden werden.

Bis hierher sollten Ihnen die hinzugefügten Codezeilen vertraut sein. Neu hinzugekommen ist ein Aufruf von `self.register_buffer()` in der Methode `__init__`. Es ist nicht in allen Anwendungsfällen erforderlich, `register_buffer` in PyTorch aufzurufen, hier jedoch ergeben sich mehrere Vorteile. Wenn wir zum Beispiel in unserem LLM die Klasse `CausalAttention` verwenden, werden Puffer automatisch zusammen mit unserem Modell auf das geeignete Gerät (CPU oder GPU) verschoben, was beim Training unseres LLM relevant sein wird. Wir müssen also nicht explizit sicherstellen, dass sich diese Tensoren auf demselben Gerät befinden wie die Modellparameter, was Fehler wegen nicht übereinstimmender Geräte vermeidet.

Ähnlich wie zuvor bei `SelfAttention` können wir die Klasse `CausalAttention` wie folgt verwenden:

```
torch.manual_seed(123) context
length = batch.shape[1]
ca = CausalAttention(d_in, d_out, context_length, 0.0)
context_vecs = ca(batch)
print("context_vecs.shape:", context_vecs.shape)
```

Der resultierende Kontextvektor ist ein dreidimensionaler Tensor, bei dem jedes Token nun durch ein zweidimensionales Embedding repräsentiert wird:

```
context_vecs.shape: torch.Size([2, 6, 2])
```

Abbildung 3.23 fasst zusammen, was wir bis jetzt geschafft haben. Im Mittelpunkt standen das Konzept und die Implementierung der kausalen Attention in neuronalen Netzen. Als Nächstes erweitern wir dieses Konzept und implementieren ein Modul für Multi-Head-Attention, das mehrere kausale Attention-Mechanismen parallel implementiert.

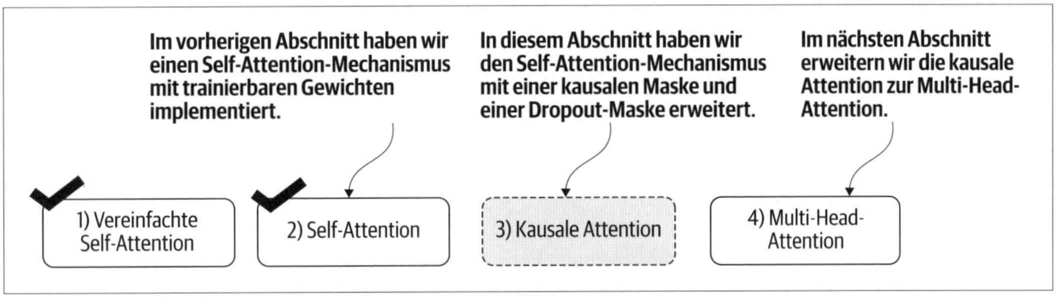

Abb. 3.23 *Hier sehen Sie, was wir bisher realisiert haben. Wir haben mit einem vereinfachten Attention-Mechanismus begonnen, trainierbare Gewichte hinzugefügt und dann eine kausale Attention-Maske ergänzt. Als Nächstes werden wir den kausalen Attention-Mechanismus erweitern und Multi-Head-Attention codieren, um sie in unserem LLM zu verwenden.*

3.6 Single-Head-Attention zur Multi-Head-Attention erweitern

Unser letzter Schritt besteht darin, die zuvor implementierte Klasse für kausale Attention auf mehrere Köpfe zu erweitern. Man spricht dann von *Multi-Head-Attention*.

Der Begriff *Multi-Head* bezieht sich auf die Unterteilung des Attention-Mechanismus in mehrere »Köpfe« (engl. *Heads*), die jeweils unabhängig voneinander arbeiten. In diesem Zusammenhang kann man ein einzelnes kausales Attention-Modul als Single-Head-Attention betrachten, bei dem es nur einen Satz von Attention-Gewichten gibt, die die Eingabe sequenziell verarbeiten.

Diese Erweiterung von kausaler Attention auf Multi-Head-Attention nehmen wir jetzt in Angriff. Zunächst bauen wir intuitiv ein Multi-Head-Attention-Modul auf, indem wir mehrere `CausalAttention`-Module stapeln. Dann implementieren wir das gleiche Multi-Head-Attention-Modul auf eine kompliziertere, aber rechentechnisch effizientere Weise.

3.6.1 Mehrere Single-Head-Attention-Schichten stapeln

In der Praxis bedeutet die Implementierung von Multi-Head-Attention, dass mehrere Instanzen des Self-Attention-Mechanismus (siehe Abbildung 3.18) – jede mit ihren eigenen Gewichten – erzeugt und dass dann ihre Ausgaben kombiniert werden. Es kann zwar rechenintensiv sein, mehrere Instanzen des Self-Attention-Mechanismus zu verwenden, doch es ist entscheidend für die Art von komplexer Mustererkennung, für die Modelle wie Transformer-basierte LLMs bekannt sind.

Abbildung 3.24 veranschaulicht die Struktur eines Multi-Head-Attention-Moduls, das aus mehreren übereinandergestapelten Single-Head-Attention-Modulen besteht, wie Abbildung 3.18 sie weiter oben gezeigt hat.

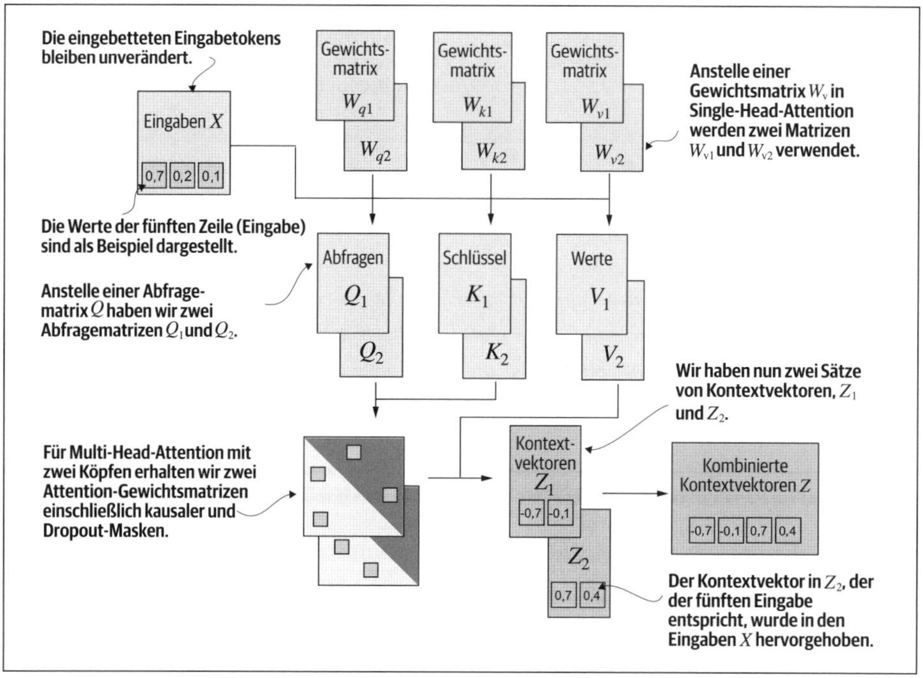

Abb. 3.24 *Das Multi-Head-Attention-Modul beinhaltet zwei übereinandergestapelte Single-Head-Attention-Module. Anstatt die Wertmatrizen mit nur einer einzigen Matrix W_v zu berechnen, haben wir in einem Multi-Head-Attention-Modul mit zwei Köpfen nun zwei Wertgewichtsmatrizen: W_{v1} und W_{v2}. Das Gleiche gilt für die anderen Gewichtsmatrizen W_Q und W_k. Wir erhalten zwei Sätze von Kontextvektoren Z_1 und Z_2, die wir zu einer einzigen Kontextvektormatrix Z zusammenfassen können.*

Wie bereits erwähnt, besteht die Hauptidee hinter der Multi-Head-Attention darin, den Attention-Mechanismus mehrfach (parallel) mit verschiedenen gelernten linearen Projektionen auszuführen – den Ergebnissen aus der Multiplikation der Eingabedateien (wie Abfrage-, Schlüssel- und Wertvektoren in Attention-Mechanismen) mit einer Gewichtsmatrix. Um dies in Code umzusetzen, können wir eine einfache Klasse `MultiHeadAttentionWrapper` implementieren, die mehrere Instanzen unseres zuvor implementierten Moduls `CausalAttention` stapelt.

Listing 3.4 *Eine Wrapper-Klasse, um Multi-Head-Attention zu implementieren*

```
class MultiHeadAttentionWrapper(nn.Module):
    def __init__(self, d_in, d_out, context_length,
                 dropout, num_heads, qkv_bias=False):
        super().__init__()
        self.heads = nn.ModuleList(
            [CausalAttention(
                 d_in, d_out, context_length, dropout, qkv_bias
             )
             for _ in range(num_heads)]
        )

    def forward(self, x):
        return torch.cat([head(x) for head in self.heads], dim=-1)
```

Wenn wir zum Beispiel diese `MultiHeadAttentionWrapper`-Klasse mit zwei Attention-Köpfen (über `num_heads=2`) und die Ausgabedimension von `CausalAttention` mit `d_out=2` festlegen, erhalten wir einen vierdimensionalen Kontextvektor (`d_out*num_heads=4`), wie Abbildung 3.25 zeigt.

Um dies anhand eines konkreten Beispiels weiter zu veranschaulichen, können wir die Klasse `MultiHeadAttentionWrapper` ähnlich wie zuvor die Klasse `CausalAttention` verwenden:

```
torch.manual_seed(123)
context_length = batch.shape[1] # Dies ist die Anzahl der Tokens
d_in, d_out = 3, 2
mha = MultiHeadAttentionWrapper(
    d_in, d_out, context_length,  0.0, num_heads=2
)
context_vecs = mha(batch)

print(context_vecs)
print("context_vecs.shape:", context_vecs.shape)
```

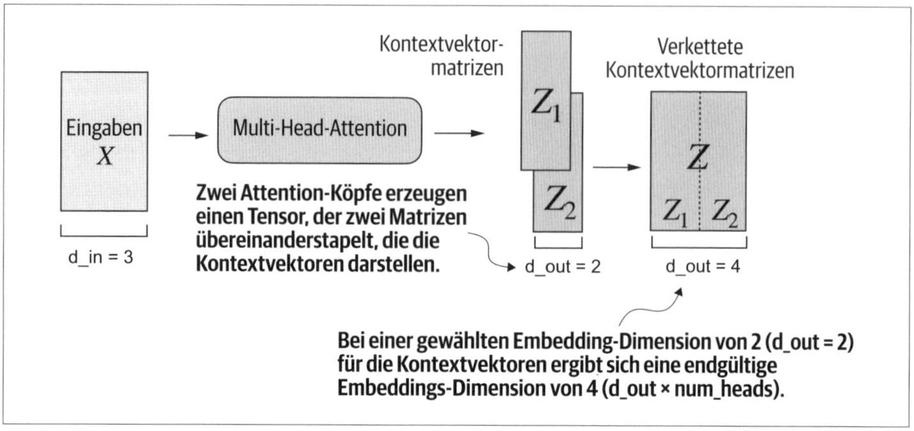

Abb. 3.25 *Mit dem »MultiHeadAttentionWrapper« haben wir die Anzahl der Attention-Köpfe (»num_heads«) festgelegt. Wenn wir wie in diesem Beispiel »num_heads=2« setzen, erhalten wir einen Tensor mit zwei Sätzen von Kontextvektormatrizen. In jeder Kontextvektormatrix repräsentieren die Zeilen die Kontextvektoren, die den Tokens entsprechen, und die Spalten entsprechen der Embedding-Dimension, die über »d_out=4« festgelegt wurde. Wir verketten diese Kontextvektormatrizen entlang der Spaltendimension. Da wir zwei Attention-Köpfe und eine Embedding-Dimension von 2 haben, ergibt sich die endgültige Embedding-Dimension zu 2×2 = 4.*

Das Ergebnis ist der folgende Tensor, der die Kontextvektoren darstellt:

```
tensor([[[-0.4519,  0.2216,  0.4772,  0.1063],
         [-0.5874,  0.0058,  0.5891,  0.3257],
         [-0.6300, -0.0632,  0.6202,  0.3860],
         [-0.5675, -0.0843,  0.5478,  0.3589],
         [-0.5526, -0.0981,  0.5321,  0.3428],
         [-0.5299, -0.1081,  0.5077,  0.3493]],

        [[-0.4519,  0.2216,  0.4772,  0.1063],
         [-0.5874,  0.0058,  0.5891,  0.3257],
         [-0.6300, -0.0632,  0.6202,  0.3860],
         [-0.5675, -0.0843,  0.5478,  0.3589],
         [-0.5526, -0.0981,  0.5321,  0.3428],
         [-0.5299, -0.1081,  0.5077,  0.3493]]], grad_fn=<CatBackward0>)
context_vecs.shape: torch.Size([2, 6, 4])
```

Die erste Dimension des resultierenden Tensors `context_vecs` ist 2, da wir zwei Eingabetexte haben (die Eingabetexte wurden dupliziert, weshalb die Kontextvektoren für diese genau gleich sind). Die zweite Dimension bezieht sich auf die sechs Tokens in jeder Eingabe. Die dritte Dimension verweist auf das vierdimensionale Embedding jedes Tokens.

Übung 3.2: Zweidimensionale Embedding-Vektoren zurückgeben

Ändern Sie die Eingabeargumente für den Aufruf `MultiHeadAttentionWrapper(..., num_heads=2)`, sodass die Ausgabekontextvektoren zweidimensional statt vierdimensional sind, während Sie die Einstellung `num_heads=2` beibehalten. Hinweis: Die Implementierung der Klasse müssen Sie nicht ändern, sondern nur eines der anderen Eingabeargumente.

Bis jetzt haben wir einen `MultiHeadAttentionWrapper` implementiert, der mehrere Single-Head-Attention-Module kombiniert. Allerdings werden sie über `[head(x) for head in self.heads]` in der Methode `forward` sequenziell verarbeitet. Diese Implementierung lässt sich verbessern, indem wir die Köpfe parallel verarbeiten. Um das zu erreichen, kann man zum Beispiel die Ausgaben für alle Attention-Köpfe über Matrixmultiplikation gleichzeitig berechnen.

3.6.2 Multi-Head-Attention mit Gewichtsteilungen implementieren

Bislang haben wir einen `MultiHeadAttentionWrapper` erstellt, um Multi-Head-Attention durch Übereinanderstapeln mehrerer Single-Head-Attention-Module zu realisieren. Hierfür wurden mehrere `CausalAttention`-Objekte instanziiert und kombiniert.

Anstatt zwei separate Klassen – `MultiHeadAttentionWrapper` und `CausalAttention` – zu verwalten, können wir diese Konzepte in einer einzigen `MultiHeadAttention`-Klasse zusammenfassen. Wir werden aber nicht nur `MultiHeadAttentionWrapper` mit dem Code von `CausalAttention` zusammenbringen, sondern auch einige andere Änderungen vornehmen, um Multi-Head-Attention effizient zu implementieren.

Die Klasse `MultiHeadAttentionWrapper` implementiert mehrere Köpfe, indem sie eine Liste von `CausalAttention`-Objekten (`self.heads`) erstellt, die jeweils einen separaten Attention-Kopf darstellen. Die Klasse `CausalAttention` führt den Attention-Mechanismus unabhängig von anderen aus, und die Ergebnisse der einzelnen Köpfe werden miteinander verknüpft. Im Gegensatz dazu integriert die folgende `MultiHeadAttention`-Klasse die Multi-Head-Funktionalität innerhalb ein und derselben Klasse. Sie teilt die Eingabe in mehrere Köpfe auf, indem sie die projizierten Abfrage-, Schlüssel- und Wert-Tensoren umformt, und kombiniert dann die Ergebnisse aus diesen Köpfen, nachdem die Attention berechnet wurde.

Werfen wir einen Blick auf die `MultiHeadAttention`-Klasse, bevor wir sie weiter untersuchen.

Listing 3.5 *Eine effiziente Multi-Head-Attention-Klasse*

```
class MultiHeadAttention(nn.Module):
    def __init__(self, d_in, d_out,
                 context_length,  dropout, num_heads, qkv_bias=False):
        super().__init__()
        assert (d_out % num_heads == 0), \
            "d_out must be divisible by num_heads"

        self.d_out = d_out
        self.num_heads = num_heads
        self.head_dim = d_out //  num_heads                        ❶
        self.W_query = nn.Linear(d_in, d_out, bias=qkv_bias)
        self.W_key = nn.Linear(d_in, d_out, bias=qkv_bias)
        self.W_value = nn.Linear(d_in, d_out, bias=qkv_bias)
        self.out_proj = nn.Linear(d_out, d_out)                    ❷
        self.dropout = nn.Dropout(dropout)
        self.register_buffer(
            "mask",
            torch.triu(torch.ones(context_length, context_length),
                       diagonal=1)
        )

    def forward(self, x):
        b, num_tokens, d_in = x.shape
        keys = self.W_key(x)                                       ❸
        queries = self.W_query(x)
        values = self.W_value(x)

        keys = keys.view(b, num_tokens, self.num_heads, self.head_dim) ❹
        values = values.view(b, num_tokens, self.num_heads, self.head_dim)
        queries = queries.view(
            b, num_tokens, self.num_heads, self.head_dim
        )

        keys = keys.transpose(1,  2)                               ❺
        queries = queries.transpose(1, 2)
        values = values.transpose(1, 2)

        attn_scores = queries @ keys.transpose(2, 3)               ❻
        mask_bool = self.mask.bool()[:num_tokens, :num_tokens]     ❼

        attn_scores.masked_fill_(mask_bool, -torch.inf)            ❽

        attn_weights = torch.softmax(
            attn_scores / keys.shape[-1]**0.5, dim=-1)
        attn_weights = self.dropout(attn_weights)

        context_vec = (attn_weights @ values).transpose(1, 2)      ❾
```

```
        context_vec = context_vec.contiguous().view(            ❿
            b, num_tokens, self.d_out
        )
        context_vec = self.out_proj(context_vec)                ⓫
        return context_vec
```

❶ Reduziert die Projektionsdimension entsprechend der gewünschten Ausgabedimension.

❷ Verwendet eine »Linear«-Schicht, um die Kopfausgaben zusammenzufassen.

❸ Tensor-Form: »(b, num_tokens, d_out)«.

❹ Wir teilen die Matrix implizit auf, indem wir eine »num_heads«-Dimension hinzufügen. Dann entrollen wir die letzte Dimension: »(b, num_tokens, d_out) -> (b, num_tokens, num_heads, head_dim)«.

❺ Von der Form »(b, num_tokens, num_heads, head_dim)« nach »(b, num_heads, num_tokens, head_dim)« transponieren.

❻ Punktprodukt für jeden Kopf berechnen.

❼ Masken auf die Anzahl der Tokens beschnitten.

❽ Verwendet die Maske, um Attention-Scores zu füllen.

❾ Tensor-Form: »(b, num_tokens, n_heads, head_dim)«.

❿ Kombiniert Köpfe, wobei »self.d_out = self.num_heads * self.head_dim«.

⓫ Fügt eine optionale lineare Projektion hinzu.

Auch wenn das Umformen (`.view`) und Transponieren (`.transpose`) von Tensoren innerhalb der Klasse `MultiHeadAttention` mathematisch ziemlich kompliziert aussieht, implementiert die Klasse `MultiHeadAttention` das gleiche Konzept wie der weiter oben gezeigte `MultiHeadAttentionWrapper`.

Prinzipiell haben wir im vorherigen `MultiHeadAttentionWrapper` mehrere Single-Head-Attention-Schichten übereinandergestapelt und sie zu einer Multi-Head-Attention-Schicht kombiniert. Die Klasse `MultiHeadAttention` verfolgt einen integrierten Ansatz. Sie beginnt mit einer Multi-Head-Schicht und teilt dann intern diese Schicht in einzelne Attention-Köpfe auf, wie Abbildung 3.26 veranschaulicht.

Die Aufteilung der Abfrage-, Schlüssel- und Wert-Tensoren übernehmen die PyTorch-Methoden `.view` und `.transpose` zum Umformen bzw. Transponieren. Zunächst wird die Eingabe transformiert (über lineare Schichten für Abfragen, Schlüssel und Werte) und dann umgeformt, um mehrere Köpfe darzustellen.

Die wichtigste Operation ist die Aufteilung der Dimension `d_out` in `num_heads` und `head_dim`, wobei `head_dim = d_out / num_heads`. Diese Aufteilung geschieht dann mit der Methode `.view`: Ein Tensor der Dimensionen `(b, num_tokens, d_out)` wird in die Dimension `(b, num_tokens, num_heads, head_dim)` umgeformt.

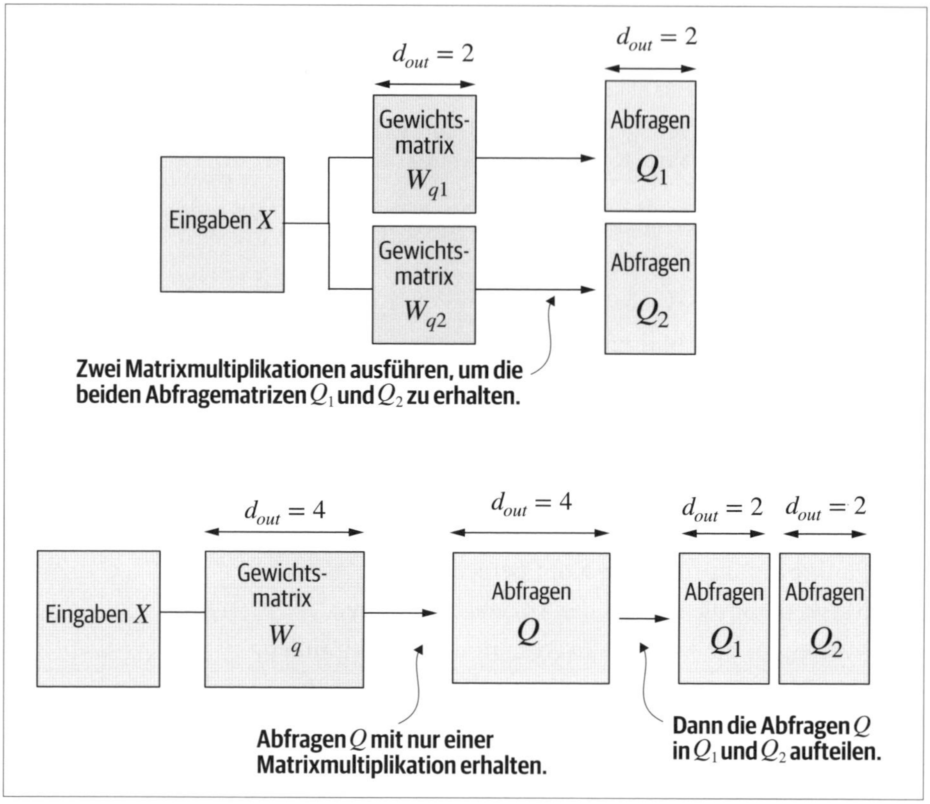

Abb. 3.26 *In der Klasse »MultiHeadAttentionWrapper« mit zwei Attention-Köpfen haben wir zwei Gewichtsmatrizen W_{q1} und W_{q2} initialisiert und zwei Abfragematrizen Q_1 und Q_2 berechnet (oben). In der Klasse »MultiHeadAttention« initialisieren wir eine größere Gewichtsmatrix W_q, führen nur eine Matrixmultiplikation mit den Eingaben aus, um eine Abfragematrix Q zu erhalten, und teilen dann die Abfragematrix in Q_1 und Q_2 auf (unten). Das Gleiche vollführen wir mit den Schlüsseln und den Werten, was der Übersichtlichkeit halber nicht dargestellt wird.*

Die Tensoren werden dann transponiert, um die Dimension `num_heads` vor die Dimension `num_tokens` zu bringen, was eine Form von `(b, num_heads, num_tokens, head_dim)` ergibt. Diese Transposition ist entscheidend, um die Abfragen, Schlüssel und Werte über die verschiedenen Köpfe hinweg korrekt auszurichten und die Matrixmultiplikation der Stapel effizient durchzuführen.

Um diese gestapelte Matrixmultiplikation zu veranschaulichen, gehen wir von folgendem Tensor aus:

```
a = torch.tensor([[[[0.2745, 0.6584, 0.2775, 0.8573],        ❶
                    [0.8993, 0.0390, 0.9268, 0.7388],
                    [0.7179, 0.7058, 0.9156, 0.4340]],
                   [[0.0772, 0.3565, 0.1479, 0.5331],
                    [0.4066, 0.2318, 0.4545, 0.9737],
                    [0.4606, 0.5159, 0.4220, 0.5786]]]])
```

❶ Dieser Tensor hat die Form »(b, num_heads, num_tokens, head_dim) = (1, 2, 3, 4)«.

Nun führen wir eine gestapelte Matrixmultiplikation zwischen dem Tensor selbst und einer Sicht des Tensors durch, bei der wir die letzten beiden Dimensionen `num_tokens` und `head_dim` transponiert haben.

```
print(a  @ a.transpose(2, 3))
```

Das Ergebnis lautet:

```
tensor([[[[1.3208, 1.1631, 1.2879],
          [1.1631, 2.2150, 1.8424],
          [1.2879, 1.8424, 2.0402]],

         [[0.4391, 0.7003, 0.5903],
          [0.7003, 1.3737, 1.0620],
          [0.5903, 1.0620, 0.9912]]]])
```

In diesem Fall behandelt die Implementierung der Matrixmultiplikation in PyTorch den vierdimensionalen Eingabe-Tensor, sodass die Matrixmultiplikation zwischen den beiden letzten Dimensionen (`num_tokens, head_dim`) erfolgt und dann für die einzelnen Köpfe wiederholt wird.

So lässt sich beispielsweise der obige Code kompakter schreiben, um die Matrixmultiplikation für jeden Kopf separat zu berechnen:

```
first_head = a[0, 0, :, :]
first_res = first_head @ first_head.T
print("First head:\n", first_res)

second_head = a[0, 1, :, :]
second_res = second_head @ second_head.T
print("\nSecond head:\n", second_res)
```

Die Ergebnisse sind haargenau die gleichen wie diejenigen, die wir bei Verwendung der gestapelten Matrixmultiplikation `print(a @ a.transpose(2, 3))` erhalten haben:

```
First head:
 tensor([[1.3208, 1.1631, 1.2879],
        [1.1631, 2.2150, 1.8424],
        [1.2879, 1.8424, 2.0402]])

Second head:
 tensor([[0.4391, 0.7003, 0.5903],
        [0.7003, 1.3737, 1.0620],
        [0.5903, 1.0620, 0.9912]])
```

Nachdem bei MultiHeadAttention die Attention-Gewichte und die Kontextvektoren berechnet sind, werden die Kontextvektoren von allen Köpfen in die Form (b, num_tokens, num_heads, head_dim) zurücktransponiert. Diese Vektoren werden dann in die Form (b, num_tokens, d_out) umgeformt (abgeflacht), was praktisch die Ausgaben aller Köpfe zusammenfasst.

Außerdem haben wir MultiHeadAttention nach der Zusammenfassung der Köpfe mit einer Ausgabeprojektionsschicht (self.out_proj) ausgestattet, die in der Klasse CausalAttention nicht vorhanden ist. Diese Ausgabeprojektionsschicht ist zwar nicht unbedingt notwendig (siehe Anhang B für weitere Details), wird aber in vielen LLM-Architekturen verwendet, weshalb ich sie hier der Vollständigkeit halber eingebaut habe.

Auch wenn die Klasse MultiHeadAttention komplizierter aussieht als die Klasse MultiHeadAttentionWrapper, was an der zusätzlichen Umformung und Transposition von Tensoren liegt, ist sie effizienter. Wir benötigen nämlich nur eine Matrixmultiplikation, um zum Beispiel mit keys = self.W_key(x) die Schlüssel zu berechnen (das Gleiche gilt für die Abfragen und Werte). In der Klasse MultiHeadAttentionWrapper mussten wir diese Matrixmultiplikation, die einen der rechenintensivsten Schritte darstellt, für jeden Attention-Kopf wiederholt ausführen. Die Klasse MultiHeadAttention lässt sich ähnlich wie die Klassen SelfAttention und CausalAttention verwenden, die wir weiter oben implementiert haben:

```
torch.manual_seed(123)
batch_size, context_length, d_in  = batch.shape
d_out =  2
mha = MultiHeadAttention(d_in, d_out, context_length, 0.0, num_heads=2)
context_vecs = mha(batch)
print(context_vecs)
print("context_vecs.shape:", context_vecs.shape)
```

Die Ergebnisse zeigen, dass die Ausgabedimension direkt vom Argument d_out abhängt:

```
tensor([[[0.3190, 0.4858],
         [0.2943, 0.3897],
         [0.2856, 0.3593],
         [0.2693, 0.3873],
         [0.2639, 0.3928],
         [0.2575, 0.4028]],

        [[0.3190, 0.4858],
         [0.2943, 0.3897],
         [0.2856, 0.3593],
         [0.2693, 0.3873],
         [0.2639, 0.3928],
         [0.2575, 0.4028]]], grad_fn=<ViewBackward0>)
context_vecs.shape: torch.Size([2, 6, 2])
```

Damit haben wir die Klasse `MultiHeadAttention` implementiert. Wir werden sie einsetzen, wenn wir das LLM implementieren und trainieren. Beachten Sie, dass der Code zwar voll funktionsfähig ist, ich aber relativ kleine Embedding-Größen und nur wenige Attention-Köpfe verwendet habe, um die Ausgaben lesbar zu halten.

Zum Vergleich: Das kleinste GPT-2-Modell (117 Millionen Parameter) hat zwölf Attention-Köpfe und eine Kontextvektor-Embedding-Größe von 768. Das größte GPT-2-Modell (1,5 Milliarden Parameter) umfasst 25 Attention-Köpfe und eine Kontextvektor-Größe von 1.600. Die Embedding-Größen der Token-Eingaben und Kontext-Embeddings sind in GPT-Modellen gleich (`d_in = d_out`).

Übung 3.3: Attention-Module in GPT-2-Größe initialisieren

Initialisieren Sie mithilfe der Klasse MultiHeadAttention ein Multi-Head-Attention-Modul, das die gleiche Anzahl von Attention-Köpfen hat wie das kleinste GPT-2-Modell (zwölf Attention-Köpfe). Stellen Sie auch sicher, dass Sie die entsprechenden Ein- und Ausgabe-Embedding-Größen ähnlich wie bei GPT-2 verwenden (768 Dimensionen). Beachten Sie, dass das kleinste GPT-2-Modell eine Kontextlänge von 1.024 Tokens unterstützt.

3.7 Zusammenfassung

- Attention-Mechanismen transformieren Eingabeelemente in erweiterte Kontextvektordarstellungen, die Informationen über alle Eingaben enthalten.
- Ein Self-Attention-Mechanismus berechnet die Kontextvektordarstellung als gewichtete Summe über die Eingaben.
- In einem vereinfachten Attention-Mechanismus werden die Attention-Gewichte über Punktprodukte berechnet.
- Ein Punktprodukt ist eine prägnante Art, zwei Vektoren elementweise zu multiplizieren und dann die Produkte zu summieren.
- Matrixmultiplikationen sind zwar nicht unbedingt erforderlich, helfen uns aber, Berechnungen effizienter und kompakter zu implementieren, indem sie verschachtelte `for`-Schleifen ersetzen.
- In die in LLMs verwendete Mechanismen der Self-Attention, die man auch als skalierte Punktprodukt-Attention bezeichnet, beziehen wir trainierbare Gewichtsmatrizen ein, um Zwischentransformationen der Eingaben zu berechnen: Abfragen, Werte und Schlüssel.

- Bei LLMs, die Text von links nach rechts lesen und erzeugen, fügen wir eine kausale Attention-Maske hinzu, um zu verhindern, dass das LLM auf zukünftige Tokens zugreift.
- Um Attention-Gewichte auf null zu setzen, können wir zusätzlich zu kausalen Attention-Masken eine Dropout-Maske hinzufügen. Ziel ist es, eine mögliche Überanpassung in LLMs zu verringern.
- Die Attention-Module in Transformer-basierten LLMs beinhalten mehrere Instanzen kausaler Attention, was man als Multi-Head-Attention bezeichnet.
- Um ein Multi-Head-Attention-Modul zu erstellen, ist es am einfachsten, mehrere Instanzen von Modulen kausaler Attention übereinanderzustapeln.
- Effizienter lassen sich Multi-Head-Attention-Module erstellen, wenn man gestapelte Matrixmultiplikationen einbezieht.

4 Ein GPT-Modell von Grund auf neu erstellen, um Text zu generieren

In diesem Kapitel:

- Ein GPT-ähnliches LLM (Large Language Model) programmieren, das sich trainieren lässt, um verständlichen Text zu erzeugen.
- Schichtaktivierungen normalisieren, um das Training neuronaler Netze zu stabilisieren.
- Shortcut-Verbindungen in Deep Neural Networks hinzufügen.
- Transformer-Blöcke implementieren, um GPT-Modelle verschiedener Größen zu erstellen.
- Die Anzahl der Parameter und den Speicherbedarf von GPT-Modellen berechnen.

Eine der Kernkomponenten von LLMs, den *Multi-Head-Attention-Mechanismus*, haben Sie bereits kennengelernt und programmiert. Jetzt programmieren wir die anderen Bausteine eines LLM und bauen sie zu einem GPT-ähnlichen Modell zusammen, das wir im nächsten Kapitel trainieren, um verständlichen Text zu generieren.

Die in Abbildung 4.1 als *LLM-Architektur* bezeichnete Komponente besteht aus mehreren Bausteinen. Wir beginnen mit einer Top-down-Ansicht der Modellarchitektur, bevor wir auf die einzelnen Komponenten ausführlicher eingehen.

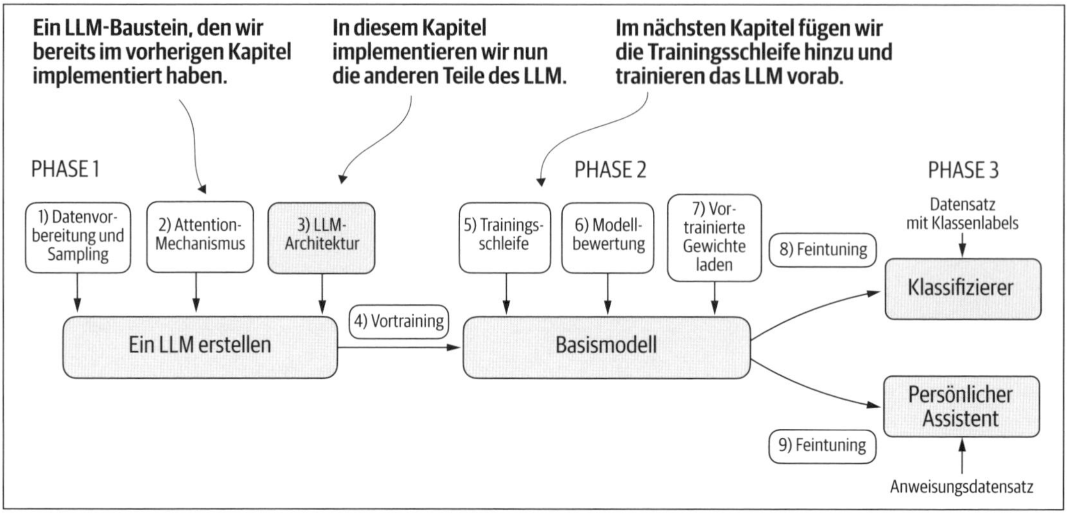

Abb. 4.1 *Die drei Hauptphasen bei der Programmierung eines LLM. Dieses Kapitel konzentriert sich auf Schritt 3 der Phase 1: Implementieren der LLM-Architektur.*

4.1 Eine LLM-Architektur programmieren

LLMs wie GPT (was für *Generative Pretrained Transformer* steht) sind große Deep-Neural-Network-Architekturen, die darauf ausgelegt sind, neuen Text Wort für Wort (oder Token für Token) zu generieren. Allerdings ist die Modellarchitektur trotz ihrer Größe weniger kompliziert, als man denken mag, da viele ihrer Komponenten wiederholt vorkommen, wie Sie später noch sehen werden. Abbildung 4.2 gibt einen Überblick über ein GPT-ähnliches LLM, wobei die Hauptkomponenten hervorgehoben sind.

Wir haben bereits einige Aspekte der LLM-Architektur behandelt, wie zum Beispiel die Tokenisierung und das Embedding von Eingaben sowie das maskierte Multi-Head-Attention-Modul. Nun werden wir die Kernstruktur des GPT-Modells einschließlich seiner Transformer-Blöcke implementieren, die wir später trainieren, um verständlichen Text zu generieren.

Bisher haben wir der Einfachheit halber kleinere Embedding-Dimensionen verwendet, damit sich die Konzepte und Beispiele bequem auf einer Druckseite unterbringen lassen. Nun rüsten wir bis zur Größe eines kleinen GPT-2-Modells auf, im Speziellen auf die kleinste Version mit 124 Millionen Parametern, wie es in »Language Models Are Unsupervised Multitask Learners« von Radford et al. (*https://mng.bz/yoBq*) beschrieben wird. Der ursprüngliche Bericht erwähnt 117 Millionen Parameter, was später korrigiert wurde. In Kapitel 6 konzentrieren wir uns auf das Laden der vortrainierten Gewichte in unsere Implementierung, die wir zudem für größere GPT-2-Modelle mit 345, 762 und 1.542 Millionen Parametern anpassen.

Im Zusammenhang mit Deep Learning und LLMs wie GPT bezieht sich der Begriff »Parameter« auf die trainierbaren Gewichte des Modells. Die Gewichte sind im Wesentlichen die internen Variablen des Modells, die im Trainingsprozess angepasst und optimiert werden, um eine spezifische Verlustfunktion zu minimieren. Durch diese Optimierung ist es dem Modell möglich, aus den Trainingsdaten zu lernen.

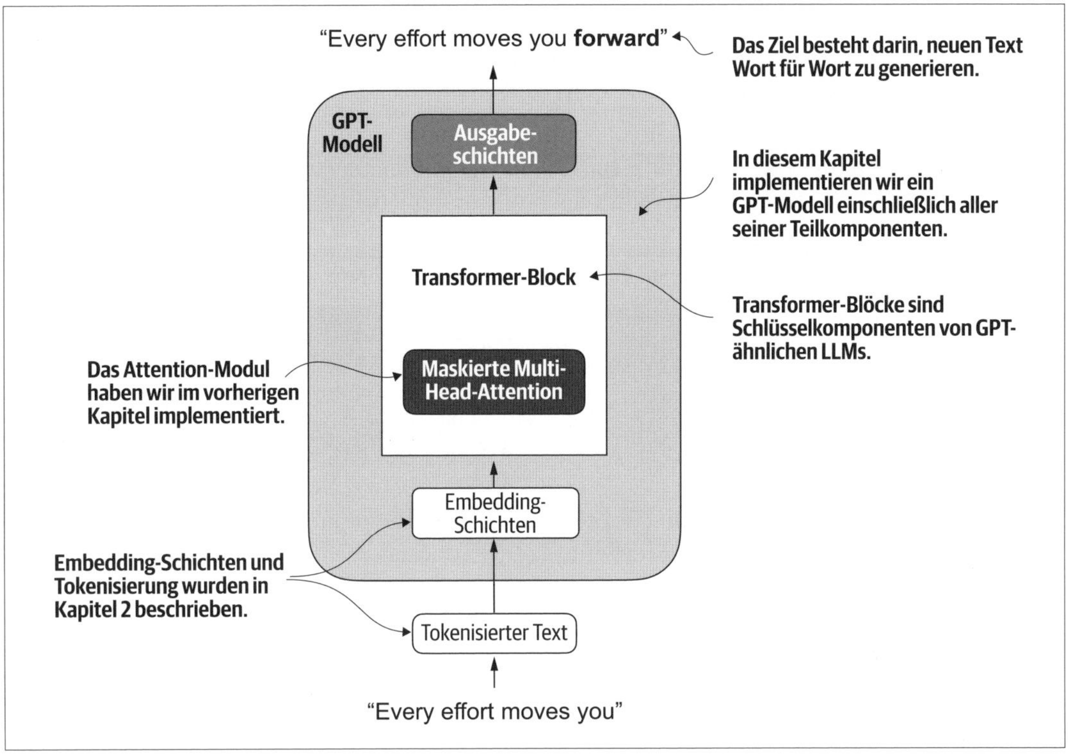

Abb. 4.2 *Ein GPT-Modell. Neben den Embedding-Schichten besteht es aus einem oder mehreren Transformer-Blöcken, die das maskierte Multi-Head-Attention-Modul enthalten, das wir zuletzt implementiert haben.*

Zum Beispiel ist in einer Schicht eines neuronalen Netzes, die durch eine 2.048×2.048-dimensionale Matrix (oder einen entsprechenden Tensor) von Gewichten dargestellt wird, jedes Element dieser Matrix ein Parameter. Da es 2.048 Zeilen und 2.048 Spalten gibt, beträgt die Gesamtzahl der Parameter in dieser Schicht 2.048 multipliziert mit 2.048, was 4.194.304 Parametern entspricht.

GPT-2 vs. GPT-3

Wir konzentrieren uns hier auf GPT-2, da OpenAI die Gewichte des vortrainierten Modells öffentlich zugänglich gemacht hat. In Kapitel 6 werden wir sie in unsere Implementierung laden. Hinsichtlich der Modellarchitektur ist GPT-3 prinzipiell gleich, außer dass das Modell von 1,5 Milliarden Parametern in GPT-2 auf 175 Milliarden Parameter in GPT-3 skaliert und mit mehr Daten trainiert wird. Als dieses Buch entstanden ist, waren die Gewichte für GPT-3 noch nicht öffentlich verfügbar. GPT-2 ist zudem eine bessere Wahl, um zu lernen, wie LLMs implementiert werden, da es sich auf einem einzelnen Laptop ausführen lässt, während GPT-3 einen GPU-Cluster für Training und Inferenz voraussetzt. Lambda Labs (*https://lambdalabs.com/*) zufolge würde es 355 Jahre dauern, um GPT-3 auf der GPU eines einzigen V100-Datencenters zu trainieren, und 665 Jahre auf einer Konsumenten-RTX-8000-GPU.

Die Konfiguration des kleinen GPT-2-Modells legen wir über das folgende Python-Dictionary fest, das wir später auch in den Codebeispielen verwenden:

```
GPT_CONFIG_124M = {
    "vocab_size": 50257,       # Vokabulargröße
    "context_length": 1024,    # Kontextlänge
    "emb_dim": 768,            # Embedding-Dimension
    "n_heads": 12,             # Anzahl der Attention-Köpfe
    "n_layers": 12,            # Anzahl der Schichten
    "drop_rate": 0.1,          # Dropout-Rate
    "qkv_bias": False          # Abfrage-Schlüssel-Wert-Bias
}
```

Im Dictionary `GPT_CONFIG_124M` verwenden wir prägnante Variablennamen, um den Überblick zu erleichtern und lange Codezeilen zu vermeiden:

- `vocab_size` gibt die Größe des Vokabulars mit 50.257 Wörtern an, wie es der BPE-Tokenizer (siehe Kapitel 2) verwendet.
- `context_length` bezeichnet die maximale Anzahl der Eingabetokens, die das Modell über die Positions-Embeddings (siehe Kapitel 2) verarbeiten kann.
- `emb_dim` steht für die Größe des Embeddings, mit dem jedes Token in einen 768-dimensionalen Vektor transformiert wird.
- `n_heads` gibt die Anzahl der Attention-Köpfe im Multi-Head-Attention-Mechanismus (siehe Kapitel 3) an.
- `n_layers` gibt die Anzahl der Transformer-Blöcke im Modell an. Mehr dazu in der nachfolgenden Erörterung.
- `drop_rate` gibt die Intensität des Dropout-Mechanismus an (0,1 bedeutet, dass 10 % der versteckten Einheiten zufällig herausfallen), um Überanpassung zu verhindern (siehe Kapitel 3).

- qkv_bias bestimmt, ob ein Bias-Vektor in die Linear-Schichten der Multi-Head-Attention für Abfrage-, Schlüssel- und Wertberechnungen aufgenommen werden soll. Den Normen moderner LLMs entsprechend deaktivieren wir dies zunächst, kommen aber in Kapitel 6 darauf zurück, wenn wir vortrainierte GPT-2-Gewichte von OpenAI in unser Modell laden.

Mit dieser Konfiguration implementieren wir eine GPT-Platzhalterarchitektur (DummyGPTModel), wie Abbildung 4.3 zeigt. So erhalten wir einen Überblick darüber, wie alles zusammenspielt und welche anderen Komponenten wir programmieren müssen, um die vollständige GPT-Modellarchitektur zu erstellen.

Die nummerierten Kästchen in Abbildung 4.3 veranschaulichen die Reihenfolge, in der wir die einzelnen Konzepte angehen, die erforderlich sind, um die endgültige GPT-Architektur zu programmieren. Wir beginnen mit Schritt 1, einem Platzhalter-GPT-Backbone, den wir DummyGPTModel nennen.

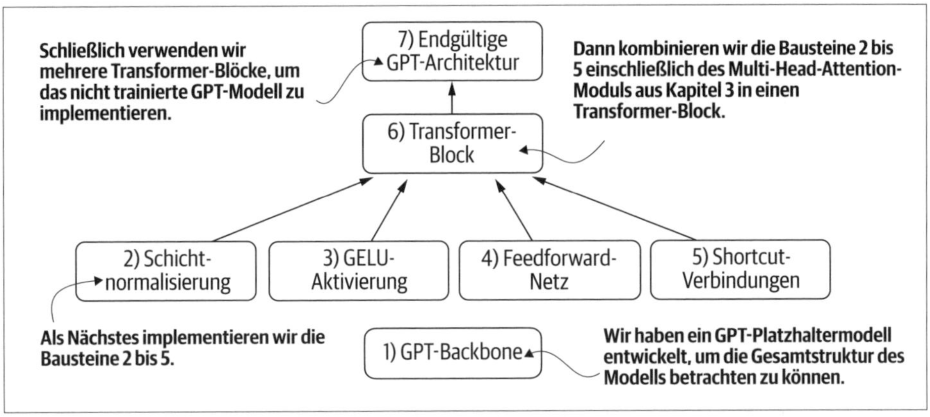

Abb. 4.3 *Die Reihenfolge, in der wir die GPT-Architektur programmieren. Wir beginnen mit dem GPT-Backbone, einer Platzhalterarchitektur, bevor wir zu den einzelnen Kernteilen kommen und sie zu einem Transformer-Block für die endgültige GPT-Architektur zusammenfügen.*

Listing 4.1 *Eine Klasse als Platzhalter für eine GPT-Modellarchitektur*

```
import torch
import torch.nn as nn

class DummyGPTModel(nn.Module):
    def __init__(self, cfg):
        super().__init__()
        self.tok_emb = nn.Embedding(cfg["vocab_size"], cfg["emb_dim"])
        self.pos_emb = nn.Embedding(cfg["context_length"], cfg["emb_dim"])
        self.drop_emb = nn.Dropout(cfg["drop_rate"])
        self.trf_blocks = nn.Sequential(                    ❶
```

```
            *[DummyTransformerBlock(cfg)
              for _ in range(cfg["n_layers"])]
        )
        self.final_norm = DummyLayerNorm(cfg["emb_dim"])            ❷
        self.out_head = nn.Linear(
            cfg["emb_dim"], cfg["vocab_size"], bias=False
        )

    def forward(self, in_idx):
        batch_size, seq_len = in_idx.shape
        tok_embeds = self.tok_emb(in_idx)
        pos_embeds = self.pos_emb(
            torch.arange(seq_len, device=in_idx.device)
        )
        x = tok_embeds + pos_embeds
        x = self.drop_emb(x)
        x = self.trf_blocks(x)
        x = self.final_norm(x)
        logits = self.out_head(x)
        return logits

class DummyTransformerBlock(nn.Module):                             ❸
    def __init__(self, cfg):
        super().__init__()

    def  forward(self, x):                                          ❹
        return x

class DummyLayerNorm(nn.Module):                                    ❺
    def __init__(self, normalized_shape, eps=1e-5):                 ❻
        super().__init__()

    def forward(self, x):
        return x
```

❶ Verwendet einen Platzhalter für »TransformerBlock«.

❷ Verwendet einen Platzhalter für »LayerNorm«.

❸ Eine einfache Platzhalterklasse, die später durch eine reale »TransformerBlock«-Klasse ersetzt wird.

❹ Dieser Block bewirkt nichts und gibt einfach seine Eingabe zurück.

❺ Eine einfache Platzhalterklasse, die später durch eine reale »LayerNorm«-Klasse ersetzt wird.

❻ Die hier angegebenen Parameter sollen lediglich die »LayerNorm«-Schnittstelle nachbilden.

In diesem Code definiert die Klasse `DummyGPTModel` – aufbauend auf dem Modul für neuronale Netze von PyTorch (`nn.Module`) – eine vereinfachte Version eines GPT-ähnlichen Modells. Die Modellarchitektur in der Klasse `DummyGPTModel` besteht aus Token- und Positions-Embeddings, Dropout, einer Reihe von Transformer-Blöcken (`DummyTransformerBlock`), einer abschließenden Schichtnormalisierung (`DummyLayerNorm`) und einer Ausgabeschicht (`out_head`). Die Konfiguration wird über ein Python-Dictionary übergeben, zum Beispiel im `GPT_CONFIG_124M`, das wir zuvor erstellt haben.

Die Methode `forward` beschreibt den Datenfluss durch das Modell: Sie berechnet Token- und Positions-Embeddings für die Eingabeindizes, wendet Dropout an, verarbeitet die Daten über die Transformer-Blöcke, wendet Normalisierung an und erzeugt schließlich Logits[1] mit der linearen Ausgabeschicht.

Der Code in Listing 4.1 ist bereits funktionsfähig. Allerdings verwendet er zurzeit noch Platzhalter (`DummyLayerNorm` und `DummyTransformerBlock`) für den Transformer-Block und die Schichtnormalisierung. Die realen Klassen entwickeln wir später.

Als Nächstes bereiten wir die Eingabedaten vor und initialisieren ein neues GPT-Modell, um dessen Verwendung zu veranschaulichen. Aufbauend auf dem Code des Tokenizers (siehe Kapitel 2) zeigt Abbildung 4.4 in einer Gesamtdarstellung, wie die Daten in ein GPT-Modell hinein- und daraus herausfließen.

Um diese Schritte zu realisieren, tokenisieren wir einen Stapel, der aus zwei Texteingaben für das GPT-Modell besteht. Hierfür nehmen wir den `tiktoken`-Tokenizer aus Kapitel 2:

```
import tiktoken
tokenizer = tiktoken.get_encoding("gpt2")
batch =  []
txt1 = "Every effort moves you"
txt2 = "Every day holds a"

batch.append(torch.tensor(tokenizer.encode(txt1)))
batch.append(torch.tensor(tokenizer.encode(txt2)))
batch =  torch.stack(batch, dim=0)
print(batch)
```

Für die beiden Texte werden folgende Token-IDs erzeugt:

```
tensor([[6109,  3626,  6100,   345],            ❶
        [6109,  1110,  6622,   257]])
```

❶ Die erste Zeile entspricht dem ersten Text und die zweite Zeile dem zweiten Text.

1. Logit – der natürliche Logarithmus einer Chance (Anm. d. Übers.)

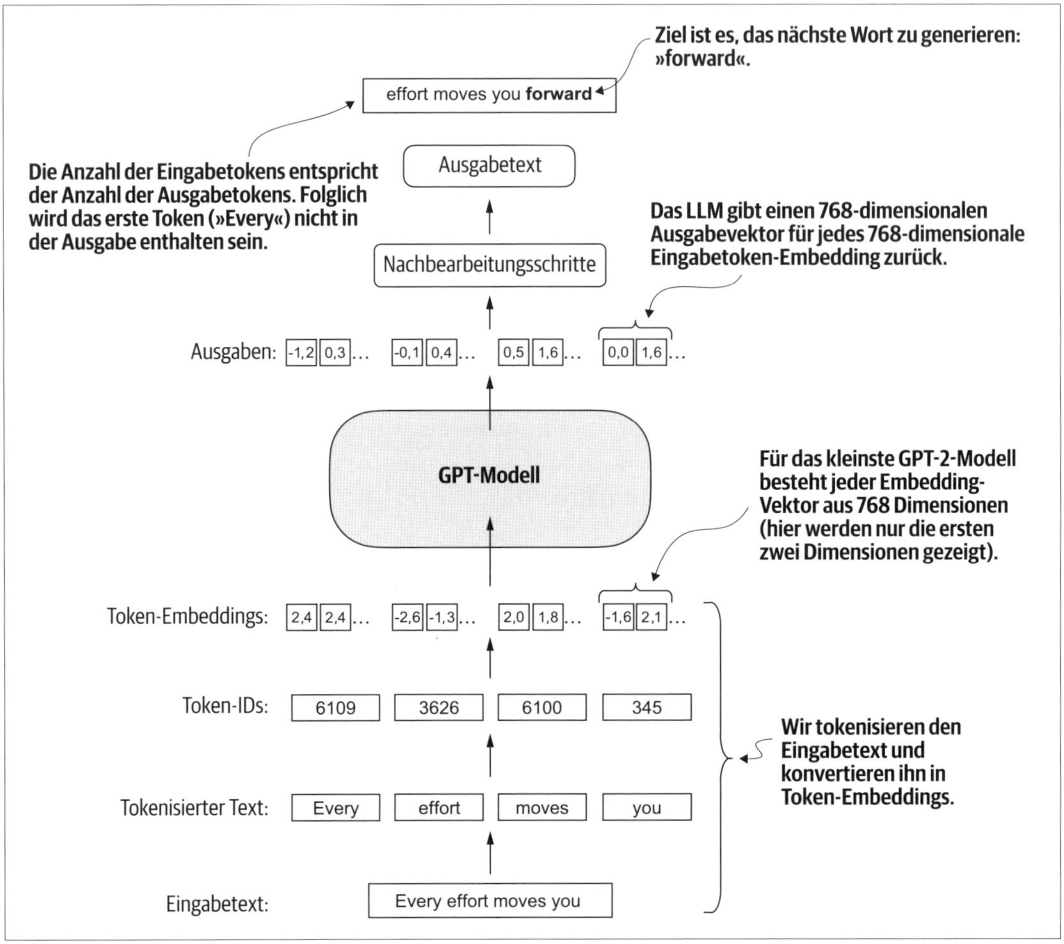

Abb. 4.4 *Dieser Überblick zeigt, wie die Eingabedaten tokenisiert, eingebettet und in das GPT-Modell eingespeist werden. In unserer weiter oben programmierten Klasse »DummyGPTModel« geschieht das Token-Embedding innerhalb des GPT-Modells. In LLMs entspricht die Dimension der eingebetteten Eingabetokens normalerweise der Ausgabedimension. Die Ausgabe-Embeddings stellen hier die Kontextvektoren dar (siehe Kapitel 3).*

Als Nächstes initialisieren wir eine neue `DummyGPTModel`-Instanz mit 124 Millionen Parametern und übergeben ihr den tokenisierten Stapel:

```
torch.manual_seed(123)
model =  DummyGPTModel(GPT_CONFIG_124M)
logits = model(batch)
print("Output shape:", logits.shape)
print(logits)
```

Die gemeinhin als Logits bezeichneten Modellausgaben lauten:

```
Output shape: torch.Size([2, 4, 50257])
tensor([[[-1.2034,  0.3201, -0.7130,  ..., -1.5548, -0.2390, -0.4667],
         [-0.1192,  0.4539, -0.4432,  ...,  0.2392,  1.3469,  1.2430],
         [ 0.5307,  1.6720, -0.4695,  ...,  1.1966,  0.0111,  0.5835],
         [ 0.0139,  1.6755, -0.3388,  ...,  1.1586, -0.0435, -1.0400]],

        [[-1.0908,  0.1798, -0.9484,  ..., -1.6047,  0.2439, -0.4530],
         [-0.7860,  0.5581, -0.0610,  ...,  0.4835, -0.0077,  1.6621],
         [ 0.3567,  1.2698, -0.6398,  ..., -0.0162, -0.1296,  0.3717],
         [-0.2407, -0.7349, -0.5102,  ...,  2.0057, -0.3694,  0.1814]]],
       grad_fn=<UnsafeViewBackward0>)
```

Der Ausgabe-Tensor enthält zwei Zeilen, die den beiden Textbeispielen entsprechen. Jedes Textbeispiel besteht aus vier Tokens, wobei jedes Token einen 50.257-dimensionalen Vektor darstellt, was der Größe des Vokabulars für den Tokenizer entspricht.

Das Embedding umfasst 50.257 Dimensionen, da die einzelnen Dimensionen auf ein eindeutiges Token im Vokabular verweisen. Wenn wir den Nachverarbeitungscode implementieren, konvertieren wir diese 50.257-dimensionalen Vektoren zurück in Token-IDs, die sich dann zu Wörtern decodieren lassen.

Nachdem Sie nun einen Gesamteindruck von der GPT-Architektur und deren Ein- und Ausgaben haben, werden wir die einzelnen Platzhalter programmieren. Los geht es mit der realen Klasse für die Schichtnormalisierung, die an die Stelle der Klasse `DummyLayerNorm` im vorherigen Code tritt.

4.2 Aktivierungen mit Schichtnormalisierung normalisieren

Das Training tiefer neuronaler Netze (*Deep Neural Networks*) mit vielen Schichten kann sich manchmal infolge von Problemen wie verschwindenden oder explodierenden Gradienten als Herausforderung erweisen. Diese Probleme führen zu einer instabilen Trainingsdynamik und erschweren es dem Netz, seine Gewichte effektiv anzupassen. Der Lernprozess findet dadurch nur schwer einen Satz von Parametern (Gewichten) für das neuronale Netz, der die Verlustfunktion minimiert. Mit anderen Worten: Das Netz hat Schwierigkeiten, die den Daten zugrunde liegenden Muster in einem Maß zu erlernen, das es ihm ermöglichen würde, genaue Vorhersagen oder Entscheidungen zu treffen.

Hinweis

Wenn das Training von neuronalen Netzen und die Konzepte von Gradienten neu für Sie sind, finden Sie eine Einführung in diese Konzepte in Abschnitt A.4 von Anhang A. Allerdings ist kein tieferes mathematisches Verständnis von Gradienten erforderlich, um dem im Buch gebotenen Stoff zu folgen.

Wir werden nun *Schichtnormalisierung* implementieren, um die Stabilität und Effizienz des Trainings von neuronalen Netzen zu verbessern. Dieses Verfahren soll die Aktivierungen (Ausgaben) einer neuronalen Netzschicht anpassen, um einen Mittelwert von 0 und eine Varianz von 1, auch Einheitsvarianz genannt, zu erreichen. Diese Anpassungen beschleunigen die Konvergenz zu effektiven Gewichten und gewährleisten ein konsistentes und zuverlässiges Training. In GPT-2 und modernen Transformer-Architekturen wird die Schichtnormalisierung in der Regel vor und nach dem Multi-Head-Attention-Modul angewendet sowie vor der endgültigen Ausgabeschicht, wie wir es beim Platzhalter `DummyLayerNorm` gesehen haben. Abbildung 4.5 bietet einen Überblick über die Funktionsweise der Schichtnormalisierung.

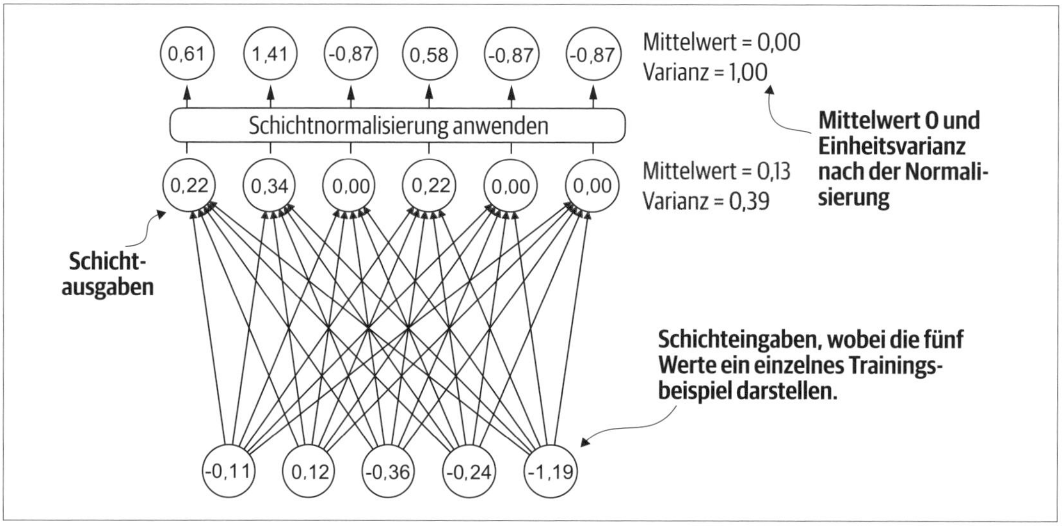

Abb. 4.5 *Darstellung der Schichtnormalisierung, bei der die sechs Ausgänge der Schicht – sogenannte Aktualisierungen – so normalisiert sind, dass sie einen Mittelwert von 0 und eine Varianz von 1 aufweisen*

Das in Abbildung 4.5 dargestellte Beispiel können wir mit dem folgenden Code nachbilden, wobei wir eine neuronale Netzschicht mit fünf Eingängen und sechs Ausgängen implementieren, die wir auf die beiden Eingabebeispiele anwenden:

```
torch.manual_seed(123)
batch_example = torch.randn(2, 5)                    ❶
layer =  nn.Sequential(nn.Linear(5, 6), nn.ReLU())
out = layer(batch_example)
print(out)
```

❶ Erzeugt zwei Trainingsbeispiele mit jeweils fünf Dimensionen (Features).

Dieser Code gibt den folgenden Tensor aus, wobei die erste Zeile die Schichtausgaben für die erste Eingabe auflistet und die zweite Zeile die Schichtausgaben für die zweite Zeile:

```
tensor([[0.2260, 0.3470, 0.0000,  0.2216, 0.0000, 0.0000],
        [0.2133, 0.2394, 0.0000,  0.5198, 0.3297, 0.0000]],
       grad_fn=<ReluBackward0>)
```

Die Schicht des neuronalen Netzes, die wir programmiert haben, besteht aus einer `Linear`-Schicht, gefolgt von einer nicht linearen Aktivierungsfunktion `ReLU` (*Rectified Linear Unit* – steht für gleichrichtende Einheit), die als Standardaktivierungsfunktion in neuronalen Netzen gebräuchlich ist. Falls Sie mit `ReLU` nicht vertraut sind, sei erwähnt, dass diese Funktion für alle negativen Eingaben 0 zurückgibt, sodass eine Schicht praktisch nur positive Werte liefert und die resultierende Ausgabeschicht keinerlei negative Werte enthält. Später werden wir uns eine anspruchsvollere Aktivierungsfunktion in GPT ansehen.

Bevor wir die Schichtnormalisierung auf diese Ausgaben anwenden, sehen wir uns Mittelwert (`Mean`) und Varianz (`Variance`) genauer an:

```
mean = out.mean(dim=-1, keepdim=True)
var = out.var(dim=-1, keepdim=True)
print("Mean:\n", mean)
print("Variance:\n", var)
```

Die Ausgabe dieses Codes sieht so aus:

```
Mean:
  tensor([[0.1324],
          [0.2170]], grad_fn=<MeanBackward1>) Variance:
  tensor([[0.0231],
          [0.0398]], grad_fn=<VarBackward0>)
```

Die erste Zeile im `Mean`-Tensor enthält den Mittelwert für die erste Eingabezeile, und die zweite Ausgabezeile enthält den Mittelwert für die zweite Eingabezeile.

Mit dem Parameter `keepdim=True` in Operationen wie Mittelwert- oder Varianzberechnungen lässt sich gewährleisten, dass der Ausgabe-Tensor die gleiche Anzahl von Dimensionen wie der Eingabe-Tensor umfasst, selbst wenn die Operation den Tensor entlang der mit `dim` spezifizierten Dimension reduziert. So würde der zurückgegebene Mittelwert-Tensor ohne `keepdim=True` ein zweidimensionaler Vektor `[0.1324, 0.2170]` sein und keine 2×1-dimensionale Matrix `[[0.1324], [0.2170]]`.

Der Parameter `dim` gibt die Dimension an, an der entlang die Berechnung der statistischen Operation (hier Mittelwert oder Varianz) in einem Tensor durchgeführt werden sollte. Wie aus Abbildung 4.6 hervorgeht, ist es bei einem zweidimensionalen Tensor (wie einer Matrix) für Operationen wie Mittelwert oder Varianz egal, ob Sie `dim=-1` oder `dim=1` angeben. Das liegt daran, dass sich `-1` auf die letzte Dimension des Tensors bezieht, was den Spalten in einem zweidimensionalen Tensor entspricht. Wenn das GPT-Modell später mit der Schichtnormalisierung erweitert wird und dreidimensionale Tensoren der Form `[batch_size, num_tokens, embedding_size]` entstehen, können wir weiterhin `dim=-1` für die Normalisierung über die letzte Dimension verwenden und die Änderung von `dim=1` zu `dim=2` vermeiden.

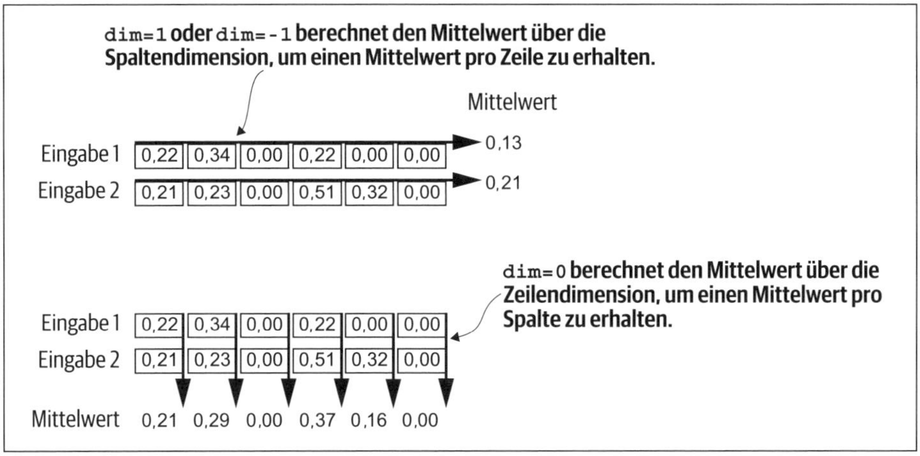

Abb. 4.6 *Einfluss des Parameters »dim« auf die Mittelwertberechnung eines Tensors. Wenn wir beispielsweise bei einem zweidimensionalen Tensor (einer Matrix) mit den Dimensionen »[rows, columns]« den Parameter »dim=0« setzen, wird die Operation über die Zeilen (senkrecht, wie unten zu sehen) ausgeführt, was eine Ausgabe liefert, die die Daten für jede Spalte aggregiert. Mit »dim=1« oder »dim=-1« wird die Operation über die Spalten (waagerecht, wie oben zu sehen) ausgeführt, was eine Ausgabe liefert, die die Daten für jede Zeile aggregiert.*

Als Nächstes wenden wir die Schichtnormalisierung auf die weiter oben erhaltenen Schichtausgaben an. Die Operation besteht darin, den Mittelwert zu subtrahieren und durch die Quadratwurzel der Varianz (die sogenannte Standardabweichung) zu dividieren:

```
out_norm = (out mean) / torch.sqrt(var)
mean = out_norm.mean(dim=-1, keepdim=True)
var = out_norm.var(dim=-1, keepdim=True)
print("Normalized layer outputs:\n", out_norm)
print("Mean:\n", mean)
print("Variance:\n", var)
```

Wie aus den Ergebnissen hervorgeht, haben die normalisierten Schichtausgaben, die jetzt auch negative Werte enthalten, einen Mittelwert von 0 und eine Varianz von 1:

```
Normalized layer outputs:
 tensor([[ 0.6159,  1.4126, -0.8719,  0.5872, -0.8719, -0.8719],
        [-0.0189,  0.1121, -1.0876,  1.5173,  0.5647, -1.0876]],
       grad_fn=<DivBackward0>)
Mean:
 tensor([[-5.9605e-08],
        [1.9868e-08]], grad_fn=<MeanBackward1>)
Variance:
 tensor([[1.],
        [1.]], grad_fn=<VarBackward0>)
```

Der Wert –`5.9605e-08` im Ausgabe-Tensor ist die wissenschaftliche Notation für $-5{,}9605 \times 10^{-8}$ in Exponentialschreibweise bzw. –0,000000059605 in dezimaler Form. Dieser Wert liegt sehr nahe bei 0, ist aber nicht genau 0, da sich aufgrund der begrenzten Genauigkeit der Zahlendarstellung im Computer kleine numerische Fehler ansammeln können.

Um die Lesbarkeit der ausgegebenen Tensor-Werte zu verbessern, können Sie mit `sci_mode=False` die wissenschaftliche Notation auch ausschalten:

```
torch.set_printoptions(sci_mode=False)
print("Mean:\n", mean)
print("Variance:\n", var)
```

Die Ausgabe lautet:

```
Mean:
 tensor([[    0.0000],
        [    0.0000]], grad_fn=<MeanBackward1>)
Variance:
 tensor([[1.],
        [1.]], grad_fn=<VarBackward0>)
```

Bislang haben wir die Schichtnormalisierung schrittweise programmiert und angewendet. Wir kapseln nun diesen Prozess in einem PyTorch-Modul, das wir später im GPT-Modell verwenden können.

Listing 4.2 *Eine Klasse für die Schichtnormalisierung*

```
class LayerNorm(nn.Module):
    def __init__(self, emb_dim):
        super().__init__()
        self.eps = 1e-5
        self.scale = nn.Parameter(torch.ones(emb_dim))
        self.shift = nn.Parameter(torch.zeros(emb_dim))

    def forward(self, x):
        mean = x.mean(dim=-1, keepdim=True)
        var = x.var(dim=-1, keepdim=True, unbiased=False)
        norm_x = (x mean) / torch.sqrt(var + self.eps)
        return self.scale * norm_x + self.shift
```

Diese spezifische Implementierung der Schichtnormalisierung operiert auf der letzten Dimension des Eingabe-Tensors `x`, die die Embedding-Dimension (`emb_dim`) darstellt. Die Variable `eps` ist eine kleine Konstante (Epsilon), die zur Varianz addiert wird, um eine Division durch null aufgrund der Normalisierung zu verhindern. Bei `scale` und `shift` handelt es sich um zwei trainierbare Parameter (derselben Dimension wie die Eingabe), die das LLM während des Trainings automatisch anpasst, wenn es feststellt, dass dies die Performance des Modells bei seiner Trainingsaufgabe verbessern würde. Das Modell kann auf diese Weise eine geeignete Skalierung und Verschiebung lernen, die am besten zu den zu verarbeitenden Daten passt.

Verzerrte Varianz

In unserer Berechnungsmethode für die Varianz verwenden wir ein Implementierungsdetail, indem wir `unbiased=False` setzen. Bei der Varianzberechnung wird in der Varianzformel durch die Anzahl der Eingaben `n` dividiert. Diese Methode wendet keine Bessel-Korrektur an, die normalerweise `n - 1` statt `n` im Nenner nutzt, um eine Verzerrung bei der Varianzschätzung der Stichprobe auszugleichen. Diese Entscheidung führt zu einer sogenannten verzerrten Schätzung der Varianz. Bei LLMs, bei denen die Embedding-Dimension `n` signifikant groß ist, kann der Unterschied zwischen der Verwendung von `n` und `n - 1` praktisch vernachlässigt werden. Ich habe diesen Ansatz gewählt, um die Kompatibilität mit den Normalisierungsschichten von GPT-2-Modellen zu gewährleisten und weil er das Standardverhalten von TensorFlow widerspiegelt, das zur Implementierung des ursprünglichen GPT-2-Modells verwendet wurde. Eine ähnliche Einstellung stellt sicher, dass unsere Methode mit den vortrainierten Gewichten, die wir in Kapitel 6 laden werden, kompatibel ist.

Probieren wir nun das Modul `LayerNorm` in der Praxis aus und wenden wir es auf die Stapeleingabe an:

```
ln = LayerNorm(emb_dim=5)
out_ln = ln(batch_example)
mean = out_ln.mean(dim=-1, keepdim=True)
var = out_ln.var(dim=-1, unbiased=False, keepdim=True)
print("Mean:\n", mean)
print("Variance:\n", var)
```

Die Ergebnisse zeigen, dass der Code zur Schichtnormalisierung wie erwartet funktioniert und die Werte der beiden Eingaben so normalisiert, dass sie einen Mittelwert von 0 und eine Varianz von 1 haben:

```
Mean:
 tensor([[    -0.0000],
        [     0.0000]], grad_fn=<MeanBackward1>)
```

```
Variance:
 tensor([[1.0000],
        [1.0000]], grad_fn=<VarBackward0>)
```

Damit haben wir zwei der Bausteine untersucht, die wir brauchen, um die GPT-Architektur zu implementieren, wie Abbildung 4.7 zeigt. Als Nächstes sehen wir uns die GELU-Aktivierungsfunktion an, die zu den Aktivierungsfunktionen gehört, die in LLMs gebräuchlich sind, anstelle der herkömmlichen ReLU-Funktion, die wir bisher verwendet haben.

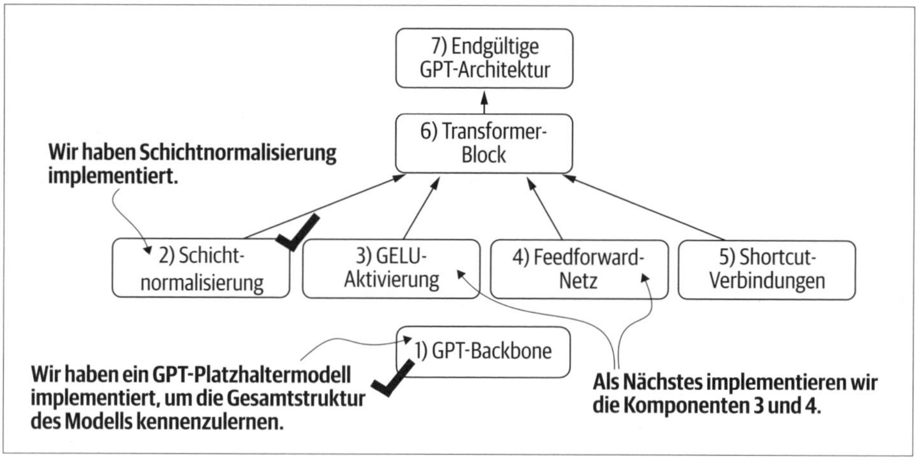

Abb. 4.7 *Die erforderlichen Bausteine, um die GPT-Architektur zu erstellen. Bislang haben wir den GPT-Backbone und die Schichtnormalisierung fertiggestellt. Als Nächstes konzentrieren wir uns auf die GELU-Aktivierung und das Feedforward-Netz.*

Schichtnormalisierung vs. Batch-Normalisierung

Wenn Sie mit Batch-Normalisierung vertraut sind, einer gängigen und herkömmlichen Normalisierungsmethode für neuronale Netze, fragen Sie sich vielleicht, wie sich diese Methode mit der Schichtnormalisierung vergleichen lässt. Im Unterschied zur Batch-Normalisierung, die über die Batch-Dimension normalisiert, erfolgt die Normalisierung bei der Schichtnormalisierung über die Feature-Dimension. LLMs erfordern oft beträchtliche Rechenressourcen, und die verfügbare Hardware oder der spezifische Anwendungsfall kann die Stapelgröße während des Trainings oder der Inferenz vorgeben. Da Schichtnormalisierung jede Eingabe unabhängig von der Stapelgröße normalisiert, bietet sie in diesen Szenarios mehr Flexibilität und Stabilität. Besonders vorteilhaft ist dies für verteiltes Training oder für den Einsatz von Modellen in Umgebungen mit begrenzten Ressourcen.

4.3 Ein Feedforward-Netz mit GELU-Aktivierungen implementieren

Als Nächstes implementieren wir ein kleines Teilmodul mit einem neuronalen Netz, das als Teil des Transformer-Blocks in LLMs verwendet wird. Zunächst implementieren wir die GELU-Aktivierungsfunktion, die in diesem Neural-Network-Teilmodul eine entscheidende Rolle spielt.

> **Hinweis**
>
> Zusätzliche Informationen zur Implementierung von neuronalen Netzen in PyTorch finden Sie in Abschnitt A.5 des Anhangs A.

In der Vergangenheit wurde die ReLU-Aktivierungsfunktion häufig im Deep Learning verwendet, was auf ihre Einfachheit und Effektivität in verschiedenen Architekturen neuronaler Netz zurückzuführen ist. In LLMs werden jedoch neben der herkömmlichen ReLU mehrere andere Aktivierungsfunktionen verwendet. Zwei bemerkenswerte Beispiele sind GELU (*Gaussian Error Linear Unit*) und SwiGLU (*Swish-Gated Linear Unit*). GELU und SwiGLU sind komplexere und sanftere Aktivierungsfunktionen, die gaußsche bzw. Sigmoid-gesteuerte lineare Einheiten beinhalten. Im Unterschied zur einfacheren ReLU bieten sie eine bessere Performance für Deep-Learning-Modelle.

Die GELU-Aktivierungsfunktion lässt sich auf verschiedene Weise implementieren. Die genaue Version wird mit $GELU(x) = x\ \Phi(x)$ definiert, wobei $\Phi(x)$ die kumulative Verteilungsfunktion der Normal- oder Gauß-Verteilung ist. In der Praxis ist es allerdings üblich, eine rechentechnisch günstigere Näherung zu verwenden (das ursprüngliche GPT-2-Modell wurde ebenfalls mit dieser Näherung trainiert, die durch Kurvenanpassung gefunden wurde):

$$GELU(x) \approx 0.5 \cdot x \cdot \left(1 + tanh\left[\sqrt{\frac{2}{\pi}} \cdot \left(x + 0.044715 \cdot x^3\right)\right]\right)$$

In Listing 4.3 sehen Sie, wie Sie diese Funktion als PyTorch-Modul programmieren können.

Listing 4.3 *Eine Implementierung der GELU-Aktivierungsfunktion*

```
class GELU(nn.Module):
    def __init__(self):
        super().__init__()

    def forward(self, x):
        return 0.5 * x * (1 + torch.tanh(
            torch.sqrt(torch.tensor(2.0 / torch.pi)) *
            (x + 0.044715 * torch.pow(x, 3))
        ))
```

Um nun eine Vorstellung davon zu bekommen, wie diese GELU-Funktion aussieht und wie sie sich im Vergleich zur ReLU-Funktion verhält, stellen wir diese Funktionen nebeneinander grafisch dar:

```
import matplotlib.pyplot as plt
gelu, relu = GELU(), nn.ReLU()

x = torch.linspace(-3, 3, 100)                ❶
y_gelu,  y_relu = gelu(x), relu(x)
plt.figure(figsize=(8, 3))

for i, (y, label) in enumerate(zip([y_gelu, y_relu], [
"GELU", "ReLU"]), 1):
    plt.subplot(1, 2, i)
    plt.plot(x, y)
    plt.title(f"{label} activation function")
    plt.xlabel("x")
    plt.ylabel(f"{label}(x)")
    plt.grid(True) plt.tight_layout() plt.show()
```

❶ Erzeugt 100 Beispieldatenpunkte im Bereich von –3 bis 3.

Wie das Diagramm in Abbildung 4.8 zeigt, ist ReLU (rechts) eine teilweise lineare Funktion, die die Eingabe direkt ausgibt, wenn sie positiv ist, und andernfalls null zurückgibt. GELU (links) ist eine sanfte, nicht lineare Funktion, die sich ReLU annähert, aber für praktisch alle negativen Werte einen Gradienten ungleich null aufweist (mit einer Ausnahme bei etwa x = –0.75).

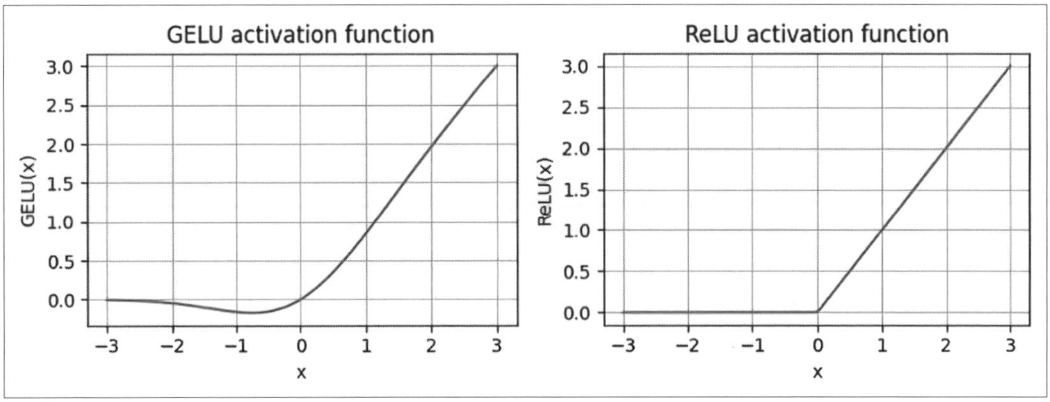

Abb. 4.8 *Mit »matplotlib« erstellte Diagrammdarstellung der GELU- und ReLU-Ausgaben. Die x-Achse zeigt die Funktionseingaben und die y-Achse die Funktionsausgaben.*

Die Geschmeidigkeit von GELU kann zu besseren Optimierungseigenschaften während des Trainings führen, da sie feinere Anpassungen an die Parameter des Modells ermöglicht. Im Gegensatz dazu hat ReLU bei null einen scharfen Knick (siehe Abbildung 4.8 rechts), der manchmal die Optimierung schwieriger macht, insbesondere in Netzen, die sehr tiefe oder komplexe Architekturen haben. Außerdem erlaubt GELU im Gegensatz zu ReLU, die für jede negative Eingabe null zurückgibt, von null verschiedene Ausgaben für negative Werte. Diese Eigenschaft bedeutet, dass Neuronen, die negative Eingaben erhalten, während des Trainings immer noch zum Lernprozess beitragen können, wenn auch in geringerem Maße als positive Eingaben.

Als Nächstes implementieren wir mithilfe der GELU-Funktion das kleine Modul `FeedForward` eines neuronalen Netzes, das wir später im Transformer-Block des LLM verwenden werden.

Listing 4.4 *Das Modul eines neuronalen Netzes für ein FeedForward-Modul*

```
class FeedForward(nn.Module):
    def __init__(self, cfg):
    super().__init__()
    self.layers = nn.Sequential(
        nn.Linear(cfg["emb_dim"], 4 * cfg["emb_dim"]),
        GELU(),
        nn.Linear(4 * cfg["emb_dim"], cfg["emb_dim"]),
    )

    def forward(self, x):
        return self.layers(x)
```

Das Modul `FeedForward` ist offensichtlich ein kleines neuronales Netz, das aus zwei `Linear`-Schichten und einer GELU-Aktivierungsfunktion besteht. Im GPT-Modell mit 124 Millionen Parametern erhält es die Eingabestapel mit Tokens, die jeweils eine Embedding-Größe von 768 haben, und zwar über das Dictionary `GPT_CONFIG_124M`, wobei `GPT_CONFIG_ 124M["emb_dim"] = 768` ist. Abbildung 4.9 zeigt, wie die Embedding-Größe innerhalb dieses kleinen Feedforward-Netzes manipuliert wird, wenn wir es bestimmten Eingaben übergeben.

Dem Beispiel in Abbildung 4.9 entsprechend, wollen wir nun ein neues `FeedForward`-Modul mit einer Token-Embedding-Größe von 768 initialisieren und ihm eine Stapeleingabe mit zwei Beispielen und jeweils drei Tokens einspeisen:

```
ffn = FeedForward(GPT_CONFIG_124M)
x = torch.rand(2, 3, 768)          ❶
out = ffn(x)
print(out.shape)
```

❶ Erzeugt eine Beispieleingabe mit der Batch-Dimension 2.

Es zeigt sich, dass die Form des Ausgabe-Tensors die gleiche ist wie die des Eingabe-Tensors:

```
torch.Size([2, 3, 768])
```

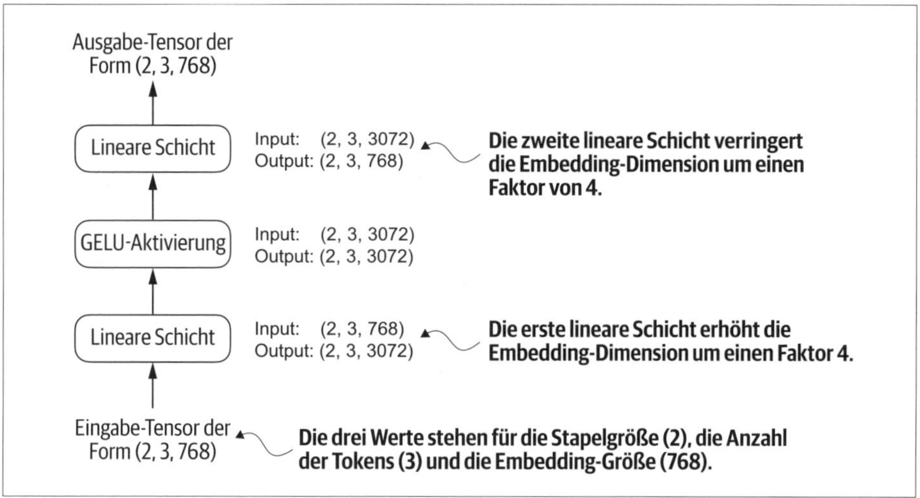

Abb. 4.9 *Überblick über die Verbindungen zwischen den Schichten des neuronalen Feedforward-Netzes. Dieses neuronale Netz ist für variable Stapelgrößen und Anzahlen der Tokens in der Eingabe ausgelegt. Allerdings wird die Embedding-Größe für jedes Token bestimmt und festgelegt, wenn die Gewichte initialisiert werden.*

Das `FeedForward`-Modul spielt eine entscheidende Rolle dabei, dass das Modell aus den Daten lernen und diese verallgemeinern kann. Obwohl die Eingabe- und Ausgabedimensionen dieses Moduls gleich sind, erweitert es intern durch die erste lineare Schicht die Embedding-Dimension in einen höherdimensionalen Raum, wie Abbildung 4.10 veranschaulicht. Auf diese Erweiterung folgt eine nicht lineare GELU-Aktivierung und dann mit der zweiten linearen Transformation eine Kontraktion zurück zur ursprünglichen Dimension. Ein derartiges Konzept erlaubt es, einen umfangreicheren Repräsentationsraum zu erkunden.

Darüber hinaus vereinfachen die einheitlichen Ein- und Ausgabedimensionen die Architektur, da es möglich ist, mehrere Schichten übereinanderzustapeln, wie wir es später tun werden, ohne die Dimensionen zwischen ihnen anpassen zu müssen. Das Modell lässt sich also besser skalieren.

Wie Abbildung 4.11 zeigt, haben wir nun die meisten Bausteine für das LLM implementiert. Als Nächstes kommen wir zum Konzept der Shortcut-Verbindungen, die wir zwischen verschiedenen Schichten eines neuronalen Netzes einfügen. Dies ist wichtig, um die Trainingsperformance in Architekturen mit Deep Neural Networks zu verbessern.

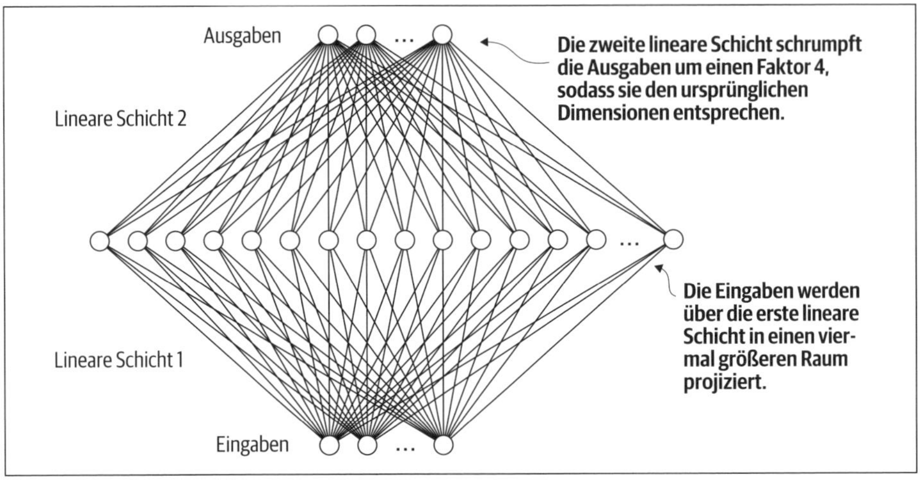

Abb. 4.10 *Expansion und Kontraktion der Schichtausgaben im neuronalen Feedforward-Netz. Zuerst werden die Eingaben um einen Faktor 4 von 768 auf 3.072 Werte erweitert. Dann komprimiert die zweite Schicht die 3.072 Werte zurück in eine 768-dimensionale Darstellung.*

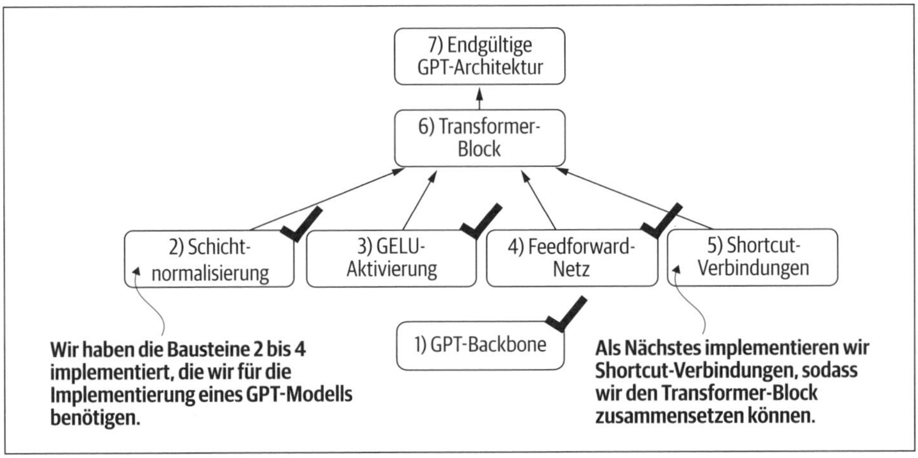

Abb. 4.11 *Die erforderlichen Bausteine, um die GPT-Architektur aufbauen zu können. Die schwarzen Kontrollhäkchen kennzeichnen die Bausteine, die wir bereits beschrieben haben.*

4.4 Shortcut-Verbindungen hinzufügen

Wir wollen uns nun mit dem Konzept der *Shortcut-Verbindungen* beschäftigen, auch bekannt als Skip- oder Residual-Verbindungen. Ursprünglich wurden Shortcut-Verbindungen für tiefe Netze in der Computervision (insbesondere für residuale Netze) vorgeschlagen, um das Problem der verschwindenden Gradienten zu entschärfen. Das Problem der verschwindenden Gradienten bezieht sich auf den Umstand, dass die Gradienten (die die Aktivierung der Gewichte während des Trainings steuern) zunehmend kleiner werden, wenn sie sich rückwärts durch die Schichten ausbreiten. Dadurch wird es schwierig, frühere Schichten effektiv zu trainieren.

Abbildung 4.12 zeigt, dass eine Shortcut-Verbindung einen alternativen und kürzeren Weg schafft, auf dem der Gradient durch das Netz fließt, indem er eine oder mehrere Schichten überspringt.

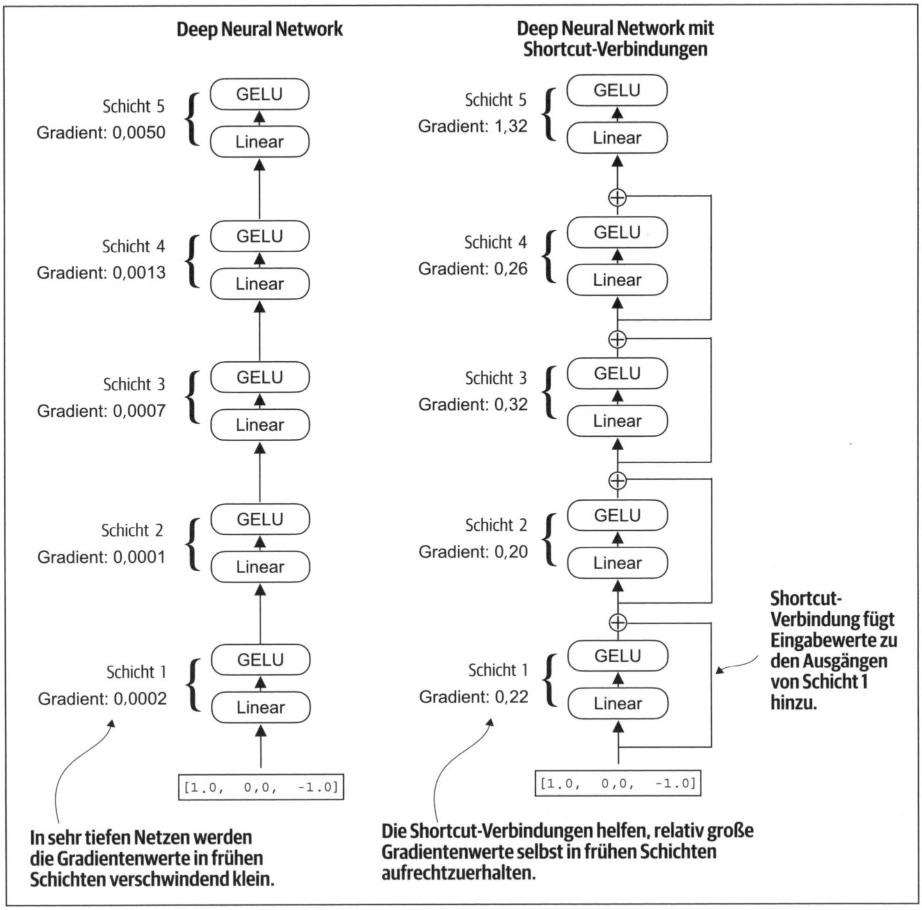

Abb. 4.12 *Ein Vergleich zwischen einem Deep Neural Network aus fünf Schichten ohne (links) und mit (rechts) Shortcut-Verbindungen. Bei Shortcut-Verbindungen werden die Eingaben einer Schicht zu ihren Ausgaben hinzugefügt, wodurch praktisch ein alternativer Pfad erzeugt wird, der bestimmte Schichten umgeht. Die Gradienten geben den mittleren absoluten Gradienten auf jeder Schicht an, die wir in Listing 4.5 berechnen.*

Hierzu wird die Ausgabe der einen Schicht zur Ausgabe einer späteren Schicht hinzugefügt. Aus diesem Grund bezeichnet man diese Verbindungen auch als Skip-Verbindungen (von engl. skip = überspringen). Sie spielen eine entscheidende Rolle, um den Fluss der Gradienten während des Rückwärtsdurchlaufs im Training aufrechtzuerhalten.

In Listing 4.5 implementieren wir das neuronale Netz von Abbildung 4.12, um zu sehen, wie wir Shortcut-Verbindungen zur Methode `forward` hinzufügen können.

Listing 4.5 *Ein neuronales Netz, um Shortcut-Verbindungen zu demonstrieren*

```
class ExampleDeepNeuralNetwork(nn.Module):
    def __init__(self, layer_sizes, use_shortcut):
        super().__init__()
        self.use_shortcut = use_shortcut
        self.layers = nn.ModuleList([                               ❶
        nn.Sequential(nn.Linear(layer_sizes[0], layer_sizes[1]),
                      GELU()),
        nn.Sequential(nn.Linear(layer_sizes[1], layer_sizes[2]),
                      GELU()),
        nn.Sequential(nn.Linear(layer_sizes[2], layer_sizes[3]),
                      GELU()),
        nn.Sequential(nn.Linear(layer_sizes[3], layer_sizes[4]),
                      GELU()),
        nn.Sequential(nn.Linear(layer_sizes[4], layer_sizes[5]),
                      GELU())
    ])

    def forward(self, x):
        for layer in self.layers:
            layer_output = layer(x)                                     ❷
            if self.use_shortcut  and x.shape == layer_output.shape:   ❸
                x = x + layer_output
            else:
                x = layer_output
        return x
```

❶ Implementiert fünf Schichten.

❷ Die Ausgabe der aktuellen Schicht berechnen.

❸ Prüfen, ob Shortcut angewendet werden kann.

Der Code implementiert ein tiefes neuronales Netz mit fünf Schichten, die jeweils aus einer `Linear`-Schicht und einer `GELU`-Aktivierungsfunktion bestehen. Im Vorwärtsdurchlauf leiten wir iterativ die Eingabe durch die Schichten und fügen optional die Shortcut-Verbindungen hinzu, wenn das Attribut `self.use_shortcut` auf `True` gesetzt ist.

Mit diesem Code wollen wir nun ein neuronales Netz ohne Shortcut-Verbindungen initialisieren. Jede Schicht wird so initialisiert, dass sie ein Beispiel mit drei Eingabewerten übernimmt und drei Ausgabewerte zurückgibt. Die letzte Schicht liefert einen einzelnen Ausgabewert:

```
layer_sizes = [3, 3, 3, 3, 3, 1]
sample_input = torch.tensor([[1., 0., -1.]])
torch.manual_seed(123)                                    ❶
model_without_shortcut = ExampleDeepNeuralNetwork(
    layer_sizes, use_shortcut=False
)
```

❶ Legt einen Startwert für den Zufallsgenerator fest, der die anfänglichen Gewichte initialisiert, um reproduzierbare Ergebnisse zu erzielen.

Als Nächstes implementieren wir eine Funktion, die im Rückwärtsdurchlauf die Gradienten des Modells berechnet:

```
def print_gradients(model, x):
    output = model(x)                                              ❶
    target = torch.tensor([[0.]])

    loss =  nn.MSELoss()
    loss  = loss(output, target)                                   ❷


    loss.backward()                                                ❸

    for name, param  in  model.named_parameters():
        if 'weight'  in  name:
            print(f"{name} has  gradient mean of
                                {param.grad.abs().mean().item()}")
```

❶ Vorwärtsdurchlauf.

❷ Berechnet den Verlust basierend darauf, wie nahe Ziel und Ausgabe liegen.

❸ Rückwärtsdurchlauf, um die Gradienten zu berechnen.

Die von diesem Code spezifizierte Verlustfunktion berechnet, wie nahe sich die Modellausgabe und ein benutzerdefiniertes Ziel (hier der Einfachheit halber der Wert 0) liegen. Wenn wir dann `loss.backward()` aufrufen, berechnet PyTorch den Verlustgradienten für jede Schicht im Modell. Anschließend können wir über `model.named_parameters()` durch die Gewichtsparameter iterieren. Nehmen wir einmal eine 3×3-Gewichtsparametermatrix für eine bestimmte Schicht an. In diesem Fall umfasst die Schicht 3×3 Gradientenwerte, und wir geben den mittleren absoluten Gradienten dieser 3×3-Gradientenwerte aus, um einen einzelnen Gradientenwert pro Schicht zu erhalten und so die Gradienten zwischen Schichten leichter vergleichen zu können.

Kurz gesagt: Die Methode `.backward()` in Python ist eine Komfortmethode, die die beim Modelltraining erforderlichen Verlustgradienten berechnet, ohne dass wir die Mathematik für die Gradientenberechnung in eigener Regie implementieren müssen, sodass sich das Arbeiten mit tiefen neuronalen Netzen einfacher gestaltet.

Hinweis

Wenn das Training von neuronalen Netzen und die Konzepte von Gradienten neu für Sie sind, finden Sie eine Einführung in diese Konzepte in Abschnitt A.4 von Anhang A.

Wir wollen nun die Funktion `print_gradients` auf das Modell ohne Skip-Verbindungen anwenden:

```
print_gradients(model_without_shortcut, sample_input)
```

Die Ausgabe sieht so aus:

```
layers.0.0.weight has gradient mean of 0.00020173587836325169
layers.1.0.weight has gradient mean of 0.0001201116101583466
layers.2.0.weight has gradient mean of 0.0007152041653171182
layers.3.0.weight has gradient mean of 0.001398873864673078
layers.4.0.weight has gradient mean of 0.005049646366387606
```

Wie die Ausgabe der Funktion `print_gradients` zeigt, werden die Gradienten kleiner, wenn wir von der letzten Schicht (`layers.4`) zur ersten Schicht (`layers.0`) weitergehen – ein Phänomen, das man als *Problem der verschwindenden Gradienten* bezeichnet.

Nun instanziieren wir ein Modell mit Skip-Verbindungen und vergleichen es mit der obigen Variante:

```
torch.manual_seed(123)
model_with_shortcut = ExampleDeepNeuralNetwork(
    layer_sizes, use_shortcut=True
)
print_gradients(model_with_shortcut, sample_input)
```

Die Ausgabe lautet:

```
layers.0.0.weight has gradient mean of 0.22169792652130127
layers.1.0.weight has gradient mean of 0.20694105327129364
layers.2.0.weight has gradient mean of 0.32896995544433594
layers.3.0.weight has gradient mean of 0.2665732502937317
layers.4.0.weight has gradient mean of 1.3258541822433472
```

Der Gradient in der letzten Schicht (`layers.4`) ist immer noch größer als die Gradienten in den anderen Schichten. Allerdings stabilisiert sich der Gradientenwert, wenn wir zur ersten Schicht (`layers.0`) voranschreiten, und schrumpft nicht zu einem verschwindend kleinen Wert.

Folglich sind Shortcut-Verbindungen wichtig, um die Beschränkungen zu überwinden, die sich aus dem Problem der verschwindenden Gradienten in Deep Neural Networks ergeben. Shortcut-Verbindungen sind entscheidende Elemente sehr großer Modelle wie LLMs, und sie unterstützen ein effektiveres Training, indem sie einen konsistenten Gradientenfluss über Schichten hinweg gewährleisten. Dies wird sich beim Training des GPT-Modells im nachfolgenden Kapitel bestätigen.

Als Nächstes verbinden wir alle bislang beschriebenen Konzepte (Schichtnormalisierung, GELU-Aktivierungen, FeedForward-Modul und Shortcut-Verbindungen) in einem Transformer-Block, der den letzten Baustein darstellt, den wir für die Programmierung der GPT-Architektur benötigen.

4.5 Attention und lineare Schichten in einem Transformer-Block verbinden

Wir implementieren nun den *Transformer-Block*, einen fundamentalen Baustein von GPT- und anderen LLM-Architekturen. Dieser Block, der in der GPT-2-Architektur mit 124 Millionen Parametern ein Dutzend Mal wiederholt wird, kombiniert mehrere Konzepte, die wir bisher behandelt haben: Multi-Head-Attention, Schichtnormalisierung, Dropout, Feedforward-Schichten und GELU-Aktivierungen. Später werden wir diesen Transformer-Block mit den restlichen Teilen der GPT-Architektur verbinden.

Abbildung 4.13 zeigt einen Transformer-Block, der mehrere Komponenten kombiniert, einschließlich des maskierten Multi-Head-Attention-Moduls (siehe Kapitel 3) und des FeedForward-Moduls, das wir zuvor implementiert haben (siehe den Abschnitt 4.3). Wenn ein Transformer-Block eine Eingabesequenz verarbeitet, wird jedes Element in der Sequenz (zum Beispiel ein Wort oder ein Teilworttoken) durch einen Vektor fester Größe dargestellt (in diesem Fall 768 Dimensionen). Die Operationen innerhalb des Transformer-Blocks, einschließlich Multi-Head-Attention und Feedforward-Schichten, sind darauf ausgelegt, diese Vektoren in einer Weise zu transformieren, die ihre Dimensionalität beibehält.

Die Idee besteht darin, dass der Self-Attention-Mechanismus im Multi-Head-Attention-Block Beziehungen zwischen Elementen in der Eingabesequenz identifiziert und analysiert. Dagegen modifiziert das Feedforward-Netz lediglich die Daten individuell an jeder Position. Diese Kombination erlaubt nicht nur ein differenziertes Verständnis und eine differenziertere Verarbeitung der Eingaben, sondern verbessert auch die allgemeine Fähigkeit des Modells, mit komplexen Datenmustern umzugehen.

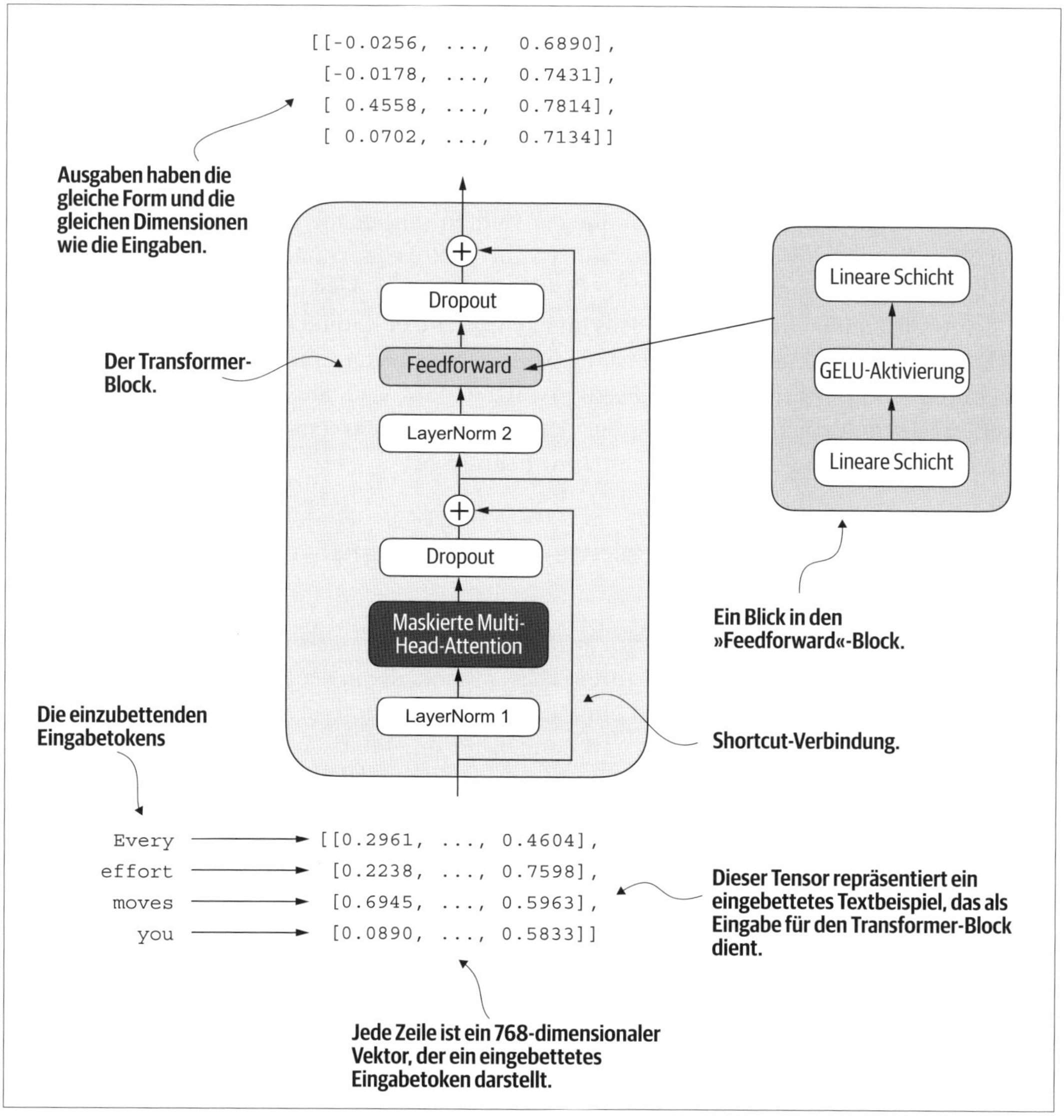

Abb. 4.13 *Veranschaulichung eines Transformer-Blocks. Eingabetokens werden in 768-dimensionale Vektoren eingebettet. Jede Zeile entspricht der Vektordarstellung eines Tokens. Die Ausgaben des Transformer-Blocks sind Vektoren derselben Dimension wie die Eingabe, die sich dann in die nachfolgenden Schichten eines LLM einspeisen lassen.*

Listing 4.6 zeigt den Code der Klasse TransformerBlock.

Listing 4.6 *Die Transformer-Block-Komponente von GPT*

```
from chapter03 import MultiHeadAttention

class TransformerBlock(nn.Module):
    def __init__(self, cfg):
        super().__init__()
        self.att = MultiHeadAttention(
            d_in=cfg["emb_dim"],
            d_out=cfg["emb_dim"],
            context_length=cfg["context_length"],
            num_heads=cfg["n_heads"],
            dropout=cfg["drop_rate"],
            qkv_bias=cfg["qkv_bias"])
        self.ff = FeedForward(cfg)
        self.norm1 = LayerNorm(cfg["emb_dim"])
        self.norm2 = LayerNorm(cfg["emb_dim"])
        self.drop_shortcut = nn.Dropout(cfg["drop_rate"])

    def  forward(self, x):
                                                   ❶
        shortcut = x
        x = self.norm1(x)
        x = self.att(x)
        x = self.drop_shortcut(x)
        x = x + shortcut                           ❷

        shortcut = x                               ❸
        x = self.norm2(x)
        x = self.ff(x)
        x = self.drop_shortcut(x)
        x = x + shortcut                           ❹
        return x
```

❶ Shortcut-Verbindung für den Attention-Block.

❷ Die ursprüngliche Eingabe wieder hinzufügen.

❸ Shortcut-Verbindung für den Feedforward-Block.

❹ Die ursprüngliche Eingabe wieder hinzufügen.

Der angegebene Code definiert eine Klasse `TransformerBlock` in PyTorch mit einem Multi-Head-Attention-Mechanismus (`MultiHeadAttention`) und einem Feedforward-Netz (`FeedForward`), die beide auf einem bereitgestellten Konfigurations-Dictionary (`cfg`) wie `GPT_CONFIG_124M` konfiguriert werden.

Schichtnormalisierung (`LayerNorm`) wird vor jeder dieser beiden Komponenten angewendet und Dropout nach ihnen, um das Modell zu regularisieren und Überanpassung zu verhindern. Dies wird auch als *Pre-LayerNorm* bezeichnet.

Ältere Architekturen, wie zum Beispiel das ursprüngliche Transformer-Modell, wendeten Schichtnormalisierung stattdessen nach den Self-Attention- und Feedforward-Netzen an, was als *Post-LayerNorm* bekannt ist und oftmals zu schlechten Trainingsdynamiken führt.

Die Klasse implementiert auch den Vorwärtsdurchlauf, bei dem auf jede Komponente eine Shortcut-Verbindung folgt, die die Eingabe des Blocks zu dessen Ausgabe hinzufügt. Dieses entscheidende Feature unterstützt den Fluss der Gradienten durch das Netz während des Trainings und verbessert das Lernen von tiefen Modellen (siehe Abschnitt 4.4).

Mit dem weiter oben definierten Dictionary `GPT_CONFIG_124M` instanziieren wir nun einen Transformer-Block und speisen ihm einige Beispieldaten ein:

```
torch.manual_seed(123)
x = torch.rand(2, 4, 768)                    ❶
block =  TransformerBlock(GPT_CONFIG_124M)
output = block(x)

print("Input shape:", x.shape)
print("Output shape:", output.shape)
```

❶ Erzeugt eine Beispieleingabe der Form »[batch_size, num_tokens, emb_dim]«.

Die Ausgabe lautet:

```
Input shape: torch.Size([2, 4, 768])
Output shape: torch.Size([2, 4, 768])
```

Der Transformer-Block behält demnach die Eingabedimensionen in seiner Ausgabe bei, was darauf hinweist, dass die Transformer-Architektur Datensequenzen verarbeitet, ohne deren Form im gesamten Netz zu verändern.

Die Bewahrung der Form in der gesamten Architektur des Transformer-Blocks geschieht nicht zufällig, sondern ist ein entscheidender Aspekt seines Entwurfs. Dieses Design erlaubt seine effektive Anwendung über einen weiten Bereich von Sequenz-zu-Sequenz-Aufgaben, bei denen jeder Ausgabevektor direkt einem Eingabevektor entspricht, wodurch eine 1:1-Beziehung erhalten bleibt. Allerdings ist die Ausgabe ein Kontextvektor, der Informationen aus der gesamten Eingabesequenz kapselt (siehe Kapitel 3). Das heißt, dass zwar die physischen Dimensionen der Sequenz (Länge und Feature-Größe) unverändert bleiben, wenn sie den Transformer-Block durchläuft, der Inhalt jedes Ausgabevektors aber neu codiert wird, um die Kontextinformationen aus der gesamten Eingabesequenz zu integrieren.

Nachdem wir nun den Transformer-Block implementiert haben, verfügen wir über alle erforderlichen Bausteine, um die GPT-Architektur aufzubauen. Wie Abbildung 4.14 veranschaulicht, kombiniert der Transformer-Block Schichtnormalisierung, das Feedforward-Netz, GELU-Aktivierungen und Shortcut-Verbindungen. Demnächst werden Sie sehen, dass dieser Transformer-Block die Hauptkomponente der GPT-Architektur ausmacht.

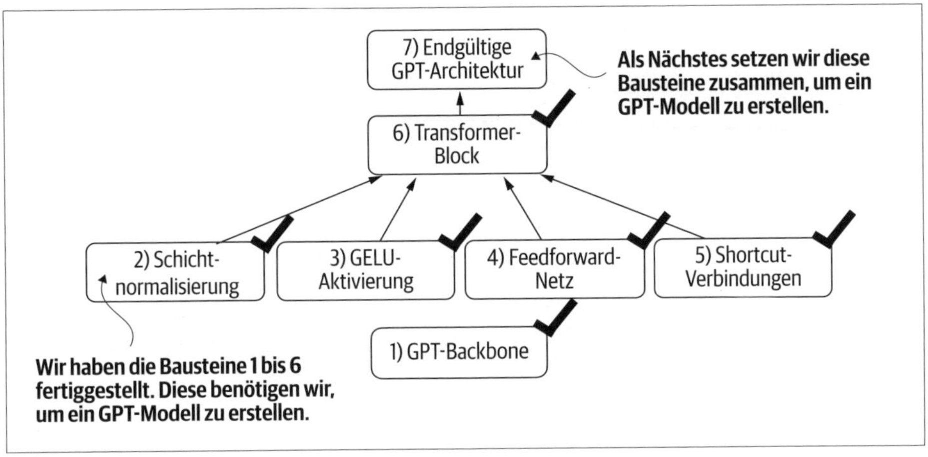

Abb. 4.14 *Die erforderlichen Bausteine, um die GPT-Architektur aufzubauen. Die schwarzen Kontrollhäkchen kennzeichnen die Blöcke, die wir fertiggestellt haben.*

4.6 Das GPT-Modell programmieren

Am Anfang dieses Kapitels haben Sie einen Gesamtüberblick über eine GPT-Architektur erhalten, die wir als `DummyGPTModel` bezeichnet haben. In dieser `DummyGPTModel`-Codeimplementierung haben wir Eingabe und Ausgaben des GPT-Modells gezeigt, wobei aber dessen Bausteine als Blackbox mithilfe der Platzhalterklassen `DummyTransformerBlock` und `DummyLayerNorm` dargestellt wurden.

Ersetzen wir nun die Platzhalter `DummyTransformerBlock` und `DummyLayerNorm` durch die realen Klassen `TransformerBlock` und `LayerNorm`, die wir weiter oben programmiert haben, um eine vollständig funktionsfähige Version der ursprünglichen Version von GPT-2 mit 124 Millionen Parametern zusammenzustellen. In Kapitel 5 werden wir ein GPT-2-Modell vortrainieren und in Kapitel 6 vortrainierte Gewichte von OpenAI laden.

Bevor wir GPT-2 in einem Programm zusammensetzen, werfen wir einen Blick auf seine Gesamtstruktur, darstellt in Abbildung 4.15, die sämtliche bisher behandelten Konzepte beinhaltet. Wie aus der Abbildung hervorgeht, wird der Transformer-Block viele Male durch die gesamte GPT-Modellarchitektur hindurch wiederholt. Beim GPT-2-Modell mit 124 Millionen Parametern wird er zwölfmal wiederholt, was wir über den Eintrag `n_layers` im Dictionary `GPT_CONFIG_124M` festlegen. Im größten GPT-2-Modell mit 1.542 Millionen Parametern wird dieser Transformer-Block 48-mal wiederholt.

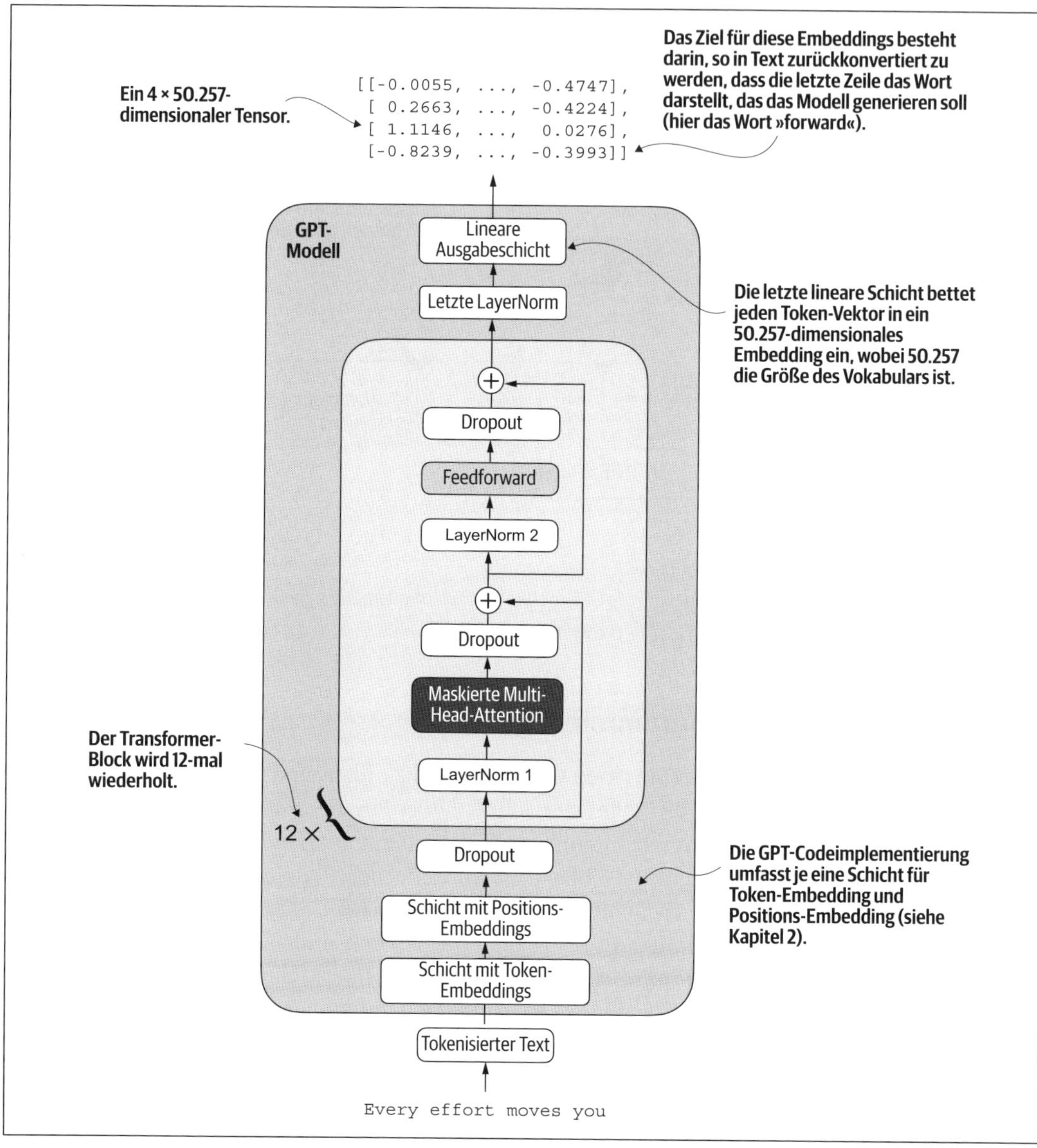

Abb. 4.15 *Überblick über die GPT-Modellarchitektur, der den Datenfluss durch das GPT-Modell zeigt: Unten beginnend, wird zuerst der tokenisierte Text in Token-Embeddings konvertiert, die dann durch Positions-Embeddings erweitert werden. Diese kombinierten Informationen bilden einen Tensor, der über eine Reihe von Transformer-Blöcken (die jeweils Multi-Head-Attention und Schichten von neuronalen Feedforward-Netzen mit Dropout und Schichtnormalisierung enthalten, in der Mitte dargestellt) geleitet wird. Diese Transformer-Blöcke werden übereinandergestapelt und zwölfmal wiederholt.*

Die Ausgabe des letzten Transformer-Blocks durchläuft dann einen endgültigen Schichtnormalisierungsschritt, bevor sie die lineare Ausgabeschicht erreicht. Diese Schicht bildet die Ausgabe des Transformers auf einen höherdimensionalen Raum ab (in diesem Fall 50.257 Dimensionen, was der Vokabulargröße des Modells entspricht), um das nächste Token in der Sequenz vorherzusagen.

Nun werden wir die in Abbildung 4.15 gezeigte Architektur programmieren.

Listing 4.7 *Implementierung der GPT-Modellarchitektur*

```
class GPTModel(nn.Module):
    def __init__(self, cfg):
        super().__init__()
        self.tok_emb = nn.Embedding(cfg["vocab_size"], cfg["emb_dim"])
        self.pos_emb = nn.Embedding(cfg["context_length"], cfg["emb_dim"])
        self.drop_emb = nn.Dropout(cfg["drop_rate"])

        self.trf_blocks = nn.Sequential(
            *[TransformerBlock(cfg) for _ in range(cfg["n_layers"])])

        self.final_norm = LayerNorm(cfg["emb_dim"])
        self.out_head = nn.Linear(
            cfg["emb_dim"], cfg["vocab_size"], bias=False
        )

    def forward(self, in_idx):
        batch_size, seq_len = in_idx.shape
        tok_embeds = self.tok_emb(in_idx)
                                                        ❶
        pos_embeds = self.pos_emb(
            torch.arange(seq_len, device=in_idx.device)
        )
        x = tok_embeds + pos_embeds
        x = self.drop_emb(x)
        x = self.trf_blocks(x)
        x = self.final_norm(x)
        logits = self.out_head(x)
        return logits
```

❶ Die Geräteeinstellung erlaubt uns, das Modell auf einer CPU oder einer GPU zu trainieren, abhängig davon, auf welchem Gerät die Eingabedaten liegen.

Dank der Klasse `TransformerBlock` ist die Klasse `GPTModel` relativ klein und kompakt.

Der Konstruktor `__init__` der Klasse `GPTModel` initialisiert die Token- und Positions-Embedding-Schichten mit den Konfigurationen, die über das Python-Dictionary `cfg` übergeben werden. Diese Embedding-Schichten sind dafür zuständig, Eingabetoken-Indizes in dichte Vektoren zu konvertieren und Positionsinformationen hinzuzufügen (siehe Kapitel 2).

Als Nächstes erzeugt die Methode `__init__` einen sequenziellen Stapel von `TransformerBlock`-Modulen mit so vielen Schichten, wie sie in `cfg` angegeben sind. Im Anschluss an die Transformer-Blöcke wird eine `LayerNorm`-Schicht angewendet, die die Ausgaben der Transformer-Blöcke standardisiert, um den Lernprozess zu stabilisieren. Schließlich wird ein linearer Ausgabekopf ohne Bias definiert, der die Ausgabe des Transformers in den Vokabularraum des Tokenizers projiziert, um Logits für jedes Token im Vokabular zu generieren.

Die Methode `forward` übernimmt einen Stapel von Eingabetoken-Indizes, berechnet deren Embeddings, wendet die Positions-Embeddings an, leitet die Sequenz durch die Transformer-Blöcke, normalisiert die letzte Ausgabe und berechnet dann die Logits, die die nicht normalisierten Wahrscheinlichkeiten des nächsten Tokens darstellen. Im nächsten Abschnitt konvertieren wir diese Logits in Tokens und Textausgaben.

Zunächst initialisieren wir das 124 Millionen Parameter umfassende GPT-Modell mit dem Dictionary `GPT_CONFIG_124M`, das wir im Parameter `cfg` übergeben haben, und führen ihm die zuvor erzeugte Batch-Texteingabe zu.

```
torch.manual_seed(123)
model = GPTModel(GPT_CONFIG_124M)

out = model(batch)
print("Input batch:\n", batch)
print("\nOutput shape:", out.shape)
print(out)
```

Dieser Code gibt den Inhalt des Eingabestapels und anschließend den Ausgabe-Tensor aus:

```
Input batch:
 tensor([[6109,  3626,  6100,   345],         ❶
         [6109,  1110,  6622,   257]])        ❷

Output shape: torch.Size([2, 4, 50257])
tensor([[[ 0.3613,  0.4222, -0.0711,  ...,  0.3483,  0.4661, -0.2838],
         [-0.1792, -0.5660, -0.9485,  ...,  0.0477,  0.5181, -0.3168],
         [ 0.7120,  0.0332,  0.1085,  ...,  0.1018, -0.4327, -0.2553],
         [-1.0076,  0.3418, -0.1190,  ...,  0.7195,  0.4023,  0.0532]],

        [[-0.2564,  0.0900,  0.0335,  ...,  0.2659,  0.4454, -0.6806],
         [ 0.1230,  0.3653, -0.2074,  ...,  0.7705,  0.2710,  0.2246],
         [ 1.0558,  1.0318, -0.2800,  ...,  0.6936,  0.3205, -0.3178],
         [-0.1565,  0.3926,  0.3288,  ...,  1.2630, -0.1858,  0.0388]]],
       grad_fn=<UnsafeViewBackward0>)
```

❶ Token-IDs von Text 1.

❷ Token-IDs von Text 2.

Wie die Ausgabe zeigt, hat der Ausgabe-Tensor die Form `[2, 4, 50257]`, da wir zwei Eingabetexte mit jeweils vier Tokens übergeben haben. Die letzte Dimension, `50257`, entspricht der Vokabulargröße des Tokenizers. Später werden Sie sehen, wie Sie jeden dieser 50.257-dimensionalen Ausgabevektoren zurück in Tokens konvertieren.

Bevor wir die Funktion programmieren, die die Modellausgaben in Text umwandelt, wollen wir uns etwas mehr mit der Modellarchitektur selbst befassen und ihre Größe analysieren. Mit der Methode `numel()`, was für *number of elements* (Anzahl der Elemente) steht, können wir die Gesamtanzahl der Parameter in den Parameter-Tensoren des Modells ermitteln:

```
total_params = sum(p.numel() for p in model.parameters())
print(f"Total number of parameters: {total_params:,}")
```

Das Ergebnis lautet:

```
Total number of parameters: 163,009,536
```

Dem einen oder anderen der Leserinnen und Leser mag hier eine Diskrepanz aufgefallen sein. Weiter oben haben wir davon gesprochen, ein GPT-Modell mit 124 Millionen Parametern zu initialisieren. Weshalb beträgt dann die tatsächliche Anzahl an Parametern 163 Millionen?

Der Grund dafür ist ein als *Gewichtskopplung* (*Weight Tying*) bezeichnetes Konzept, das in der ursprünglichen GPT-2-Architektur verwendet wurde. Es bedeutet, dass die ursprüngliche GPT-2-Architektur die Gewichte aus der Token-Embedding-Schicht in ihrer Ausgabeschicht wiederverwendet. Zum besseren Verständnis werfen wir einen Blick auf die Formen der Token-Embedding-Schicht und der linearen Ausgabeschicht, die wir weiter oben auf dem Modell über die Klasse `GPTModel` initialisiert haben:

```
print("Token embedding layer shape:", model.tok_emb.weight.shape)
print("Output layer shape:", model.out_head.weight.shape)
```

Wie man an den `print`-Ausgaben sieht, haben die Gewichts-Tensoren für die beiden Schichten die gleiche Form.

```
Token embedding layer shape: torch.Size([50257, 768])
Output layer shape: torch.Size([50257, 768])
```

Aufgrund der Anzahl der Zeilen für die 50.257 Einträge im Vokabular des Tokenizers sind die Token-Embedding- und Ausgabeschichten sehr groß. Ziehen wir nun die Anzahl der Parameter von der Gesamtanzahl des GPT-2-Modells entsprechend der Gewichtskopplung ab:

```
total_params_gpt2 = (
    total_params sum(p.numel()
    for p in model.out_head.parameters())
)
print(f"Number of trainable parameters "
      f"considering weight tying: {total_params_gpt2:,}"
)
```

Die Ausgabe lautet:

```
Number of trainable parameters considering weight tying:  124,412,160
```

Wie Sie sich überzeugen können, ist das Modell jetzt nur noch 124 Millionen Parameter groß, was mit der ursprünglichen Größe des GPT-2-Modells übereinstimmt.

Gewichtskopplung verringert den Speicherfußabdruck und die rechentechnische Komplexität des Modells insgesamt. Meiner Erfahrung nach bringen aber separate Token-Embedding- und Ausgabeschichten eine bessere Trainings- und Modellperformance. Daher verwenden wir in unserer `GPTModel`-Implementierung getrennte Schichten. Das Gleiche gilt für moderne LLMs. Allerdings greifen wir das Konzept der Gewichtskopplung später in Kapitel 6 wieder auf und implementieren es, wenn wir die vortrainierten Gewichte von OpenAI laden.

Übung 4.1: Anzahl der Parameter in FeedForward- und Attention-Modulen

Berechnen und vergleichen Sie die Anzahl der Parameter, die im FeedForward-Modul enthalten sind, und die Anzahl der Parameter, die im Multi-Head-Attention-Modul enthalten sind.

Als Letztes berechnen wir die Speicheranforderungen für die 163 Millionen Parameter in unserem `GPTModel`-Objekt:

```
total_size_bytes = total_params * 4                    ❶
total_size_mb = total_size_bytes  / (1024 * 1024)      ❷
print(f"Total size of the model:  {total_size_mb:.2f} MB")
```

Das Ergebnis lautet:

```
Total size of the model: 621.83 MB
```

❶ Berechnet die Gesamtgröße in Bytes (wobei der Datentyp »float32« mit 4 Byte pro Parameter angenommen wird).

❷ In Megabytes umwandeln.

Wenn wir den Speicherbedarf für die 163 Millionen Parameter in unserem `GPTModel`-Objekt berechnen und davon ausgehen, dass jeder Parameter eine 32-Bit-Gleitkommazahl ist, die 4 Byte benötigt, stellen wir fest, dass sich die Gesamtgröße des Modells auf 621,83 MB beläuft, was die relativ große Speicherkapazität veranschaulicht, die erforderlich ist, um selbst relativ kleine LLMs unterzubringen.

Nachdem wir nun die `GPTModel`-Architektur implementiert und dann festgestellt haben, dass sie numerische Tensoren der Form `[batch_size, num_tokens, vocab_size]` ausgibt, schreiben wir den Code, um diese Ausgabe-Tensoren in Text zu konvertieren.

Übung 4.2: Größere GPT-Modelle initialisieren

Wir haben ein GPT-Modell mit 124 Millionen Parametern initialisiert, ein als *GPT-2 small* bekanntes Modell. Ohne irgendwelche Modifikationen vorzunehmen – außer die Konfigurationsdatei zu aktualisieren –, verwenden Sie die Klasse `GPTModel`, um *GPT-2 medium* (mit 1.024-dimensionalen Embeddings, 24 Transformer-Blöcken, 16 Multi-Head-Attention-Köpfen), *GPT-2 large* (mit 1.280-dimensionalen Embeddings, 36 Transformer-Blöcken, 20 Multi-Head-Attention-Köpfen) und *GPT-2 XL* (mit 1.600-dimensionalen Embeddings, 48 Transformer-Blöcken, 25 Multi-Head-Attention-Köpfen) zu implementieren. Berechnen Sie als Bonusaufgabe die Gesamtanzahl der Parameter in jedem GPT-Modell.

4.7 Text generieren

Wir implementieren nun den Code, der die Tensor-Ausgabe des GPT-Modells zurück in Text konvertiert. Vorher aber wollen wir kurz darauf eingehen, wie ein generatives Modell wie ein LLM einen Text wortweise (oder tokenweise) generiert.

Abbildung 4.16 veranschaulicht den schrittweisen Prozess, in dem ein GPT-Modell Text für einen gegebenen Eingabetext wie zum Beispiel »Hello, I am« generiert. Mit jeder Iteration wächst der Eingabekontext, sodass das Modell in der Lage ist, einen kohärenten und kontextuell passenden Text zu erzeugen. Im sechsten Durchlauf hat das Modell einen vollständigen Satz konstruiert: »Hello, I am a model ready to help.« Wir wissen, dass unsere aktuelle GPTModel-Implementierung Tensoren mit der Form [batch_size, num_token, vocab_size] ausgibt. Die nächste Frage lautet: Wie kommt ein GPT-Modell von diesen Ausgabe-Tensoren zum generierten Text?

Abbildung 4.17 veranschaulicht den Prozess, in dem ein GPT-Modell in mehreren Schritten von Ausgabe-Tensoren zu generiertem Text gelangt. In diesen Schritten sind unter anderem die Ausgabe-Tensoren zu decodieren, die Tokens basierend auf einer Wahrscheinlichkeitsverteilung auszuwählen und diese Tokens in verständlichen Text umzuwandeln.

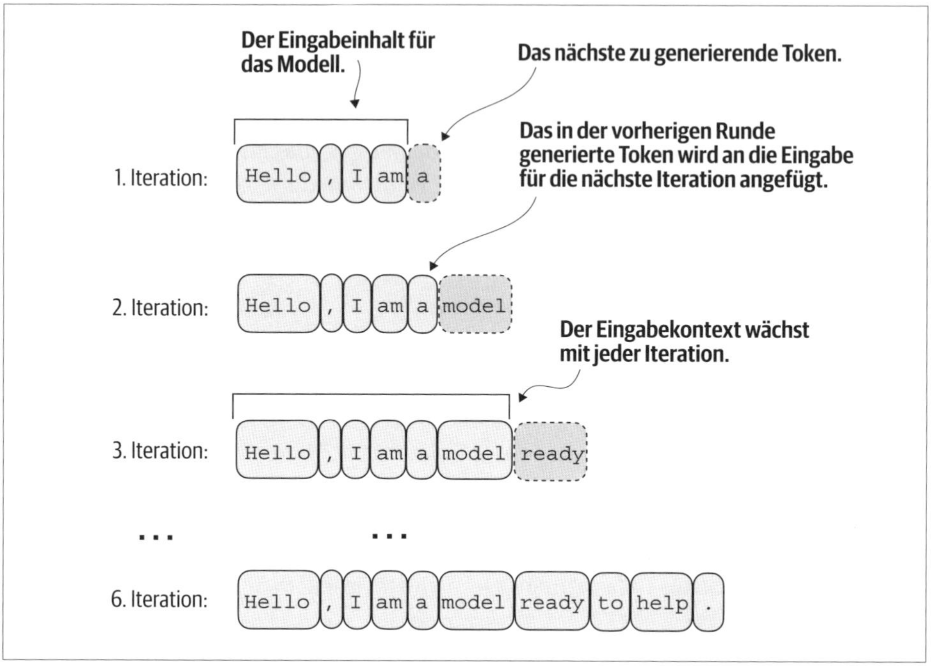

Abb. 4.16 *Dargestellt ist der schrittweise Prozess, in dem ein LLM Text tokenweise generiert. Beginnend mit einem anfänglichen Eingabekontext (»Hello, I am«), sagt das Modell während jeder Iteration ein nachfolgendes Token voraus und hängt es an den Eingabekontext für die nächste Runde der Vorhersage an. Wie in der Abbildung gezeigt, fügt die erste Iteration »a«, die zweite Iteration »model« und die dritte Iteration »ready« hinzu und baut damit nacheinander den Satz auf.*

Der in Abbildung 4.17 ausführlich dargestellte Prozess der Generierung des nächsten Tokens veranschaulicht einen einzelnen Schritt, in dem das GPT-Modell für seine gegebene Eingabe das nächste Token generiert. In jedem Schritt gibt das Modell eine Matrix mit Vektoren aus, die potenzielle nächste Tokens darstellen. Der Vektor, der dem nächsten Token entspricht, wird extrahiert und über die `softmax`-Funktion in eine Wahrscheinlichkeitsverteilung konvertiert. Innerhalb des Vektors, der die resultierenden Wahrscheinlichkeitswerte enthält, wird der Index des höchsten Werts lokalisiert, was der Token-ID entspricht. Diese Token-ID wird dann zurück in Text decodiert, was das nächste Token in der Sequenz erzeugt. Schließlich wird dieses Token an die vorherigen Eingaben angehängt, sodass sich eine neue Eingabesequenz für den darauffolgenden Durchlauf ergibt. Durch diesen schrittweisen Prozess ist das Modell in der Lage, Text sequenziell zu erzeugen, indem es kohärente Phrasen und Sätze aus dem anfänglichen Eingabekontext bildet.

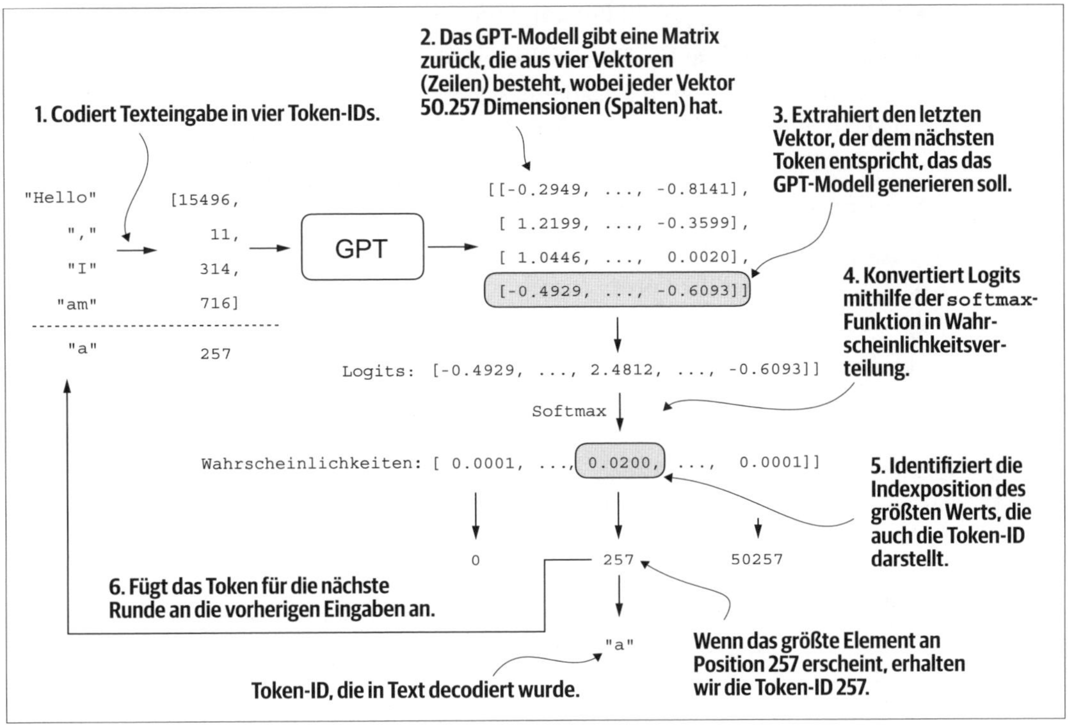

Abb. 4.17 *Generierung von Text in einem GPT-Modell anhand einer einzelnen Iteration im Token-Generierungsprozess. Als Erstes wird der Eingabetext in Token-IDs codiert, die dann in das GPT-Modell eingespeist werden. Die Ausgaben des Modells werden dann zurück in Text umgewandelt und an den ursprünglichen Eingabetext angefügt.*

In der Praxis wiederholen wir diesen Prozess über viele Iterationen, wie es Abbildung 4.16 veranschaulicht, bis wir eine vom Benutzer festgelegte Anzahl von generierten Tokens erreichen. Listing 4.8 zeigt, wie man den Token-Erzeugungsprozess programmieren kann.

Listing 4.8 *Eine Funktion für das GPT-Modell, um Text zu generieren*

```
def generate_text_simple(model, idx,                          ❶
                         max_new_tokens, context_size):
    for _ in range(max_new_tokens):
        idx_cond = idx[:, -context_size:]                     ❷
        with torch.no_grad():
            logits = model(idx_cond)

        logits = logits[:, -1, :]                             ❸
        probas = torch.softmax(logits, dim=-1)                ❹
        idx_next = torch.argmax(probas, dim=-1, keepdim=True) ❺
        idx = torch.cat((idx, idx_next), dim=1)               ❻

    return idx
```

❶ »idx« ist ein Array »(batch, n_tokens)« von Indizes im aktuellen Kontext.

❷ Kürzt den aktuellen Kontext, wenn er die unterstützte Kontextgröße überschreitet; wenn zum Beispiel das LLM nur fünf Tokens unterstützt und die Kontextgröße 10 ist, werden nur die letzten fünf Tokens als Kontext verwendet.

❸ Konzentriert sich nur auf den letzten Zeitschritt, sodass »(batch, n_tokens, vocab_size)« zu »(batch, vocab_size)« wird.

❹ »probas« hat die Form »(batch, vocab_size)«.

❺ »idx_next« hat die Form »(batch, 1)«.

❻ Hängt den Index der Stichprobe an die laufende Sequenz an, wobei »idx« die Form »(batch, n_tokens+1)« hat.

Dieser Code demonstriert eine einfache Implementierung einer generativen Schleife für ein Sprachmodell mittels PyTorch. Er iteriert über eine angegebene Anzahl neuer Tokens, die generiert werden sollen, kürzt den aktuellen Kontext entsprechend der maximalen Kontextgröße des Modells, berechnet Vorhersagen und wählt dann das nächste Token nach der höchsten Wahrscheinlichkeitsvorhersage aus.

Für den Code der Funktion `generate_text_simple` verwenden wir eine `softmax`-Funktion, um die Logits in eine Wahrscheinlichkeitsverteilung umzuwandeln, aus der wir dann über `torch.argmax` die Position mit dem höchsten Wert ermitteln. Die Funktion `softmax` ist monoton, bewahrt also die Reihenfolge ihrer Eingaben, wenn sie in Ausgaben transformiert werden. In der Praxis ist der `softmax`-Schritt also überflüssig, da die Position mit dem höchsten Wert im Ausgabe-Tensor der `softmax`-Funktion gleich der Position im Logit-Tensor ist. Mit anderen Worten: Wir könnten die Funktion `torch.argmax` direkt auf den Logits-Tensor anwenden und erhielten identische Ergebnisse. Ich gebe hier aber den Code für die Umwandlung an, um den vollständigen Ablauf davon zu veranschaulichen, wie Logits in Wahrscheinlichkeiten transformiert werden. Dies kann zusätzliche Intuition hinzufügen, sodass das Modell das wahrscheinlichste nächste Token generiert – bekannt als *gierige Decodierung* (*Greedy Decoding*).

Wenn wir im nächsten Kapitel den GPT-Trainingscode implementieren, verwenden wir zusätzliche Sampling-Techniken, um die `softmax`-Ausgaben so zu modifizieren, dass das Modell nicht immer das wahrscheinlichste Token auswählt. Dadurch gewinnt der Text an Variabilität und Kreativität.

Abbildung 4.18 veranschaulicht diesen Prozess, der jeweils eine Token-ID erzeugt und sie mit der Funktion generate_text_simple an den Kontext anhängt. (Der Prozess der Token-ID-Generierung für jede Iteration ist ausführlich in Abbildung 4.17 dargestellt.) Die Token-IDs erzeugen wir auf iterative Weise. Das Modell erhält zum Beispiel in Iteration 1 die Tokens, die »Hello, I am« entsprechen, sagt das nächste Token voraus (mit ID 257, was ein »a« ist) und hängt es an die Eingabe an. Dieser Vorgang wird wiederholt, bis das Modell nach sechs Iteration den vollständigen Satz »Hello, I am a model ready to help« erzeugt hat.

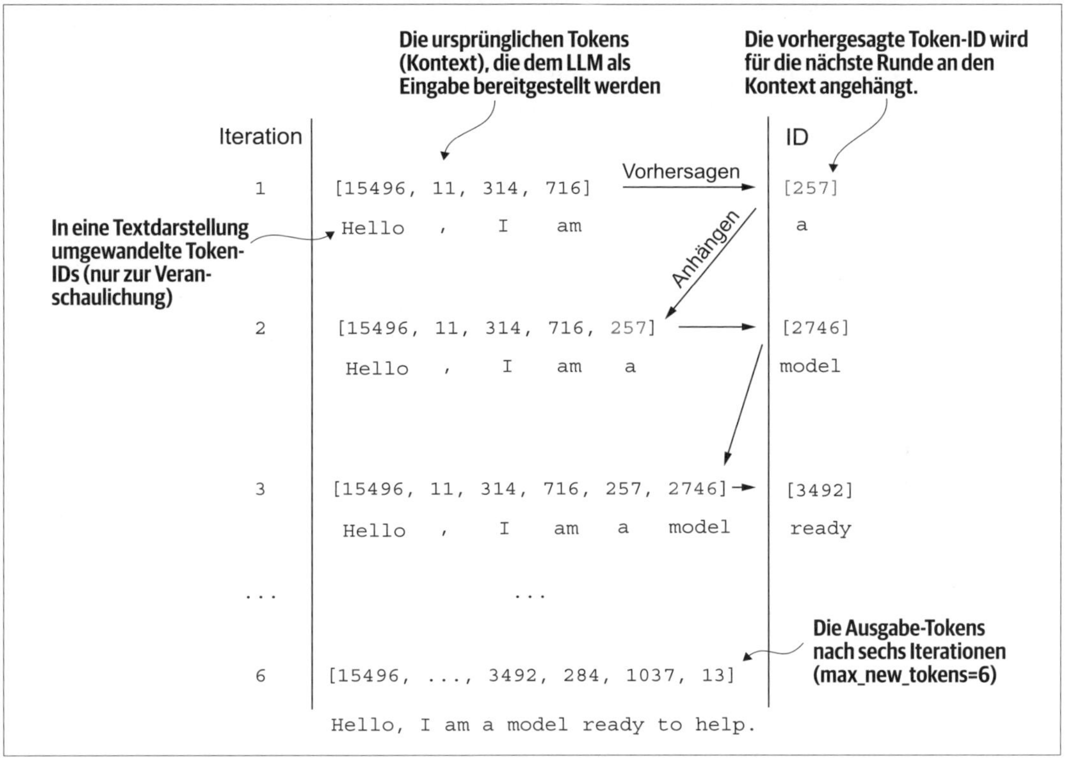

Abb. 4.18 *Die sechs Iterationen eines Token-Vorhersagezyklus: Das Modell übernimmt eine Sequenz von anfänglichen Token-IDs als Eingabe, sagt das nächste Token vorher und hängt dieses Token für die nächste Iteration an die Eingabesequenz an. (Zum besseren Verständnis wurden die Token-IDs auch in ihre jeweilige Textdarstellung übersetzt.)*

Probieren wir nun die Funktion `generate_text_simple` mit dem Kontext `"Hello, I am"` als Modelleingabe aus. Zuerst codieren wir den Eingabekontext in Token-IDs:

```
start_context = "Hello, I am"
encoded = tokenizer.encode(start_context)
print("encoded:", encoded)
encoded_tensor = torch.tensor(encoded).unsqueeze(0)      ❶
print("encoded_tensor.shape:", encoded_tensor.shape)
```

❶ Fügt Batch-Dimension hinzu.

Die codierten IDs lauten:

```
encoded: [15496, 11, 314, 716]
encoded_tensor.shape: torch.Size([1, 4])
```

Als Nächstes versetzen wir das Modell in den Modus `.eval()`. Dadurch werden Zufallskomponenten wie Dropout deaktiviert, die nur während des Trainings verwendet werden, und die Funktion `generate_text_simple` wird auf den codierten Eingabe-Tensor angewendet:

```
model.eval()                          ❶
out = generate_text_simple(
    model=model,
    idx=encoded_tensor,
    max_new_tokens=6,
    context_size=GPT_CONFIG_124M["context_length"]
)
print("Output:", out)
print("Output length:", len(out[0]))
```

❶ Deaktiviert Dropout, da wir das Modell nicht trainieren.

Die resultierenden Ausgabe-Token-IDs lauten:

```
Output: tensor([[15496,    11,   314,   716, 27018, 24086, 47843,
30961, 42348,  7267]])
Output length: 10
```

Mit der Methode `.decode` des Tokenizers können wir die IDs zurück in Text verwandeln:

```
decoded_text = tokenizer.decode(out.squeeze(0).tolist())
print(decoded_text)
```

Die Modellausgabe im Textformat sieht so aus:

```
Hello, I am Featureiman Byeswickattribute argue
```

Wie Sie sehen, hat das Modell Kauderwelsch erzeugt, das dem kohärenten Text `Hello, I am a model ready to help` überhaupt nicht ähnlich sieht. Was ist passiert? Das Modell kann keinen kohärenten Text erzeugen, weil wir es noch nicht trainiert haben. Bislang haben wir nur die GPT-Architektur implementiert und eine GPT-Modellinstanz mit anfänglichen Zufallsgewichten initialisiert. Modelltraining ist ein großes Thema für sich, das wir im nächsten Kapitel behandeln werden.

Übung 4.3: Separate Dropout-Parameter verwenden

Zu Beginn dieses Kapitels haben wir im Dictionary `GPT_CONFIG_124M` eine globale Einstellung `drop_rate` definiert, um die Dropout-Rate an verschiedenen Stellen in der `GPTModel`-Architektur festzulegen. Ändern Sie den Code, um einen separaten Dropout-Wert für die verschiedenen Dropout-Schichten in der gesamten Modellarchitektur anzugeben. (Hinweis: Es gibt drei verschiedene Dropout-Schichten: Embedding-Schicht, Shortcut-Schicht und Multi-Head-Attention-Modul.)

4.8 Zusammenfassung

- Schichtnormalisierung stabilisiert das Training, indem sie sicherstellt, dass die Ausgaben jeder Schicht einheitliche Werte für Mittelwert und Varianz haben.
- Shortcut-Verbindungen überspringen eine oder mehrere Schichten, indem sie die Ausgabe der einen Schicht direkt in eine tiefere Schicht einspeisen. Dadurch lässt sich das Problem der verschwindenden Gradienten beim Training tiefer neuronaler Netze (Deep Neural Networks) wie LLMs abmildern.
- Transformer-Blöcke sind eine zentrale Strukturkomponente von GPT-Modellen. Sie kombinieren maskierte Multi-Head-Attention-Module mit vollständig verbundenen Feedforward-Netzen, die die GELU-Aktivierungsfunktion verwenden.
- GPT-Modelle sind LLMs mit vielen wiederholten Transformer-Blöcken, die Millionen bis Milliarden Parameter haben.
- GPT-Modelle existieren in verschiedenen Größen, zum Beispiel mit 124, 345, 762 und 1.542 Millionen Parametern. Wir können sie mit derselben Python-Klasse `GPTModel` implementieren.
- Die Fähigkeit eines GPT-ähnlichen LLM zur Texterzeugung umfasst das Decodieren der Ausgabe-Tensoren in verständlichen Text, indem sequenziell jeweils ein Token basierend auf einem gegebenen Eingabekontext vorhergesagt wird.
- Ohne Training generiert ein GPT-Modell zusammenhanglosen Text, was die Bedeutung des Modelltrainings für eine kohärente Textgenerierung unterstreicht.

5 Vortraining mit ungelabelten Daten

In diesem Kapitel:

- Trainings- und Validierungsverluste berechnen, um die Qualität des LLM-generierten Texts während des Trainings zu bewerten
- Eine Trainingsfunktion implementieren und das LLM vortrainieren
- Modellgewichte speichern und laden, um ein LLM-Training fortsetzen zu können
- Vortrainierte Gewichte von OpenAI laden

Bisher haben wir die Mechanismen für Daten-Sampling und Attention implementiert und die LLM-Architektur programmiert.

Es ist nun an der Zeit, eine Trainingsfunktion zu implementieren und das LLM vorzutrainieren. Dabei lernen Sie grundlegende Modellbewertungstechniken kennen, um die Qualität des generierten Texts zu messen, was eine Voraussetzung für die Optimierung des LLM während des Trainingsprozesses ist. Darüber hinaus erfahren Sie, wie sich vortrainierte Gewichte laden lassen, um dem LLM einen soliden Ausgangspunkt für das Feintuning zu geben. Abbildung 5.1 zeigt den Gesamtplan und markiert die Themen, um die es in diesem Kapitel geht.

Gewichtsparameter

Im Zusammenhang mit LLMs und anderen Deep-Learning-Modellen sind mit *Gewichten* die trainierbaren Parameter gemeint, die der Lernprozess anpasst. Diese Gewichte sind auch als *Gewichtsparameter* oder einfach als *Parameter* bekannt. In Frameworks wie PyTorch werden diese Gewichte in linearen Schichten gespeichert. Damit haben wir das Multi-Head-Attention-Modul in Kapitel 3 und das `GPTModel` in Kapitel 4 implementiert. Nachdem wir eine Schicht initialisiert haben (`new_layer = torch.nn.Linear(...)`), kön-

→

nen wir auf ihre Gewichte über das Attribut `.weight` zugreifen, d.h. `new_layer.weight`. Außerdem erlaubt PyTorch der Einfachheit halber den direkten Zugriff auf alle trainierbaren Parameter eines Modells, einschließlich der Gewichte und Bias-Werte, und zwar über die Methode `model.parameters()`, die wir später verwenden, wenn wir das Modelltraining implementieren.

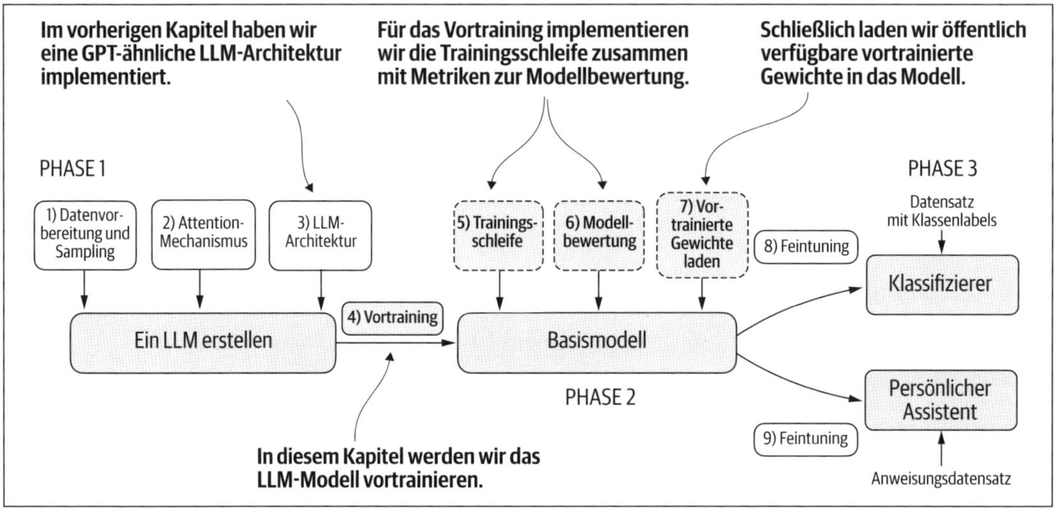

Abb. 5.1 *Die drei Hauptphasen bei der Programmierung eines LLM. Im Mittelpunkt dieses Kapitels steht Phase 2: Vortraining des LLM (Schritt 4), das die Implementierung des Trainingscodes (Schritt 5), die Bewertung der Performance (Schritt 6) sowie das Speichern und Laden der Modellgewichte (Schritt 7) umfasst.*

5.1 Generative Textmodelle bewerten

Nachdem wir kurz die Textgenerierung aus Kapitel 4 wiederholt haben, richten wir unser LLM zur Texterzeugung ein und diskutieren dann die grundlegenden Möglichkeiten, um die Qualität des generierten Texts zu bewerten. Dann berechnen wir die Trainings- und Validierungsverluste. Abbildung 5.2 zeigt die Themen, die dieses Kapitel behandelt, wobei die ersten drei Schritte hervorgehoben sind.

Abb. 5.2 *Überblick über die Themen, die dieses Kapitel behandelt. Zu Beginn wiederholen wir die Textgenerierung (Schritt 1), bevor wir zu den Bewertungstechniken des Basismodells (Schritt 2) sowie den Trainings- und Validierungsverlusten (Schritt 3) kommen.*

5.1.1 Text mithilfe von GPT erzeugen

Wir richten nun das LLM ein und wiederholen kurz den Prozess der Texterzeugung, den wir in Kapitel 4 implementiert haben. Zunächst initialisieren wir das GPT-Modell, das wir später mithilfe der Klasse `GPTModel` und des Dictionary `GPT_CONFIG_124M` (siehe Kapitel 4) bewerten und trainieren:

```
import torch
from chapter04 import GPTModel

GPT_CONFIG_124M = {
    "vocab_size": 50257,
    "context_length": 256,              ❶
    "emb_dim": 768,
    "n_heads": 12,
    "n_layers": 12,
    "drop_rate": 0.1,                   ❷
    "qkv_bias": False
}
torch.manual_seed(123)
model =  GPTModel(GPT_CONFIG_124M)
model.eval()
```

❶ Wir kürzen die Kontextlänge von 1.024 auf 256 Tokens.

❷ Es ist möglich und üblich, Dropout auf 0 zu setzen.

Hinsichtlich des Dictionary `GPT_CONFIG_124M` müssen wir in Bezug auf das vorherige Kapitel lediglich anpassen, dass wir die Kontextlänge (`context_length`) auf 256 Tokens verringert haben. Diese Modifikation senkt die rechentechnischen Ansprüche für das Training des Modells, sodass sich das Training auf einem standardmäßigen Laptop-Computer durchführen lässt.

Ursprünglich wurde das GPT-2-Modell mit 124 Millionen Parametern so konfiguriert, dass es 1.024 Tokens verarbeiten kann. Nach dem Trainingsprozess aktualisieren wir die Einstellung für die Kontextgröße und laden vortrainierte Gewichte, um mit einem Modell zu arbeiten, das für eine Kontextlänge von 1.024 konfiguriert ist.

Unter Verwendung der `GPTModel`-Instanz übernehmen wir die Funktion `generate_text_simple` aus Kapitel 4 und führen zwei neue praktische Funktionen ein: `text_to_token_ids` und `token_ids_to_text`. Diese Funktionen erleichtern es, zwischen Text- und Token-Darstellungen umzuwandeln. Diese Technik verwenden wir das gesamte Kapitel hindurch.

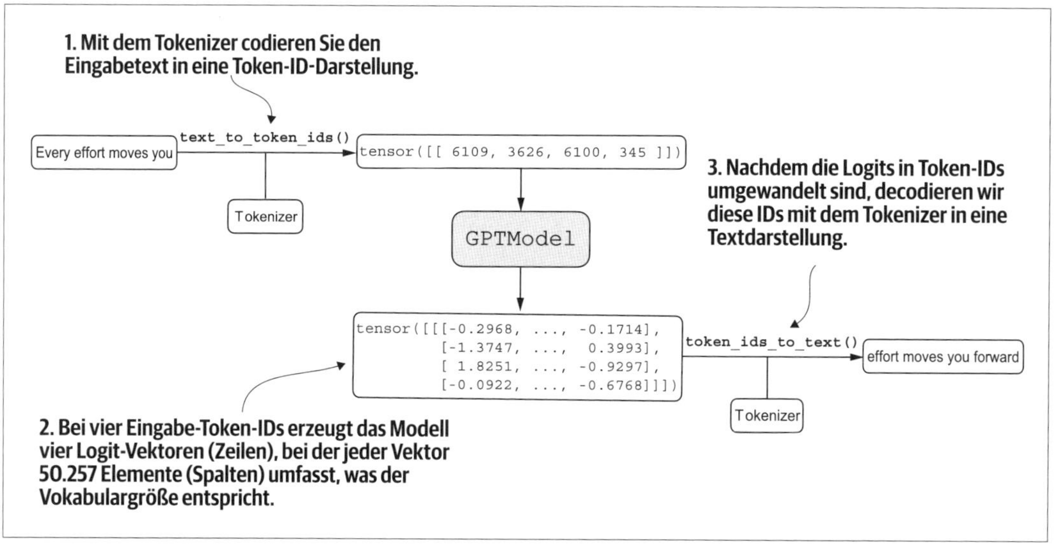

Abb. 5.3 *Beim Generieren von Text ist der Text in Token-IDs zu codieren, die das LLM zu Logit-Vektoren verarbeitet. Die Logit-Vektoren werden dann zurück in Token-IDs konvertiert und schließlich in eine Textdarstellung detokenisiert.*

Abbildung 5.3 veranschaulicht einen Textgenerierungsprozess mithilfe eines GPT-Modells in drei Schritten. Zuerst konvertiert der Tokenizer den Eingabetext in eine Reihe von Token-IDs (siehe Kapitel 2). Als Nächstes empfängt das Modell diese Token-IDs und erzeugt entsprechende Logits. Diese sind Vektoren, die die Wahrscheinlichkeitsverteilung für jedes Token im Vokabular darstellen (siehe Kapitel 4). Schließlich werden diese Logits zurück in Token-IDs konvertiert, die der

Tokenizer in verständlichen Text decodiert. Damit ist der Zyklus von der Texteingabe bis zur Textausgabe abgeschlossen. Den Textgenerierungsprozess können wir, wie in Listing 5.1 gezeigt, implementieren.

Listing 5.1 *Hilfsfunktionen für die Umwandlung von Text in Token-IDs*

```
import tiktoken
from chapter04 import generate_text_simple

def text_to_token_ids(text, tokenizer):
    encoded = tokenizer.encode(text, allowed_special={'<|endoftext|>'})
    encoded_tensor = torch.tensor(encoded).unsqueeze(0)            ❶
    return encoded_tensor

def token_ids_to_text(token_ids, tokenizer):
    flat = token_ids.squeeze(0)                                    ❷
    return tokenizer.decode(flat.tolist())

start_context = "Every effort moves you"
tokenizer = tiktoken.get_encoding("gpt2")

token_ids = generate_text_simple(
    model=model,
    idx=text_to_token_ids(start_context, tokenizer),
    max_new_tokens=10,
    context_size=GPT_CONFIG_124M["context_length"]
)
print("Output text:\n", token_ids_to_text(token_ids, tokenizer))
```

Mit diesem Code erzeugt das Modell den folgenden Text:

```
Output text:
 Every effort moves you rentingetic wasn? refres RexMeCHicular stren
```

❶ ».unsqueeze(0)« fügt die Batch-Dimension hinzu.

❷ Entfernt die Batch-Dimension.

Zweifellos produziert das Modell noch keinen kohärenten Text, weil es noch nicht trainiert wurde. Um zu definieren, was einen Text als »kohärent« oder »von hoher Qualität« auszeichnet, müssen wir eine numerische Methode implementieren, die den generierten Inhalt bewertet. Dieser Ansatz erlaubt es uns, die Performance des Modells zu überwachen und zu erweitern.

Als Nächstes berechnen wir eine *Verlustmetrik* für die generierten Ausgaben. Dieser Verlust dient als Fortschritts- und Erfolgsindikator des Trainings. Darüber hinaus werden wir in den späteren Kapiteln beim Feintuning unseres LLM zusätzliche Methodologien untersuchen, um die Modellqualität zu bewerten.

5.1.2 Den Texterzeugungsverlust berechnen

Jetzt untersuchen wir Techniken, um die Qualität der beim Training generierten Texte numerisch zu bewerten, indem wir einen *Texterzeugungsverlust* berechnen. Dieses Thema arbeiten wir anhand eines praktischen Beispiels Schritt für Schritt durch, um die Konzepte klar und anwendbar zu machen. Los geht es damit, kurz zu wiederholen, wie die Daten geladen werden und wie die Funktion `generate_text_simple` den Text generiert.

Abbildung 5.4 veranschaulicht den Gesamtablauf vom Eingabetext zum LLM-generierten Text in einer Prozedur bestehend aus fünf Schritten. Dieser Prozess der Texterzeugung zeigt die interne Arbeitsweise der Funktion generate_text_simple. Zunächst sind die gleichen anfänglichen Schritte auszuführen, bevor wir später in diesem Abschnitt einen Verlust berechnen können, der die Qualität des erzeugten Texts misst.

Der Textgenerierungsprozess in Abbildung 5.4 wird mit einem kleinen Vokabular von sieben Tokens skizziert, damit dieses Bild auf eine Seite passt. Unser `GPTModel` arbeitet jedoch mit einem viel größeren Vokabular, das aus 50.257 Wörtern besteht. Daher läuft der Bereich der Token-IDs im folgenden Code von 0 bis 50.256 und nicht nur von 0 bis 6.

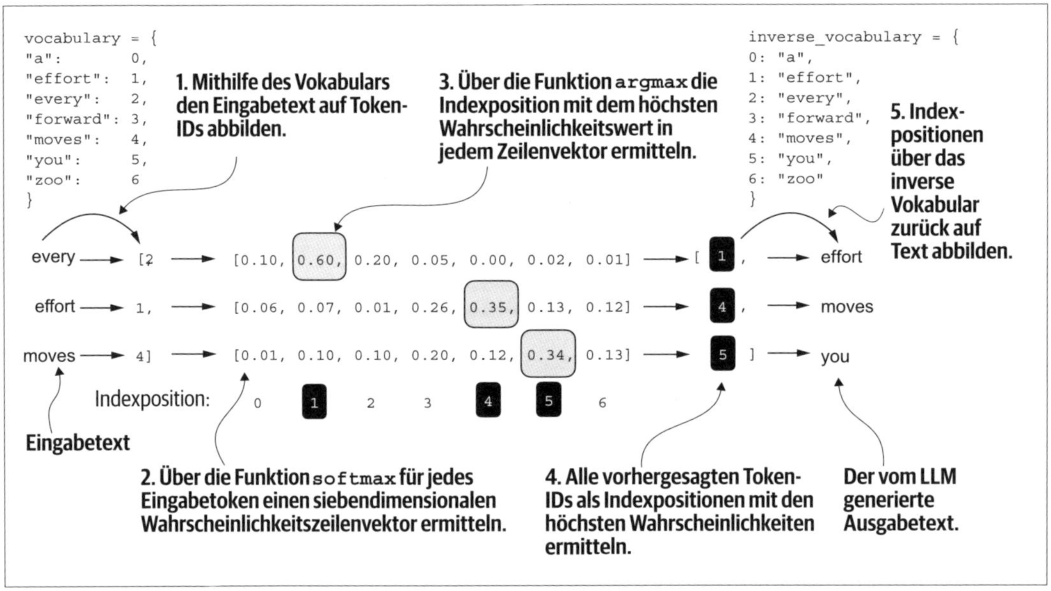

Abb. 5.4 *Für jedes der drei Eingabetokens (links dargestellt) berechnen wir einen Vektor mit Wahrscheinlichkeitswerten, die jedem Token im Vokabular entsprechen. Die Indexposition des höchsten Wahrscheinlichkeitswerts in jedem Vektor stellt die wahrscheinlichste nächste Token-ID dar. Diese Token-IDs mit den höchsten Wahrscheinlichkeitswerten werden ausgewählt und auf einen Text abgebildet, der den vom Modell generierten Text darstellt.*

Außerdem zeigt Abbildung 5.4 der Einfachheit halber nur ein einzelnes Textbeispiel (`"every effort moves"`). Im folgenden praktischen Codebeispiel, das die in der Abbildung gezeigten Schritte implementiert, arbeiten wir mit zwei Eingabebeispielen für das GPT-Modell (`"every effort moves"` und `"I really like"`).

Sehen Sie sich diese beiden Eingabebeispiele an, die bereits auf Token-IDs abgebildet sind (siehe Abbildung 5.4, Schritt 1):

```
inputs = torch.tensor([[16833, 3626, 6100],   # ["every effort moves",
                       [40,    1107, 588]])   #  "I really like"]
```

Passend zu diesen Eingaben enthalten die Ziele (`targets`) die Token-IDs, die das Modell erzeugen soll:

```
targets = torch.tensor([[3626, 6100, 345  ],  # [" effort moves you",
                        [1107, 588, 11311]])
                                              #  " really like chocolate"]
```

Beachten Sie, dass die Ziele die um eine Position nach vorn verschobenen Eingaben sind. Dieses Konzept hat Kapitel 2 bei der Implementierung des DataLoader beschrieben. Die Verschiebungsstrategie ist entscheidend, um dem Modell beizubringen, das nächste Token in einer Sequenz vorherzusagen.

Nun speisen wir die Eingaben in das Modell ein, um Logits-Vektoren für die beiden Eingabebeispiele zu berechnen, die jeweils drei Tokens umfassen. Dann wenden wir die `softmax`-Funktion an, um diese Logits in Wahrscheinlichkeitswerte (`probas`) zu transformieren (siehe Abbildung 5.4, Schritt 2):

```
with torch.no_grad():                        ❶
    logits = model(inputs)
probas = torch.softmax(logits, dim=-1)       ❷
print(probas.shape)
```

❶ Deaktiviert die Gradientenverfolgung, da wir noch nicht trainieren.

❷ Wahrscheinlichkeit jedes Tokens im Vokabular.

Die resultierende Tensor-Dimension des Tensors mit den Wahrscheinlichkeitswerten (`probas`) lautet:

```
torch.Size([2, 3, 50257])
```

Die erste Zahl, 2, steht für die beiden Beispiele (Zeilen) in den Eingaben, auch als Batch-Größe bekannt. Die zweite Zahl, 3, entspricht der Anzahl der Tokens in jeder Eingabe (Zeile). Schließlich gibt die letzte Zahl die Embedding-Dimensionalität an, die sich aus der Größe des Vokabulars ergibt. Im Anschluss an die Umwandlung von Logits in Wahrscheinlichkeiten über die Funktion `softmax` konvertiert die Funktion `generate_text_simple` die resultierenden Wahrscheinlichkeitswerte zurück in Text (siehe Abbildung 5.4, Schritte 3 bis 5).

Wir können die Schritte 3 und 4 fertigstellen, indem wir die Funktion `argmax` auf die Wahrscheinlichkeitswerte anwenden, um die entsprechenden Token-IDs zu erhalten:

```
token_ids = torch.argmax(probas,  dim=-1, keepdim=True)
print("Token IDs:\n", token_ids)
```

Unter der Annahme, dass wir zwei Eingabe-Batches haben, die jeweils drei Tokens enthalten, liefert die Anwendung der Funktion `argmax` auf die Wahrscheinlichkeitswerte (siehe Abbildung 5.4, Schritt 3) zwei Sätze von Ausgaben, jeder mit drei vorhergesagten Token-IDs:

```
Token IDs:
 tensor([[[16657],         ❶
          [  339],
          [42826]],
         [[49906],         ❷
          [29669],
          [41751]]])
```

❶ Erster Stapel.

❷ Zweiter Stapel.

Schließlich konvertiert Schritt 5 die Token-IDs zurück in Text:

```
print(f"Targets batch 1: {token_ids_to_text(targets[0], tokenizer)}")
print(f"Outputs batch 1:"
      f" {token_ids_to_text(token_ids[0].flatten(), tokenizer)}")
```

Wenn wir die Tokens decodieren, stellen wir fest, dass sich diese Ausgabetokens ziemlich stark von den Zieltokens unterscheiden, die das Modell generieren soll:

```
Targets batch 1:  effort moves you
Outputs batch 1:  Armed heNetflix
```

Das Modell erzeugt zufälligen Text, der sich vom Zieltext unterscheidet, weil es noch nicht trainiert wurde. Wir wollen nun die Performance des vom Modell generierten Texts numerisch über einen Verlust bewerten (siehe Abbildung 5.5). Dies ist nicht nur nützlich, um die Qualität des erzeugten Texts zu messen, sondern dient auch als Baustein für die Implementierung der Trainingsfunktion, mit deren Hilfe wir die Gewichte des Modells aktualisieren wollen, um den erzeugten Text zu verbessern.

Wie Abbildung 5.5 zeigt, wird im Textbewertungsprozess, den wir implementieren, unter anderem gemessen, »wie weit« die generierten Tokens von den korrekten Vorhersagen (Zielen) entfernt sind. Die Trainingsfunktion, die wir später implementieren, nutzt diese Informationen, um die Modellgewichte so anzupassen, dass ein Text entsteht, der dem Zieltext ähnlicher ist (oder im Idealfall mit ihm übereinstimmt).

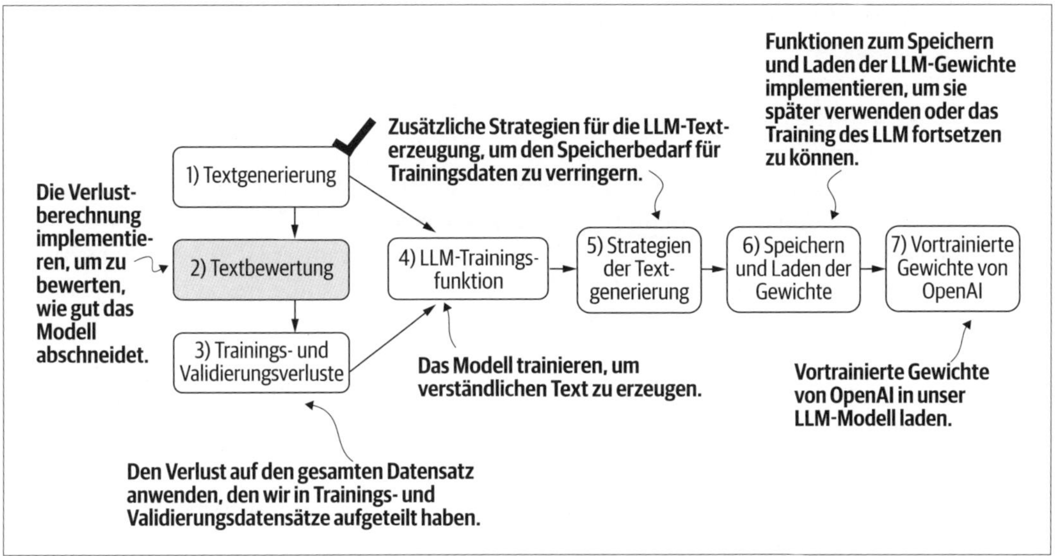

Abb. 5.5 *Ein Überblick über die Themen in diesem Kapitel. Schritt 1 haben wir abgeschlossen. Wir sind nun bereit, die Funktion zur Textbewertung zu implementieren (Schritt 2).*

Das Modelltraining soll die `softmax`-Wahrscheinlichkeit an den Indexpositionen erhöhen, die den korrekten Zieltoken-IDs entsprechen, wie Abbildung 5.6 veranschaulicht.

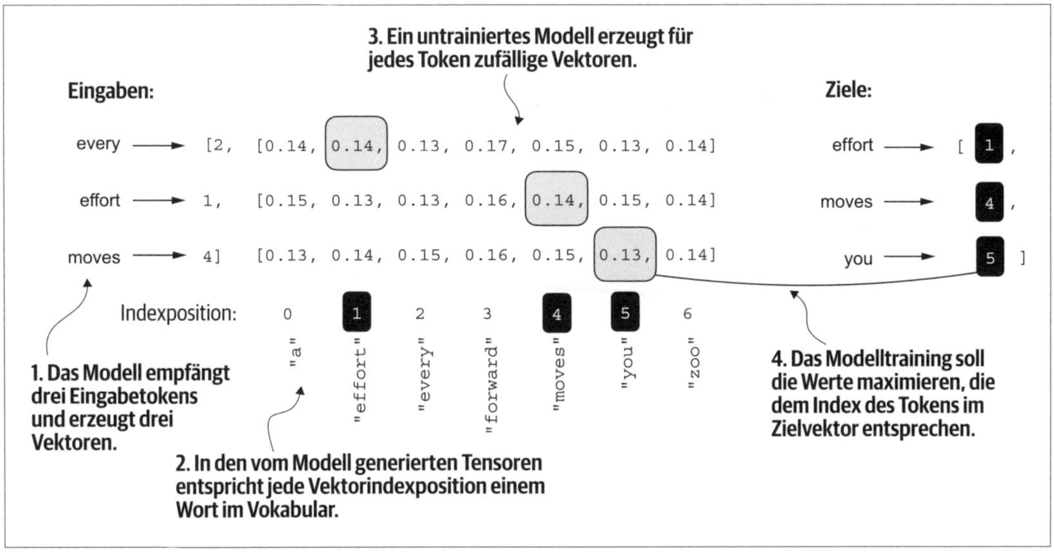

Abb. 5.6 *Vor dem Training erzeugt das Modell zufällige Wahrscheinlichkeitsvektoren für das nächste Token. Das Modelltraining soll sicherstellen, dass die Wahrscheinlichkeitswerte maximiert werden, die den hervorgehobenen Zieltoken-IDs entsprechen.*

Diese softmax-Wahrscheinlichkeit wird auch in der Bewertungsmetrik verwendet, die wir als Nächstes implementieren, um die vom Modell generierten Ausgaben numerisch zu bewerten: je höher die Wahrscheinlichkeit an den korrekten Positionen, desto besser.

Denken Sie daran, dass Abbildung 5.6 die softmax-Wahrscheinlichkeiten für ein kompaktes Vokabular mit sieben Tokens zeigt, damit alles in eine einzelne Abbildung passt. Deshalb liegen die Startwerte für den Zufallsgenerator bei rund 1/7, d.h. ungefähr 0,14. Das Vokabular, das wir für unser GPT-2-Modell verwenden, besteht jedoch aus 50.257 Tokens, sodass sich die meisten Anfangswahrscheinlichkeiten um 0,00002 (1/50.257) bewegen werden.

Für jeden der beiden Eingabetexte können wir mit dem folgenden Code die anfänglichen softmax-Wahrscheinlichkeitswerte ausgeben, die den Zieltokens entsprechen:

```
text_idx = 0
target_probas_1 = probas[text_idx, [0, 1, 2], targets[text_idx]]
print("Text 1:", target_probas_1)

text_idx = 1
target_probas_2 = probas[text_idx, [0, 1, 2], targets[text_idx]]
print("Text 2:", target_probas_2)
```

Die Wahrscheinlichkeiten der drei Zieltoken-IDs für jeden Stapel lauten:

```
Text 1:  tensor([7.4541e-05, 3.1061e-05, 1.1563e-05])
Text 2:  tensor([1.0337e-05, 5.6776e-05, 4.7559e-06])
```

Das Training eines LLM soll die Wahrscheinlichkeit des korrekten Tokens maximieren. Das heißt, seine Wahrscheinlichkeit wird relativ zu anderen Tokens erhöht. Auf diese Weise stellen wir sicher, dass das LLM konsequent das Zieltoken – praktisch das nächste Wort im Satz – als nächstes zu erzeugendes Token auswählt.

Backpropagation

Wie maximieren wir die softmax-Wahrscheinlichkeitswerte, die den Zieltokens entsprechen? Prinzipiell aktualisieren wir die Modellgewichte, damit das Modell höhere Werte für die jeweiligen Token-IDs ausgibt, die wir generieren wollen. Die Gewichtsaktualisierung erfolgt über einen als *Backpropagation* (Fehlerrückführung) bezeichneten Prozess, eine Standardtechnik für das Training von Deep Neural Networks (siehe Abschnitte A.3 bis A.7 in Anhang A für weitere Details über Backpropagation und Modelltraining).

Backpropagation erfordert eine Verlustfunktion, die die Differenz zwischen der vom Modell vorhergesagten Ausgabe (hier den Wahrscheinlichkeiten, die den Zieltoken-IDs entsprechen) und der tatsächlich gewünschten Ausgabe berechnet. Diese Verlustfunktion misst, wie weit die Vorhersagen des Modells von den Zielwerten entfernt liegen.

Als Nächstes berechnen wir den Verlust für die Wahrscheinlichkeitswerte der beiden Beispielstapel `target_probas_1` und `target_probas_2`.

Abbildung 5.7 veranschaulicht die Hauptschritte. Da wir bereits die Schritte 1 bis 3 angewendet haben, um target_probas_1 und target_ probas_2 zu ermitteln, fahren wir mit Schritt 4 fort und wenden den Logarithmus auf die Wahrscheinlichkeitswerte an:

```
log_probas = torch.log(torch.cat((target_probas_1, target_probas_2)))
print(log_probas)
```

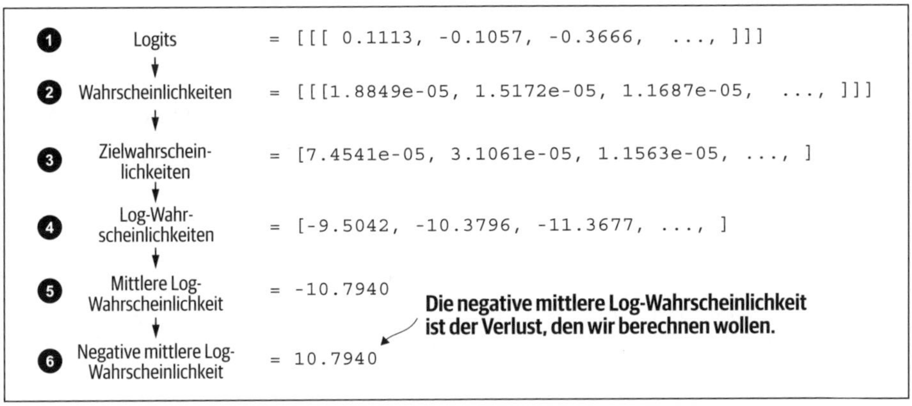

Abb. 5.7 *Die Berechnung des Verlusts umfasst mehrere Schritte. Die bereits absolvierten Schritte 1 bis 3 berechnen die Token-Wahrscheinlichkeiten, die den Ziel-Tensoren entsprechen. Diese Wahrscheinlichkeiten werden dann in den Schritten 4 bis 6 über einen Logarithmus transformiert und gemittelt.*

Es ergeben sich die folgenden Werte:

```
tensor([ -9.5042, -10.3796, -11.3677, -11.4798,  -9.7764,
-12.2561])
```

Die logarithmierten Wahrscheinlichkeitswerte lassen sich bei der mathematischen Optimierung einfacher handhaben, als wenn man direkt mit den Werten arbeiten würde. Dieses Thema geht zwar über den Rahmen dieses Buchs hinaus, aber ich habe es in einem weiterführenden Referat näher erläutert, das Sie in Anhang B finden. Als Nächstes fassen wir diese logarithmierten Wahrscheinlichkeiten in einem einzigen Wert zusammen, und zwar im Mittelwert (Schritt 5 in Abbildung 5.7):

```
avg_log_probas = torch.mean(log_probas)
print(avg_log_probas)
```

Der resultierende mittlere Log-Wahrscheinlichkeitswert ist:

```
tensor(-10.7940)
```

Ziel ist es, die mittlere Log-Wahrscheinlichkeit möglichst nahe an 0 zu bringen, indem die Gewichte des Modells im Rahmen des Trainingsprozesses aktualisiert werden. Allerdings ist es gängige Praxis im Deep Learning, nicht die mittlere Log-Wahrscheinlichkeit auf 0 anzuheben, sondern vielmehr die negative mittlere Log-Wahrscheinlichkeit auf 0 zu senken. Die negative mittlere Log-Wahrscheinlichkeit ist einfach die mittlere Log-Wahrscheinlichkeit multipliziert mit –1, was Schritt 6 in Abbildung 5.7 entspricht:

```
neg_avg_log_probas = avg_log_probas * -1
print(neg_avg_log_probas)
```

Dieser Code gibt `tensor(10.7940)` aus. Im Deep Learning spricht man von *Kreuzentropieverlust*, wenn man diesen negativen Wert –10,7940 in 10,7940 umwandelt. PyTorch kommt uns hier entgegen, da es bereits über eine eingebaute Funktion `cross_entropy` verfügt, die alle diese Schritte von Abbildung 5.7 für uns übernimmt.

Kreuzentropieverlust

Im Kern ist der Kreuzentropieverlust ein beliebtes Maß im Machine Learning und im Deep Learning, das die Differenz zwischen zwei Wahrscheinlichkeitsverteilungen angibt – in der Regel zwischen der wahren Verteilung von Labels (hier Tokens in einem Datensatz) und der von einem Modell vorhergesagten Verteilung (zum Beispiel den von einem LLM generierten Token-Wahrscheinlichkeiten).

Im Zusammenhang mit Machine Learning und insbesondere in Frameworks wie PyTorch berechnet die Funktion `cross_entropy` dieses Maß für diskrete Ergebnisse, das der negativen mittleren Log-Wahrscheinlichkeit der Zieltokens angesichts der vom Modell generierten Token-Wahrscheinlichkeiten ähnelt. Daher sind Begriffe wie *Kreuzentropie* und *negative mittlere Log-Wahrscheinlichkeit* miteinander verwandt und werden in der Praxis oft austauschbar verwendet.

Bevor wir die Funktion `cross_entropy` anwenden, sehen wir uns noch einmal die Form der Logits- und Ziel-Tensoren an:

```
print("Logits shape:", logits.shape)
print("Targets shape:", targets.shape)
```

Die resultierenden Formen sind:

```
Logits shape: torch.Size([2, 3, 50257])
Targets  shape: torch.Size([2, 3])
```

Wie die Ausgaben zeigen, hat der `logits`-Tensor drei Dimensionen: Stapelgröße, Anzahl der Tokens und Vokabulargröße. Beim `targets`-Tensor sind es zwei Dimensionen: Stapelgröße und Anzahl der Tokens.

Für die Funktion `cross_entropy` in PyTorch wollen wir diese Tensoren abflachen, indem wir sie über die Stapeldimension kombinieren:

```
logits_flat = logits.flatten(0, 1)
targets_flat = targets.flatten()
print("Flattened logits:", logits_flat.shape)
print("Flattened targets:", targets_flat.shape)
```

Die resultierenden Tensor-Dimensionen sehen so aus:

```
Flattened logits: torch.Size([6, 50257])
Flattened targets: torch.Size([6])
```

Denken Sie daran, dass `targets` die Token-IDs enthält, die das LLM generieren soll, und in `logits` die nicht skalierten Ausgaben des Modells stehen, bevor sie an die `softmax`-Funktion übergeben werden, um die Wahrscheinlichkeitswerte zu ermitteln.

Bisher haben wir die `softmax`-Funktion angewendet, die Wahrscheinlichkeitswerte entsprechend den Ziel-IDs ausgewählt und die negativen mittleren Log-Wahrscheinlichkeiten berechnet. Die PyTorch-Funktion `cross_entropy` übernimmt alle diese Schritte für uns:

```
loss = torch.nn.functional.cross_entropy(logits_flat, targets_flat)
print(loss)
```

Der resultierende Verlust ist der gleiche, den wir zuvor erhalten haben, wenn wir die einzelnen Schritte gemäß Abbildung 5.7 manuell ausführen:

```
tensor(10.7940)
```

Perplexität

Die *Perplexität* (*Perplexity*) ist ein Maß, das oftmals neben dem Kreuzentropieverlust verwendet wird, um die Performance von Modellen bei Aufgaben wie der Sprachmodellierung zu bewerten. So kann die Unsicherheit eines Modells bei der Vorhersage des nächsten Tokens in einer Sequenz besser verstanden werden.

Perplexität misst, wie gut die vom Modell vorhergesagte Wahrscheinlichkeitsverteilung mit der tatsächlichen Verteilung der Wörter im Datensatz übereinstimmt. Ähnlich wie beim Verlust zeigt eine geringere Perplexität an, dass die Modellvorhersagen näher an der tatsächlichen Verteilung liegen.

Berechnen lässt sich die Perplexität als `perplexity = torch.exp(loss)`. Das Ergebnis ist `tensor(48725.8203)`, wenn man diese Funktion mit dem zuvor berechneten Verlust (`loss`) aufruft.

Oftmals wird Perplexität als besser interpretierbar angesehen als der rohe Verlustwert, da sie die effektive Größe des Vokabulars angibt, über die das Modell bei jedem Schritt

→

unsicher ist. Im gegebenen Beispiel würde dies bedeuten, dass das Modell unsicher darüber ist, welches der 48.725 Tokens im Vokabular es als nächstes Token generieren soll.

Wir haben nun zur Veranschaulichung den Verlust für zwei kleine Texteingaben berechnet. Als Nächstes wenden wir die Verlustberechnung auf die gesamten Trainings- und Validierungsdatensätze an.

5.1.3 Die Verluste der Trainings- und Validierungsdatensätze berechnen

Die Trainings- und Validierungsdatensätze, die wir für das Training des LLM verwenden wollen, müssen wir zunächst vorbereiten. Wie Abbildung 5.8 zeigt, berechnen wir dann die Kreuzentropie für die Trainings- und Validierungsdatensätze, was eine wichtige Komponente im Prozess des Modelltrainings ist.

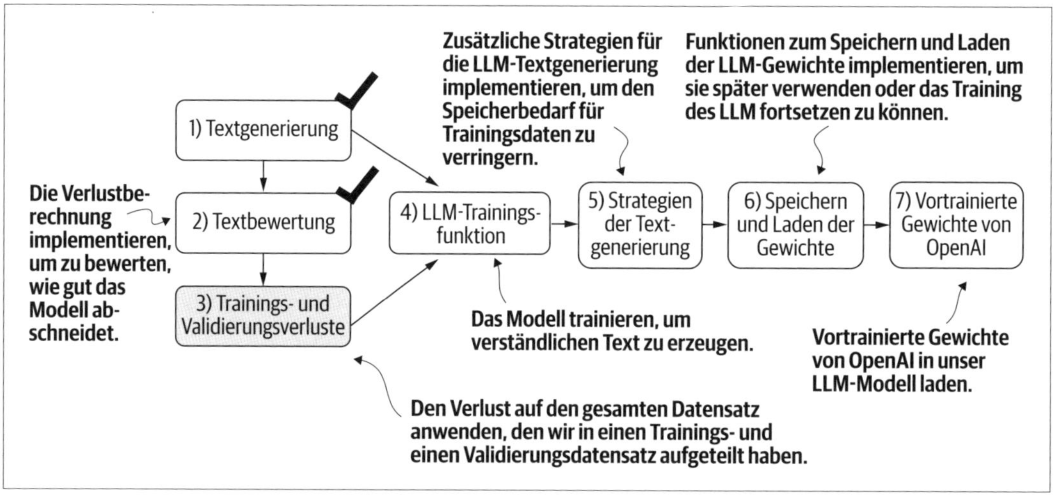

Abb. 5.8 *Nachdem wir die Schritte 1 und 2 abgeschlossen und auch den Kreuzentropieverlust berechnet haben, können wir diese Verlustberechnung nun auf den gesamten Textdatensatz anwenden, den wir für das Modelltraining verwenden werden.*

Um den Verlust der Trainings- und Validierungsdatensätze zu berechnen, nutzen wir einen sehr kleinen Textdatensatz, die Kurzgeschichte »The Verdict« von Edith Wharton, mit der wir bereits in Kapitel 2 gearbeitet haben. Indem wir einen Text aus der Public Domain auswählen, umgehen wir jegliche Bedenken bezüglich der Nutzungsrechte. Und da wir einen so kleinen Datensatz verwenden, ist es möglich, die Codebeispiele auf einem Standard-Laptop auch ohne High-End-GPU in wenigen Minuten auszuführen, was besonders für Lernzwecke vorteilhaft ist.

Hinweis

Interessierte Leserinnen und Leser können auch den Ergänzungscode für dieses Buch nutzen, um einen wesentlich größeren Datensatz mit mehr als 60.000 Public-Domain-Büchern aus dem Projekt Gutenberg vorzubereiten und ein LLM darauf zu trainieren (siehe Anhang D für Details).

Die Kosten für das Vortraining von LLMs

Um den Umfang unseres Projekts zu verdeutlichen, betrachten wir das Training des Llama-2-Modells mit sieben Milliarden Parametern, eines relativ populären, frei verfügbaren LLM. Bei diesem Modell hat es 184.320 GPU-Stunden auf teuren A100-GPUs gedauert, zwei Billionen Tokens zu verarbeiten. Zum Entstehungszeitpunkt dieses Buchs hat die Nutzung eines 8×A100-Cloudservers auf AWS etwa 30 US-Dollar pro Stunde gekostet. Nach einer groben Schätzung belaufen sich die Gesamtkosten für das Training eines derartigen LLM auf etwa 690.000 US-Dollar (berechnet mit 184.320 Stunden geteilt durch 8 und multipliziert mit 30 US-Dollar).

Der folgende Code lädt die Kurzgeschichte »The Verdict«:

```
file_path = "the-verdict.txt"
with open(file_path, "r", encoding="utf-8") as file:
    text_data = file.read()
```

Nachdem der Datensatz geladen ist, können wir die Anzahl der Zeichen und Tokens im Datensatz überprüfen:

```
total_characters = len(text_data)
total_tokens = len(tokenizer.encode(text_data))
print("Characters:", total_characters)
print("Tokens:", total_tokens)
```

Die Ausgabe lautet:

```
Characters: 20479
Tokens: 5145
```

Mit nur 5.145 Tokens scheint der Text zu klein zu sein, um ein LLM zu trainieren. Doch wie hier bereits erwähnt, ist dieses Beispiel für Lernzwecke gedacht, damit sich der Code in Minuten statt Wochen ausführen lässt. Zudem werden wir später vortrainierte Gewichte von OpenAI in unseren `GPTModel`-Code laden.

Als Nächstes teilen wir den Datensatz in einen Trainings- und einen Validierungsdatensatz und verwenden die DataLoader aus Kapitel 2, um die Stapel für das LLM-Training vorzubereiten. Abbildung 5.9 veranschaulicht diesen Prozess. Aufgrund der räumlichen Begrenzungen verwenden wir `max_length=6`. Allerdings setzen wir für die eigentlichen DataLoader die Einstellung `max_length` gleich der 256-Token-Kontextlänge, die das LLM unterstützt, damit das LLM während des Trainings längere Texte sieht.

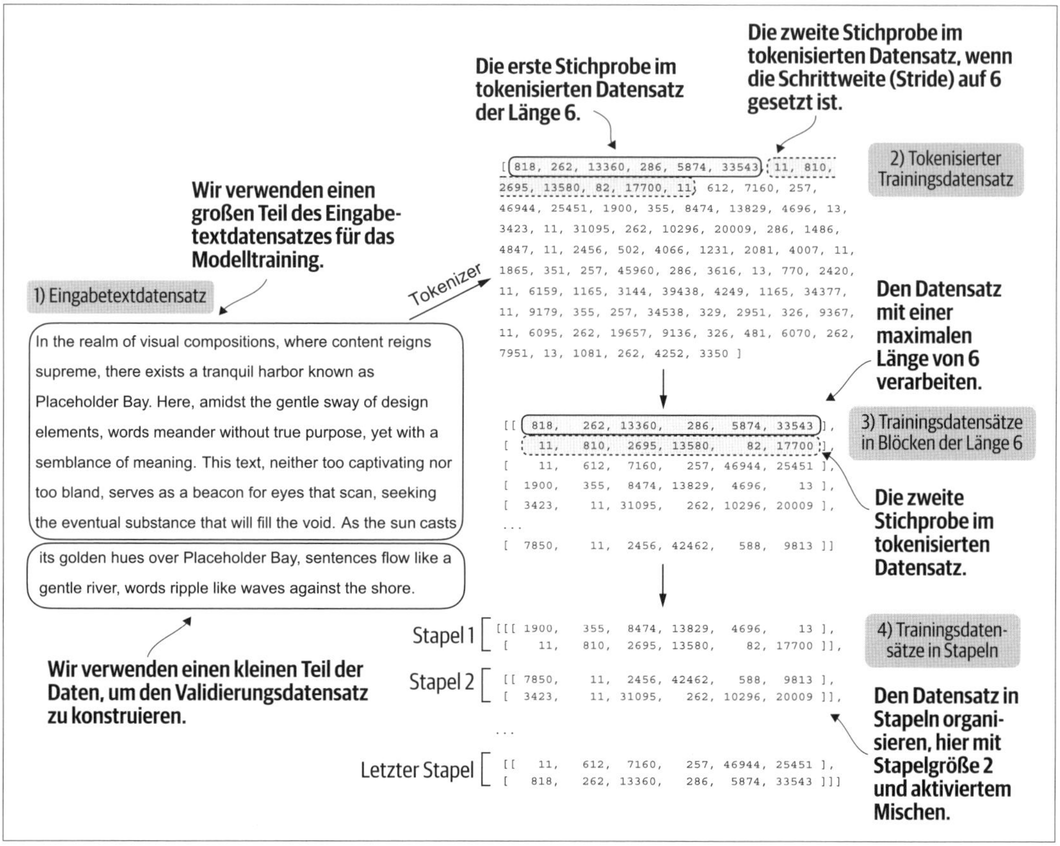

Abb. 5.9 *Bei der Vorbereitung der DataLoader teilen wir den Eingabetext in einen Trainings- und einen Validierungsdatensatz. Dann tokenisieren wir den Text (der Einfachheit halber nur für den Trainingsdatensatz dargestellt) und teilen den tokenisierten Text in Blöcke einer vom Benutzer festgelegten Länge (hier 6). Schließlich mischen wir die Zeilen und organisieren die Textblöcke in Stapeln (hier mit Stapelgröße 2), die wir für das Modelltraining verwenden können.*

Hinweis

Das Modell trainieren wir mit Trainingsdaten, die der Einfachheit und Effizienz halber in ähnlich großen Blöcken präsentiert werden. In der Praxis kann es jedoch auch von Vorteil sein, ein LLM mit Eingaben variierender Länge zu trainieren, damit das LLM verschiedene Eingabetypen besser verallgemeinern kann, wenn es später verwendet wird.

Um das Teilen und Laden der Daten zu implementieren, definieren wir zuerst mit train_ratio, dass wir 90% der Daten für das Training und die restlichen 10% als Validierungsdaten für die Modellbewertung während des Trainings verwenden:

```
train_ratio = 0.90
split_idx = int(train_ratio * len(text_data))
train_data = text_data[:split_idx]
val_data = text_data[split_idx:]
```

Mit den Teildatensätzen train_data und val_data können wir nun den jeweiligen DataLoader erstellen und dabei den Code von create_dataloader_v1 aus Kapitel 2 wiederverwenden:

```
from chapter02 import create_dataloader_v1
torch.manual_seed(123)

train_loader = create_dataloader_v1(
    train_data,
    batch_size=2,
    max_length=GPT_CONFIG_124M["context_length"],
    stride=GPT_CONFIG_124M["context_length"],
    drop_last=True,
    shuffle=True,
    num_workers=0
)
val_loader = create_dataloader_v1(
    val_data,
    batch_size=2,
    max_length=GPT_CONFIG_124M["context_length"],
    stride=GPT_CONFIG_124M["context_length"],
    drop_last=False,
    shuffle=False,
    num_workers=0
)
```

Wir nutzen eine relativ kleine Stapelgröße, um den rechentechnischen Ressourcenbedarf zu verringern, da wir mit einem sehr kleinen Datensatz arbeiten. In der Praxis ist das Training von LLMs mit Stapelgrößen von 1.024 oder mehr durchaus üblich.

Als optionale Überprüfung können wir über die DataLoader iterieren, um sicherzustellen, dass sie korrekt erstellt wurden:

```
print("Train loader:")
for x, y in train_loader:
    print(x.shape, y.shape)

print("\nValidation loader:")
```

```
for x, y in val_loader:
    print(x.shape, y.shape)
```

Die Ausgaben sollten so aussehen:

```
Train loader:
torch.Size([2, 256]) torch.Size([2, 256])
torch.Size([2, 256]) torch.Size([2, 256])
torch.Size([2, 256]) torch.Size([2, 256])
torch.Size([2, 256]) torch.Size([2, 256])
torch.Size([2, 256]) torch.Size([2, 256])
torch.Size([2, 256]) torch.Size([2, 256])
torch.Size([2, 256]) torch.Size([2, 256])
torch.Size([2, 256]) torch.Size([2, 256])
torch.Size([2, 256]) torch.Size([2, 256])
Validation loader:
torch.Size([2, 256]) torch.Size([2, 256])
```

Basierend auf der obigen Codeausgabe haben wir neun Stapel von Trainingsdatensätzen mit jeweils zwei Stichproben und 256 Tokens. Da wir nur 10 % der Daten für die Validierung vorgesehen haben, gibt es nur einen Validierungsstapel, der aus zwei Eingabebeispielen besteht. Wie erwartet, haben die Eingabedaten (`x`) und die Zieldaten (`y`) die gleiche Form (Stapelgröße mal Anzahl der Tokens in jedem Stapel), da die Ziele und die Eingaben um eine Position verschoben sind, wie Kapitel 2 erläutert hat.

Als Nächstes implementieren wir eine Hilfsfunktion, um den Kreuzentropieverlust eines bestimmten Stapels zu berechnen, der über den Trainings- und Validierungs-Loader zurückgegeben wird:

```
def calc_loss_batch(input_batch,  target_batch, model, device):
    input_batch = input_batch.to(device)             ❶
    target_batch = target_batch.to(device)
    logits = model(input_batch)
    loss = torch.nn.functional.cross_entropy(
        logits.flatten(0, 1), target_batch.flatten()
    )
    return loss
```

❶ Der Transfer an ein bestimmtes Gerät erlaubt es uns, die Daten auf eine GPU zu transferieren.

Mit der Hilfsfunktion `calc_loss_batch`, die den Verlust für einen einzelnen Stapel berechnet, können wir nun die in Listing 5.2 angegebene Loader-Funktion `calc_loss_loader` implementieren, die den Verlust über alle Stapel berechnet, die von einem bestimmten Loader als Stichprobe gezogen wurden.

Listing 5.2 *Funktion, um den Trainings- und Validierungsverlust zu berechnen*

```
def calc_loss_loader(data_loader, model, device, num_batches=None):
    total_loss = 0.
    if len(data_loader) == 0:
        return float("nan")
    elif num_batches is None:
        num_batches = len(data_loader)                                  ❶
    else:
        num_batches = min(num_batches, len(data_loader))                ❷
    for i, (input_batch, target_batch) in enumerate(data_loader):
        if i < num_batches:
            loss = calc_loss_batch(
                input_batch, target_batch, model, device
            )
            total_loss += loss.item()                                   ❸
        else:
            break
    return total_loss / num_batches                                     ❹
```

❶ Iteriert über alle Stapel, wenn »num_batches« nicht festgelegt ist.

❷ Verringert die Anzahl der Stapel entsprechend der Gesamtanzahl von Stapeln im DataLoader, wenn »num_batches« die Anzahl der Stapel im DataLoader überschreitet.

❸ Summiert den Verlust für jeden Stapel.

❹ Bildet den Mittelwert des Verlusts über alle Stapel.

Standardmäßig iteriert die Funktion `calc_loss_loader` über alle Stapel in einem bestimmten DataLoader, akkumuliert den Verlust in der Variablen `total_loss` und berechnet dann den Gesamtverlust über alle Stapel sowie den Mittelwert hiervon. Alternativ können wir über `num_batches` eine kleinere Anzahl von Stapeln festlegen, um die Bewertung während des Modelltrainings zu beschleunigen.

Die Funktion `calc_loss_loader` wenden wir nun auf die Loader der Trainings- und Validierungsdatensätze an:

```
device = torch.device("cuda" if torch.cuda.is_available() else "cpu")
model.to(device)                                                        ❶
with torch.no_grad():                                                   ❷
    train_loss = calc_loss_loader(train_loader, model, device)          ❸
    val_loss = calc_loss_loader(val_loader, model, device)
print("Training loss:", train_loss)
print("Validation loss:", val_loss)
```

❶ Bei einem Computer, auf dem eine GPU mit CUDA-Unterstützung läuft, wird das LLM auf der GPU trainiert, ohne dass irgendwelche Änderungen am Code erforderlich sind.

❷ Deaktiviert die Gradientenverfolgung aus Effizienzgründen, da wir noch nicht trainieren.

❸ Über die Einstellung »device« lässt sich sicherstellen, dass die Daten auf dasselbe Gerät wie das LLM-Modell geladen werden.

Es ergeben sich folgende Verlustwerte:

```
Training loss: 10.98758347829183
Validation loss: 10.98110580444336
```

Die Verlustwerte liegen relativ hoch, da das Modell noch nicht trainiert wurde. Zum Vergleich: Wenn das Modell lernt, die nächsten Tokens so zu generieren, wie sie in den Trainings- und Validierungsdatensätzen erscheinen, nähert sich der Verlust an 0 an.

Da wir nun eine Möglichkeit haben, die Qualität des generierten Texts zu messen, trainieren wir das LLM, um diesen Verlust zu verringern, sodass es beim Generieren von Text besser wird, wie Abbildung 5.10 veranschaulicht.

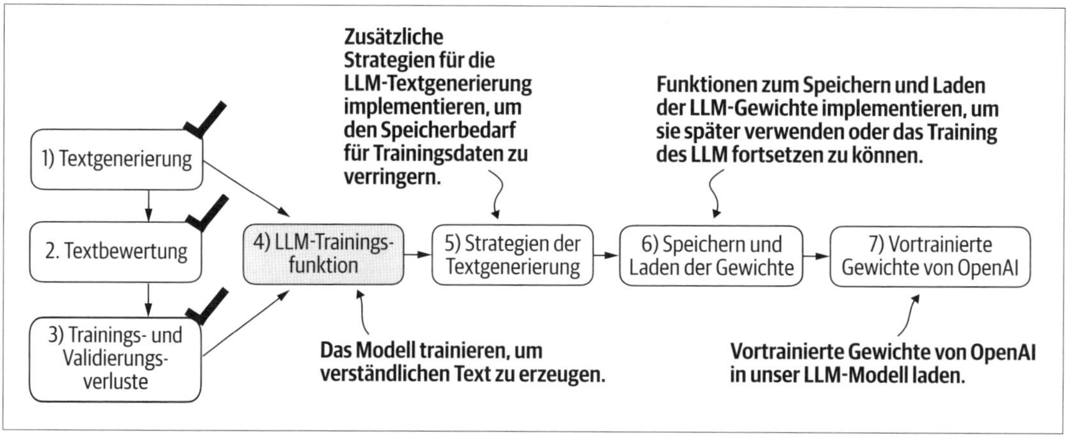

Abb. 5.10 *Wir haben den Prozess der Textgenerierung wiederholt (Schritt 1) und grundlegende Techniken zur Modellbewertung implementiert (Schritt 2), um die Verluste der Trainings- und Validierungssätze zu berechnen (Schritt 3). Als Nächstes kommen wir zu den Trainingsfunktionen und führen das Vortraining des LLM durch (Schritt 4).*

Wir konzentrieren uns nun auf das Vortraining des LLM. Nach dem Modelltraining implementieren wir alternative Strategien zur Textgenerierung. Außerdem speichern und laden wir vortrainierte Modellgewichte.

5.2 Ein LLM trainieren

Es ist nun an der Zeit, den Code für das Vortraining des LLM, für unser `GPTModel`, zu implementieren. Dabei konzentrieren wir uns auf eine unkomplizierte Trainingsschleife, um den Code übersichtlich und lesbar zu halten.

Hinweis

Interessierte Leserinnen und Leser können sich in Anhang D über fortgeschrittenere Techniken informieren, wie zum Beispiel *Aufwärmen (Warmup) der Lernrate*, *Cosinus-Annealing* und *Gradienten-Clipping*.

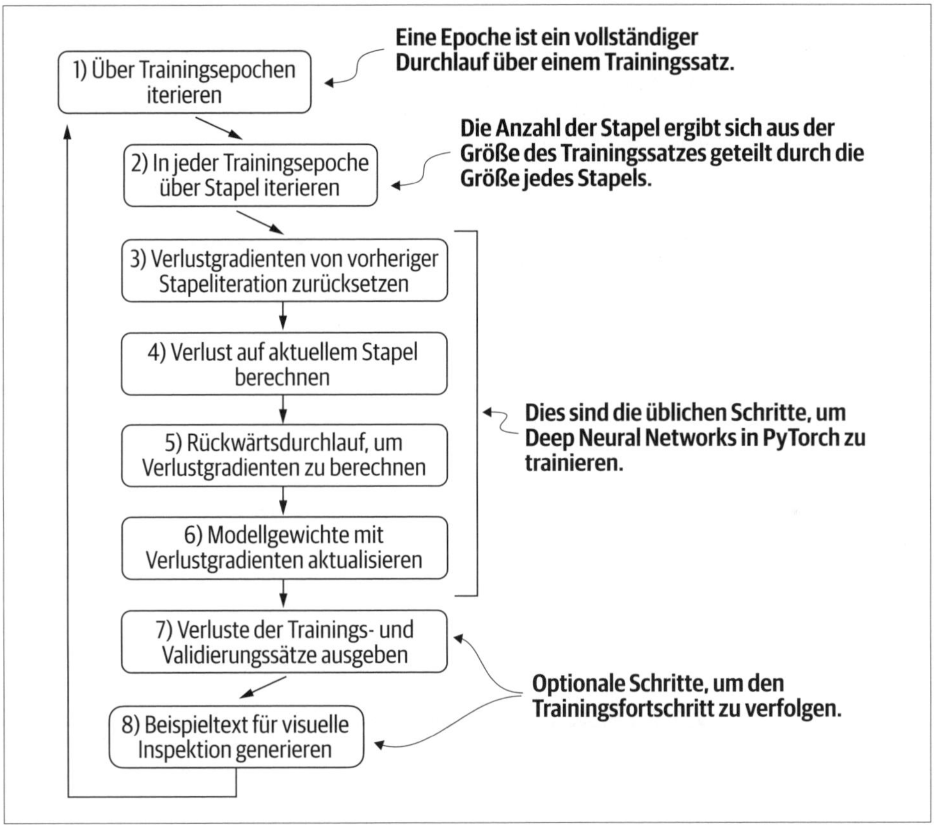

Abb. 5.11 *Eine typische Trainingsschleife für das Training tiefer neuronaler Netze in PyTorch besteht aus zahlreichen Schritten, die über mehrere Epochen hinweg über die Stapel im Trainingssatz iterieren. In jeder Schleife berechnen wir den Verlust für jeden Stapel des Trainingssatzes, um Verlustgradienten zu bestimmen, mit denen wir die Modellgewichte so aktualisieren, dass der Verlust des Trainingssatzes minimiert wird.*

Das Flussdiagramm in Abbildung 5.11 zeigt einen typischen Workflow für das Training eines neuronalen Netzes in PyTorch, den wir für das Training eines LLM verwenden. Es skizziert acht Schritte: zuerst Iteration über jede Epoche, dann Verarbeitung von Stapeln, Zurücksetzen der Gradienten, Berechnen des Verlusts und neuer Gradienten, Aktualisieren der Gewichte und schließlich Überwachungsschritte wie Ausgabe der Verluste und Generieren von Textbeispielen.

Hinweis

Wenn Sie mit dem Training tiefer neuronaler Netze mit PyTorch oder einigen der genannten Schritte noch nicht vertraut sind, sollten Sie die Abschnitte A.5 bis A.8 in Anhang A lesen.

Wir können diesen Trainingsablauf über die Funktion `train_model_simple` in Code implementieren.

Listing 5.3 *Die Hauptfunktion für das Vortraining von LLMs*

```
def train_model_simple(model, train_loader, val_loader,
                       optimizer, device, num_epochs,
                       eval_freq, eval_iter, start_context, tokenizer):
    train_losses, val_losses, track_tokens_seen = [], [], []        ❶
    tokens_seen, global_step = 0, -1

    for epoch in range(num_epochs):                                  ❷
        model.train()
        for input_batch, target_batch in train_loader:
            optimizer.zero_grad()                                    ❸
            loss = calc_loss_batch(
                input_batch, target_batch, model, device
            )
            loss.backward()                                          ❹
            optimizer.step()                                         ❺
            tokens_seen += input_batch.numel()
            global_step += 1

            if global_step % eval_freq == 0:                         ❻
                train_loss, val_loss = evaluate_model(
                    model, train_loader, val_loader, device, eval_iter)
                train_losses.append(train_loss)
                val_losses.append(val_loss)
                track_tokens_seen.append(tokens_seen)
                print(f"Ep {epoch+1} (Step {global_step:06d}): "
                      f"Train loss {train_loss:.3f}, "
                      f"Val loss {val_loss:.3f}"
                )
```

```
        generate_and_print_sample(                              ❼
            model, tokenizer, device, start_context
        )
    return train_losses, val_losses, track_tokens_seen
```

❶ Initialisiert Listen, um Verluste und gesehene Tokens zu verfolgen.

❷ Startet die Hauptschleife für das Training.

❸ Setzt Verlustgradienten von der vorherigen Stapeliteration zurück.

❹ Berechnet Verlustgradienten.

❺ Aktualisiert Modellgewichte mit Verlustgradienten.

❻ Optionaler Bewertungsschritt.

❼ Gibt einen Beispieltext nach jeder Epoche aus.

Beachten Sie, dass die Funktion `train_model_simple`, die wir eben erstellt haben, zwei Funktionen aufruft, die wir bisher noch nicht definiert haben: `evaluate_model` und `generate_and_print_sample`.

Die Funktion `evaluate_model` entspricht Schritt 7 in Abbildung 5.11. Sie gibt die Verluste der Trainings- und Validierungssätze nach jeder Modellaktualisierung aus, damit wir bewerten können, ob das Training das Modell verbessert. Genauer gesagt, berechnet die Funktion `evaluate_model` den Verlust über den Trainings- und Validierungssätzen, wobei sichergestellt wird, dass sich das Modell im Bewertungsmodus befindet und Gradientenverfolgung und Dropout deaktiviert sind, wenn der Verlust über den Trainings- und Validierungssätzen berechnet wird:

```
def evaluate_model(model, train_loader, val_loader, device, eval_iter):
    model.eval()                                    ❶
    with torch.no_grad():                           ❷
        train_loss = calc_loss_loader(
            train_loader, model,  device, num_batches=eval_iter
        )
        val_loss = calc_loss_loader(
            val_loader, model, device, num_batches=eval_iter
        )
    model.train()
    return train_loss, val_loss
```

❶ Dropout wird während der Bewertung deaktiviert, um stabile und reproduzierbare Ergebnisse zu erhalten.

❷ Deaktiviert Gradientenverfolgung, die während der Bewertung nicht erforderlich ist, um den Rechenaufwand zu verringern.

Ähnlich wie `evaluate_model` ist die Funktion `generate_and_print_sample` eine Komfortfunktion, mit der wir verfolgen, ob das Modell beim Training besser wird. Die Funktion `generate_and_print_sample` übernimmt ein Textfragment (`start_context`) als Eingabe, konvertiert es in Token-IDs und speist es in das LLM ein, um ein Textbeispiel mit der schon weiter vorn verwendeten Funktion `generate_text_simple` zu generieren:

```
def generate_and_print_sample(model, tokenizer, device, start_context):
    model.eval()
    context_size = model.pos_emb.weight.shape[0]
    encoded = text_to_token_ids(start_context, tokenizer).to(device)
    with torch.no_grad():
        token_ids = generate_text_simple(
            model=model, idx=encoded,
            max_new_tokens=50, context_size=context_size
        )
    decoded_text = token_ids_to_text(token_ids, tokenizer)
    print(decoded_text.replace("\n", " "))                    ❶
    model.train()
```

❶ Kompaktes Ausgabeformat.

Während die Funktion `evaluate_model` eine numerische Schätzung für den Trainingsfortschritt des Modells liefert, bietet die Funktion `generate_and_print_sample` ein konkretes Textbeispiel, das das Modell hervorgebracht hat, um dessen Fähigkeiten während des Trainings zu beurteilen.

AdamW

Adam-Optimizer sind eine populäre Wahl für das Training von Deep Neural Networks. In unserer Trainingsschleife haben wir uns jedoch für den Optimizer *AdamW* entschieden. AdamW ist eine Variante von Adam, die den Ansatz der Gewichtsabnahme verbessert, der auf eine minimale Modellkomplexität abzielt und Überanpassung durch Bestrafung großer Gewichte verhindert. Durch diese Anpassung erreicht AdamW eine effektivere Regularisierung und bessere Generalisierung. Daher wird AdamW häufig im Training von LLMs eingesetzt.

Um dies alles in Aktion zu sehen, wollen wir eine `GPTModel`-Instanz für zehn Epochen mit einem `AdamW`-Optimizer und der weiter oben definierten Funktion `train_model_simple` trainieren:

```
torch.manual_seed(123)
model = GPTModel(GPT_CONFIG_124M)
model.to(device)
optimizer = torch.optim.AdamW(
```

```
        model.parameters(),                                      ❶
        lr=0.0004, weight_decay=0.1
)
num_epochs = 10
train_losses, val_losses, tokens_seen = train_model_simple(
    model, train_loader, val_loader, optimizer, device,
    num_epochs=num_epochs, eval_freq=5, eval_iter=5,
    start_context="Every effort moves you", tokenizer=tokenizer
)
```

❶ Die Methode ».parameters()« gibt alle trainierbaren Gewichtsparameter des Modells zurück.

Der Aufruf der Funktion `train_model_simple` startet den Trainingsprozess, der auf einem MacBook Air oder einem ähnlichen Laptop etwa fünf Minuten bis zur Fertigstellung benötigt. Die dabei erzeugten Ausgaben sehen wie folgt aus:

```
Ep 1 (Step 000000): Train loss 9.781, Val loss 9.933
Ep 1 (Step 000005): Train loss 8.111, Val loss 8.339
Every effort moves you,,,,,,,,,,,,.
Ep 2 (Step 000010): Train loss 6.661, Val loss 7.048
Ep 2 (Step 000015): Train loss 5.961, Val loss 6.616

Every effort moves you, and, and, and, and, and, and, and, and, and, and,
and, and, and, and, and, and, and, and, and, and, and, and,, and, and,
[...]                                                                ❶
Ep 9 (Step 000080): Train loss 0.541, Val loss 6.393
Every effort moves you?"  "Yes--quite insensible to the irony. She wanted
him vindicated--and by me!"  He laughed again, and threw  back the window-
curtains, I had the donkey. "There were days when  I
Ep 10 (Step 000085): Train loss 0.391, Val loss 6.452
Every effort moves you know," was one of the axioms he laid down across the
Sevres and silver of an exquisitely appointed luncheon-table, when, on a
later day, I had again run over from Monte Carlo; and Mrs. Gis
```

❶ Zwischenergebnisse aus Platzgründen weggelassen.

Wie die Ausgaben zeigen, verbessert sich der Trainingsverlust drastisch: Er beginnt mit einem Wert von 9,781 und konvergiert bei 0,391. Die Sprachkenntnisse des Modells haben sich stark verbessert. Am Anfang ist das Modell nur in der Lage, Kommas an den Startkontext anzuhängen (`Every effort moves you,,,,,,,,,,,,`) oder das Wort and zu wiederholen. Am Ende des Trainings kann es grammatikalisch korrekten Text erzeugen.

Ähnlich wie der Trainingssatzverlust beginnt der Validierungsverlust recht hoch (9,933) und fällt während des Trainings. Allerdings wird er niemals so klein wie der Trainingssatzverlust. Nach der zehnten Epoche bleibt er immer noch bei 6,452.

Bevor wir ausführlicher auf den Validierungsverlust eingehen, soll ein einfaches Diagramm die Verluste von Trainings- und Validierungssätzen nebeneinander zeigen:

```
import matplotlib.pyplot as plt
from matplotlib.ticker import MaxNLocator
def plot_losses(epochs_seen, tokens_seen, train_losses, val_losses):
    fig, ax1 = plt.subplots(figsize=(5, 3))
    ax1.plot(epochs_seen, train_losses, label="Training loss")
    ax1.plot(
        epochs_seen, val_losses, linestyle="-.", label="Validation loss"
    )
    ax1.set_xlabel("Epochs")
    ax1.set_ylabel("Loss")
    ax1.legend(loc="upper right")
    ax1.xaxis.set_major_locator(MaxNLocator(integer=True))
    ax2 = ax1.twiny()                                              ❶
    ax2.plot(tokens_seen, train_losses, alpha=0)                   ❷
    ax2.set_xlabel("Tokens seen")
    fig.tight_layout()
    plt.show()

epochs_tensor = torch.linspace(0, num_epochs, len(train_losses))
plot_losses(epochs_tensor, tokens_seen, train_losses, val_losses)
```

❶ Erzeugt eine zweite x-Achse, der dieselbe y-Achse zugeordnet ist.

❷ Unsichtbarer Plot zum Ausrichten von Teilstrichen.

Abbildung 5.12 zeigt das Diagramm mit Trainings- und Validierungsverlusten. Es ist deutlich zu sehen, dass sich sowohl der Trainings- als auch der Validierungsverlust in der ersten Epoche verbessern. Nach der zweiten Epoche laufen die beiden Verluste allerdings auseinander. Diese Divergenz und die Tatsache, dass der Validierungsverlust wesentlich größer als der Trainingsverlust ist, weisen darauf hin, dass sich das Modell zu stark an die Trainingsdaten anpasst. Wir können uns davon überzeugen, dass sich das Modell die Trainingsdaten wortwörtlich merkt, indem wir in der Textdatei »The Verdict« nach den generierten Textfragmenten suchen, wie zum Beispiel nach quite insensible to the irony.

Dieses Memorieren ist zu erwarten, da wir mit einem sehr, sehr kleinen Trainingsdatensatz arbeiten und das Modell für mehrere Epochen trainieren. Normalerweise trainiert man ein Modell auf einem viel größeren Datensatz für nur eine Epoche.

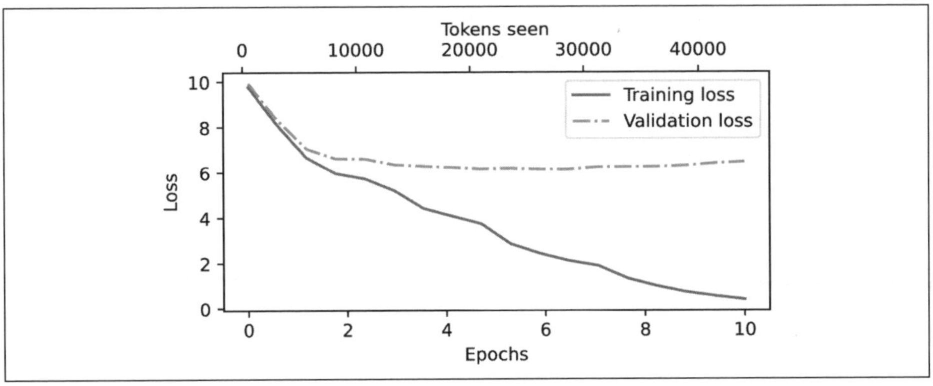

Abb. 5.12 *Zu Trainingsbeginn fallen die Verluste sowohl vom Trainings- als auch vom Validierungssatz steil ab, was ein Zeichen dafür ist, dass das Modell lernt. Allerdings geht der Verlust des Trainingssatzes nach der zweiten Epoche weiter zurück, während der Validierungsverlust stagniert. Dies weist darauf hin, dass das Modell weiterhin lernt, sich aber nach Epoche 2 zu stark an die Trainingsdaten anpasst.*

Hinweis

Wie bereits erwähnt, können interessierte Leserinnen und Leser versuchen, das Modell mit 60.000 Public-Domain-Büchern aus dem Projekt Gutenberg zu trainieren, wobei diese Überanpassung nicht auftritt. Einzelheiten dazu finden Sie in Anhang B.

Abb. 5.13 *Nachdem wir die Trainingsfunktion implementiert haben, kann unser Modell zusammenhängenden Text erzeugen. Allerdings merkt es sich oftmals wortwörtlich Passagen aus dem Trainingssatz. Als Nächstes beschäftigen wir uns mit Strategien, um vielfältigere Textausgaben zu generieren.*

Wie aus Abbildung 5.13 hervorgeht, haben wir vier unserer Ziele für dieses Kapitel erreicht. Als Nächstes gehen wir auf Strategien zur Textgenerierung von LLMs ein, um das Memorieren von Trainingsdaten zu verringern und die Originalität des LLM-generierten Texts zu erhöhen, bevor wir uns mit dem Laden und Speichern von Gewichten sowie dem Laden vortrainierter Gewichte aus dem GPT-Modell von OpenAI befassen.

5.3 Decodierungsstrategien, um Zufälligkeit zu steuern

Sehen wir uns nun Textgenerierungsstrategien (auch als Decodierungsstrategien bezeichnet) an, um mehr Originaltext zu erzeugen. Als Erstes wiederholen wir kurz die Funktion `generate_text_simple`, die wir bereits in der Funktion `generate_and_print_sample` verwendet haben. Dann behandeln wir mit *Temperaturskalierung* und *Top-k-Sampling* zwei Techniken, um diese Funktion zu verbessern.

Zunächst übertragen wir das Modell von der GPU zurück auf die CPU, da für die Inferenz mit einem relativ kleinen Modell keine GPU erforderlich ist. Außerdem versetzen wir das Modell nach dem Training in den Evaluierungsmodus, um Zufallskomponenten wie Dropouts auszuschalten:

```
model.to("cpu")
model.eval()
```

Als Nächstes bauen wir die `GPTModel`-Instanz (`model`) in die Funktion `generate_text_simple` ein, auf die das LLM zurückgreift, um jeweils ein Token zu generieren:

```
tokenizer = tiktoken.get_encoding("gpt2")
token_ids = generate_text_simple(
    model=model,
    idx=text_to_token_ids("Every effort moves you", tokenizer),
    max_new_tokens=25,
    context_size=GPT_CONFIG_124M["context_length"]
)
print("Output text:\n", token_ids_to_text(token_ids, tokenizer))
```

Der generierte Text lautet:

```
Output text:
Every effort moves you know," was one of the axioms he laid down across the
Sevres and silver of an exquisitely appointed lun
```

Wie schon erläutert, wird das erzeugte Token bei jedem Generierungsschritt nach dem größten Wahrscheinlichkeitswert unter allen Tokens im Vokabular ausgewählt. Das bedeutet, dass das LLM immer die gleichen Ausgaben erzeugt, selbst wenn wir die obige Funktion `generate_text_simple` mehrmals mit demselben Startkontext (`Every effort moves you`) ausführen.

5.3.1 Temperaturskalierung

Sehen wir uns nun die *Temperaturskalierung* an, eine Technik, die einen probabilistischen Auswahlprozess in die Generierung des nächsten Tokens einbezieht. Bisher haben wir in der Funktion `generate_text_simple function` immer das Token mit der höchsten Wahrscheinlichkeit ausgewählt, und zwar mit der Funktion `torch.argmax`, auch als *Greedy Decoding* (gierige Decodierung) bekannt. Um Text mit mehr Vielfalt zu generieren, können wir `argmax` durch eine Funktion ersetzen, die Stichproben aus einer Wahrscheinlichkeitsverteilung zieht (in diesem Fall die Wahrscheinlichkeitswerte, die das LLM für jeden Vokabulareintrag bei jedem Token-Generierungsschritt erzeugt).

Um das probabilistische Sampling an einem konkreten Beispiel zu veranschaulichen, wollen wir kurz den Generierungsprozess für das nächste Token anhand eines sehr kleinen Vokabulars diskutieren:

```
vocab = {
    "closer": 0,
    "every": 1,
    "effort": 2,
    "forward": 3,
    "inches": 4,
    "moves": 5,
    "pizza": 6,
    "toward": 7,
    "you": 8,
}
inverse_vocab = {v: k for k, v in vocab.items()}
```

Als Nächstes nehmen wir an, dass das LLM den Startkontext `"every effort moves you"` erhält und die folgenden Logits für das nächste Token erzeugt:

```
next_token_logits = torch.tensor(
    [4.51, 0.89, -1.90, 6.75, 1.63, -1.62, -1.89, 6.28, 1.79]
)
```

Wie in Kapitel 4 beschrieben, konvertieren wir innerhalb von `generate_text_simple` die Logits über die `softmax`-Funktion in Wahrscheinlichkeiten und erhalten über die Funktion `argmax` die Token-ID, die dem generierten Token entspricht, das wir dann über das inverse Vokabular wieder in Text umwandeln können:

```
probas = torch.softmax(next_token_logits, dim=0)
next_token_id = torch.argmax(probas).item()
print(inverse_vocab[next_token_id])
```

Da der größte Logit-Wert und dementsprechend der größte `softmax`-Wahrscheinlichkeitswert an der vierten Position erscheinen (Indexposition 3, da Python-Indizes bei 0 beginnen), ist das generierte Wort `"forward"`. Um ein probabilistisches

Sampling zu implementieren, können wir jetzt die Funktion `argmax` durch die Funktion `multinomial` in PyTorch ersetzen:

```
torch.manual_seed(123)
next_token_id = torch.multinomial(probas, num_samples=1).item()
print(inverse_vocab[next_token_id])
```

Die Ausgabe lautet genau wie zuvor `"forward"`. Was ist passiert? Die Funktion `multinomial` wählt das nächste Token proportional zu seinem Wahrscheinlichkeitswert aus. Mit anderen Worten: `"forward"` ist immer noch das wahrscheinlichste Token und wird von `multinomial` in den meisten Fällen ausgewählt, aber nicht immer. Um dies zu veranschaulichen, implementieren wir eine Funktion, die dieses Sampling 1.000-mal wiederholt:

```
def print_sampled_tokens(probas):
    torch.manual_seed(123)
    sample = [torch.multinomial(probas, num_samples=1).item()
              for i in range(1_000)]
    sampled_ids = torch.bincount(torch.tensor(sample))
    for  i, freq in enumerate(sampled_ids):
print(f"{freq} x {inverse_vocab[i]}")
print_sampled_tokens(probas)
```

Die Sampling-Ausgabe sieht so aus:

```
73 x closer
0 x every
0 x effort
582 x forward
2 x inches
0 x moves
0 x pizza
343 x toward
```

Wie die Ausgabe zeigt, wird das Wort `forward` in den meisten Fällen ausgewählt (582-mal von 1.000), doch andere Tokens wie `closer`, `inches` und `toward` werden hin und wieder ebenfalls ausgewählt. Wenn wir also in der Funktion `generate_and_print_sample` die Funktion `argmax` durch die Funktion `multinomial` ersetzen, wird das LLM manchmal Texte wie `every effort moves you toward`, `every effort moves you inches` und `every effort moves you closer` statt `every effort moves you forward` generieren.

Den Verteilungs- und Auswahlprozess können wir über ein Konzept namens *Temperaturskalierung* weiter steuern. Dieser Begriff beschreibt etwas fantasievoll die Teilung der Logits durch eine Zahl größer als 0:

```
def softmax_with_temperature(logits, temperature):
    scaled_logits = logits / temperature
    return torch.softmax(scaled_logits, dim=0)
```

Temperaturen größer als 1 ergeben gleichförmiger verteilte Token-Wahrscheinlichkeiten, und bei Temperaturen kleiner als 1 sind die Verteilungen sicherer (schärfer oder spitzer). Um dies zu veranschaulichen, stellen wir die ursprünglichen Verteilungen neben den mit verschiedenen Temperaturwerten skalierten Verteilungen dar:

```
temperatures = [1, 0.1, 5]                                          ❶
scaled_probas = [softmax_with_temperature(next_token_logits, T)
                for T in temperatures]
x = torch.arange(len(vocab))
bar_width = 0.15
fig, ax  = plt.subplots(figsize=(5, 3))
for i, T in enumerate(temperatures):
    rects = ax.bar(x + i * bar_width, scaled_probas[i],
                   bar_width, label=f'Temperature = {T}')
ax.set_ylabel('Probability')
ax.set_xticks(x) ax.set_xticklabels(vocab.keys(), rotation=
90) ax.legend()
plt.tight_layout()
plt.show()
```

❶ Ursprüngliches, niedrigeres und höheres Vertrauen.

Abbildung 5.14 zeigt das resultierende Diagramm.

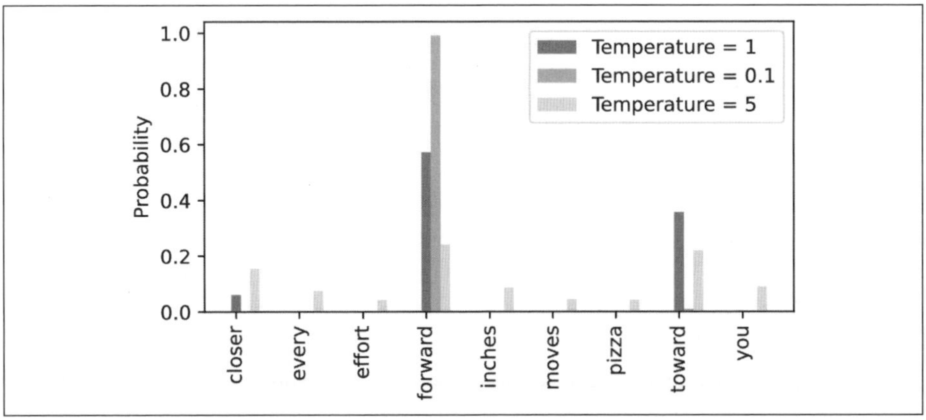

Abb. 5.14 *Eine Temperatur von 1 stellt die nicht skalierten Wahrscheinlichkeitswerte für jedes Token im Vokabular dar. Wird die Temperatur auf 0,1 gesenkt, wird die Verteilung schärfer, sodass das wahrscheinlichste Token (hier »"forward"«) einen noch höheren Wahrscheinlichkeitswert hat. Die Verteilung wird gleichmäßiger, wenn man die Temperatur auf 5 erhöht.*

Eine Temperatur von 1 teilt die Logits durch 1, bevor sie an die `softmax`-Funktion übergeben werden, um die Wahrscheinlichkeitswerte zu berechnen. Mit anderen Worten: Eine Temperatur von 1 ist das Gleiche wie, überhaupt keine Temperaturskalierung zu verwenden. In diesem Fall werden die Tokens mit einer Wahrscheinlichkeit ausgewählt, die den ursprünglichen `softmax`-Wahrscheinlichkeitswerten über die Sampling-Funktion `multinomial` in PyTorch entspricht. Zum Beispiel würde bei der Temperatureinstellung 1 das Token, das `"forward"` entspricht, in etwa 60 % der Fälle ausgewählt, wie Abbildung 5.14 zeigt.

Wie ebenfalls aus Abbildung 5.14 hervorgeht, ergeben sich bei sehr kleinen Temperaturen wie 0,1 schärfere Verteilungen, sodass das Verhalten der Funktion `multinomial` das wahrscheinlichste Token (hier `"forward"`) in nahezu 100 % der Fälle auswählt und sich damit dem Verhalten der Funktion `argmax` annähert. In ähnlicher Weise resultiert eine Temperatur von 5 in einer gleichmäßigeren Verteilung, bei der andere Tokens öfter ausgewählt werden. Dies kann den generierten Texten mehr Vielfalt verleihen, führt aber auch häufiger zu unsinnigem Text. Zum Beispiel ergeben sich bei einer Temperatur von 5 Texte wie `every effort moves you pizza` in etwa 4 % der Fälle.

Übung 5.1

Verwenden Sie die Funktion `print_sampled_tokens`, um die Sampling-Häufigkeiten der `softmax`-Wahrscheinlichkeiten skaliert mit den in Abbildung 5.14 gezeigten Temperaturen auszugeben. Wie oft wird das Wort `pizza` in jedem Fall ausgewählt? Können Sie sich eine schnellere und genauere Methode vorstellen, um zu bestimmen, wie oft das Wort `pizza` ausgewählt wird?

5.3.2 Top-k-Sampling

Wir haben nun einen probabilistischen Sampling-Ansatz implementiert, der mit Temperaturskalierung gekoppelt ist, um vielfältigere Ausgaben zu erzeugen. Höhere Temperaturwerte ergeben gleichmäßiger verteilte Wahrscheinlichkeiten für die Auswahl des nächsten Tokens, was vielfältigere Ausgaben liefert, da das Modell mit geringerer Wahrscheinlichkeit wiederholt das wahrscheinlichste Token auswählt. Diese Methode ermöglicht es, weniger wahrscheinliche, aber potenziell interessantere und kreativere Wege im Generierungsprozess zu erkunden. Ein Nachteil dieses Ansatzes besteht jedoch darin, dass er manchmal zu grammatikalisch falschen oder völlig unsinnigen Ergebnissen führt, wie zum Beispiel `every effort moves you pizza`.

In Kombination mit probabilistischem Sampling und Temperaturskalierung kann *Top-k-Sampling* die Ergebnisse der Textgenerierung verbessern. Beim Top-k-Sampling können wir die gesampelten Tokens auf die Top-k wahrscheinlichsten Tokens beschränken und alle anderen Tokens vom Auswahlprozess ausschließen, indem wir ihre Wahrscheinlichkeitswerte maskieren, wie Abbildung 5.15 veranschaulicht.

Der Top-k-Ansatz ersetzt alle nicht ausgewählten Logits mit einem Wert für negative Unendlichkeit (`-inf`), sodass bei der Berechnung der `softmax`-Werte die Wahrscheinlichkeitswerte der Nicht-Top-k-Tokens 0 sind und sich die verbleibenden Wahrscheinlichkeiten zu 1 summieren. (Aufmerksame Leserinnen und Leser erinnern sich vielleicht an diesen Maskierungstrick aus dem Modul für kausale Attention, das wir in Kapitel 3, Abschnitt 3.5.1, implementiert haben.)

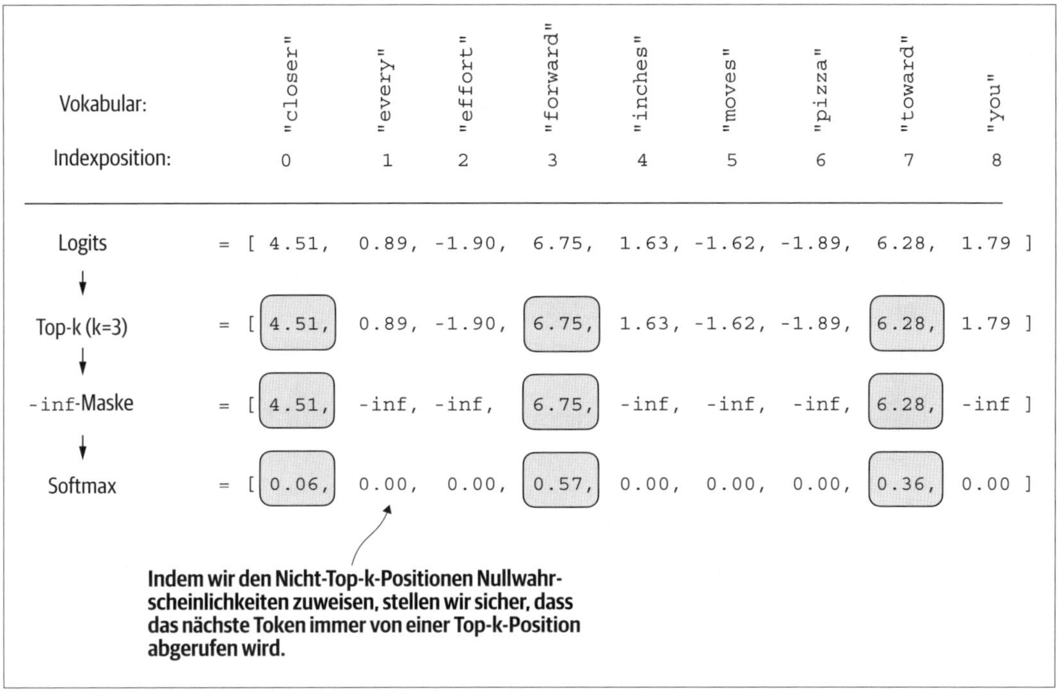

Abb. 5.15 *Beim Top-k-Sampling mit k = 3 konzentrieren wir uns auf die drei Tokens mit den höchsten Logits und maskieren alle anderen Tokens mit negativer Unendlichkeit (»–inf«) aus, bevor wir die »softmax«-Funktion anwenden. Daraus ergibt sich eine Wahrscheinlichkeitsverteilung mit einem Wahrscheinlichkeitswert von 0, der allen Nicht-Top-k-Tokens zugewiesen wird. (Die Zahlen in dieser Abbildung sind auf zwei Nachkommastellen abgeschnitten, damit alles übersichtlich bleibt. Die Werte in der Zeile »Softmax« sollten sich zu 1,0 summieren.)*

Die Top-k-Prozedur nach Abbildung 5.15 lässt sich wie folgt in Code umsetzen, wobei wir mit der Auswahl der Tokens mit den größten Logit-Werten beginnen:

```
top_k = 3
top_logits, top_pos = torch.topk(next_token_logits, top_k)
print("Top logits:", top_logits)
print("Top positions:", top_pos)
```

Die Logit-Werte und Token-IDs der Top-3-Tokens lauten in absteigender Reihenfolge:

```
Top logits: tensor([6.7500, 6.2800, 4.5100])
Top positions: tensor([3, 7, 0])
```

Anschließend rufen wir die PyTorch-Funktion `where` auf, um die Logit-Werte der Tokens, die unter dem niedrigsten Logit-Wert innerhalb unserer Top-3-Auswahl liegen, auf negative Unendlichkeit (`–inf`) zu setzen:

```
new_logits = torch.where(
    condition=next_token_logits < top_logits[-1],    ❶
    input=torch.tensor(float('-inf')),               ❷
    other=next_token_logits                          ❸
)
print(new_logits)
```

❶ Identifiziert Logits kleiner als das Minimum in den Top 3.

❷ Weist diesen niedrigeren Logits »–inf« zu.

❸ Behält die ursprünglichen Logits für alle anderen Tokens bei.

Die resultierenden Logits für das nächste Token im neun Tokens umfassenden Vokabular lauten:

```
tensor([4.5100,   -inf,   -inf, 6.7500,   -inf,   -inf,   -inf, 6.2800,
    -inf])
```

Schließlich rufen wir die Funktion `softmax` auf, um diese Werte in Wahrscheinlichkeiten für das nächste Token umzuwandeln:

```
topk_probas = torch.softmax(new_logits, dim=0)
print(topk_probas)
```

Wie wir sehen können, liefert dieser Top-3-Ansatz drei Wahrscheinlichkeitswerte ungleich null:

```
tensor([0.0615, 0.0000, 0.0000, 0.5775, 0.0000, 0.0000, 0.0000, 0.3610,
        0.0000])
```

Nun können wir die Temperaturskalierung anwenden und die Funktion `multinomial` für probabilistisches Sampling aufrufen, um das nächste Token unter diesen drei Wahrscheinlichkeitswerten ungleich 0 auszuwählen und als nächstes Token zu generieren. Hierfür modifizieren wir die Funktion zur Textgenerierung.

5.3.3 Die Funktion zur Textgenerierung modifizieren

Kombinieren wir nun Temperatur-Sampling und Top-k-Sampling. Dazu modifizieren wir die Funktion `generate_text_simple`, mit der wir bereits weiter oben Text über das LLM generiert haben, und erstellen eine neue Generierungsfunktion.

Listing 5.4 *Eine modifizierte Funktion zur Textgenerierung mit mehr Diversität*

```
def generate(model, idx, max_new_tokens, context_size,
             temperature=0.0, top_k=None, eos_id=None):
    for _ in range(max_new_tokens):                                    ❶
        idx_cond = idx[:, -context_size:]
        with torch.no_grad():
            logits = model(idx_cond)
        logits = logits[:, -1, :]
        if top_k is not None:                                          ❷
            top_logits, _ = torch.topk(logits, top_k)
            min_val = top_logits[:, -1]
            logits = torch.where(
                logits < min_val,
                torch.tensor(float('-inf')).to(logits.device),
                logits
            )
        if temperature > 0.0:                                          ❸
            logits = logits / temperature
            probs = torch.softmax(logits, dim=-1)
            idx_next = torch.multinomial(probs, num_samples=1)
        else:                                                          ❹
            idx_next = torch.argmax(logits, dim=-1, keepdim=True)
        if idx_next == eos_id:                                         ❺
            break
        idx = torch.cat((idx, idx_next), dim=1)
    return idx
```

❶ Die for-Schleife ist die gleiche wie zuvor: Logits holen und nur auf den letzten Zeitschritt konzentrieren.

❷ Filtert Logits mit »top_k«-Sampling.

❸ Wendet Temperaturskalierung an.

❹ Führt gierige Auswahl des nächsten Tokens wie bisher durch, wenn Temperaturskalierung deaktiviert ist.

❺ Beendet Generierung vorzeitig, wenn das »eos«-Token (end-of-sequence) gefunden wird.

Sehen wir uns nun diese neue Funktion `generate` in Aktion an:

```
torch.manual_seed(123)
token_ids = generate(
    model=model,
    idx=text_to_token_ids("Every effort moves you", tokenizer),
    max_new_tokens=15,
    context_size=GPT_CONFIG_124M["context_length"],
    top_k=25,
    temperature=1.4
)
print("Output text:\n", token_ids_to_text(token_ids, tokenizer))
```

Der generierte Text lautet:

```
Output text:
 Every effort moves you stand to work on surprise, a one of us had gone
 with random-
```

Der generierte Text unterscheidet sich offensichtlich von dem Text, der zuletzt über die Funktion `generate_simple function` in Abschnitt 5.3 erzeugt wurde (`"Every effort moves you know," was one of the axioms he laid...!`) und der eine memorierte Passage aus dem Trainingssatz ist.

Übung 5.2

Experimentieren Sie mit verschiedenen Einstellungen für Temperatur und Top-k. Können Sie sich anhand Ihrer Beobachtungen Anwendungen vorstellen, in denen niedrige Temperatur- und Top-k-Einstellungen erwünscht sind? Und können Sie sich Anwendungen vorstellen, in denen höhere Temperatur- und Top-k-Einstellungen bevorzugt werden? (Es empfiehlt sich, diese Übung noch einmal am Ende des Kapitels zu absolvieren, nachdem die vortrainierten Gewichte von OpenAI geladen wurden.)

Übung 5.3

Welche verschiedenen Kombinationen lassen sich für die Funktion generate einstellen, um deterministisches Verhalten zu erzwingen, d.h. zufälliges Sampling zu deaktivieren, sodass sie immer die gleichen Ausgaben ähnlich wie die Funktion generate_simple erzeugt?

5.4 Modellgewichte in PyTorch laden und speichern

Bisher haben wir erörtert, wie man den Trainingsfortschritt numerisch bewertet und ein LLM von Grund auf vortrainiert. Obwohl sowohl das LLM als auch der Datensatz relativ klein waren, hat diese Übung gezeigt, dass das Vortraining von LLMs rechenintensiv ist. Daher muss man in der Lage sein, das LLM zu speichern, damit wir das Training nicht jedes Mal wiederholen müssen, wenn wir es in einer Sitzung verwenden wollen.

Sehen Sie sich also an, wie man ein vortrainiertes Modell speichern und laden kann. Dieser Schritt ist in Abbildung 5.16 hervorgehoben. Später laden wir ein leistungsfähigeres vortrainiertes GPT-Modell von OpenAI in unsere `GPTModel`-Instanz.

Erfreulicherweise ist das Speichern eines PyTorch-Modells relativ unkompliziert. Die empfohlene Methode besteht darin, mit der Funktion `torch.save` ein `state_dict` des Modells zu speichern, d.h. ein Dictionary, das jede Schicht auf ihre Parameter abbildet.

```
torch.save(model.state_dict(), "model.pth")
```

Abb. 5.16 *Nach dem Training und der Inspektion des Modells ist es oftmals hilfreich, das Modell zu speichern, sodass wir es später verwenden oder weitertrainieren können (Schritt 6).*

Bei `"model.pth"` handelt es sich um den Namen der Datei, in der das `state_dict` gespeichert wird. Die Erweiterung *.pth* ist eine Konvention für PyTorch-Dateien, obwohl praktisch jede Dateierweiterung verwendbar ist.

Nachdem die Modellgewichte über `state_dict` gespeichert sind, können wir die Gewichte des Modells in eine neue `GPTModel`-Modellinstanz laden:

```
model = GPTModel(GPT_CONFIG_124M)
model.load_state_dict(torch.load("model.pth", map_location=device))
model.eval()
```

Wie Kapitel 4 erörtert hat, hilft Dropout, das Modell vor Überanpassung an die Trainingsdaten zu bewahren, indem zufällig Neuronen einer Schicht während des Trainings »herausfallen«. Während der Inferenz ist es allerdings nicht erwünscht, irgendwelche Informationen, die das Netz gelernt hat, zufällig zu unterdrücken. Mit der Funktion `model.eval()` schaltet man das Modell für die Inferenz in den Bewertungsmodus, wodurch die Dropout-Schichten des Modells deaktiviert werden. Wenn wir vorhaben, das Vortraining eines Modells später fortzusetzen – zum Beispiel mit der Funktion `train_model_simple function`, die wir weiter oben in diesem Kapitel definiert haben –, empfiehlt es sich auch, den Optimizer-Status zu speichern.

Adaptive Optimizer wie AdamW speichern zusätzliche Parameter für jedes Modellgewicht. AdamW verwendet historische Daten, um die Lernraten für jeden Modellparameter dynamisch anzupassen. Ohne sie wird der Optimizer zurückgesetzt, und das Modell kann suboptimal lernen oder sogar nicht richtig konvergieren, sodass es seine Fähigkeit verliert, zusammenhängenden Text zu generieren. Mit `torch.save` können wir den `state_dict`-Inhalt sowohl vom Modell als auch vom Optimizer speichern:

```
torch.save({
    "model_state_dict": model.state_dict(),
    "optimizer_state_dict": optimizer.state_dict(),
    },
    "model_and_optimizer.pth"
)
```

Dann können wir die Modell- und Optimizer-Zustände wiederherstellen, indem wir zuerst die gespeicherten Daten über `torch.load` laden und dann die Methode `load_state_dict` aufrufen:

```
checkpoint = torch.load("model_and_optimizer.pth", map_location=device)
model = GPTModel(GPT_CONFIG_124M)
model.load_state_dict(checkpoint["model_state_dict"])
optimizer = torch.optim.AdamW(model.parameters(), lr=5e-4, weight_decay=0.1)
optimizer.load_state_dict(checkpoint["optimizer_state_dict"])
model.train();
```

Übung 5.4

Nachdem Sie die Gewichte gespeichert haben, laden Sie das Modell und den Optimizer in einer neuen Python-Sitzung oder einer Jupyter-Notebook-Datei und setzen das Vortraining für eine weitere Epoche mit der Funktion `train_model_simple` fort.

5.5 Vortrainierte Gewichte von OpenAI laden

Wir haben bereits ein kleines GPT-2-Modell mit einem begrenzten Datensatz trainiert, der aus einem Buch mit einer Kurzgeschichte bestand. Durch diesen Ansatz können wir uns auf die Grundlagen konzentrieren, ohne dafür viel Zeit und Rechenressourcen aufwenden zu müssen.

Erfreulicherweise hat OpenAI die Gewichte ihrer GPT-2-Modelle offen zugänglich gemacht, sodass wir nicht Zehn- bis Hunderttausende von Dollars investieren müssen, um das Modell auf einem großen Korpus in eigener Regie neu zu trainieren. Laden wir also diese Gewichte in unsere `GPTModel`-Klasse und setzen wir dann das Modell für die Textgenerierung ein. In diesem Fall bezieht sich *Gewichte* auf die Gewichtsparameter, die zum Beispiel in den `.weight`-Attributen der PyTorch-Schichten `Linear` und `Embedding` gespeichert sind. Wir haben beim Training des Modells über `model.parameters()` auf sie zugegriffen. In Kapitel 6 verwenden wir diese vortrainierten Gewichte erneut, um das Modell für eine Textklassifizierungsaufgabe feinzutunen und ähnliche Anweisungen wie ChatGPT zu befolgen.

Beachten Sie, dass OpenAI die GPT-2-Gewichte ursprünglich über TensorFlow gespeichert hat. Diese Bibliothek müssen Sie installieren, um die Gewichte in Python zu laden. Der folgende Code verwendet das Tool `tqdm` für eine Fortschrittsleiste, um den Download-Vorgang verfolgen zu können. Dieses Tool müssen Sie ebenfalls installieren. Die genannten Bibliotheken lassen sich mit dem folgenden Befehl über das Terminal installieren:

```
pip install tensorflow>=2.15.0  tqdm>=4.66
```

Der Download-Code ist relativ lang, besteht größtenteils aus Standardelementen und ist nicht sehr interessant. Anstatt kostbaren Platz für die Erläuterung des Python-Codes zum Abrufen von Dateien zu verschwenden, laden wir das Python-Modul *gpt_download.py* direkt aus dem Online-Repository für dieses Buch herunter:

```
import urllib.request
url = (
    "https://raw.githubusercontent.com/rasbt/"
    "LLMs-from-scratch/main/ch05/"
    "01_main-chapter-code/gpt_download.py"
)
filename = url.split('/')[-1]
urllib.request.urlretrieve(url, filename)
```

Nachdem Sie diese Datei in das lokale Verzeichnis Ihrer Python-Sitzung heruntergeladen haben, sollten Sie kurz ihren Inhalt inspizieren und kontrollieren, ob sie korrekt gespeichert wurde und gültigen Python-Code enthält.

Nun können Sie die Funktion `download_and_load_gpt2` aus der Datei *gpt_download.py* wie folgt importieren, wodurch die GPT-2-Architektureinstellungen (`settings`) und Gewichtsparameter (`params`) in Ihre Python-Sitzung geladen werden:

```
from gpt_download import download_and_load_gpt2
settings, params = download_and_load_gpt2(
    model_size="124M", models_dir="gpt2"
)
```

Mit diesem Code laden Sie die folgenden sieben Dateien herunter, die zum GPT-2-Modell mit `124M` Parametern gehören:

```
checkpoint: 100%|██████████████████████| 77.0/77.0 [00:00<00:00,
                                                    63.9kiB/s]
encoder.json: 100%|████████████████████| 1.04M/1.04M [00:00<00:00,
                                                      2.20MiB/s]
hprams.json: 100%|█████████████████████| 90.0/90.0 [00:00<00:00,
                                                    78.3kiB/s]
model.ckpt.data-00000-of-00001: 100%|█████| 498M/498M [01:09<00:00,
                                                  7.16MiB/s]
model.ckpt.index: 100%|██████████████████| 5.21k/5.21k [00:00<00:00,
                                                      3.24MiB/s]
model.ckpt.meta: 100%|███████████████████| 471k/471k [00:00<00:00,
                                                    2.46MiB/s]
vocab.bpe: 100%|█████████████████████████| 456k/456k [00:00<00:00,
                                                      1.70MiB/s]
```

Sollte der Download-Code bei Ihnen nicht funktionieren, könnte es an einer instabilen Internetverbindung, an Serverproblemen oder an Änderungen liegen, die darin bestehen, wie OpenAI die Gewichte des Open-Source-GPT-2-Modells veröffentlicht. Besuchen Sie in diesem Fall das Online-Code-Repository für dieses Kapitel unter *https://github.com/rasbt/LLMsfrom-scratch* für alternative und aktualisierte Anleitungen.

Unter der Annahme, dass der obige Code ordnungsgemäß ausgeführt wurde, inspizieren wir nun den Inhalt der Einstellungen (`settings`) und Parameter (`params`):

```
print("Settings:", settings)
print("Parameter dictionary keys:", params.keys())
```

Die Inhalte sehen so aus:

```
Settings: {'n_vocab': 50257, 'n_ctx': 1024, 'n_embd': 768, 'n_head': 12,
           'n_layer': 12}
Parameter dictionary keys: dict_keys(['blocks', 'b', 'g', 'wpe', 'wte'])
```

Sowohl settings als auch params sind Python-Dictionaries. Das settings-Dictionary speichert LLM-Architektureinstellungen ähnlich wie unsere manuell definierten GPT_CONFIG_124M-Einstellungen. Das params-Dictionary enthält die eigentlichen Gewichts-Tensoren. Beachten Sie, dass wir hier nur die Schlüssel für das Dictionary angegeben haben, da die Ausgabe der Gewichtsinhalte zu viel Platz beansprucht hätte. Diese Gewichts-Tensoren können Sie allerdings inspizieren, indem Sie das gesamte Dictionary über print(params) ausgeben oder einzelne Tensoren über die jeweiligen Dictionary-Schlüssel auswählen. Zum Beispiel geben Sie die Gewichte der Embedding-Schicht wie folgt aus:

```
print(params["wte"])
print("Token embedding weight tensor dimensions:", params["wte"].shape)
```

Die Gewichte der Token-Embedding-Schicht lauten:

```
[[-0.11010301 ... -0.1363697   0.01506208   0.04531523]
 [ 0.04034033 ...  0.08605453  0.00253983   0.04318958]
 [-0.12746179  ...  0.08991534 -0.12972379 -0.08785918]
 ...
 [-0.04453601 ...   0.10435229  0.09783269 -0.06952604]
 [ 0.1860082  ...  -0.09625227  0.07847701 -0.02245961]
 [ 0.05135201 ...   0.00704835  0.15519823  0.12067825]]
Token embedding weight tensor dimensions: (50257, 768)
```

Über die Einstellung download_and_load_gpt2(model_size="124M", ...) haben wir die Gewichte des kleinsten GPT-2-Modells heruntergeladen und geladen. OpenAI gibt auch die Gewichte größerer Modelle frei: 355M, 774M und 1558M. Die Gesamtarchitektur dieser verschieden großen GPT-Modelle ist die gleiche, wie Abbildung 5.17 zeigt, außer dass verschiedene Architekturelemente unterschiedlich oft wiederholt werden und sich die Embedding-Größe unterscheidet. Der übrige Code in diesem Kapitel ist ebenfalls mit diesen größeren Modellen kompatibel.

Nachdem wir die GPT-2-Modellgewichte in Python geladen haben, müssen wir sie noch aus den Dictionaries settings und params in unsere GPTModel-Instanz übertragen. Zuerst erstellen wir ein Dictionary, das die Unterschiede zwischen den verschiedenen GPT-Modellgrößen in Abbildung 5.17 auflistet:

```
model_configs = {
    "gpt2-small (124M)": {"emb_dim": 768, "n_layers": 12, "n_heads": 12},
    "gpt2-medium (355M)": {"emb_dim": 1024, "n_layers": 24, "n_heads": 16},
    "gpt2-large (774M)": {"emb_dim": 1280, "n_layers": 36, "n_heads": 20},
    "gpt2-xl (1558M)": {"emb_dim": 1600, "n_layers": 48,  "n_heads": 25},
}
```

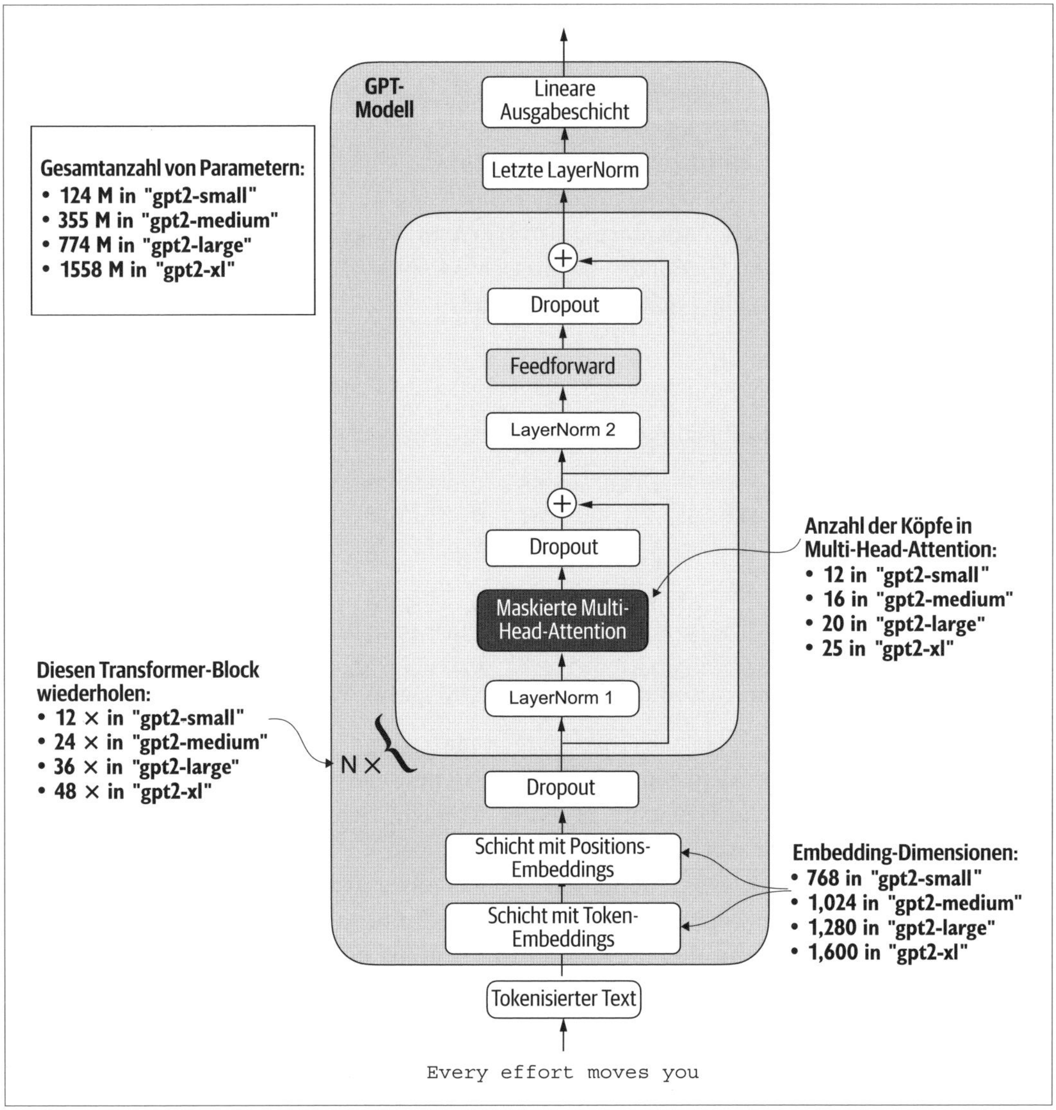

Abb. 5.17 *GPT-2-LLMs sind in verschiedenen Modellgrößen verfügbar, von 124 Millionen bis zu 1.558 Millionen Parametern. Die Kernarchitektur ist dieselbe außer in Bezug auf die verschiedenen Embedding-Größen und die Anzahl der einzelnen Komponenten, wie der wiederholten Attention-Köpfe und Transformer-Blöcke.*

Angenommen, wir wollten das kleinste Modell (`"gpt2-small (124M)"`) laden. Hierfür können wir die entsprechenden Einstellungen aus der Tabelle `model_configs` verwenden, um in voller Länge unser `GPT_CONFIG_124M` zu aktualisieren, das wir bereits früher definiert haben:

```
model_name = "gpt2-small (124M)"
NEW_CONFIG = GPT_CONFIG_124M.copy()
NEW_CONFIG.update(model_configs[model_name])
```

Aufmerksame Leserinnen und Leser erinnern sich vielleicht, dass wir eine Länge von 256 Tokens bereits früher verwendet haben, wobei aber die ursprünglichen GPT-2-Modelle von OpenAI mit einer Länge von 1.024 Tokens trainiert wurden, sodass wir `NEW_CONFIG` entsprechend aktualisieren müssen:

```
NEW_CONFIG.update({"context_length": 1024})
```

Zudem hat OpenAI in den linearen Schichten des Multi-Head-Attention-Moduls Bias-Vektoren verwendet, um die Matrixberechnungen für Abfrage, Schlüssel und Wert zu implementieren. Bias-Vektoren sind in LLMs in der Regel nicht mehr üblich, da sie die Modellperformance nicht verbessern und daher unnötig sind. Da wir aber mit vortrainierten Gewichten arbeiten, müssen wir die Einstellungen der Einheitlichkeit halber anpassen und diese Bias-Vektoren aktivieren:

```
NEW_CONFIG.update({"qkv_bias": True})
```

Jetzt können wir das aktualisierte Dictionary `NEW_CONFIG` verwenden, um eine neue `GPTModel`-Instanz zu initialisieren:

```
gpt = GPTModel(NEW_CONFIG)
gpt.eval()
```

Standardmäßig wird die `GPTModel`-Instanz mit zufälligen Gewichten für das Vortraining initialisiert. Um die Modellgewichte von OpenAI zu verwenden, müssen wir im letzten Schritt diese zufälligen Gewichte mit den Gewichten überschreiben, die wir in das `params`-Dictionary geladen haben. Hierzu definieren wir zuerst eine kleine Hilfsfunktion, die überprüft, ob zwei Tensoren oder Arrays (`left` und `right`) die gleichen Dimensionen bzw. die gleiche Form haben, und den rechten Tensor als trainierbare PyTorch-Parameter zurückgibt:

```
def assign(left, right):
    if left.shape != right.shape:
        raise ValueError(f"Shape mismatch. Left: {left.shape}, "
                          "Right: {right.shape}"
        )
    return torch.nn.Parameter(torch.tensor(right))
```

Als Nächstes definieren wir eine Funktion `load_weights_into_gpt`, die die Gewichte aus dem Dictionary `params` in die `GPTModel`-Instanz `gpt` lädt.

Listing 5.5 *OpenAI-Gewichte in unseren GPT-Modellcode laden*

```
import numpy as np

def load_weights_into_gpt(gpt, params):                                 ❶

    gpt.pos_emb.weight = assign(gpt.pos_emb.weight, params['wpe'])
    gpt.tok_emb.weight = assign(gpt.tok_emb.weight, params['wte'])

    for  b in range(len(params["blocks"])):                             ❷
        q_w, k_w, v_w = np.split(                                       ❸
            (params["blocks"][b]["attn"]["c_attn"])["w"], 3, axis=-1)
        gpt.trf_blocks[b].att.W_query.weight = assign(
            gpt.trf_blocks[b].att.W_query.weight, q_w.T)
        gpt.trf_blocks[b].att.W_key.weight = assign(
            gpt.trf_blocks[b].att.W_key.weight, k_w.T)
        gpt.trf_blocks[b].att.W_value.weight = assign(
            gpt.trf_blocks[b].att.W_value.weight, v_w.T)

        q_b, k_b, v_b = np.split(
            (params["blocks"][b]["attn"]["c_attn"])["b"], 3, axis=-1)
        gpt.trf_blocks[b].att.W_query.bias = assign(
            gpt.trf_blocks[b].att.W_query.bias, q_b)
        gpt.trf_blocks[b].att.W_key.bias = assign(
            gpt.trf_blocks[b].att.W_key.bias, k_b)
        gpt.trf_blocks[b].att.W_value.bias = assign(
            gpt.trf_blocks[b].att.W_value.bias, v_b)

        gpt.trf_blocks[b].att.out_proj.weight = assign(
            gpt.trf_blocks[b].att.out_proj.weight,
            params["blocks"][b]["attn"]["c_proj"]["w"].T)
        gpt.trf_blocks[b].att.out_proj.bias = assign(
            gpt.trf_blocks[b].att.out_proj.bias,
            params["blocks"][b]["attn"]["c_proj"]["b"])
        gpt.trf_blocks[b].ff.layers[0].weight = assign(
            gpt.trf_blocks[b].ff.layers[0].weight,
            params["blocks"][b]["mlp"]["c_fc"]["w"].T)
        gpt.trf_blocks[b].ff.layers[0].bias = assign(
            gpt.trf_blocks[b].ff.layers[0].bias,
            params["blocks"][b]["mlp"]["c_fc"]["b"])
        gpt.trf_blocks[b].ff.layers[2].weight = assign(
            gpt.trf_blocks[b].ff.layers[2].weight,
            params["blocks"][b]["mlp"]["c_proj"]["w"].T)

        gpt.trf_blocks[b].ff.layers[2].bias = assign(
            gpt.trf_blocks[b].ff.layers[2].bias,
            params["blocks"][b]["mlp"]["c_proj"]["b"])
```

```
        gpt.trf_blocks[b].norm1.scale = assign(
            gpt.trf_blocks[b].norm1.scale,
            params["blocks"][b]["ln_1"]["g"])
        gpt.trf_blocks[b].norm1.shift = assign(
            gpt.trf_blocks[b].norm1.shift,
            params["blocks"][b]["ln_1"]["b"])
        gpt.trf_blocks[b].norm2.scale = assign(
            gpt.trf_blocks[b].norm2.scale,
            params["blocks"][b]["ln_2"]["g"])
        gpt.trf_blocks[b].norm2.shift = assign(
            gpt.trf_blocks[b].norm2.shift,
            params["blocks"][b]["ln_2"]["b"])

    gpt.final_norm.scale = assign(gpt.final_norm.scale, params["g"])
    gpt.final_norm.shift = assign(gpt.final_norm.shift, params["b"])
    gpt.out_head.weight = assign(gpt.out_head.weight, params["wte"])   ❹
```

❶ Setzt die Gewichte für Positions- und Token-Embeddings auf die in »params« angegebenen Werte.

❷ Iteriert über jeden Transformer-Block im Modell.

❸ Die Funktion »np.split« teilt die Attention- und Bias-Gewichte in drei gleiche Teile für die Abfrage-, Schlüssel- und Wertkomponenten.

❹ Das ursprüngliche GPT-2-Modell von OpenAI hat die Gewichte der Token-Embeddings in der Ausgabeschicht wiederverwendet, um die Gesamtanzahl der Parameter zu verringern, ein Konzept, das als Gewichtskopplung bekannt ist.

In der Funktion `load_weights_into_gpt` gleichen wir die Gewichte aus der Implementierung von OpenAI sorgfältig mit unserer `GPTModel`-Implementierung ab. Um ein konkretes Beispiel herauszugreifen: OpenAI hat den Gewichts-Tensor für die Ausgabeprojektionsschicht für den ersten Transformer-Block als `params["blocks"][0]["attn"]["c_proj"]["w"]` gespeichert. In unserer Implementierung entspricht dieser Gewichts-Tensor `gpt.trf_blocks[b].att.out_proj.weight`, wobei `gpt` eine `GPTModel`-Instanz ist.

Die Entwicklung der Funktion `load_weights_into_gpt` hat eine Menge Rätselraten verursacht, da OpenAI eine etwas andere Namenskonvention als wir verwendet. Allerdings würde uns die Funktion `assign` warnen, wenn wir versuchten, zwei Tensoren mit unterschiedlichen Dimensionen zu vergleichen. Außerdem würden wir es bemerken, wenn wir in dieser Funktion einen Fehler machen, da das resultierende GPT-Modell nicht in der Lage wäre, kohärenten Text zu erzeugen.

Probieren wir nun die Funktion `load_weights_into_gpt` in der Praxis aus und laden wir die Modellgewichte von OpenAI in unsere `GPTModel`-Instanz `gpt`:

```
load_weights_into_gpt(gpt, params)
gpt.to(device)
```

Wenn das Modell korrekt geladen ist, können wir es nun verwenden, um mit unserer Funktion `generate` neuen Text zu erzeugen:

```
torch.manual_seed(123)
token_ids = generate(
    model=gpt,
    idx=text_to_token_
ids("Every  effort moves you", tokenizer).to(device),
    max_new_tokens=25,
    context_size=NEW_CONFIG["context_length"],
    top_k=50,
    temperature=1.5
)
print("Output text:\n", token_ids_to_text(token_ids, tokenizer))
```

Der resultierende Text sieht wie folgt aus:

```
Output text:
 Every effort moves you toward finding an ideal new way to practice
     something!
What makes us want to be on top of that?
```

Wir können sicher sein, die Modellgewichte richtig geladen zu haben, weil das Modell kohärenten Text erzeugen kann. Ein kleiner Fehler in diesem Prozess würde das Modell zum Scheitern bringen. In den folgenden Kapiteln setzen wir die Arbeit mit diesem vortrainierten Modell fort und feintunen es, um Text zu klassifizieren und Anweisungen zu befolgen.

Übung 5.5

Berechnen Sie die Trainings- und Validierungssatzverluste für das `GPTModel` mit den vortrainierten Gewichten aus OpenAI für den Datensatz der Kurzgeschichte »The Verdict«.

Übung 5.6

Experimentieren Sie mit GPT-2-Modellen verschiedener Größen – zum Beispiel mit dem größten Modell, das 1.558 Millionen Parameter verarbeitet – und vergleichen Sie den generierten Text mit dem 124-Millionen-Modell.

5.6 Zusammenfassung

- Wenn LLMs Text erzeugen, geben sie ein Token nach dem anderen aus.
- Standardmäßig wird das nächste Token erzeugt, indem die Modellausgaben in Wahrscheinlichkeitswerte umgewandelt werden und das Token aus dem Vokabular ausgewählt wird, das dem höchsten Wahrscheinlichkeitswert entspricht, auch bekannt als *gierige Decodierung*.
- Durch probabilistisches Sampling und Temperaturskalierung können wir die Diversität und Kohärenz des generierten Texts beeinflussen.
- Die Verluste von Trainings- und Validierungssätzen lassen sich heranziehen, um die Qualität des vom LLM während des Trainings generierten Texts zu beurteilen.
- Beim Vortraining eines LLM werden die Gewichte verändert, um den Trainingsverlust zu minimieren.
- Die Trainingsschleife für LLMs selbst ist ein Standardverfahren beim Deep Learning, bei dem ein herkömmlicher Kreuzentropieverlust und ein AdamW-Optimizer verwendet werden.
- Da das Vortraining eines LLM auf einem großen Textkorpus zeit- und ressourcenintensiv ist, können wir öffentlich zugängliche Gewichte laden, anstatt in eigener Regie das Modell auf einem großen Datensatz vorzutrainieren.

6 Feintuning zur Klassifizierung

In diesem Kapitel:

- Einführung verschiedener Ansätze zum LLM-Feintuning
- Einen Datensatz für die Textklassifizierung vorbereiten
- Ein vortrainiertes LLM für das Feintuning modifizieren
- Ein LLM feintunen, um Spam-Nachrichten zu erkennen
- Die Genauigkeit eines feingetunten LLM-Klassifizierers bewerten
- Ein feingetuntes LLM einsetzen, um neue Daten zu klassifizieren

Bisher haben wir die LLM-Architektur programmiert und vortrainiert. Und Sie haben gelernt, wie sich vortrainierte Gewichte aus einer externen Quelle wie OpenAI in unser Modell importieren lassen. Nun werden wir die Früchte unserer Arbeit ernten, indem wir das LLM auf eine bestimmte Zielaufgabe feintunen, beispielsweise die Klassifizierung von Text. Als konkretes Beispiel untersuchen wir die Klassifizierung von Textnachrichten als »Spam« oder »kein Spam«. Abbildung 6.1 hebt die beiden Hauptmethoden zum Feintuning eines LLM hervor: Feintuning zur Klassifizierung (Schritt 8) und Feintuning, um Anweisungen zu befolgen (Schritt 9).

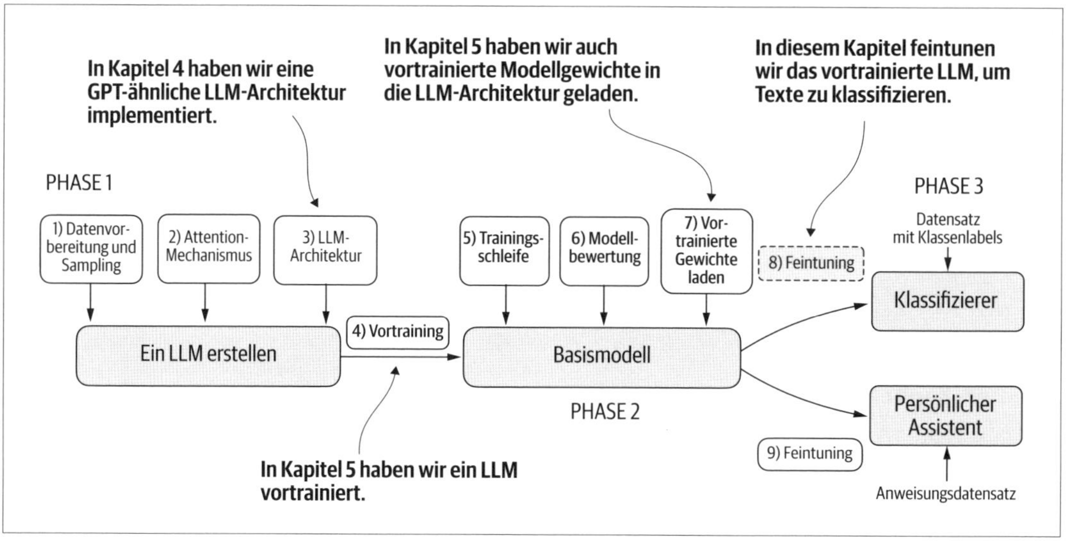

Abb. 6.1 *Die drei Hauptphasen der Programmierung eines LLM. Dieses Kapitel konzentriert sich auf Phase 3 (Schritt 8): Feintuning eines LLM als Klassifizierer.*

6.1 Verschiedene Kategorien des Feintunings

Die gängigsten Methoden zum Feintuning von Sprachmodellen sind *Anweisungsoptimierung* und *Feintuning per Klassifizierung*. Bei der Anweisungsoptimierung wird ein Sprachmodell auf einer Menge von Aufgaben mithilfe spezifischer Anweisungen trainiert, um dessen Fähigkeit zu verbessern, die in natürlicher Sprache geschriebenen Prompts zu verstehen und auszuführen, wie Abbildung 6.2 veranschaulicht.

Mit dem Konzept des Feintunings per Klassifizierung sind Sie vielleicht schon vertraut, wenn Sie bereits mit Machine Learning zu tun hatten; das Modell wird trainiert, um eine spezifische Menge von Klassenlabels zu erkennen, wie zum Beispiel »Spam« und »kein Spam«. Beispiele für Klassifizierungsaufgaben gehen über LLMs und E-Mail-Filterung hinaus: Zu ihnen gehören das Identifizieren verschiedener Arten von Pflanzen anhand von Bildern, das Kategorisieren von Nachrichtenartikeln in Themen wie Sport, Politik und Technologie sowie das Unterscheiden zwischen gut- und bösartigen Tumoren in der medizinischen Bildgebung.

Der Knackpunkt ist, dass ein auf Klassifizierung feingetuntes Modell darauf beschränkt ist, Klassen vorherzusagen, die es während des Trainings gesehen hat. Zum Beispiel kann es bestimmen, ob etwas »Spam« oder »kein Spam« ist, wie Abbildung 6.3 veranschaulicht, doch es kann nichts weiter über den Eingabetext aussagen.

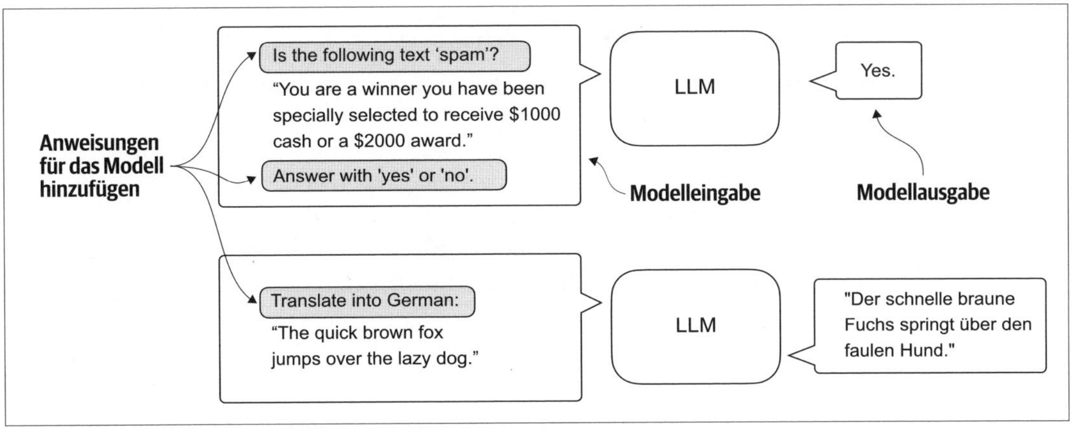

Abb. 6.2 *Zwei verschiedene Szenarios der Anweisungsoptimierung. Oben wird das Modell beauftragt, zu bestimmen, ob ein gegebener Text Spam ist, und unten erhält das Modell die Anweisung, einen englischen Satz ins Deutsche zu übersetzen.*

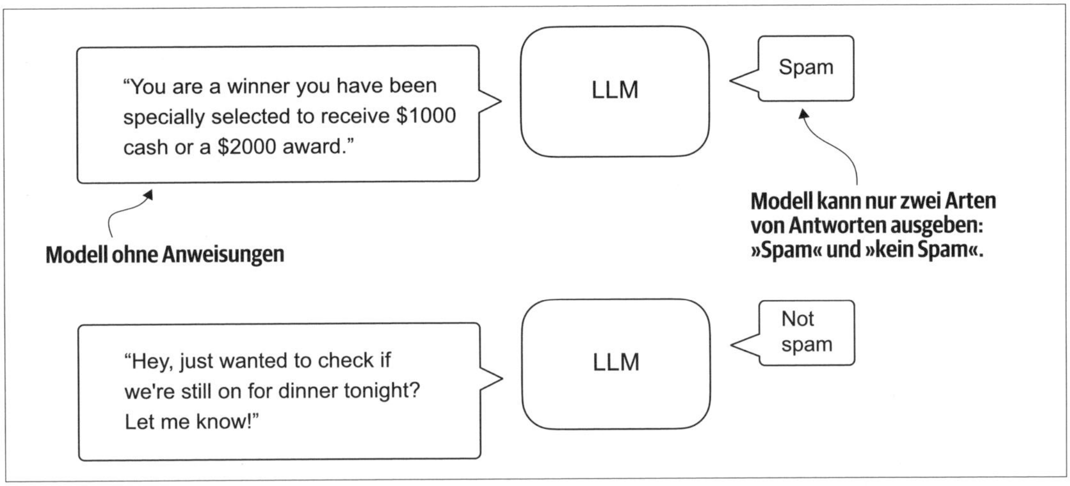

Abb. 6.3 *Szenario einer Textklassifizierung mit einem LLM. Ein Modell, das für die Spam-Klassifizierung feingetunt wurde, benötigt keine weitere Anweisung neben der Eingabe. Im Gegensatz zu einem anweisungsoptimierten Modell kann es nur mit »Spam« oder »kein Spam« antworten.*

Im Gegensatz zu dem in Abbildung 6.3 dargestellten Modell, das per Klassifizierung optimiert wird, kann ein anweisungsoptimiertes Modell in der Regel ein breiteres Spektrum von Aufgaben übernehmen. Ein per Klassifizierung feingetuntes Modell kann man als hoch spezialisiert betrachten. Und im Allgemeinen ist es einfacher zu entwickeln als ein generalistisches Modell, das für verschiedenartigste Aufgaben geeignet ist.

Den richtigen Ansatz wählen

Anweisungsoptimierung verbessert die Fähigkeit eines Modells, spezifische Benutzeranweisungen zu verstehen und entsprechende Antworten zu generieren. Am besten ist das anweisungsorientierte Feintuning für Modelle geeignet, die die vielfältigsten Aufgaben basierend auf komplexen Benutzeranweisungen bewältigen müssen. Dieser Ansatz verbessert die Flexibilität und Interaktionsqualität. Klassifizierungsorientiertes Feintuning ist ideal geeignet für Projekte, die eine genaue Kategorisierung von Daten in vordefinierte Klassen verlangen, beispielsweise Stimmungsanalyse oder Spam-Erkennung.

Das anweisungsorientierte Feintuning ist zwar vielseitiger, erfordert aber größere Datensätze und mehr Rechenressourcen, um Modelle zu entwickeln, die für verschiedenartige Aufgaben einsetzbar sind. Im Gegensatz dazu erfordert das klassifizierungsorientierte Feintuning weniger Daten und Rechenleistung, ist aber auf die spezifischen Klassen beschränkt, für die das Modell trainiert wurde.

6.2 Den Datensatz vorbereiten

Wir werden das zuvor implementierte und vortrainierte GPT-Modell modifizieren und klassifizierungsorientiert feintunen. Hierfür laden wir zunächst den Datensatz herunter und bereiten ihn vor, wie in Abbildung 6.4 deutlich gemacht. Um ein intuitives und nützliches Beispiel für das klassifizierungsorientierte Feintuning zu liefern, arbeiten wir mit einem Datensatz von Textnachrichten, der aus Spam- und Nicht-Spam-Nachrichten besteht.

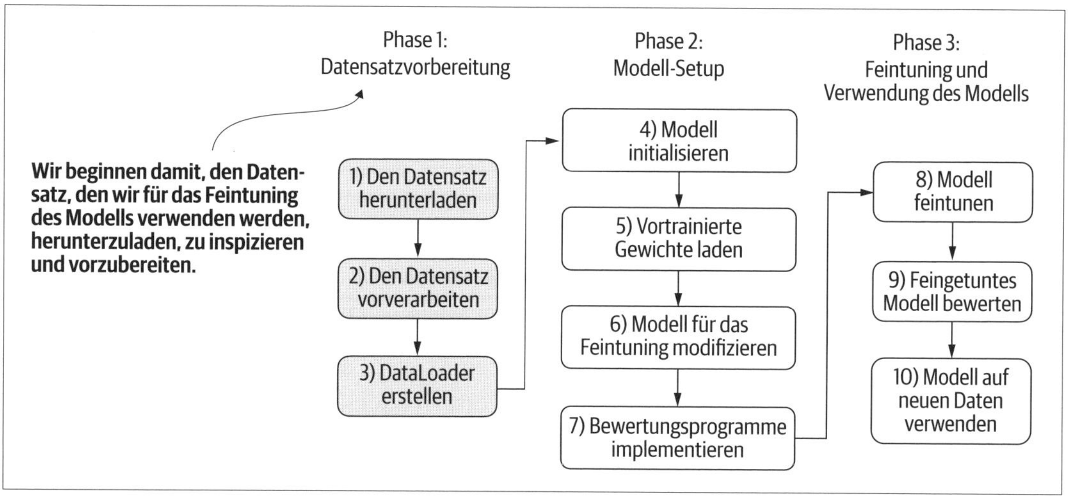

Abb. 6.4 *Der dreistufige Prozess eines klassifizierungsorientierten LLM-Feintunings. Phase 1 beinhaltet die Datensatzvorbereitung, Phase 2 konzentriert sich auf das Modell-Setup, und Phase 3 umfasst Feintuning und Bewertung des Modells.*

> **Hinweis**
>
> Textnachrichten werden in der Regel per Telefon verschickt, nicht per E-Mail. Allerdings gelten die gleichen Schritte auch für die E-Mail-Klassifizierung, und interessierte Leserinnen und Leser finden Links zur Spam-Klassifizierung von E-Mail in Anhang B.

Im ersten Schritt wird der Datensatz heruntergeladen.

Listing 6.1 *Den Datensatz herunterladen und entpacken*

```
import urllib.request
import zipfile
import os
from pathlib import Path

url = "https://archive.ics.uci.edu/static/public/228/
sms+spam+collection.zip"
zip_path = "sms_spam_collection.zip"
extracted_path = "sms_spam_collection"
data_file_path = Path(extracted_path) / "SMSSpamCollection.tsv"

def download_and_unzip_spam_data(
        url, zip_path, extracted_path, data_file_path):
    if data_file_path.exists():
        print(f"{data_file_path}  already exists. Skipping download "
              "and extraction."
        )
        return

    with urllib.request.urlopen(url) as response:                    ❶
        with open(zip_path, "wb") as out_file:
            out_file.write(response.read())

    with zipfile.ZipFile(zip_path, "r") as zip_ref:                  ❷
        zip_ref.extractall(extracted_path)

    original_file_path = Path(extracted_path) / "SMSSpamCollection"
    os.rename(original_file_path, data_file_path)                    ❸
    print(f"File downloaded and saved as {data_file_path}")

download_and_unzip_spam_data(url, zip_path, extracted_path, data_file_
path)
```

❶ Lädt die Datei herunter.

❷ Entpackt die Datei.

❸ Hängt die Dateierweiterung .tsv an.

Wenn Sie den obigen Code ausführen, wird der Datensatz als tabulatorgetrennte Textdatei *SMSSpamCollection.tsv* im Ordner *sms_spam_collection* gespeichert. Diese Datei lässt sich wie folgt in einen Pandas-DataFrame laden:

```
import pandas as pd
df = pd.read_csv(
    data_file_path, sep="\t", header=None, names=["Label", "Text"]
)
df                      ❶
```

❶ Gibt den DataFrame in einem Jupyter Notebook wieder. Alternativ können Sie dies mit »print(df)« erreichen.

Abbildung 6.5 zeigt den resultierenden DataFrame des Spam-Datensatzes.

	Label	Text
0	ham	Go until jurong point, crazy.. Available only ...
1	ham	Ok lar... Joking wif u oni...
2	spam	Free entry in 2 a wkly comp to win FA Cup fina...
3	ham	U dun say so early hor... U c already then say...
4	ham	Nah I don't think he goes to usf, he lives aro...
...	...	...
5571	ham	Rofl. Its true to its name

5572 rows × 2 columns

Abb. 6.5 *Vorschau auf den »SMSSpamCollection«-Datensatz in einem Pandas-DataFrame, der die Klassenlabels (»ham« oder »spam«) und entsprechende Textnachrichten zeigt. Der Datensatz besteht aus 5.572 Zeilen (Textnachrichten und Labels).*

Untersuchen wir nun die Verteilung der Klassenlabels:

```
print(df["Label"].value_counts())
```

Wenn Sie diesen Code ausführen, zeigt sich, dass die Daten weit häufiger `ham` (also »Nicht-Spam«) enthalten als `spam`:

```
Label
ham     4825
spam     747
Name: count, dtype: int64
```

Der Einfachheit halber und weil wir einen kleinen Datensatz bevorzugen (der ein schnelleres Feintuning des LLM erleichtert), entscheiden wir uns für eine Teilstichprobe des Datensatzes mit 747 Instanzen jeder Klasse.

Hinweis

Es gibt mehrere andere Methoden, um mit nicht ausgewogenen Klassen umzugehen, doch würde das den Rahmen dieses Buchs sprengen. Alle diejenigen, die an Untersuchungsmethoden für nicht ausgewogene Daten interessiert sind, finden weiterführende Informationen in Anhang B.

Mit dem Code in Listing 6.2 lassen sich eine Teilstichprobe und ein ausgewogener Datensatz erzeugen.

Listing 6.2 *Einen ausgewogenen Datensatz erzeugen*

```
def create_balanced_dataset(df):
    num_spam = df[df["Label"] ==  "spam"].shape[0]          ❶
    ham_subset = df[df["Label"] == "ham"].sample(
        num_spam, random_state=123
    )                                                        ❷
    balanced_df = pd.concat([
        ham_subset, df[df["Label"] == "spam"]
    ])                                                       ❸
    return balanced_df
balanced_df = create_balanced_dataset(df)
print(balanced_df["Label"].value_counts())
```

❶ Zählt die Instanzen von »"spam"«.

❷ Zieht zufällige Stichproben von »"ham"«-Instanzen, um der Anzahl der »"spam"«-Instanzen zu entsprechen.

❸ Kombiniert die »ham«-Teilmenge mit »"spam"«.

Nachdem Sie den obigen Code ausgeführt haben, um einen ausgewogenen Datensatz zu erzeugen, zeigt sich, dass wir nun die gleiche Anzahl von Spam- und Nicht-Spam-Nachrichten haben:

```
Label
ham    747
spam   747
Name: count, dtype: int64
```

Als Nächstes konvertieren wir die »String«-Klassenlabels `"ham"` und `"spam"` in ganzzahlige Klassenlabels 0 und 1.

```
balanced_df["Label"] = balanced_df["Label"].map({"ham": 0, "spam": 1})
```

Dieser Vorgang ähnelt dem Konvertieren von Text in Token-IDs. Anstatt aber das GPT-Vokabular zu verwenden, das mehr als 50.000 Wörter umfasst, begnügen wir uns mit nur zwei Token-IDs: 0 und 1.

Nun schreiben wir eine Funktion random_split, die den Datensatz in drei Teile teilt: 70 % für das Training, 10 % für die Validierung und 20 % zum Testen. (Diese Verhältnisse sind üblich im Machine Learning, um Modelle zu trainieren, anzupassen und zu bewerten.)

Listing 6.3 Den Datensatz aufteilen

```
def random_split(df, train_frac,  validation_frac):
    df = df.sample(
        frac=1, random_state=123
    ).reset_index(drop=True)                                      ❶
    train_end = int(len(df) * train_frac)                         ❷
    validation_end = train_end +  int(len(df) * validation_frac)
                                                                  ❸
    train_df = df[:train_end]
    validation_df = df[train_end:validation_end]
    test_df = df[validation_end:]

    return train_df, validation_df, test_df

train_df, validation_df, test_df  = random_split(
    balanced_df, 0.7, 0.1)                                       (4)
```

❶ Mischt den gesamten DataFrame.

❷ Berechnet Teilungsindizes.

❸ Teilt den DataFrame.

❹ Als Rest wird eine Testgröße von 0,2 unterstellt.

Den Datensatz speichern wir als CSV-Dateien (*Comma-Separated Value*, kommagetrennter Wert), damit wir ihn später wiederverwenden können:

```
train_df.to_csv("train.csv", index=None)
validation_df.to_csv("validation.csv", index=None)
test_df.to_csv("test.csv", index=None)
```

Bisher haben wir den Datensatz heruntergeladen, ausgeglichen und in Trainings- und Evaluierungsteilsätze aufgeteilt. Nun richten wir die PyTorch-DataLoader ein, die beim Training des Modells verwendet werden.

6.3 DataLoader erstellen

Wir werden nun PyTorch-DataLoader erstellen, die konzeptionell denen ähnlich sind, die wir beim Arbeiten mit Textdaten implementiert haben. Bislang haben wir eine Technik mit gleitendem Fenster angewandt, um gleich große Textblöcke zu erzeugen, die wir dann in Stapel gruppiert haben, um das Training effizienter zu machen. Jeder Block hat als individuelle Trainingsinstanz funktioniert. Allerdings arbeiten wir jetzt mit einem Spam-Datensatz, der Textnachrichten variierender Längen enthält. Um diese Nachrichten wie bei den Textblöcken in Stapeln unterzubringen, haben wir vor allem zwei Möglichkeiten:

- Alle Nachrichten auf die Länge der kürzesten Nachricht im Datensatz oder Stapel kürzen.
- Alle Nachrichten bis zur Länge der längsten Nachricht im Datensatz oder Stapel auffüllen.

Die erste Option ist rechentechnisch günstiger, kann aber zu einem erheblichen Informationsverlust führen, wenn kürzere Nachrichten wesentlich kleiner sind als die durchschnittlichen oder die längsten Nachrichten, was die Leistung des Modells beeinträchtigen kann. Wir entscheiden uns daher für die zweite Option, bei der der gesamte Inhalt aller Nachrichten erhalten bleibt.

Um die Stapelverarbeitung zu implementieren, bei der alle Nachrichten auf die Länge der längsten Nachricht im Datensatz aufgefüllt werden, fügen wir allen kürzeren Nachrichten *Auffülltokens* hinzu. Zu diesem Zweck verwenden wir `"<|endoftext|>"` als Auffülltoken.

Anstatt jedoch die Zeichenfolge `"<|endoftext|>"` direkt an jede Textnachricht anzuhängen, können wir die Token-ID, die `"<|endoftext|>"` entspricht, zu den codierten Textnachrichten hinzufügen, wie in Abbildung 6.6 dargestellt. Bei `50256` handelt es sich um die Token-ID des Auffülltokens `"<|endoftext|>"`. Um zu kontrollieren, ob die Token-ID korrekt ist, codieren wir `"<|endoftext|>"` mit dem *GPT-2-Tokenizer* aus dem Paket `tiktoken`, das wir bereits verwendet haben:

```
import tiktoken
tokenizer = tiktoken.get_encoding("gpt2")
print(tokenizer.encode("<|endoftext|>", allowed_special=
{"<|endoftext|>"}))
```

Tatsächlich liefert der obige Code `[50256]` zurück.

Zunächst müssen wir ein PyTorch-Dataset implementieren, das angibt, wie die Daten geladen und verarbeitet werden, bevor wir die DataLoader instanziieren können. Hierfür definieren wir die Klasse `SpamDataset`, die die Konzepte von Abbildung 6.6 implementiert. Diese `SpamDataset`-Klasse übernimmt mehrere wichtige Aufgaben: Sie codiert die Textnachrichten in Token-Sequenzen, ermittelt die längste Sequenz im Trainingsdatensatz, und sorgt dafür, dass alle anderen Sequenzen mit einem Auffülltoken aufgefüllt werden, sodass ihre Längen gleich der Länge der längsten Sequenz sind.

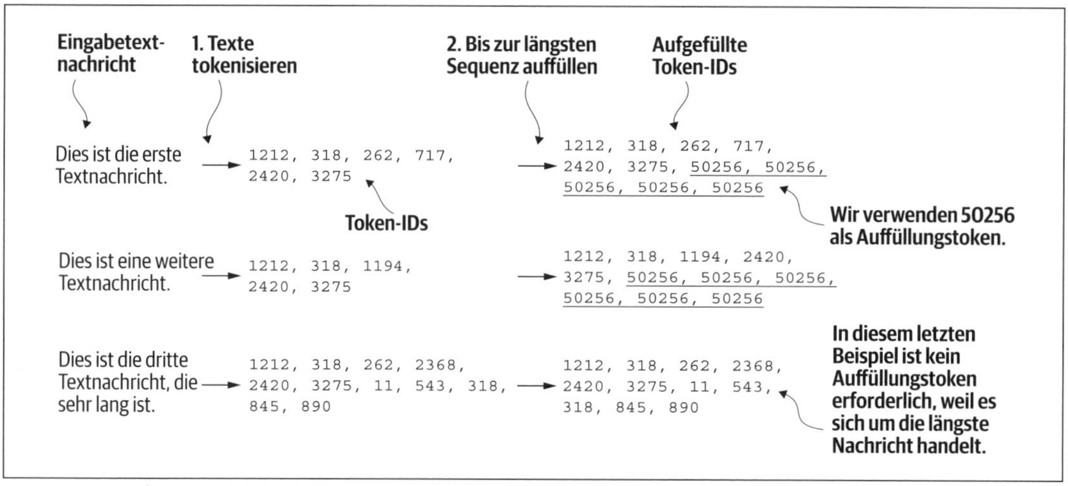

Abb. 6.6 *Die Vorbereitung eines Eingabetexts. Als Erstes wird jede Eingabetextnachricht in eine Folge von Token-IDs konvertiert. Um dann eine einheitliche Sequenzlänge sicherzustellen, werden kürzere Sequenzen mit einem Auffülltoken aufgefüllt (in diesem Fall mit der Token-ID 50256), damit sie die Länge der längsten Sequenz erreichen.*

Listing 6.4 *Eine PyTorch-Klasse »Dataset« einrichten*

```
import torch
from torch.utils.data import Dataset

class SpamDataset(Dataset):
    def __init__(self, csv_file,  tokenizer, max_length=None,
                 pad_token_id=50256):
        self.data = pd.read_csv(csv_file)
                                                                ❶
        self.encoded_texts = [
            tokenizer.encode(text) for text in self.data["Text"]
        ]

        if max_length is None:
            self.max_length = self._longest_encoded_length()
        else:
            self.max_length = max_length
                                                                ❷
            self.encoded_texts =  [
                encoded_text[:self.max_length]
                for encoded_text  in self.encoded_texts
            ]
                                                                ❸
        self.encoded_texts = [
```

```
                encoded_text + [pad_token_id] *
                (self.max_length len(encoded_text))
                for encoded_text in self.encoded_texts
            ]

    def __getitem__(self, index):
        encoded = self.encoded_texts[index]
        label = self.data.iloc[index]["Label"]
        return (
            torch.tensor(encoded, dtype=torch.long),
            torch.tensor(label, dtype=torch.long)
        )

    def __len__(self):
        return len(self.data)

    def _longest_encoded_length(self):
        max_length = 0
        for encoded_text in self.encoded_texts:
            encoded_length = len(encoded_text)
            if encoded_length > max_length:
        max_length = encoded_length return max_length
```

❶ Texte vorab tokenisieren.

❷ Sequenzen kürzen, wenn sie länger als »max_length« sind.

❸ Füllt Sequenzen bis zur längsten Sequenz auf.

Die Klasse `SpamDataset` lädt Daten aus den CSV-Dateien, die wir bereits erstellt haben, tokenisiert den Text mithilfe des GPT-2-Tokenizers von `tiktoken` und erlaubt uns, die Sequenzen auf eine einheitliche Länge *aufzufüllen* oder *abzuschneiden*, was sich aus der längsten Sequenz oder einer vordefinierten maximalen Länge ergibt. Dies stellt sicher, dass jeder Eingabe-Tensor die gleiche Größe hat, was erforderlich ist, um die Stapel für das Training im DataLoader zu erstellen, den wir als Nächstes implementieren:

```
train_dataset = SpamDataset(
    csv_file="train.csv",
    max_length=None,
    tokenizer=tokenizer
)
```

Die Länge der längsten Sequenz wird im Attribut `max_length` des Datasets gespeichert. Wenn Sie wissen möchten, wie viele Tokens die längste Sequenz enthält, können Sie das mit dem folgenden Code in Erfahrung bringen:

```
print(train_dataset.max_length)
```

Der Rückgabewert ist 120, d.h., die längste Sequenz enthält nicht mehr als 120 Tokens, eine übliche Länge für Textnachrichten. Das Modell kann Sequenzen bis zu 1.024 Tokens verarbeiten, wobei die Begrenzung der Kontextlänge zu berücksichtigen ist. Sollte Ihr Datensatz längere Texte enthalten, können Sie `max_length=1024` übergeben, wenn Sie den Trainingsdatensatz im obigen Code erstellen, damit die Daten nicht die vom Modell unterstützte Eingabe- bzw. Kontextlänge überschreiten.

Als Nächstes füllen wir die Validierungs- und Testdatensätze auf, damit sie der Länge der längsten Trainingssequenz entsprechen. Wichtig ist, dass alle Beispiele aus dem Validierungs- und dem Testdatensatz, die die Länge des längsten Trainingsbeispiels überschreiten, mit `encoded_text[:self.max_length]` im zuvor definierten Code von `SpamDataset` abgeschnitten werden. Diese Kürzung ist optional; Sie können `max_length=None` sowohl für die Validierungs- als auch für die Testsätze festlegen, vorausgesetzt, es gibt keine Sequenzen mit mehr als 1.024 Tokens in diesen Datensätzen:

```
val_dataset = SpamDataset(
    csv_file="validation.csv",
    max_length=train_dataset.max_length,
    tokenizer=tokenizer
)
test_dataset = SpamDataset(
    csv_file="test.csv",
    max_length=train_dataset.max_length,
    tokenizer=tokenizer
)
```

Übung 6.1: Die Kontextlänge erhöhen

Füllen Sie die Eingaben bis zur maximalen Anzahl von Tokens auf, die das Modell unterstützt, und beobachten Sie, wie sich dies auf die Vorhersageperformance auswirkt.

Mit den Datensätzen als Eingaben können wir die DataLoader instanziieren, und zwar auf ähnliche Weise wie beim Arbeiten mit Textdaten. Allerdings stellen in diesem Fall die Ziele Klassenlabels dar und nicht die nächsten Tokens im Text. Wenn wir zum Beispiel eine Stapelgröße von 8 wählen, besteht jeder Stapel aus acht Trainingsbeispielen der Länge 120 und dem entsprechenden Klassenlabel für jedes Beispiel, wie Abbildung 6.7 verdeutlicht.

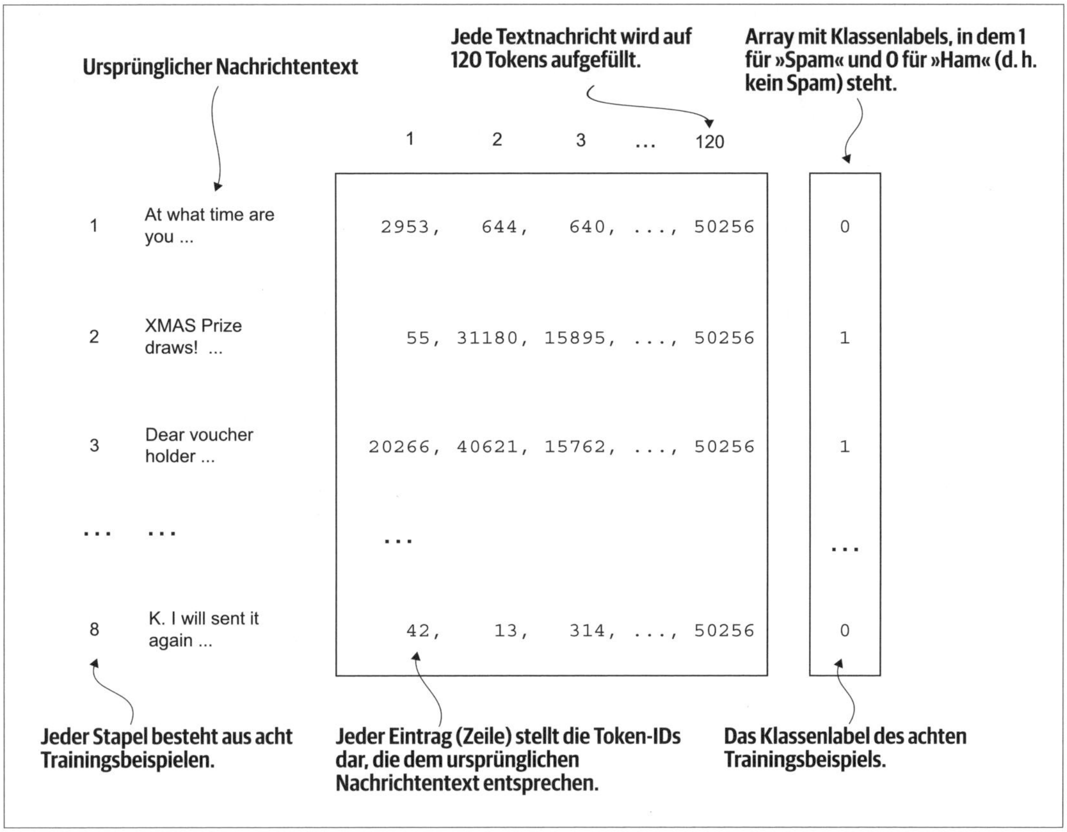

Abb. 6.7 *Ein einzelner Trainingsstapel, bestehend aus acht Textnachrichten, die als Token-IDs dargestellt sind. Jede Textnachricht umfasst 120 Token-IDs. Ein Klassenlabel-Array speichert die acht Klassenlabels, die den Textnachrichten entsprechen und entweder 0 (»kein Spam«) oder 1 (»Spam«) sein können.*

Der Code in Listing 6.5 erzeugt die DataLoader für Trainings-, Validierungs- und Testdatensätze, um die Textnachrichten und Labels in Stapeln der Größe 8 zu laden.

Listing 6.5 *PyTorch-DataLoader erstellen*

```
from torch.utils.data import DataLoader

num_workers = 0                                    ❶
batch_size = 8
torch.manual_seed(123)

train_loader = DataLoader(
    dataset=train_dataset,
```

```
        batch_size=batch_size,
        shuffle=True,
        num_workers=num_workers,
        drop_last=True,
    )

    val_loader = DataLoader(
        dataset=val_dataset,
        batch_size=batch_size,
        num_workers=num_workers,
        drop_last=False,
    )

    test_loader = DataLoader(
        dataset=test_dataset,
        batch_size=batch_size,
        num_workers=num_workers,
        drop_last=False,
    )
```

❶ Diese Einstellung sichert Kompatibilität mit den meisten Computern.

Um zu kontrollieren, dass die DataLoader korrekt arbeiten und tatsächlich Stapel der erwarteten Größe zurückgeben, iterieren wir über dem Trainings-Loader und geben dann die Tensor-Dimensionen des letzten Stapels aus:

```
for input_batch, target_batch in  train_loader:
    pass
print("Input batch dimensions:",  input_batch.shape)
print("Label batch dimensions", target_batch.shape)
```

Die Ausgabe lautet:

```
Input batch dimensions: torch.Size([8, 120])
Label batch dimensions torch.Size([8])
```

Wie die Ausgabe zeigt, bestehen die Eingabestapel erwartungsgemäß aus acht Trainingsbeispielen mit jeweils 120 Tokens. Der Label-Tensor speichert die Klassenlabel, die den acht Trainingsbeispielen entsprechen.

Um schließlich eine Vorstellung von der Datensatzgröße zu bekommen, geben wir die Gesamtanzahl der Stapel in jedem Datensatz aus:

```
print(f"{len(train_loader)} training batches")
print(f"{len(val_loader)} validation batches")
print(f"{len(test_loader)} test batches")
```

Für die Anzahl der Stapel in jedem Datensatz erhalten Sie:

```
130 training batches
19 validation batches
38 test  batches
```

Nachdem wir die Daten vorbereitet haben, müssen wir das Modell für das Feintuning fit machen.

6.4 Ein Modell mit vortrainierten Gewichten initialisieren

Wir müssen das Modell für das Feintuning per Klassifizierer vorbereiten, um Spam-Nachrichten zu erkennen. Es geht los mit der Initialisierung unseres vortrainierten Modells, wie es in Abbildung 6.8 markiert ist.

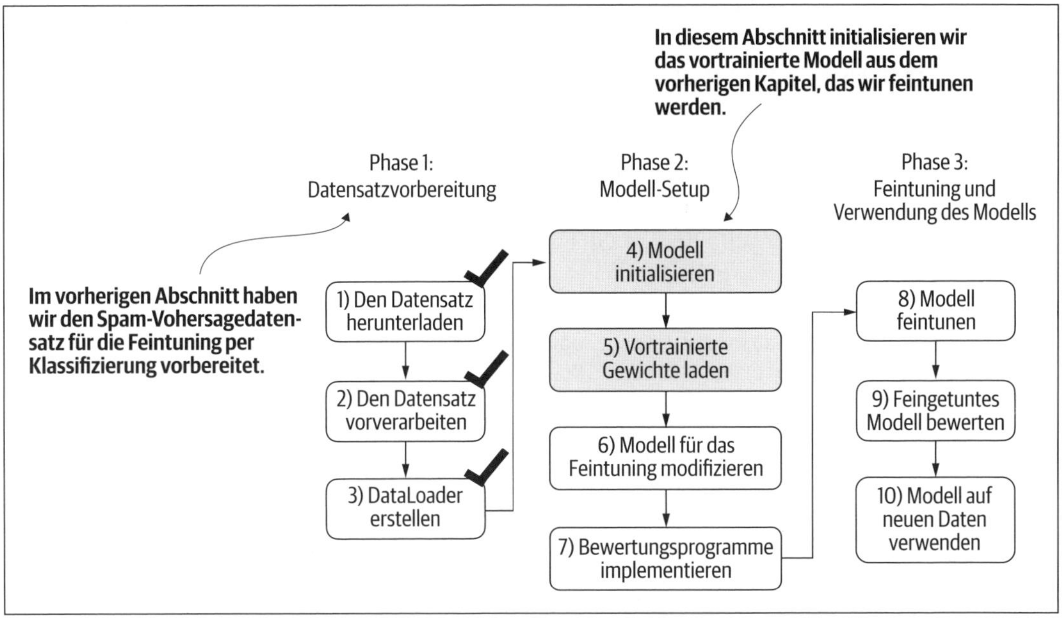

Abb. 6.8 *Der dreistufige Prozess beim Feintuning des LLM per Klassifizierung. Nachdem Phase 1 mit der Vorbereitung des Datensatzes abgeschlossen ist, müssen wir nun das LLM initialisieren, das wir dann feintunen, um Spam-Nachrichten zu klassifizieren.*

Zu Beginn der Modellvorbereitung wenden wir die gleichen Konfigurationen an, wie wir sie beim Vortraining nicht gelabelter Daten genutzt haben.

```
CHOOSE_MODEL = "gpt2-small (124M)"
INPUT_PROMPT = "Every effort moves"

BASE_CONFIG = {
    "vocab_size": 50257,          ❶
```

```
    "context_length": 1024,          ❷
    "drop_rate": 0.0,                ❸
    "qkv_bias": True                 ❹
}

model_configs = {
    "gpt2-small (124M)": {"emb_dim": 768, "n_layers": 12, "n_heads": 12},
    "gpt2-medium (355M)": {"emb_dim": 1024, "n_layers": 24, "n_heads": 16},
    "gpt2-large (774M)": {"emb_dim": 1280, "n_layers": 36, "n_heads": 20},
    "gpt2-xl (1558M)": {"emb_dim": 1600, "n_layers": 48,  "n_heads": 25},
} BASE_CONFIG.update(model_configs[CHOOSE_MODEL])
```

❶ Vokabulargröße

❷ Kontextlänge

❸ Dropout-Rate

❹ Abfrage-Schlüssel-Wert-Bias

Als Nächstes importieren wir die Funktion `download_and_load_gpt2` aus der Datei *gpt_download.py* und verwenden die Klasse `GPTModel` sowie die Funktion `load_weights_into_gpt` aus dem Vortraining (siehe Kapitel 5), um die heruntergeladenen Gewichte in das GPT-Modell zu laden.

Listing 6.6 *Ein vortrainiertes GPT-Modul laden*

```
from gpt_download import download_and_load_gpt2
from chapter05 import GPTModel, load_weights_into_gpt

model_size = CHOOSE_MODEL.split(" ")[-1].lstrip("(").rstrip(")")
settings, params = download_and_load_gpt2(
    model_size=model_size, models_dir="gpt2"
)

model =  GPTModel(BASE_CONFIG)
load_weights_into_gpt(model, params)
model.eval()
```

Nach dem Laden der Modellgewichte in das `GPTModel` setzen wir wieder die Hilfsfunktion zur Textgenerierung aus den Kapiteln 4 und 5 ein, um sicherzustellen, dass das Modell kohärenten Text erzeugt:

```
from chapter04 import generate_text_simple
from chapter05 import text_to_token_ids, token_ids_to_text

text_1 = "Every effort moves you"
token_ids = generate_text_simple(
    model=model,
    idx=text_to_token_ids(text_1, tokenizer),
```

```
    max_new_tokens=15,
    context_size=BASE_CONFIG["context_length"]
)
print(token_ids_to_text(token_ids, tokenizer))
```

Die folgende Ausgabe zeigt, dass das Modell einen zusammenhängenden Text erzeugt, die Modellgewichte also offenbar korrekt geladen wurden:

```
Every effort moves you forward.
The first step is to understand the importance of your work
```

Bevor wie mit dem Feintuning des Modells als Spam-Klassifizierer beginnen, sehen wir uns an, ob das Modell bereits Spam-Nachrichten klassifizieren kann, indem wir ihm Prompts mit Anweisungen übergeben:

```
text_2 = (
    "Is  the following text 'spam'? Answer with 'yes' or 'no':"
    " 'You are a winner you have  been specially"
    " selected to receive $1000 cash or a $2000 award.'"
)
token_ids = generate_text_simple(
    model=model,
    idx=text_to_token_ids(text_2, tokenizer),
    max_new_tokens=23,
    context_size=BASE_CONFIG["context_length"]
)
print(token_ids_to_text(token_ids, tokenizer))
```

Die Modellausgabe sieht so aus:

```
Is the following text 'spam'?
Answer with 'yes' or 'no':  'You are a winner
you have been specially selected  to receive $1000 cash
or a $2000 award.'
The following text 'spam'? Answer with 'yes' or 'no': 'You are a winner
```

Offensichtlich hat das Modell Schwierigkeiten, den Anweisungen zu folgen. Dieses Ergebnis ist zu erwarten, da das Modell nur ein Vortraining durchlaufen hat und ihm das Feintuning für die Anweisungen fehlt. Bereiten wir also das Modell auf ein Feintuning per Klassifizierung vor.

6.5 Einen Klassifizierungskopf hinzufügen

Wir müssen das vortrainierte LLM modifizieren, um es auf das Feintuning per Klassifizierung vorzubereiten. Hierzu ersetzen wir die ursprüngliche Ausgabeschicht, die die verborgene Darstellung auf ein Vokabular von 50.257 Elementen abbildet, durch eine kleinere Ausgabeschicht, die eine Zuordnung in zwei Klassen vornimmt: 0 (»kein Spam«) und 1 (»Spam«), wie Abbildung 6.9 zeigt. Wir verwenden dasselbe Modell wie zuvor, wir ersetzen dabei lediglich die Ausgabeschicht.

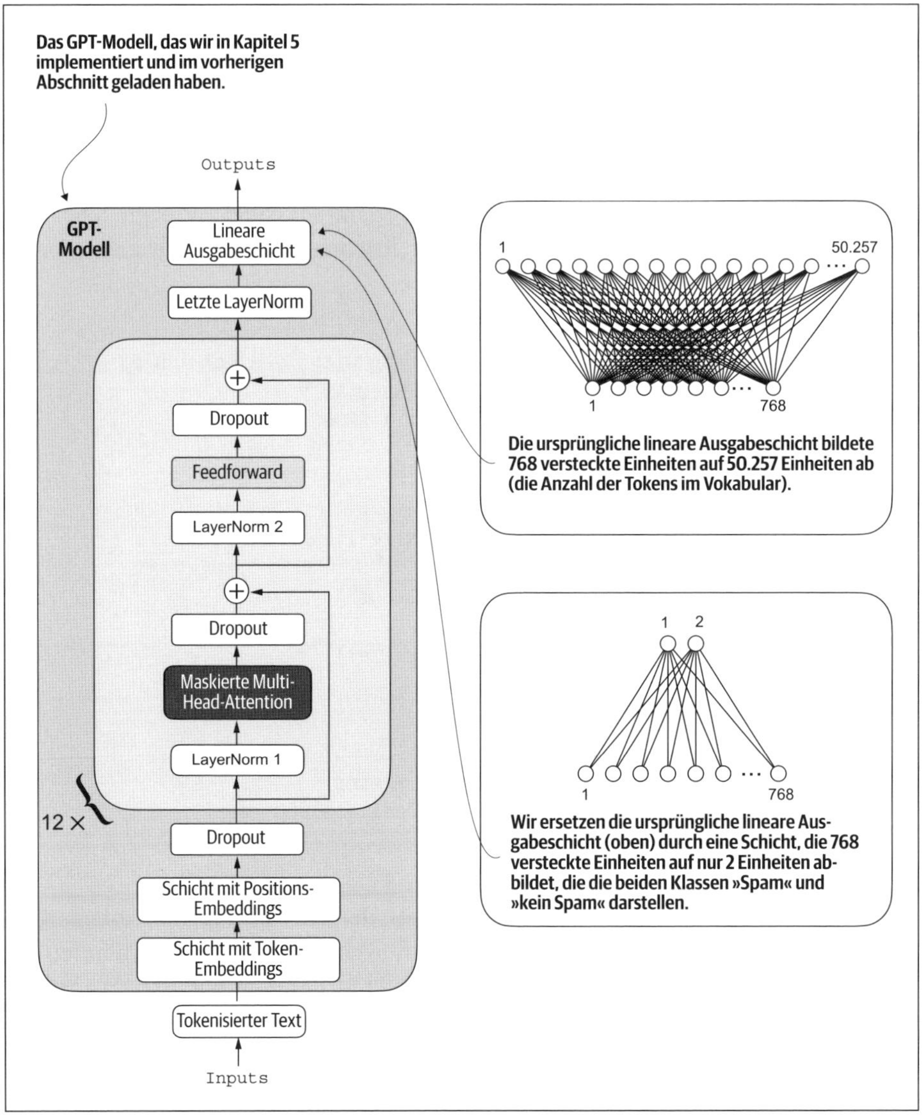

Abb. 6.9 *Ein GPT-Modell für die Spam-Klassifizierung anpassen, indem seine Architektur geändert wird. Ursprünglich hat die lineare Ausgabeschicht 768 versteckte Einheiten auf ein Vokabular von 50.257 Tokens abgebildet. Um Spam zu erkennen, ersetzen wir diese Schicht durch eine neue Ausgabeschicht, die dieselben 768 versteckten Einheiten auf lediglich zwei Klassen abbildet, die »Spam« und »kein Spam« darstellen.*

Knoten in der Ausgabeschicht

Vom technischen Standpunkt aus gesehen, könnten wir mit einem einzigen Ausgabeknoten auskommen, da es sich letztlich um eine binäre Klassifizierungsaufgabe handelt. Allerdings wäre es dazu erforderlich, die Verlustfunktion zu modifizieren, wie ich im Artikel »Losses Learned – Optimizing Negative Log-Likelihood and Cross-Entropy in PyTorch« (*https://mng.bz/NRZ2*) erläutert habe. Daher wählen wir einen allgemeineren Ansatz, bei dem die Anzahl der Ausgabeknoten mit der Anzahl der Klassen übereinstimmt. So würden wir zum Beispiel für ein Drei-Klassen-Problem, das Nachrichtenartikel nach »Technologie«, »Sport« und »Politik« klassifiziert, eine Ausgabeschicht mit drei Knoten verwenden usw.

Bevor wir die in Abbildung 6.9 gezeigte Modifikation angehen, geben wir zunächst die Modellarchitektur über `print(model)` aus:

```
GPTModel(
  (tok_emb): Embedding(50257, 768)
  (pos_emb): Embedding(1024, 768)
  (drop_emb): Dropout(p=0.0, inplace=False)
  (trf_blocks): Sequential(
...
    (11): TransformerBlock(
      (att): MultiHeadAttention(
        (W_query): Linear(in_features=768, out_features=768, bias=True)
        (W_key): Linear(in_features=768, out_features=768, bias=True)
        (W_value): Linear(in_features=768, out_features=768, bias=True)
        (out_proj): Linear(in_features=768, out_features=768, bias=True)
        (dropout): Dropout(p=0.0, inplace=False)
      )
      (ff): FeedForward(
        (layers): Sequential(
          (0): Linear(in_features=768, out_features=3072, bias=True)
          (1): GELU()
          (2): Linear(in_features=3072, out_features=768, bias=True)
        )
      )
      (norm1): LayerNorm()
      (norm2): LayerNorm()
      (drop_resid): Dropout(p=0.0, inplace=False)
    )
  )
  (final_norm): LayerNorm()
  (out_head): Linear(in_features=768, out_features=50257, bias=False)
)
```

Diese Ausgabe zeigt übersichtlich die Architektur, die wir in Kapitel 4 entworfen haben. Wie bereits erwähnt, besteht das `GPTModel` aus Embedding-Schichten, gefolgt von zwölf identischen *Transformer-Blöcken* (wobei der Kürze wegen nur der letzte Block dargestellt ist), gefolgt von einer letzten `LayerNorm` und der Ausgabeschicht `out_head`. Als Nächstes ersetzen wir die `out_head`-Schicht durch eine neue Ausgabeschicht (siehe Abbildung 6.9), die wir feintunen.

Ausgewählte vs. alle Schichten feintunen

Da wir mit einem vortrainierten Modell beginnen, ist es nicht erforderlich, sämtliche Schichten des Modells feinzutunen. In Sprachmodellen, die auf Neural Networks basieren, erfassen die unteren Schichten im Allgemeinen die grundlegenden Sprachstrukturen und semantische Eigenschaften, die sich auf einen breiten Bereich von Aufgaben und Datensätzen anwenden lassen. Um das Modell an neue Aufgaben anzupassen, genügt daher oftmals ein Feintuning nur der letzten Schichten (d.h. der Schichten nahe der Ausgabe), da sie spezifischer auf nuancierte linguistische Muster und aufgabenspezifische Merkmale ausgerichtet sind. Ein angenehmer Nebeneffekt ist, dass es rechentechnisch effizienter ist, nur eine kleine Anzahl von Schichten feinzutunen. Interessierte finden in Anhang B weitere Informationen und auch Experimente dazu, welche Schichten für ein Feintuning infrage kommen.

Um das Modell für das Feintuning zur Klassifizierung bereit zu machen, frieren wir das Modell ein. Das heißt, wir machen alle Schichten untrainierbar:

```
for param in model.parameters():
    param.requires_grad = False
```

Dann ersetzen wir die Ausgabeschicht (`model.out_head`), die ursprünglich die Schichteingaben auf 50.257 Dimensionen – die Größe des Vokabulars – abgebildet hat (siehe Abbildung 6.9).

Listing 6.7 *Eine Klassifizierungsschicht hinzufügen*

```
torch.manual_seed(123)
num_classes = 2
model.out_head = torch.nn.Linear(
    in_features=BASE_CONFIG["emb_dim"],
    out_features=num_classes
)
```

Um den Code möglichst allgemein zu halten, verwenden wir `BASE_CONFIG["emb_dim"]`, was im Modell `"gpt2-small (124M)"` gleich 768 ist. Somit können wir denselben Code auch für die größeren GPT-2-Modellvarianten verwenden.

Bei dieser neuen Ausgabeschicht `model.out_head` ist das Attribut `requires_grad` standardmäßig auf `True` gesetzt, d.h., dass dies die einzige Schicht im Modell ist, die während des Trainings aktualisiert wird. Aus technischer Perspektive genügt das Training der eben hinzugefügten Ausgabeschicht. Allerdings habe ich bei Experimenten festgestellt, dass sich durch Feintuning zusätzlicher Schichten die Vorhersageleistung des Modells merklich verbessern lässt. (Weitere Einzelheiten hierzu finden Sie in Anhang B.) Wir können auch den letzten Transformer-Block und das letzte `LayerNorm`-Modul, das diesen Block mit der Ausgabeschicht verbindet, als trainierbar konfigurieren, wie in Abbildung 6.10 dargestellt.

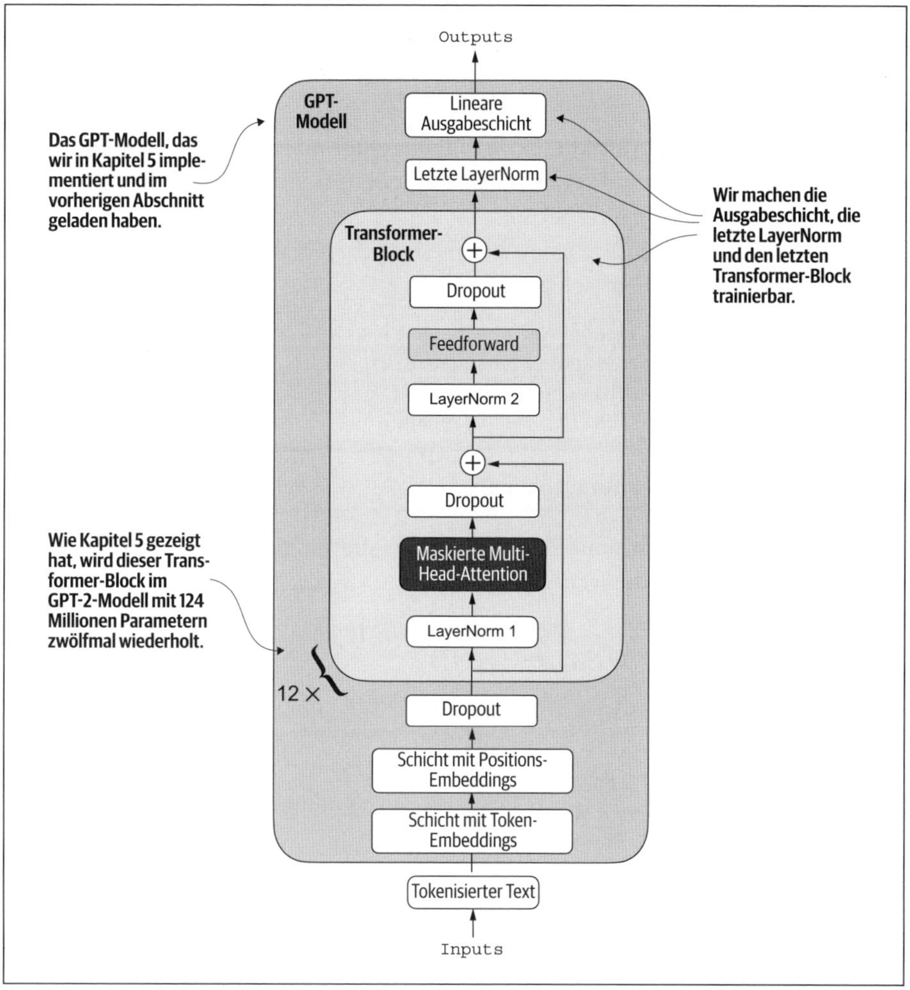

Abb. 6.10 *Das GPT-Modell umfasst zwölf wiederholte Transformer-Blöcke. Neben der Ausgabeschicht kennzeichnen wir die letzte »LayerNorm« und den letzten Transformer-Block als trainierbar. Die restlichen elf Transformer-Blöcke und die Embedding-Schichten sind nicht trainierbar.*

Um die letzte `LayerNorm`-Schicht und den letzten Transformer-Block trainierbar zu machen, setzen wir das jeweilige Attribut `requires_grad` auf `True`:

```
for param in model.trf_blocks[-1].parameters():
    param.requires_grad = True
```

```
for param in model.final_norm.parameters():
    param.requires_grad = True
```

Übung 6.2: Das gesamte Modell feintunen

Erweitern Sie das Feintuning auf das gesamte Modell, anstatt nur den letzten Transformer-Block feinzutunen, und bewerten Sie die Wirkung auf die Vorhersageleistung.

Obwohl wir eine neue Ausgabeschicht hinzugefügt und bestimmte Schichten als trainierbar oder nicht trainierbar markiert haben, können wir dieses Modell in ähnlicher Weise wie bisher einsetzen.

Zum Beispiel können wir einen Beispieltext eingeben, der mit dem zuvor verwendeten Beispieltext identisch ist:

```
inputs = tokenizer.encode("Do you have time")
inputs = torch.tensor(inputs).unsqueeze(0)
print("Inputs:", inputs)
print("Inputs dimensions:", inputs.shape)        ❶
```

❶ Form: »(batch_size, num_tokens)«

Die `print`-Ausgabe zeigt, dass der obige Code die Eingaben in einen Tensor codiert, der aus vier Eingabetokens besteht:

```
Inputs:  tensor([[5211,  345,  423,  640]])
Inputs dimensions: torch.Size([1, 4])
```

Dann können wir die codierten Token-IDs wie üblich an das Modell übergeben:

```
with torch.no_grad():
    outputs = model(inputs)
print("Outputs:\n", outputs)
print("Outputs dimensions:", outputs.shape)
```

Der Ausgabe-Tensor sieht wie folgt aus:

```
Outputs:
 tensor([[[-1.5854,  0.9904],
          [-3.7235,  7.4548],
          [-2.2661,  6.6049],
          [-3.5983,  3.9902]]])
Outputs  dimensions: torch.Size([1, 4, 2])
```

Eine ähnliche Eingabe hätte zuvor einen Ausgabe-Tensor von `[1, 4, 50257]`, wobei `50257` die Vokabulargröße darstellt. Die Anzahl der Ausgabezeilen entspricht der Anzahl der Eingabetokens (in diesem Fall vier). Allerdings ist die Embedding-Dimension jeder Ausgabe (die Anzahl der Spalten) nun 2 statt 50257, da wir die Ausgabeschicht des Modells ersetzt haben.

Denken Sie daran, dass wir an einem Feintuning dieses Modells interessiert sind, um ein Klassenlabel zu erhalten, das angibt, ob eine Modelleingabe »Spam« oder »kein Spam« ist. Wir müssen nicht alle vier Ausgabezeilen feintunen, sondern können uns auf ein einziges Ausgabetoken konzentrieren. Speziell konzentrieren wir uns auf die letzte Zeile, die dem letzten Ausgabetoken entspricht, wie Abbildung 6.11 zeigt.

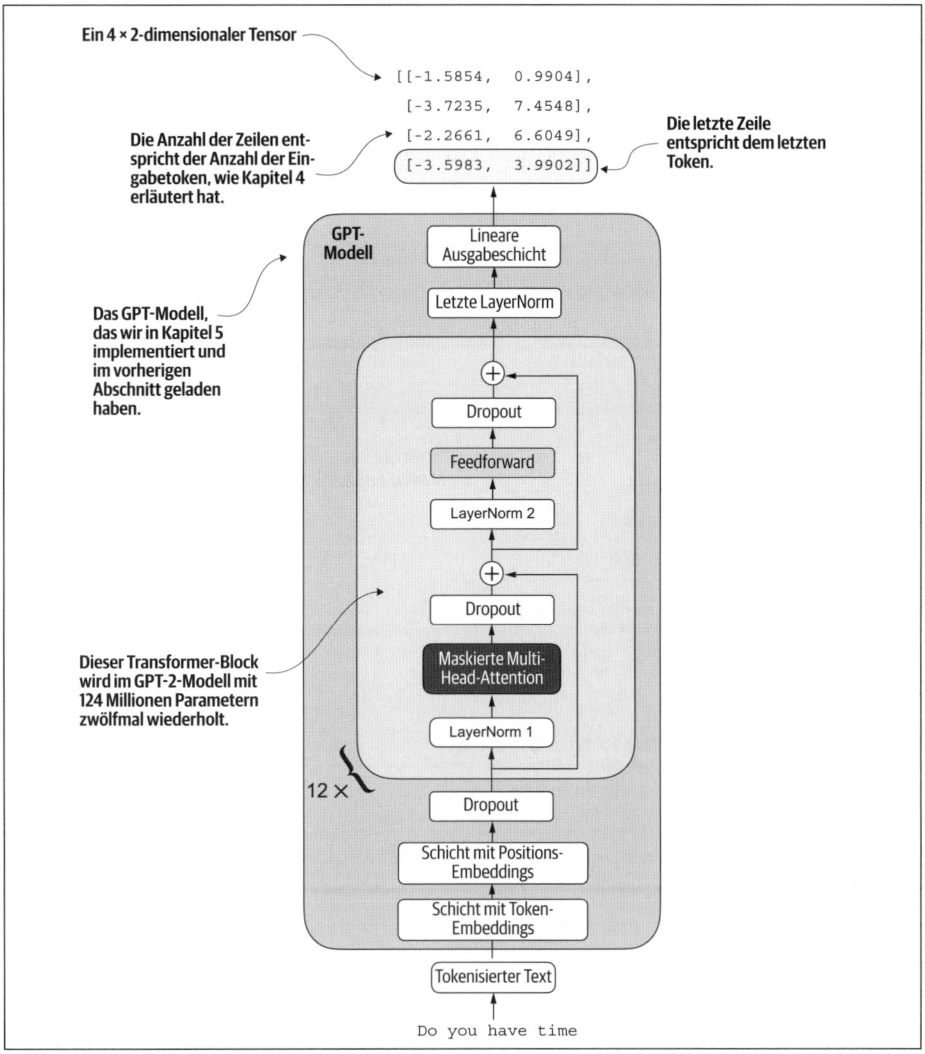

Abb. 6.11 *Das GPT-Modell mit einem Beispiel aus vier Tokens bei Eingabe und Ausgabe. Der Ausgabe-Tensor besteht aufgrund der modifizierten Ausgabeschicht aus zwei Spalten. Beim Feintuning des Modells für die Spam-Klassifizierung interessiert uns nur die letzte Zeile, die dem letzten Token entspricht.*

Mit dem folgenden Code lässt sich das letzte Ausgabetoken aus dem Ausgabe-Tensor extrahieren:

```
print("Last output token:", outputs[:, -1, :])
```

Die Ausgabe lautet:

```
Last output token: tensor([[-3.5983,  3.9902]])
```

Die Werte müssen wir noch in eine Vorhersage für das Klassenlabel umwandeln. Doch zunächst sollten Sie verstehen, warum wir uns nur für das letzte Ausgabetoken interessieren.

Wir haben bereits den Attention-Mechanismus erkundet, der eine Beziehung zwischen jedem Eingabetoken und jedem anderen Eingabetoken herstellt, sowie das Konzept einer *kausalen Attention-Maske*, das in GPT-ähnlichen Modellen häufig verwendet wird (siehe Kapitel 3).

Diese Maske schränkt den Fokus eines Tokens auf seine aktuelle Position und die vor ihm befindliche Position ein. Damit ist sichergestellt, dass jedes Token nur durch sich selbst und die vorhergehenden Tokens beeinflusst werden kann, wie Abbildung 6.12 veranschaulicht.

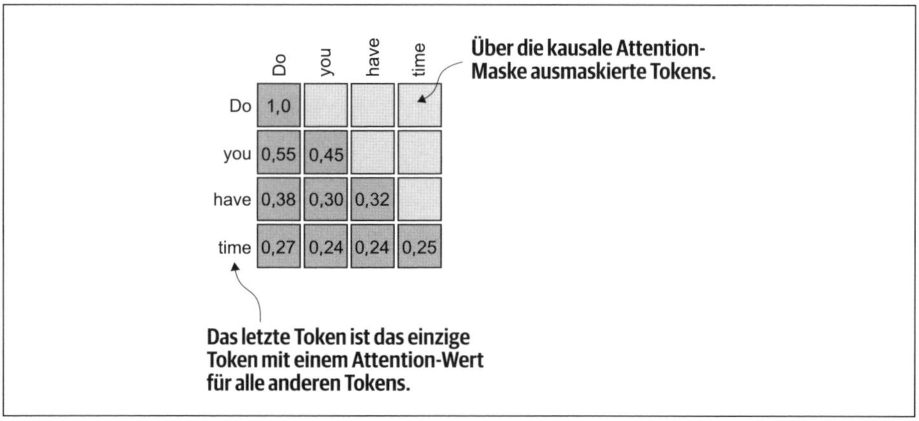

Abb. 6.12 *Der kausale Attention-Mechanismus, in dem die Attention-Werte zwischen Eingabetokens in einem Matrixformat angezeigt werden. Die leeren Zellen stehen für maskierte Positionen aufgrund der kausalen Attention-Maske. Damit wird verhindert, dass Tokens auf zukünftige Tokens achten. Die Werte in den Zellen stellen Attention-Werte dar. Das letzte Token (»time«) ist das einzige, das Attention-Werte für alle vorhergehenden Tokens berechnet.*

Bei der kausalen Attention-Maske gemäß Abbildung 6.12 akkumuliert das letzte Token in einer Sequenz die meisten Informationen, da es als einziges Token auf die Daten von allen vorherigen Tokens zugreifen kann. Deshalb konzentrieren wir uns bei unserer Spam-Klassifizierungsaufgabe während des Feintunings auf dieses letzte Token. Damit sind wir bereit, das letzte Token in Klassenlabelvorhersagen zu transformieren und die anfängliche Vorhersagegenauigkeit des Modells zu berechnen. Im Anschluss stimmen wir das Modell für die Spam-Klassifizierungsaufgabe fein ab.

Übung 6.3: Feintuning des ersten oder letzten Tokens

Versuchen Sie, das erste Ausgabetoken feinzutunen. Beachten Sie die Änderungen in der Vorhersageperformance im Vergleich zum Feintuning des letzten Ausgabetokens.

6.6 Klassifizierungsverlust und -genauigkeit berechnen

Bevor wir zum Feintuning des Modells kommen, bleibt noch eine kleine Aufgabe: Wir müssen die Funktionen für die Modellbewertung während des Feintunings implementieren, wie Abbildung 6.13 zeigt.

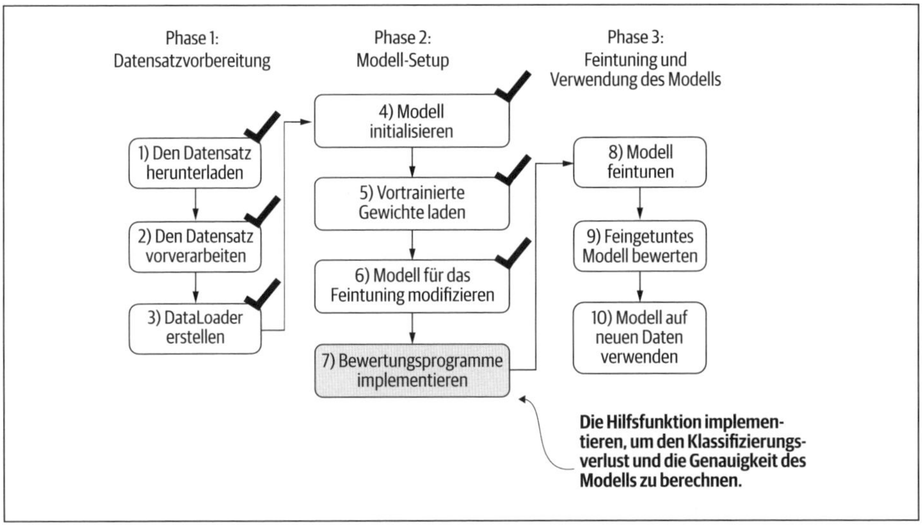

Abb. 6.13 *Der dreistufige Prozess eines klassifizierungsorientierten LLM-Feintunings. Die ersten sechs Schritte haben wir abgeschlossen. Wir unternehmen nun den letzten Schritt von Phase 2: Implementieren der Funktionen, die die Performance des Modells bewerten, um Spam-Nachrichten vor, während und nach dem Feintuning zu klassifizieren.*

Zunächst aber wollen wir kurz erläutern, wie wir die Modellausgaben in Klassenlabelvorhersagen umwandeln. Bisher haben wir die Token-ID des nächsten vom LLM generierten Tokens berechnet, indem wir die 50.257 Ausgaben über die `softmax`-Funktion in Wahrscheinlichkeiten konvertiert und dann die Position der höchsten Wahrscheinlichkeit über die Funktion `argmax` zurückgegeben haben. Hier verfolgen wir den gleichen Ansatz, um zu berechnen, ob das Modell

»Spam« oder »kein Spam« für eine bestimmte Eingabe vorhersagt, wie Abbildung 6.14 zeigt. Der einzige Unterschied besteht darin, dass wir mit zweidimensionalen anstelle von 50.257-dimensionalen Ausgaben arbeiten.

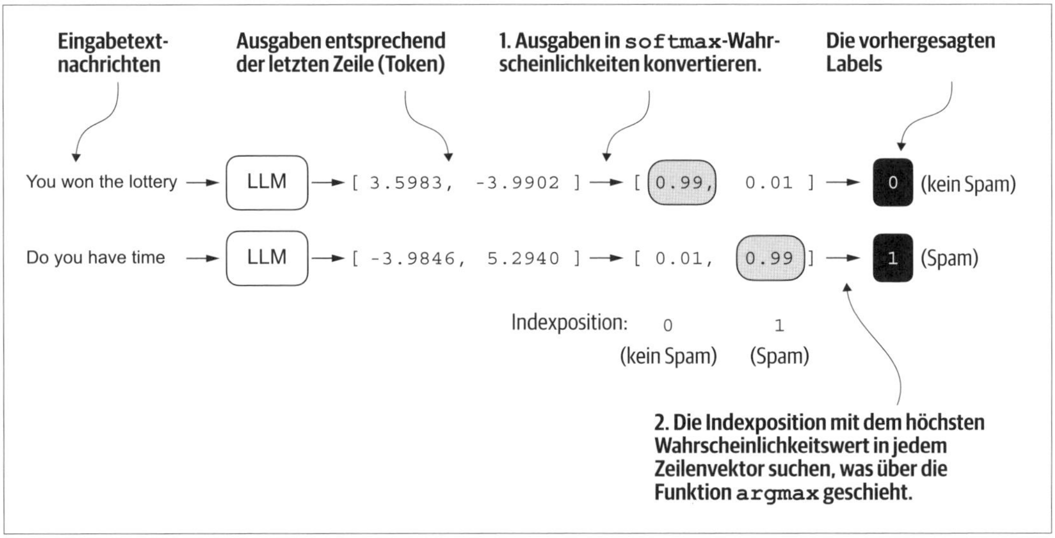

Abb. 6.14 *Die Modellausgaben, die dem letzten Token entsprechen, werden in Wahrscheinlichkeitswerte für jeden Eingabetext umgewandelt. Um die Klassenlabels zu erhalten, wird die Indexposition des höchsten Wahrscheinlichkeitswerts gesucht. Das Modell sagt die Spam-Labels falsch voraus, weil es noch nicht trainiert wurde.*

Sehen wir uns die Ausgabe des letzten Tokens an einem konkreten Beispiel an:

```
print("Last output token:", outputs[:, -1, :])
```

Die Werte des Tensors, die dem letzten Token entsprechen, lauten:

```
Last output token: tensor([[-3.5983,  3.9902]])
```

Das Klassenlabel erhalten wir mit folgendem Code:

```
probas = torch.softmax(outputs[:, -1, :], dim=-1)
label =  torch.argmax(probas)
print("Class label:", label.item())
```

In diesem Fall gibt der Code 1 zurück, d.h., das Modell sagt voraus, dass der Eingabetext »Spam« ist. Die `softmax`-Funktion ist hier optional, weil die größten Ausgaben direkt den höchsten Wahrscheinlichkeitswerten entsprechen. Daher können wir den Code ohne `softmax` vereinfachen:

```
logits = outputs[:, -1, :]
label =  torch.argmax(logits)
print("Class label:", label.item())
```

Dieses Konzept erlaubt auch, die Klassifizierungsgenauigkeit zu berechnen, d.h. den prozentualen Anteil korrekter Vorhersagen über einem Datensatz. Um die Klassifizierungsgenauigkeit zu bestimmen, wenden wir den `argmax`-basierten Vorhersagecode auf alle Beispiele im Datensatz an und berechnen den Anteil der korrekten Vorhersagen, indem wir eine Funktion `calc_accuracy_loader` definieren.

Listing 6.8 Die Klassifizierungsgenauigkeit berechnen

```
def calc_accuracy_loader(data_loader, model, device, num_batches=None):
    model.eval()
    correct_predictions, num_examples = 0, 0

    if num_batches is None:
        num_batches = len(data_loader)
    else:
        num_batches = min(num_batches, len(data_loader))
    for  i, (input_batch, target_batch) in enumerate(data_loader):
        if i < num_batches:
            input_batch = input_batch.to(device)
            target_batch = target_batch.to(device)


            with torch.no_grad():
                logits = model(input_batch)[:, -1, :]          ❶
            predicted_labels = torch.argmax(logits, dim=-1)

            num_examples += predicted_labels.shape[0]
            correct_predictions += (
                (predicted_labels == target_batch).sum().item()
            )

        else:
            break
    return correct_predictions /  num_examples
```

❶ Logits des letzten Ausgabetokens.

Mithilfe dieser Funktion wollen wir nun die Klassifizierungsgenauigkeiten bei verschiedenen Datensätzen bestimmen, die aus Effizienzgründen aus zehn Stapeln geschätzt werden:

```
device = torch.device("cuda" if torch.cuda.is_available() else "cpu")
model.to(device)

torch.manual_seed(123)
train_accuracy = calc_accuracy_loader(
    train_loader, model, device,  num_batches=10
)
```

```
val_accuracy = calc_accuracy_loader(
    val_loader, model, device, num_batches=10
)
test_accuracy = calc_accuracy_loader(
    test_loader, model, device, num_batches=10
)
print(f"Training accuracy: {train_accuracy*100:.2f}%")
print(f"Validation accuracy: {val_accuracy*100:.2f}%")
print(f"Test accuracy: {test_accuracy*100:.2f}%")
```

Die Einstellung `device` sorgt dafür, dass das Modell automatisch auf einer GPU läuft, wenn eine GPU mit Nvidia-CUDA-Unterstützung verfügbar ist, und anderenfalls auf einer CPU ausgeführt wird. Die Ausgabe sieht so aus:

```
Training accuracy: 46.25%
Validation accuracy: 45.00%
Test accuracy: 48.75%
```

Offensichtlich liegen die Vorhersagegenauigkeiten in der Nähe einer zufälligen Vorhersage, die in diesem Fall 50 % betragen würde. Um die Vorhersagegenauigkeiten zu verbessern, müssen wir das Modell feintunen.

Bevor wir jedoch mit dem Feintuning des Modells beginnen, müssen wir die Verlustfunktion definieren, die wir während des Trainings optimieren. Unser Ziel ist es, die Klassifizierungsgenauigkeit des Modells für Spam zu maximieren. Der obige Code sollte also die korrekten Klassenlabels ausgeben: `0` für Nicht-Spam und `1` für Spam.

Da die Klassifizierungsgenauigkeit keine differenzierbare Funktion ist, verwenden wir stellvertretend den Kreuzentropieverlust, um die Genauigkeit zu maximieren. Dementsprechend bleibt die Funktion `calc_loss_batch` die gleiche, jedoch mit einer Anpassung: Wir konzentrieren uns mit `model(input_batch)[:, -1, :]` auf die Optimierung nur des letzten Tokens statt mit `model(input_batch)` auf alle Tokens:

```
def calc_loss_batch(input_batch,  target_batch, model, device):
    input_batch = input_batch.to(device)
    target_batch = target_batch.to(device)
    logits = model(input_batch)[:, -1, :]                      ❶
    loss = torch.nn.functional.cross_entropy(logits, target_batch)
    return loss
```

❶ Logits des letzten Ausgabetokens.

Mit der Funktion `calc_loss_batch` berechnen wir den Verlust für einen einzelnen Stapel, den wir von den zuvor definierten DataLoadern erhalten haben. Um den Verlust für alle Stapel in einem DataLoader zu berechnen, definieren wir die Funktion `calc_loss_loader` wie zuvor.

Listing 6.9 *Den Klassifizierungsverlust berechnen*

```
def calc_loss_loader(data_loader, model, device, num_batches=None):
    total_loss = 0.
    if len(data_loader) == 0:
        return float("nan")
    elif num_batches is None:
        num_batches = len(data_loader)
    else:                                                          ❶
        num_batches = min(num_batches, len(data_loader))
    for i, (input_batch, target_batch) in enumerate(data_loader):
        if i < num_batches:
            loss = calc_loss_batch(
                input_batch, target_batch, model, device
            )
            total_loss += loss.item()
        else:
            break
    return total_loss / num_batches
```

❶ Stellt sicher, dass die Anzahl der Stapel die Anzahl der Stapel im DataLoader nicht übersteigt.

Ähnlich wie bei der Berechnung der Trainingsgenauigkeit berechnen wir nun den Anfangsverlust für jeden Datensatz:

```
with torch.no_grad():                                              ❶
    train_loss = calc_loss_loader(
        train_loader, model, device, num_batches=5
    )
    val_loss = calc_loss_loader(val_loader, model, device, num_batches=5)
    test_loss = calc_loss_loader(test_loader, model, device, num_batches=5)
print(f"Training loss: {train_loss:.3f}")
print(f"Validation loss: {val_loss:.3f}")
print(f"Test loss: {test_loss:.3f}")
```

❶ Deaktiviert die Gradientenverfolgung aus Effizienzgründen, da wir noch nicht trainieren.

Die Anfangsverlustwerte lauten:

```
Training loss: 2.453
Validation loss: 2.583
Test loss: 2.322
```

Als Nächstes implementieren wir eine Trainingsfunktion, um das Modell feinzutunen, d.h. das Modell so anzupassen, dass der Verlust beim Trainingsdatensatz minimiert wird. Das Minimieren des Verlusts beim Trainingsdatensatz wird dazu beitragen, die Klassifizierungsgenauigkeit zu erhöhen, was letztlich unser Ziel ist.

6.7 Das Modell mit überwachten Daten feintunen

Wir müssen die Trainingsfunktion definieren und einsetzen, um das vortrainierte LLM feinzutunen und dessen Klassifizierungsgenauigkeit für Spam zu verbessern. Die in Abbildung 6.15 dargestellte Trainingsschleife ist die gleiche, die wir für das Vortraining verwendet haben. Der einzige Unterschied besteht darin, dass wir die Klassifizierungsgenauigkeit berechnen, anstatt einen Beispieltext zur Bewertung des Modells zu erstellen.

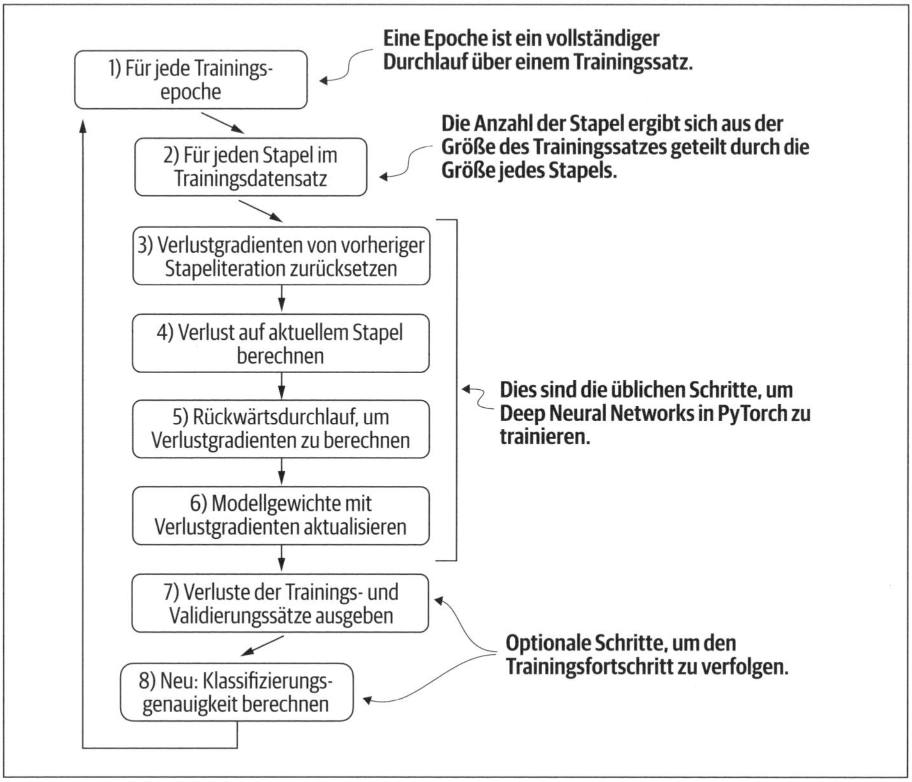

Abb. 6.15 *Eine typische Trainingsschleife für das Training tiefer neuronaler Netze in PyTorch besteht aus zahlreichen Schritten, die über mehrere Epochen hinweg über die Stapel im Trainingssatz iterieren. In jeder Schleife berechnen wir den Verlust für jeden Stapel des Trainingssatzes, um Verlustgradienten zu bestimmen, mit denen wir die Modellgewichte so aktualisieren, dass der Verlust des Trainingssatzes minimiert wird.*

Die Trainingsfunktion, die die in Abbildung 6.15 gezeigten Konzepte umsetzt, ist ebenfalls eng an die Funktion `train_model_simple` angelehnt, die für das Vortraining des Modells verwendet wird. Die einzigen Unterschiede bestehen darin, dass wir nun die Anzahl der gesehenen Beispiele (`examples_seen`) anstelle der Anzahl der Tokens verfolgen und die Genauigkeit nach jeder Epoche berechnen, anstatt einen Beispieltext auszugeben.

Listing 6.10 *Feintuning des Modells, um Spam zu klassifizieren*

```
def train_classifier_simple(
        model, train_loader, val_loader, optimizer, device,
        num_epochs, eval_freq, eval_iter):
    train_losses, val_losses, train_accs, val_accs = [],  [], [], []  ❶
    examples_seen, global_step =  0, -1

    for  epoch in range(num_epochs):                                  ❷
        model.train()                                                 ❸

        for input_batch, target_batch in train_loader:
            optimizer.zero_grad()                                     ❹
            loss = calc_loss_batch(
                input_batch, target_batch, model, device
            )
            loss.backward()                                           ❺
            optimizer.step()                                          ❻
            examples_seen += input_batch.shape[0]                     ❼
            global_step += 1
                                                                      ❽
            if global_step % eval_freq == 0:
                train_loss, val_loss = evaluate_model(
                    model, train_loader, val_loader, device, eval_iter)
                train_losses.append(train_loss)
                val_losses.append(val_loss)
                print(f"Ep {epoch+1} (Step {global_step:06d}): "
                      f"Train loss {train_loss:.3f}, "
                      f"Val loss  {val_loss:.3f}"
                )
                                                                      ❾
        train_accuracy = calc_accuracy_loader(
            train_loader, model,  device, num_batches=eval_iter
        )
        val_accuracy = calc_accuracy_loader(
            val_loader, model, device, num_batches=eval_iter
        )

        print(f"Training accuracy: {train_accuracy*100:.2f}% | ", end="")
        print(f"Validation accuracy: {val_accuracy*100:.2f}%")
        train_accs.append(train_accuracy)
        val_accs.append(val_accuracy)

    return train_losses, val_losses, train_accs, val_accs, examples_seen
```

❶ Listen initialisieren, um Verluste und gesehene Beispiele zu verfolgen.
❷ Haupttrainingsschleife.
❸ Modell in Trainingsmodus versetzen.
❹ Verlustgradienten von vorheriger Stapeliteration zurücksetzen.
❺ Berechnet Verlustgradienten.
❻ Aktualisiert Modellgewichte mit Verlustgradienten.
❼ Neu: Verfolgt Beispiele statt Tokens.
❽ Optionaler Bewertungsschritt.
❾ Berechnet die Genauigkeit nach jeder Epoche.

Die Funktion `evaluate_model` ist mit der identisch, die wir für das Vortraining verwendet haben:

```
def evaluate_model(model, train_loader, val_loader, device, eval_iter):
    model.eval()
    with torch.no_grad():
        train_loss = calc_loss_loader(
            train_loader, model,  device, num_batches=eval_iter
        )
        val_loss = calc_loss_loader(
            val_loader, model, device, num_batches=eval_iter
        )
    model.train()
    return train_loss, val_loss
```

Als Nächstes initialisieren wir den Optimizer, legen die Anzahl der Trainingsepochen fest und leiten mit der Funktion `train_classifier_simple` das Training ein. Das Training dauert auf einem M3-MacBook-Air-Laptop ungefähr sechs Minuten und weniger als eine halbe Minute auf einer V100- oder A100-GPU:

```
import time

start_time = time.time()
torch.manual_seed(123)
optimizer = torch.optim.AdamW(model.parameters(), lr=5e-5, weight_decay=
0.1)
num_epochs = 5


train_losses, val_losses, train_accs, val_accs, examples_seen = \
    train_classifier_simple(
        model, train_loader, val_loader, optimizer, device,
        num_epochs=num_epochs, eval_freq=50,
        eval_iter=5
    )
```

```
end_time = time.time()
execution_time_minutes = (end_time start_time) / 60
print(f"Training completed in {execution_time_minutes:.2f} minutes.")
```

Während des Trainings erscheinen folgende Ausgaben:

```
Ep 1 (Step 000000): Train loss 2.153, Val loss 2.392
Ep 1 (Step 000050): Train loss 0.617, Val loss 0.637
Ep 1 (Step 000100): Train loss 0.523, Val loss 0.557
Training accuracy: 70.00% | Validation accuracy: 72.50%
Ep 2 (Step 000150): Train loss 0.561, Val loss 0.489
Ep 2 (Step 000200): Train loss 0.419, Val loss 0.397
Ep 2 (Step 000250): Train loss 0.409, Val loss 0.353
Training accuracy: 82.50% | Validation accuracy: 85.00%
Ep 3 (Step 000300): Train loss 0.333, Val loss 0.320
Ep 3 (Step 000350): Train loss 0.340, Val loss 0.306
Training accuracy: 90.00% | Validation accuracy: 90.00%
Ep 4 (Step 000400): Train loss 0.136, Val loss 0.200
Ep 4 (Step 000450): Train loss 0.153, Val loss 0.132
Ep 4 (Step 000500): Train loss 0.222, Val loss 0.137
Training accuracy: 100.00% | Validation accuracy: 97.50%
Ep 5 (Step 000550): Train loss 0.207, Val loss 0.143
Ep 5 (Step 000600): Train loss 0.083, Val loss 0.074
Training accuracy: 100.00% | Validation accuracy: 97.50%
Training completed in 5.65 minutes.
```

Die Verlustfunktion für die Trainings- und Validierungsmengen stellen wir dann mithilfe von Matplotlib dar.

Listing 6.11 *Den Klassifizierungsverlust als Diagramm darstellen*

```
import matplotlib.pyplot as plt

def plot_values(
        epochs_seen, examples_seen, train_values, val_values,
        label="loss"):
    fig, ax1 = plt.subplots(figsize=(5, 3))

                                                             ❶
    ax1.plot(epochs_seen, train_values, label=f"Training  {label}")
    ax1.plot(
        epochs_seen, val_values,  linestyle="-.",
        label=f"Validation {label}"
    )
    ax1.set_xlabel("Epochs")
    ax1.set_ylabel(label.capitalize())
    ax1.legend()
```

```
        ax2  = ax1.twiny()                                          ❷
        ax2.plot(examples_seen, train_values, alpha=0)              ❸
        ax2.set_xlabel("Examples seen")

        fig.tight_layout()                                          ❹
        plt.savefig(f"{label}-plot.pdf")
        plt.show()

    epochs_tensor = torch.linspace(0, num_epochs, len(train_losses))
    examples_seen_tensor = torch.linspace(0, examples_seen, len(train_
    losses))
    plot_values(epochs_tensor, examples_seen_tensor, train_losses, val_
    losses)
```

❶ Diagramm des Trainings- und Validierungsverlusts über den Epochen.
❷ Erstellt eine zweite x-Achse für gesehene Beispiele.
❸ Unsichtbares Diagramm für die Ausrichtung der Teilstriche.
❹ Passt das Layout an die Platzverhältnisse an.

Abbildung 6.16 stellt die resultierenden Verlustkurven grafisch dar.

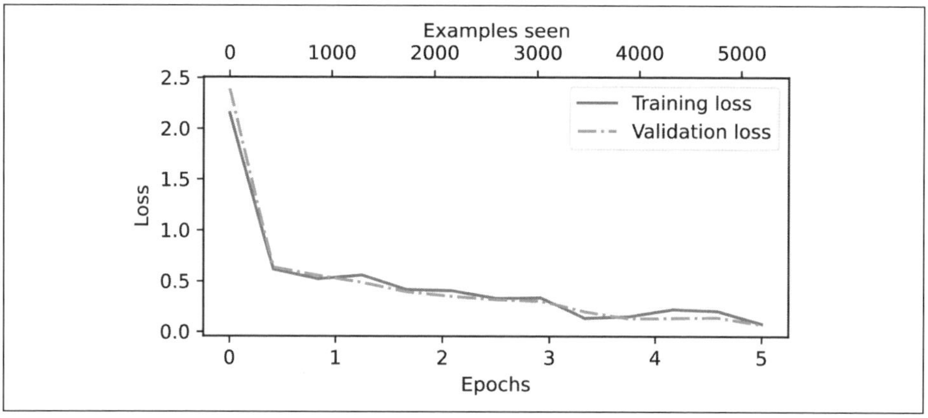

Abb. 6.16 *Der Trainings- und Validierungsverlust des Modells über die fünf Trainingsepochen. Sowohl der Trainingsverlust (durchgezogene Linie) als auch der Validierungsverlust (gestrichelte Linie) nehmen in der ersten Epoche stark ab und stabilisieren sich allmählich bis zur fünften Epoche. Dieses Muster deutet auf einen guten Lernfortschritt hin und legt nahe, dass das Modell aus den Trainingsdaten gelernt hat und gleichzeitig gut auf die ungesehenen Validierungsdaten verallgemeinert.*

Wie man anhand des steilen Abfalls in Abbildung 6.16 erkennen kann, lernt das Modell gut von den Trainingsdaten, und es gibt kaum Anzeichen für eine Überanpassung, das heißt, es gibt keine merkliche Lücke zwischen den Verlusten im Trainings- und im Validierungssatz.

Die Anzahl der Epochen wählen

Zu Beginn des Trainings haben wir die Anzahl der Epochen auf fünf festgelegt. Die Anzahl der Epochen hängt vom Datensatz und der Schwierigkeit der Aufgabe ab. Es gibt keine allgemeingültige Lösung oder Empfehlung, obwohl eine Epochenanzahl von fünf normalerweise ein guter Ausgangspunkt ist. Wenn das Modell nach den ersten paar Epochen im Verlustdiagramm (siehe Abbildung 6.16) zur Überanpassung neigt, müssen Sie die Anzahl der Epochen möglicherweise verringern. Umgekehrt sollten Sie die Anzahl der Epochen erhöhen, wenn die Trendlinie darauf hindeutet, dass sich der Validierungsverlust mit weiterem Training verbessern könnte. In diesem konkreten Fall sind fünf Epochen eine angemessene Anzahl, da es keine Anzeichen für eine frühe Überanpassung gibt und der Validierungsverlust nahe bei 0 liegt.

Mit derselben Funktion `plot_values` wollen wir nun die Klassifizierungsgenauigkeiten in einem Diagramm veranschaulichen:

```
epochs_tensor = torch.linspace(0, num_epochs, len(train_accs))
examples_seen_tensor = torch.linspace(0, examples_seen, len(train_accs))

plot_values(
    epochs_tensor, examples_seen_tensor, train_accs, val_accs,
    label="accuracy"
)
```

In Abbildung 6.17 ist die resultierende Genauigkeit grafisch dargestellt. Das Modell erreicht eine relativ hohe Trainings- und Validierungsgenauigkeit nach den Epochen 4 und 5. Wichtig ist, dass wir zuvor `eval_iter=5` setzen, wenn wir die Funktion `train_classifier_simple` aufrufen. Das bedeutet, dass unsere Schätzungen von Trainings- und Validierungsperformance aus Effizienzgründen während des Trainings auf nur fünf Stapeln beruht.

Nun müssen wir die Performancemetriken für die Trainings-, Validierungs- und Testsätze für den gesamten Datensatz berechnen. Dazu führen wir den folgenden Code aus, ohne aber diesmal den Wert `eval_iter` zu definieren:

```
train_accuracy = calc_accuracy_loader(train_loader, model, device)
val_accuracy = calc_accuracy_loader(val_loader, model, device)
test_accuracy = calc_accuracy_loader(test_loader, model, device)

print(f"Training accuracy: {train_accuracy*100:.2f}%")
print(f"Validation accuracy: {val_accuracy*100:.2f}%")
print(f"Test accuracy: {test_accuracy*100:.2f}%")
```

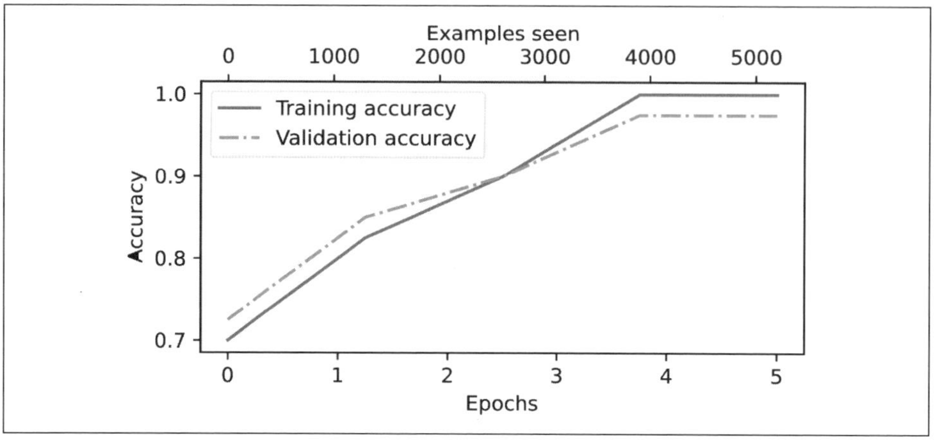

Abb. 6.17 *Sowohl die Trainingsgenauigkeit (durchgezogene Linie) als auch die Validierungsgenauigkeit (gestrichelte Linie) steigen in den ersten Epochen deutlich an und erreichen dann ein Plateau, das fast perfekte Genauigkeitswerte von 1,0 anzeigt. Die große Nähe der beiden Linien über die Epochen hinweg deutet darauf hin, dass das Modell nicht zur Überanpassung an die Trainingsdaten neigt.*

Es ergeben sich folgende Genauigkeitswerte:

```
Training accuracy: 97.21%
Validation accuracy: 97.32%
Test accuracy: 95.67%
```

Die Leistungen der Trainings- und Testsätze sind nahezu identisch. Die geringfügige Diskrepanz zwischen den Genauigkeiten der Trainings- und Testdaten deutet auf eine minimale Überanpassung an die Trainingsdaten hin. Normalerweise ist die Genauigkeit des Validierungssatzes etwas höher als die des Testdatensatzes, da bei der Modellentwicklung oftmals Hyperparameter so eingestellt werden, dass sie im Validierungsdatensatz gut funktionieren, was sich möglicherweise nicht so gut auf den Testdatensatz verallgemeinern lässt. Diese Situation kommt häufig vor, aber die Lücke kann möglicherweise durch Anpassung der Modelleinstellungen minimiert werden, zum Beispiel durch eine höhere Dropout-Rate (`drop_rate`) oder einen größeren `weight_decay`-Parameter in der Konfiguration des Optimizers.

6.8 Das LLM als Spam-Klassifizierer verwenden

Nachdem wir das Modell feingetunt und bewertet haben, sind wir bereit, Spam-Nachrichten zu klassifizieren (siehe Abbildung 6.18). Hierfür wollen wir unser feingetuntes GPT-basiertes Spam-Klassifizierungsmodell einsetzen. Die folgende

Funktion `classify_review` führt ähnliche Schritte zur Datenvorverarbeitung durch wie die, die wir in dem zuvor implementierten `SpamDataset` verwendet haben. Nach der Verarbeitung des Texts in Token-IDs verwendet die Funktion das Modell, um ein ganzzahliges Klassenlabel vorherzusagen, ähnlich wie in Abschnitt 6.7 beschrieben, und dann den entsprechenden Klassennamen zurückzugeben.

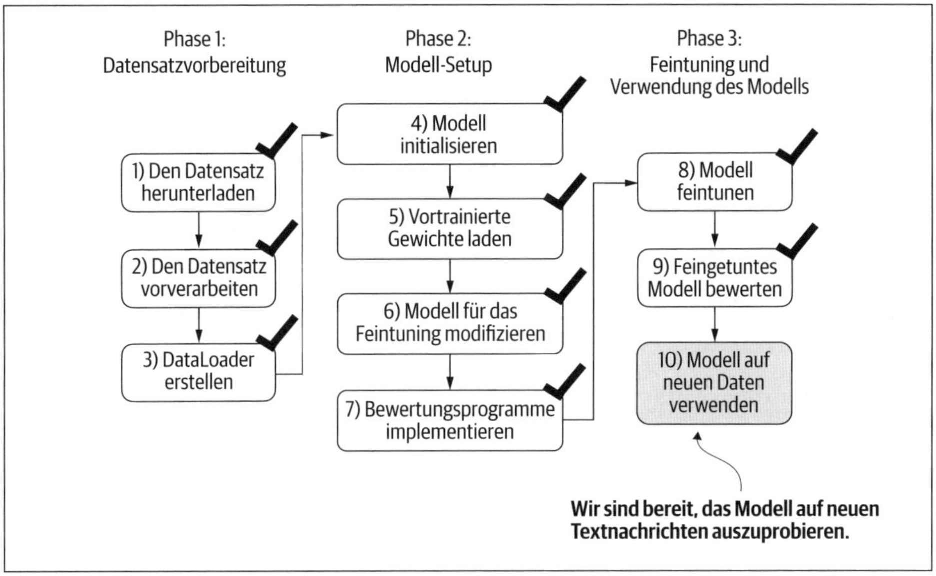

Abb. 6.18 *Der dreistufige Prozess eines klassifizierungsorientierten LLM-Feintunings. Schritt 10 ist der letzte Schritt von Phase 3 – der Einsatz des feingetunten Modells, um neue Spam-Nachrichten zu klassifizieren.*

Listing 6.12 *Das Modell einsetzen, um neue Texte zu klassifizieren*

```
def classify_review(
        text, model, tokenizer, device, max_length=None,
        pad_token_id=50256):
    model.eval()

    input_ids = tokenizer.encode(text)                          ❶
    supported_context_length = model.pos_emb.weight.shape[0]

    input_ids = input_ids[:min(                                 ❷
        max_length, supported_context_length
    )]

    input_ids += [pad_token_id] * (max_length len(input_ids))   ❸
```

```
    input_tensor = torch.tensor(
        input_ids, device=device
    ).unsqueeze(0)                                                  ❹

    with torch.no_grad():                                           ❺
        logits = model(input_tensor)[:, -1, :]                      ❻
    predicted_label = torch.argmax(logits, dim=-1).item()

    return "spam" if predicted_label == 1 else "not spam"           ❼
```

❶ Bereitet Eingaben für das Modell vor.

❷ Kürzt Sequenzen, wenn sie zu lang sind.

❸ Füllt Sequenzen bis zur Länge der längsten Sequenz auf.

❹ Fügt Stapeldimension hinzu.

❺ Modellinferenz ohne Gradientenverfolgung.

❻ Logits des letzten Ausgabetokens.

❼ Gibt das klassifizierte Ergebnis zurück.

Probieren wir diese `classify_review`-Funktion an einem Beispieltext aus:

```
text_1 = (
    "You are a winner you have been specially"
    " selected to receive $1000 cash or a $2000 award."
)

print(classify_review(
    text_1, model, tokenizer, device, max_length=train_dataset.max_length
))
```

Das resultierende Modell sagt korrekt `"spam"` voraus. Hier noch ein anderes Beispiel:

```
text_2 = (
    "Hey, just wanted to check if we're still on"
    " for dinner tonight? Let me  know!"
)

print(classify_review(
    text_2, model, tokenizer, device, max_length=train_dataset.max_length
))
```

Die Vorhersage des Modells ist ebenfalls hier korrekt. Es wird das Label `"not spam"` zurückgegeben.

Schließlich wollen wir das Modell speichern für den Fall, es später wiederzuverwenden, ohne es erneut trainieren zu müssen. Rufen Sie dazu die Methode `torch.save` auf:

```
torch.save(model.state_dict(), "review_classifier.pth")
```

Nachdem das Modell gespeichert ist, können Sie es wieder laden:

```
model_state_dict = torch.load("review_classifier.pth, map_location=
device")
model.load_state_dict(model_state_dict)
```

6.9 Zusammenfassung

- Es gibt verschiedene Strategien für das Feintuning von LLMs, darunter Feintuning per Klassifizierung und Anweisungsoptimierung.
- Beim klassifizierungsorientierten Feintuning wird die Ausgabeschicht eines LLM durch eine kleine Klassifizierungsschicht ersetzt.
- Im Fall der Klassifizierung von Textnachrichten als »Spam« oder »kein Spam« besteht die neue Klassifizierungsschicht aus nur zwei Ausgabeknoten. Zuvor hatten wir die Anzahl der Ausgabeknoten nach der Anzahl der eindeutigen Tokens im Vokabular (d.h. 50.256) gewählt.
- Anstatt wie beim Vortraining das nächste Token im Text vorherzusagen, wird beim klassifizierungsorientierten Feintuning das Modell darauf trainiert, ein korrektes Klassenlabel auszugeben – zum Beispiel »Spam« oder »kein Spam«.
- Die Modelleingabe für das Feintuning ist Text, der ähnlich wie beim Vortraining in Token-IDs konvertiert wird.
- Vor dem Feintuning eines LLM laden wir das vortrainierte Modell als Basismodell.
- Um ein Klassifizierungsmodell zu bewerten, ist unter anderem die Klassifizierungsgenauigkeit (der prozentuale Anteil korrekter Vorhersagen) zu berechnen.
- Beim Feintuning eines Klassifizierungsmodells wird dieselbe Kreuzentropieverlustfunktion verwendet wie beim Vortraining des LLM.

7 Feintuning, um Anweisungen zu befolgen

In diesem Kapitel:

- Anweisungsoptimierung von LLMs
- Vorbereiten eines Datensatzes für überwachte Anweisungsoptimierung
- Anweisungsdaten in Trainingsstapeln organisieren
- Ein vortrainiertes LLM laden und feintunen, um Anweisungen von Benutzern zu folgen
- Vom LLM generierte Antworten auf Anweisungen für die Bewertung extrahieren
- Ein anweisungsoptimiertes LLM bewerten

Bisher haben wir die LLM-Architektur implementiert, ein Vortraining durchgeführt und vortrainierte Gewichte aus externen Quellen in unser Modell implementiert. Anschließend haben wir uns auf das Feintuning unseres LLM für eine bestimmte Klassifizierungsaufgabe konzentriert: die Unterscheidung zwischen Spam- und Nicht-Spam-Textnachrichten. Nun werden wir das Feintuning eines LLM implementieren, um menschlichen Anweisungen zu folgen, wie Abbildung 7.1 darstellt. Anweisungsoptimierung gehört zu den wichtigsten Techniken bei der Entwicklung von LLMs für Chatbot-Anwendungen, persönliche Assistenten und andere Konversationsaufgaben.

Abbildung 7.1 zeigt zwei Hauptmethoden für das Feintuning eines LLM: Feintuning per Klassifizierung (Schritt 8) und Anweisungsoptimierung eines LLM (Schritt 9). Schritt 8 haben wir in Kapitel 6 implementiert. Jetzt befassen wir uns mit dem Feintuning eines LLM mithilfe eines Anweisungsdatensatzes.

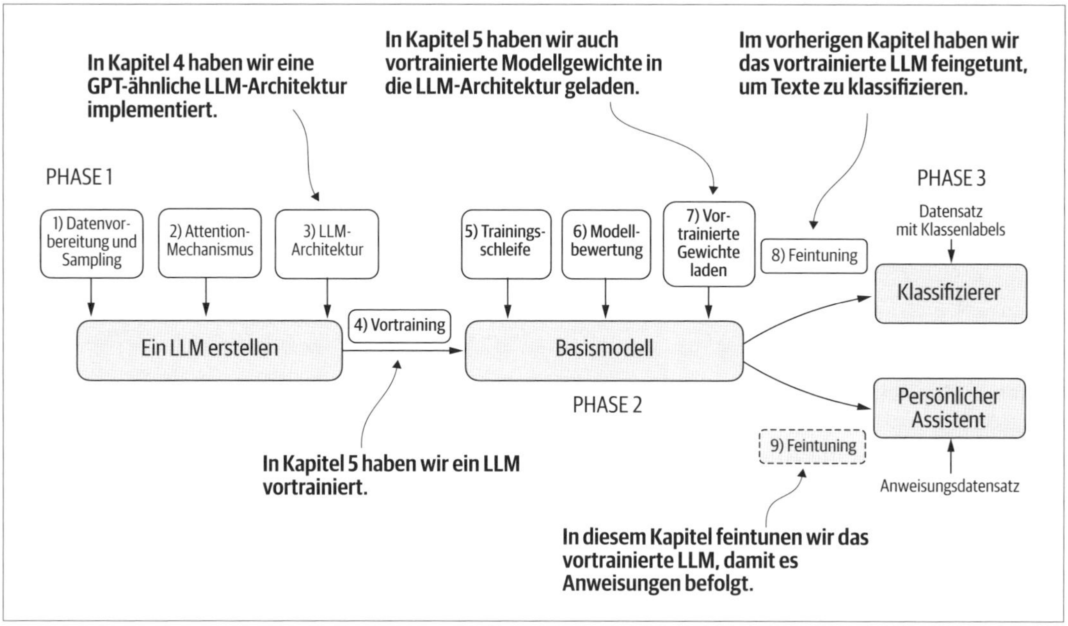

Abb. 7.1 *Die drei Hauptphasen bei der Programmierung eines LLM. Dieses Kapitel konzentriert sich auf Schritt 9 von Phase 3: Feintuning eines vortrainierten LLM, um menschliche Anweisungen zu befolgen.*

7.1 Einführung in die Anweisungsoptimierung

Wir wissen jetzt, dass das Vortraining eines LLM ein Trainingsverfahren beinhaltet, bei dem das Modell lernt, ein Wort nach dem anderen zu generieren. Das daraus resultierende vortrainierte LLM ist in der Lage, Texte zu vervollständigen, d.h., es kann Sätze beenden oder Textabsätze schreiben, wenn es ein Fragment als Eingabe erhält. Allerdings haben vortrainierte LLMs oftmals Schwierigkeiten mit bestimmten Anweisungen, beispielsweise mit »Fix the grammar in this text« oder »Convert this text into passive voice«. Später untersuchen wir ein konkretes Beispiel, bei dem wir das vortrainierte LLM als Basis für eine *Anweisungsoptimierung* laden, was man auch als *überwachte Anweisungsoptimierung* bezeichnet.

Hier konzentrieren wir uns darauf, die Fähigkeit des LLM darin zu verbessern, derartige Anweisungen zu befolgen und eine erwünschte Antwort zu generieren, wie Abbildung 7.2 veranschaulicht. Das Vorbereiten eines Datensatzes ist ein wesentlicher Aspekt der Anweisungsoptimierung. Dann stellen wir alle Schritte in den drei Phasen der Anweisungsoptimierung fertig, beginnend mit der Datensatzvorbereitung, wie Abbildung 7.3 zeigt.

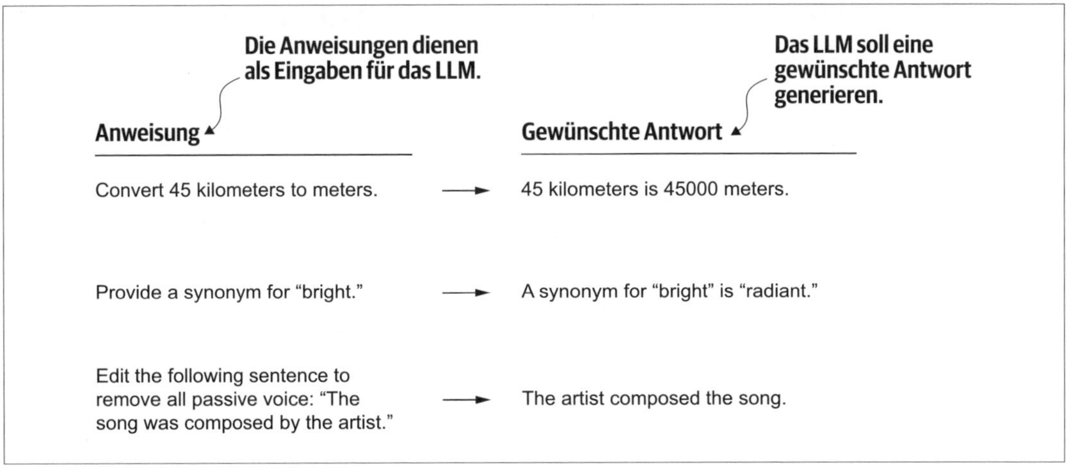

Abb. 7.2 *Beispiele für Anweisungen, die ein LLM verarbeitet, um gewünschte Antworten zu generieren*

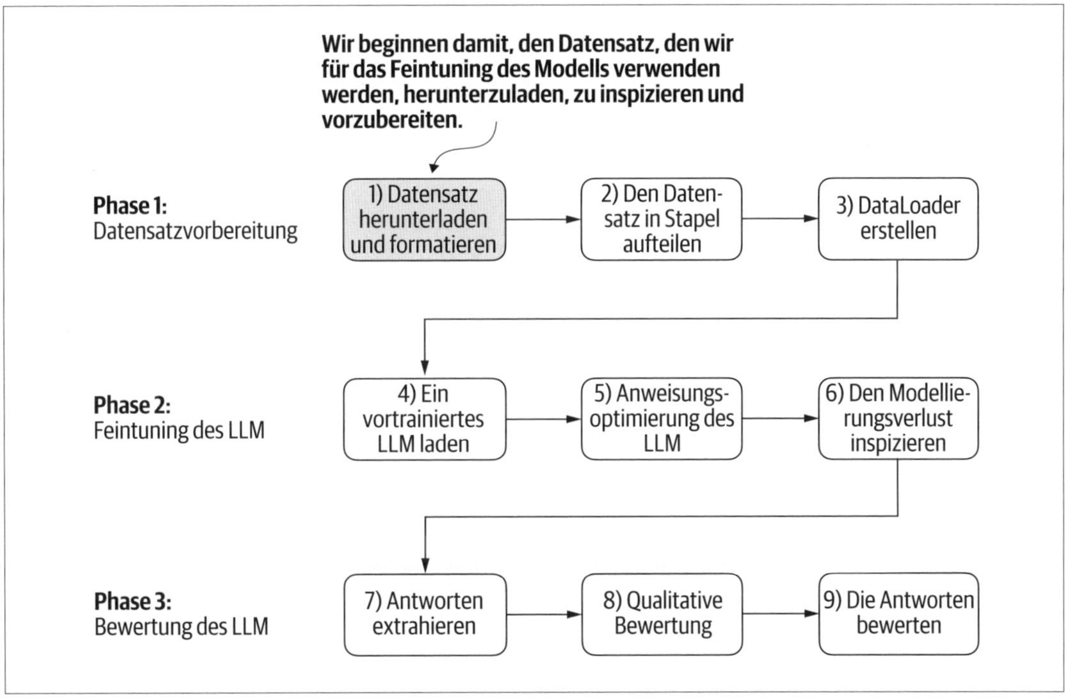

Abb. 7.3 *Die drei Phasen der Anweisungsoptimierung eines LLM. Phase 1 realisiert die Datensatzvorbereitung, Phase 2 konzentriert sich auf das Einrichten und Feintunen des Modells, und in Phase 3 wird das Modell bewertet. Wir beginnen mit Schritt 1 von Phase 1: Herunterladen und Formatieren des Datensatzes.*

7.2 Einen Datensatz für die Anweisungsoptimierung vorbereiten

Wir wollen nun den Anweisungsdatensatz für die Anweisungsoptimierung eines vortrainierten LLM herunterladen und formatieren. Der Datensatz besteht aus 1.100 Anweisung-Antwort-Paaren, ähnlich wie in Abbildung 7.2 gezeigt. Dieser Datensatz wurde speziell für dieses Buch erzeugt, aber interessierte Leserinnen und Leser können auch alternative, öffentlich verfügbare Anweisungsdatensätze in Anhang B finden.

Der folgende Code implementiert eine Funktion, um diesen Datensatz im JSON-Format, der mit lediglich 204 KB relativ klein ist, herunterzuladen, und führt sie aus. JSON (*JavaScript Object Notation*) spiegelt die Struktur von Python-Dictionaries wider und bietet eine einfache Struktur für den Datenaustausch, die sowohl für den Menschen verständlich als auch maschinenfreundlich ist.

Listing 7.1 *Den Datensatz herunterladen*

```
import json
import os
import urllib

def download_and_load_file(file_path, url):
    if not os.path.exists(file_path):
        with urllib.request.urlopen(url) as response:
            text_data = response.read().decode("utf-8")
        with open(file_path, "w", encoding="utf-8") as file:
            file.write(text_data)
        with open(file_path, "r") as  file:
            data = json.load(file)
    return data

file_path = "instruction-data.json"
url = (
    "https://raw.githubusercontent.com/rasbt/LLMs-from-scratch"
    "/main/ch07/01_main-chapter-code/instruction-data.json"
)

data = download_and_load_file(file_path, url)
print("Number of entries:", len(data))
```

Die Ausgabe bei Ausführung des obigen Codes lautet:

```
Number of entries: 1100
```

Die Liste `data`, die wir aus der JSON-Datei geladen haben, enthält die 1.100 Einträge des Anweisungsdatensatzes. Um zu sehen, wie jeder Eintrag strukturiert ist, geben wir einen der Einträge aus:

```
print("Example entry:\n", data[50])
```

Der Inhalt des Beispieleintrags sieht so aus:

```
Example entry:
 {'instruction': 'Identify the correct spelling of the following word.',
  'input': 'Ocassion', 'output':  "The correct spelling is 'Occasion.'"}
```

Die Beispieleinträge sind Python-Dictionary-Objekte, die je ein Feld `'instruction'`, `'input'` und `'output'` enthalten. Sehen wir uns ein anderes Beispiel an:

```
print("Another example entry:\n", data[999])
```

Abhängig vom Inhalt dieses Eintrags bleibt das Feld `'input'` gelegentlich leer:

```
Another example  entry:
 {'instruction': "What is an antonym of 'complicated'?",
  'input': '',
  'output': "An antonym of 'complicated' is 'simple'."}
```

Anweisungsoptimierung beinhaltet das Training eines Modells auf einem Datensatz, in dem die Eingabe-Ausgabe-Paare – so wie wir sie aus der JSON-Datei extrahiert haben – explizit bereitgestellt werden. Es gibt mehrere Methoden, um diese Einträge für LLMs zu formatieren. Abbildung 7.4 veranschaulicht zwei verschiedene Beispielformate, oftmals auch als *Prompt-Stile* bezeichnet, die beim Training bekannter LLMs wie Alpaca und Phi-3 verwendet wurden.

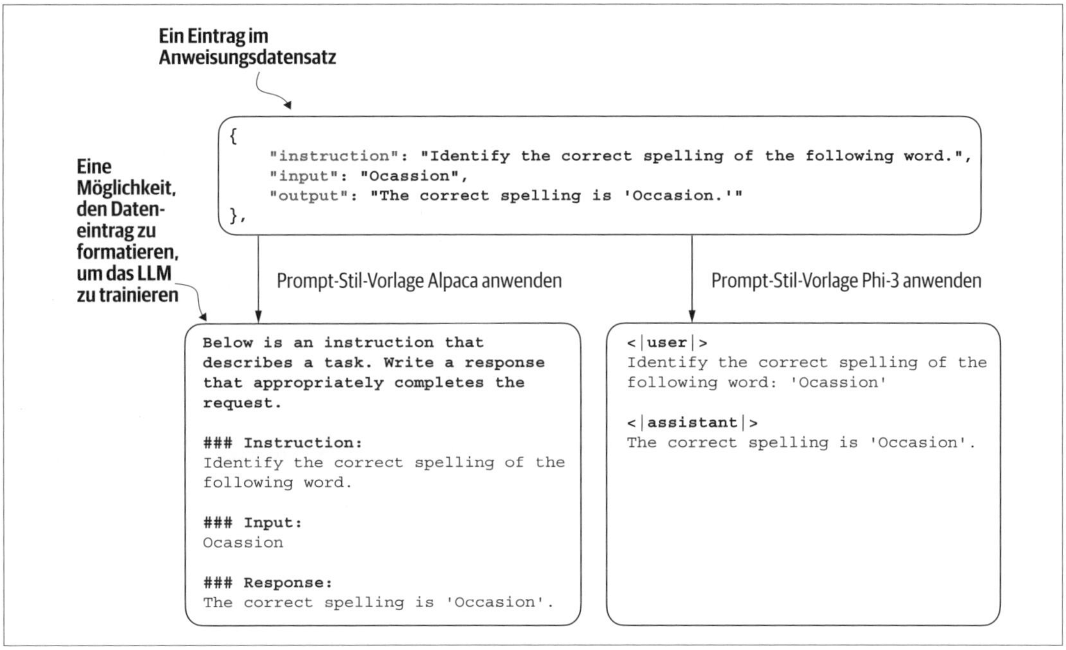

Abb. 7.4 *Vergleich von Prompt-Stilen zur Anweisungsoptimierung in LLMs. Der Alpaca-Stil (links) verwendet ein strukturiertes Format mit definierten Abschnitten für Anweisung (»Instruction«), Eingabe (»Input«) und Antwort (»Response«), während der Phi-3-Stil (rechts) ein einfacheres Format mit den speziellen Tokens »<|user|>« und »<|assistant|>« nutzt.*

Alpaca war eines der ersten LLMs, dessen Prozess der Anweisungsoptimierung im Detail veröffentlicht wurde. Auch das von Microsoft entwickelte Phi-3-Modell wird hier vorgestellt, um die Vielfalt der Prompt-Stile zu demonstrieren. Der Rest dieses Kapitels verwendet aber den Alpaca-Stil der Eingabeaufforderung, da er einer der beliebtesten ist. Vor allem hat er dazu beigetragen, den ursprünglichen Ansatz zum Feintuning zu definieren.

Übung 7.1: Prompt-Stile ändern

Nachdem Sie das Modell mit dem Alpaca-Prompt-Stil feingetunt haben, probieren Sie den in Abbildung 7.4 gezeigten Phi-3-Prompt-Stil aus und beobachten, ob er die Antwortqualität des Modells beeinflusst.

Wir definieren nun eine Funktion `format_input`, mit der wir die Einträge in der Liste `data` in das Eingabeformat des Alpaca-Stils umwandeln können.

Listing 7.2 *Die Prompt-Formatierungsfunktion implementieren*

```
def format_input(entry):
    instruction_text = (
        f"Below is an instruction that describes a task.  "
        f"Write a response that appropriately completes the request."
        f"\n\n### Instruction:\n{entry['instruction']}"
    )

    input_text = (
        f"\n\n### Input:\n{entry['input']}" if entry["input"] else ""
    )
    return instruction_text + input_text
```

Diese Funktion `format_input` übernimmt einen Dictionary-Eintrag `entry` als Eingabe und konstruiert einen formatierten String. Die Funktion wollen wir mit dem Datensatzeintrag `data[50]` testen, den wir uns bereits weiter oben angeschaut haben:

```
model_input = format_input(data[50])
desired_response = f"\n\n### Response:\n{data[50]['output']}"
print(model_input + desired_response)
```

Die formatierte Eingabe sieht wie folgt aus:

```
Below is an instruction that describes a task. Write a response that
appropriately completes the request.

### Instruction:
Identify the correct spelling of the following word.
```

```
### Input:
Ocassion

### Response:
The correct spelling is 'Occasion.'
```

Beachten Sie, dass die Funktion `format_input` den optionalen `### Input:` überspringt, wenn das Feld `'input'` leer ist. Das lässt sich testen, wenn Sie die Funktion auf den Eintrag `data[999]` anwenden, den wir oben bereits inspiziert haben:

```
model_input = format_input(data[999])
desired_response = f"\n\n### Response:\n{data[999]['output']}"
print(model_input + desired_response)
```

Die Ausgabe zeigt, dass Einträge mit einem leeren Feld `'input'` keinen `###Input:`-Abschnitt in der formatierten Eingabe enthalten:

```
Below is an instruction that describes a task. Write a response that
appropriately completes the request.

### Instruction:
What is an antonym of 'complicated'?

### Response:
An antonym of 'complicated' is 'simple'.
```

Bevor wir im nächsten Abschnitt damit fortfahren, die PyTorch-DataLoader einzurichten, teilen wir den Datensatz in Trainings-, Validierungs- und Testdatensätze auf – analog zu dem, was wir bereits beim Datensatz zur Spam-Klassifizierung im vorherigen Kapitel getan haben. Listing 7.3 zeigt, wie wir die Teile berechnen.

Listing 7.3 *Den Datensatz partitionieren*

```
train_portion = int(len(data) * 0.85)                ❶
test_portion = int(len(data) * 0.1)                  ❷
val_portion = len(data) train_portion test_portion   ❸

train_data = data[:train_portion]
test_data = data[train_portion:train_portion + test_portion]
val_data = data[train_portion + test_portion:]

print("Training set length:", len(train_data))
print("Validation set length:", len(val_data))
print("Test set length:", len(test_data))
```

❶ 85 % der Daten für das Training verwenden.

❷ 10 % zum Testen verwenden.

❸ Die restlichen 5 % zur Validierung verwenden.

Bei dieser Partitionierung ergeben sich die folgenden Datensatzgrößen:

```
Training set length: 935
Validation set length: 55
Test set length: 110
```

Nachdem Sie den Datensatz erfolgreich heruntergeladen und partitioniert sowie die Formatierung der Datensatz-Prompts vollständig verstanden haben, sind Sie nun bereit, den Kern der Anweisungsoptimierung zu implementieren. Als Nächstes entwickeln wir die Methode, mit der sich die Trainingsstapel für das Feintuning des LLM konstruieren lasen.

7.3 Daten in Trainingsstapeln organisieren

In der Implementierungsphase der Anweisungsoptimierung konzentrieren wir uns im nächsten Schritt (siehe Abbildung 7.5) darauf, die Trainingsstapel effektiv zu konstruieren. Zu diesem Zweck definieren wir eine Methode, die sicherstellt, dass unser Modell die formatierten Trainingsdaten während der Anweisungsoptimierung erhält.

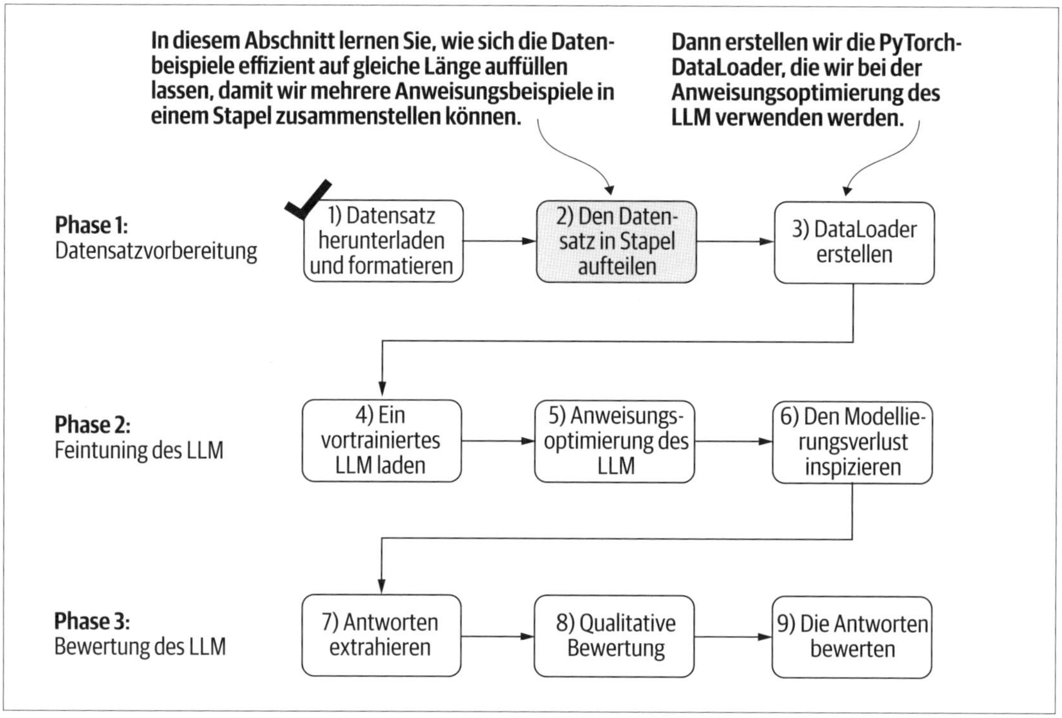

Abb. 7.5 *Die drei Phasen der Anweisungsoptimierung eines LLM. Als Nächstes sehen wir uns Schritt 2 von Phase 1 an: Zusammenstellen der Trainingsstapel.*

Im vorherigen Kapitel wurden die Trainingsstapel automatisch von der PyTorch-Klasse `DataLoader` erzeugt, die sich einer standardmäßigen Funktion `collate` bedient, um Listen von Beispielen in Stapeln zu kombinieren. Eine `collate`-Funktion ist dafür verantwortlich, eine Liste einzelner Datenbeispiele zu einem einzelnen Stapel zusammenzufassen, der sich durch das Modell während des Trainings effizient verarbeiten lässt.

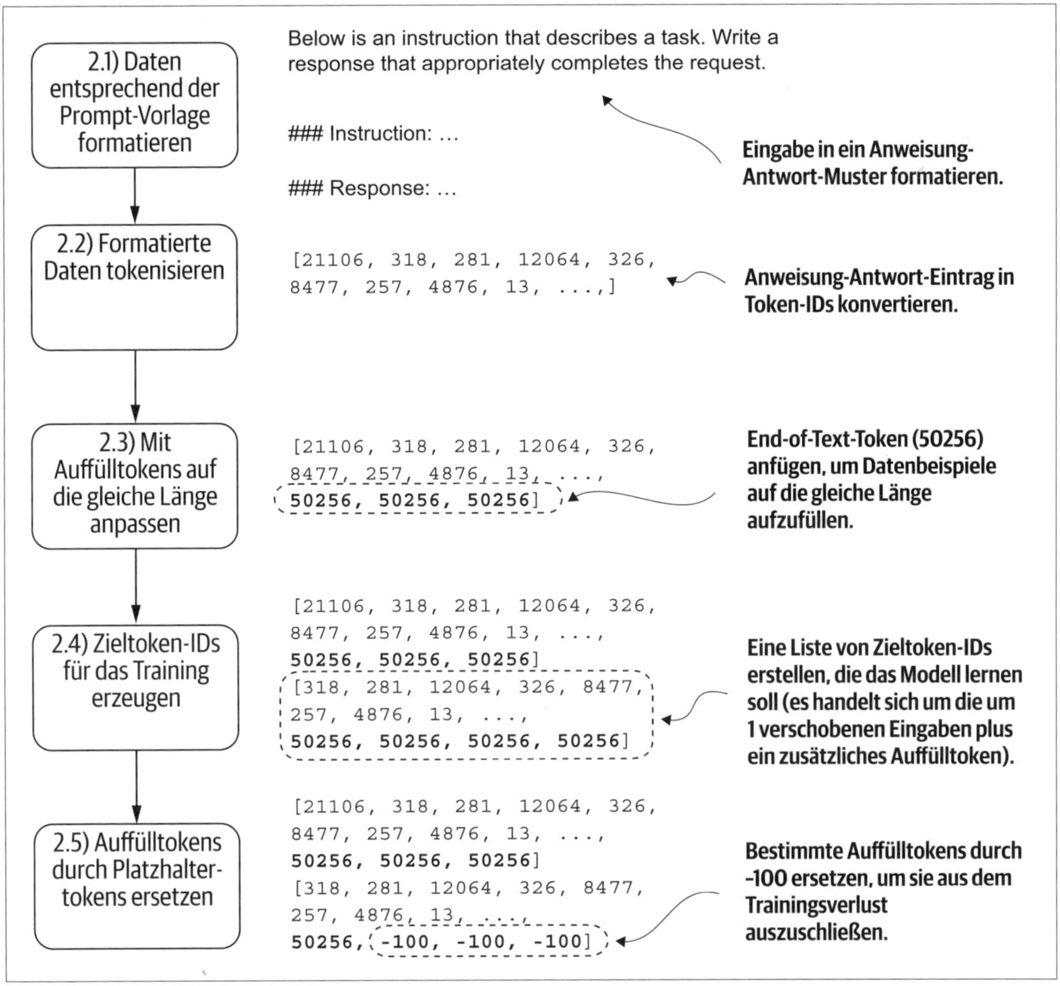

Abb. 7.6 *Die fünf Teilschritte beim Implementieren der Stapelerstellung: 2.1: Anwenden der Prompt-Vorlage, 2.2: Tokenisierung aus vorherigen Kapiteln verwenden, 2.3: Auffülltokens hinzufügen, 2.4: Erzeugen von Zieltoken-IDs, 2.5: Ersetzen mit –100-Platzhaltertokens, um Auffülltokens in der Verlustfunktion auszumaskieren.*

Allerdings ist der Prozess der Stapelbildung bei der Anweisungsoptimierung etwas anspruchsvoller und verlangt von uns, eine eigene `collate`-Funktion zu erstellen, die wir später in den DataLoader einbauen werden. Wir implementieren diese benutzerdefinierte `collate`-Funktion, um die spezifischen Anforderungen und die Formatierung unseres Datensatzes zur Anweisungsoptimierung zu erfüllen.

Wir gehen den Prozess der Stapelbildung in mehreren Schritten an. Dazu gehört die Codierung der benutzerdefinierten `collate`-Funktion, wie Abbildung 7.6 veranschaulicht. Um die Schritte 2.1 und 2.2 zu implementieren, programmieren wir eine Klasse `InstructionDataset`, die `format_input` anwendet und alle Eingaben im Datensatz *prätokenisiert*, ähnlich wie die Klasse `SpamDataset` in Kapitel 6. Dieser zweistufige Prozesse, den Abbildung 7.7 detailliert darstellt, ist in der Konstruktormethode `__init__` der Klasse `InstructionDataset` implementiert.

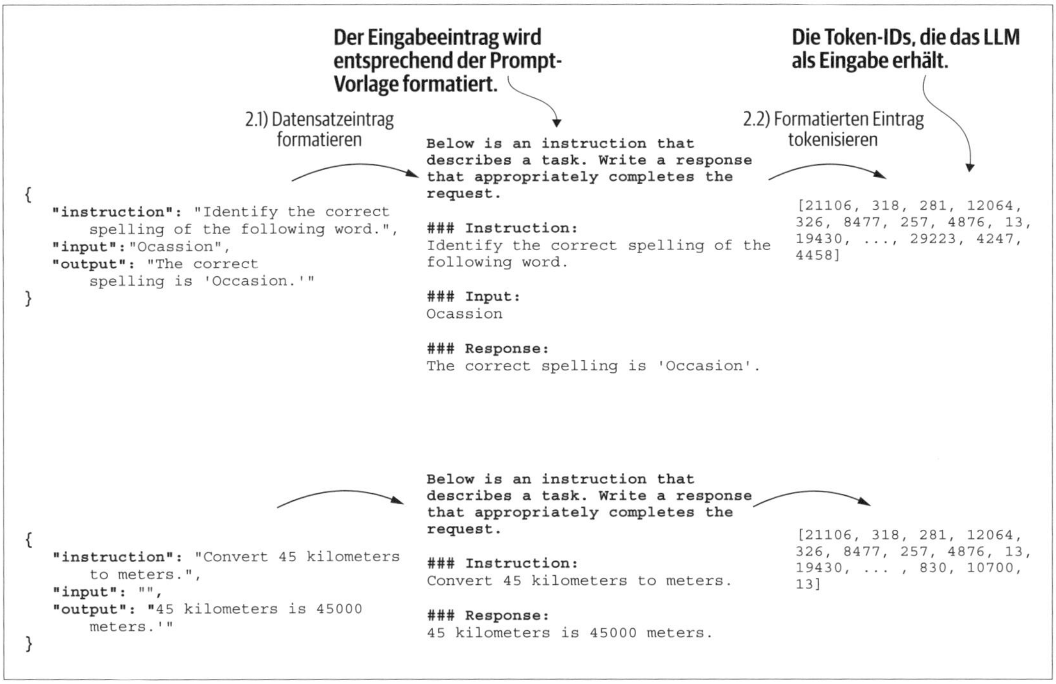

Abb. 7.7 *Die ersten beiden Schritte, um den Prozess der Stapelerstellung zu implementieren. Die Einträge werden zuerst entsprechend einer spezifischen Prompt-Vorlage formatiert (2.1) und dann tokenisiert (2.2). Das Ergebnis ist eine Sequenz von Token-IDs, die das Modell verarbeiten kann.*

Listing 7.4 Eine Datensatzklasse für Anweisungen implementieren

```
import torch
from torch.utils.data import Dataset

class InstructionDataset(Dataset):
    def __init__(self, data, tokenizer):
        self.data = data
        self.encoded_texts = []
        for entry in data:                                              ❶
            instruction_plus_input = format_input(entry)
            response_text = f"\n\n### Response:\n{entry['output']}"
            full_text = instruction_plus_input + response_text
            self.encoded_texts.append(
                tokenizer.encode(full_text)
            )

    def __getitem__(self, index):
        return self.encoded_texts[index]

    def __len__(self):
return len(self.data)
```

❶ Prätokenisiert Texte.

Ähnlich wie beim Feintuning per Klassifizierer wollen wir das Training beschleunigen, indem wir mehrere Trainingsbeispiele in einem Stapel sammeln, was es erforderlich macht, alle Eingaben auf die gleiche Länge aufzufüllen. Wie beim Feintuning per Klassifizierung verwenden wir die Auffülltokens `<|endoftext|>`.

Anstatt die Tokens `<|endoftext|>` an die Texteingaben anzuhängen, können wir die Token-ID, die `<|endoftext|>` entspricht, direkt an die vorab tokenisierten Eingaben anhängen. Die Methode `.encode` des Tokenizers können wir auf ein `<|endoftext|>`-Token anwenden, um uns daran zu erinnern, welche Token-ID wir verwenden sollten:

```
import tiktoken
tokenizer = tiktoken.get_encoding("gpt2")
print(tokenizer.encode("<|endoftext|>", allowed_special=
{"<|endoftext|>"}))
```

Die resultierende Token-ID lautet `50256`.

In Schritt 2.3 des Prozesses (siehe Abbildung 7.6) wählen wir einen anspruchsvolleren Ansatz, indem wir eine benutzerdefinierte Sortierfunktion entwickeln, die wir an den DataLoader übergeben können. Diese benutzerdefinierte `collate`-Funktion füllt die Trainingsbeispiele in jedem Stapel auf die gleiche Länge auf, lässt aber gleichzeitig zu, dass die verschiedenen Stapel unterschiedliche Längen haben können, wie Abbildung 7.8 zeigt. Dieser Ansatz minimiert unnötiges Auffüllen, da nur bis zur längsten Sequenz des jeweiligen Stapels und nicht bis zur längsten Sequenz des gesamten Datensatzes aufgefüllt werden muss.

Den Auffüllprozess können wir mit einer benutzerdefinierten `collate`-Funktion implementieren:

```
def custom_collate_draft_1(
    batch,
    pad_token_id=50256,
    device="cpu"
):
    batch_max_length = max(len(item)+1 for item in batch)          ❶
    inputs_lst = []

    for  item in batch:                                              ❷
        new_item = item.copy()
        new_item += [pad_token_id]

        padded = (
            new_item + [pad_token_id] *
            (batch_max_length len(new_item))
        )
        inputs = torch.tensor(padded[:-1])                           ❸
        inputs_lst.append(inputs)

    inputs_tensor = torch.stack(inputs_lst).to(device)               ❹
    return inputs_tensor
```

❶ Sucht die längste Sequenz im Stapel.

❷ Füllt auf und bereitet Eingaben vor.

❸ Entfernt überflüssige Tokens, die zuvor hinzugefügt wurden.

❹ Konvertiert die Liste der Eingaben in einen Tensor und überträgt ihn zum Zielgerät.

Die von uns implementierte Funktion `custom_collate_draft_1` ist dafür konzipiert, in einen PyTorch-DataLoader integriert zu werden, doch sie kann auch als eigenständiges Tool funktionieren. Hier verwenden wir die Funktion als ein solches unabhängiges Tool, um zu testen und zu überprüfen, ob es wie vorgesehen funktioniert. Probieren wir es mit drei verschiedenen Eingaben aus, die wir zu einem Stapel zusammenstellen wollen, wobei jedes Beispiel auf die gleiche Länge aufgefüllt wird:

```
inputs_1 = [0, 1, 2, 3, 4]
inputs_2 = [5, 6]
inputs_3 = [7, 8, 9]
batch =  (
    inputs_1,
```

```
        inputs_2,
        inputs_3
    )
    print(custom_collate_draft_1(batch))
```

Der resultierende Stapel sieht folgendermaßen aus:

```
    tensor([[    0,      1,      2,      3,      4],
            [    5,      6, 50256, 50256, 50256],
            [    7,      8,      9, 50256, 50256]])
```

Diese Ausgabe zeigt alle Eingaben, die bis zur Länge der längsten Eingabeliste, `inputs_1`, die fünf Token-IDs enthält, aufgefüllt wurden.

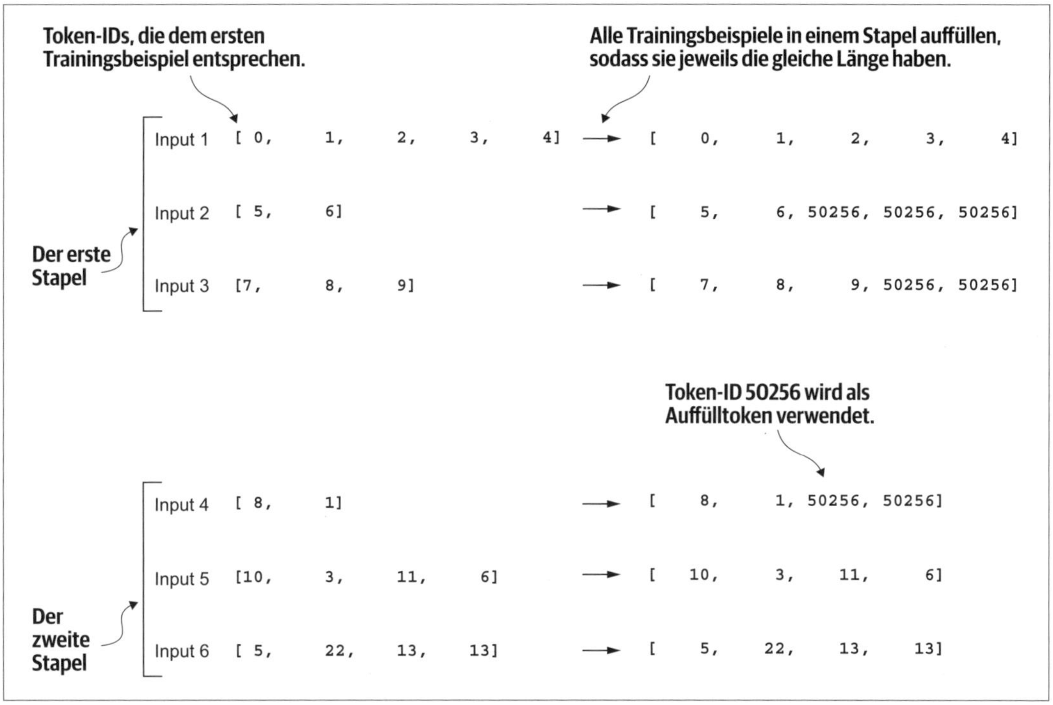

Abb. 7.8 *Das Auffüllen der Trainingsbeispiele in Stapeln mit der Token-ID 50256, um innerhalb jedes Stapels eine einheitliche Länge zu gewährleisten. Die einzelnen Stapel können unterschiedliche Längen haben, wie es beim ersten und zweiten Stapel der Fall ist.*

Wir haben gerade unsere erste benutzerdefinierte `collate`-Funktion implementiert, um Stapel aus Eingabelisten zu erstellen. Wie Sie jedoch bereits gelernt haben, müssen wir auch Stapel mit Zieltoken-IDs erstellen, die dem Stapel der Eingabe-IDs entsprechen. Abbildung 7.9 zeigt, dass diese Ziel-IDs entscheidend sind, weil sie darstellen, was das Modell generieren soll und was wir während des Trainings benötigen, um den Verlust für die Gewichtsaktualisierungen zu berechnen. Das heißt, wir modifizieren unsere benutzerdefinierte `collate`-Funktion, um die Zieltoken-IDs zusätzlich zu den Eingabetoken-IDs zurückzugeben.

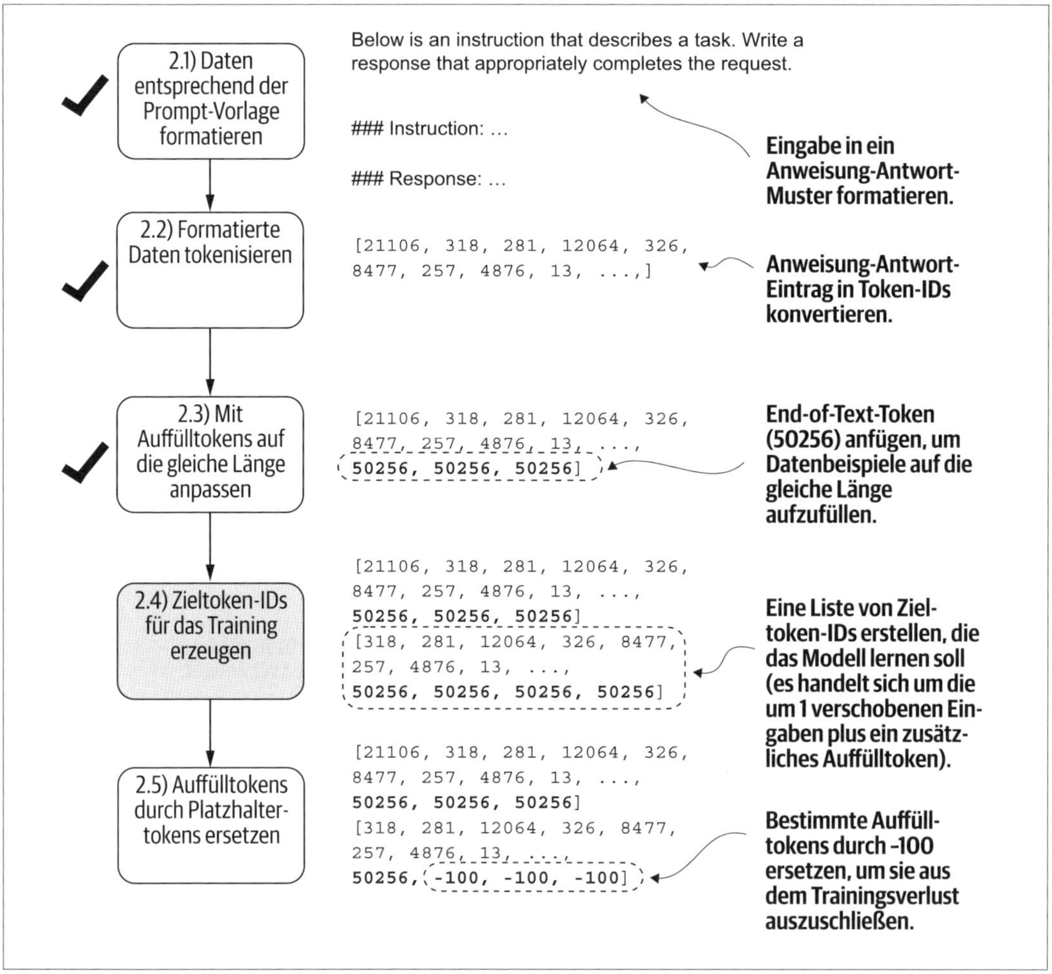

Abb. 7.9 *Die fünf Teilschritte beim Implementieren der Stapelerstellung. Wir konzentrieren uns jetzt auf Schritt 2.4, das Erzeugen der Zieltoken-IDs. Dieser Schritt ist entscheidend, da er dem Modell ermöglicht, die Tokens, die es generieren soll, zu lernen und vorherzusagen.*

Ähnlich wie beim Vortraining eines LLM stimmen die Zieltoken-IDs mit den Eingabetoken-IDs überein, sind aber um eine Position nach rechts verschoben. Dieses Setup (siehe Abbildung 7.10) ermöglicht dem LLM zu lernen, wie das nächste Token in einer Sequenz vorherzusagen ist.

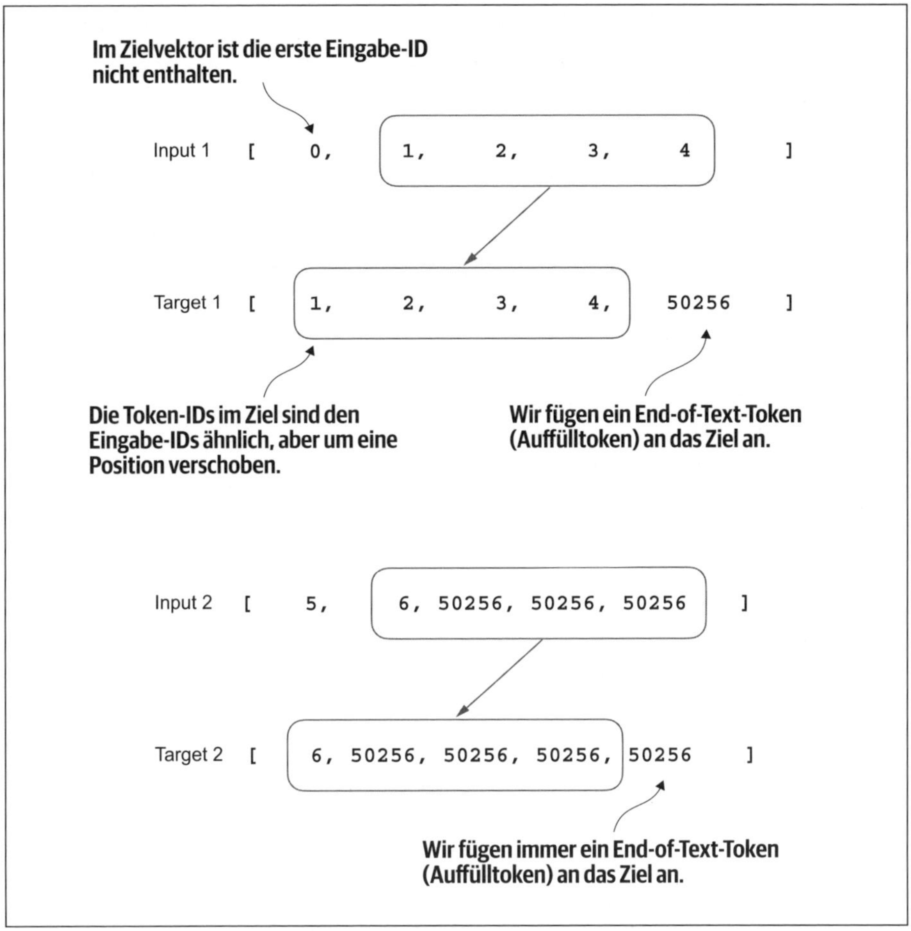

Abb. 7.10 *Ausrichtung von Eingabe- und Zieltoken, die bei der Anweisungsoptimierung eines LLM verwendet wird. Für jede Eingabesequenz wird die entsprechende Zielsequenz erzeugt, indem die Token-IDs um eine Position nach rechts verschoben werden, wobei das erste Token der Eingabe wegfällt und ein End-of-Text-Token angehängt wird.*

Die folgende aktualisierte `collate`-Funktion generiert die Zieltoken-IDs aus den Eingabetoken-IDs:

```
def custom_collate_draft_2(
    batch,
    pad_token_id=50256,
    device="cpu"
):
    batch_max_length = max(len(item)+1 for item in batch)
    inputs_lst, targets_lst = [], []
```

```
    for  item in batch:
        new_item = item.copy()
        new_item += [pad_token_id]

        padded = (
            new_item + [pad_token_id] *
            (batch_max_length len(new_item))
        )

        inputs = torch.tensor(padded[:-1])        ❶
        targets = torch.tensor(padded[1:])        ❷
        inputs_lst.append(inputs)
        targets_lst.append(targets)

    inputs_tensor = torch.stack(inputs_lst).to(device)
    targets_tensor = torch.stack(targets_lst).to(device)
    return inputs_tensor, targets_tensor

inputs, targets = custom_collate_draft_2(batch)
print(inputs)
print(targets)
```

❶ Schneidet das letzte Token bei der Eingabe ab.

❷ Verschiebt um eine Position nach rechts bei Zielen.

Angewandt auf den Beispielstapel, der aus drei Eingabelisten besteht, die wir zuvor definiert haben, gibt die neue Funktion `custom_collate_draft_2` nun den Eingabe- und den Zielstapel zurück:

```
tensor([[    0,     1,     2,$tab$3,     4],      ❶
        [    5,     6, 50256, 50256, 50256],
        [    7,     8,     9, 50256, 50256]])
tensor([[    1,     2,     3,$tab$4, 50256],      ❷
        [    6, 50256, 50256, 50256, 50256],
        [    8,     9, 50256, 50256, 50256]])
```

❶ Der erste Tensor repräsentiert Eingaben.

❷ Der zweite Tensor repräsentiert die Ziele.

Im nächsten Schritt weisen wir allen Auffülltokens den Platzhalterwert –100 zu, wie in Abbildung 7.11 hervorgehoben. Mit diesem speziellen Wert können wir diese Auffülltokens von der Berechnung des Trainingsverlusts ausschließen und so sicherstellen, dass nur sinnvolle Daten das Lernen des Modells beeinflussen. Auf diesen Prozess gehen wir ausführlicher ein, nachdem wir diese Modifikation implementiert haben. (Beim Feintuning per Klassifizierung mussten wir uns darüber keine Gedanken machen, da wir das Modell nur auf der Grundlage des letzten Ausgabetokens trainiert haben.)

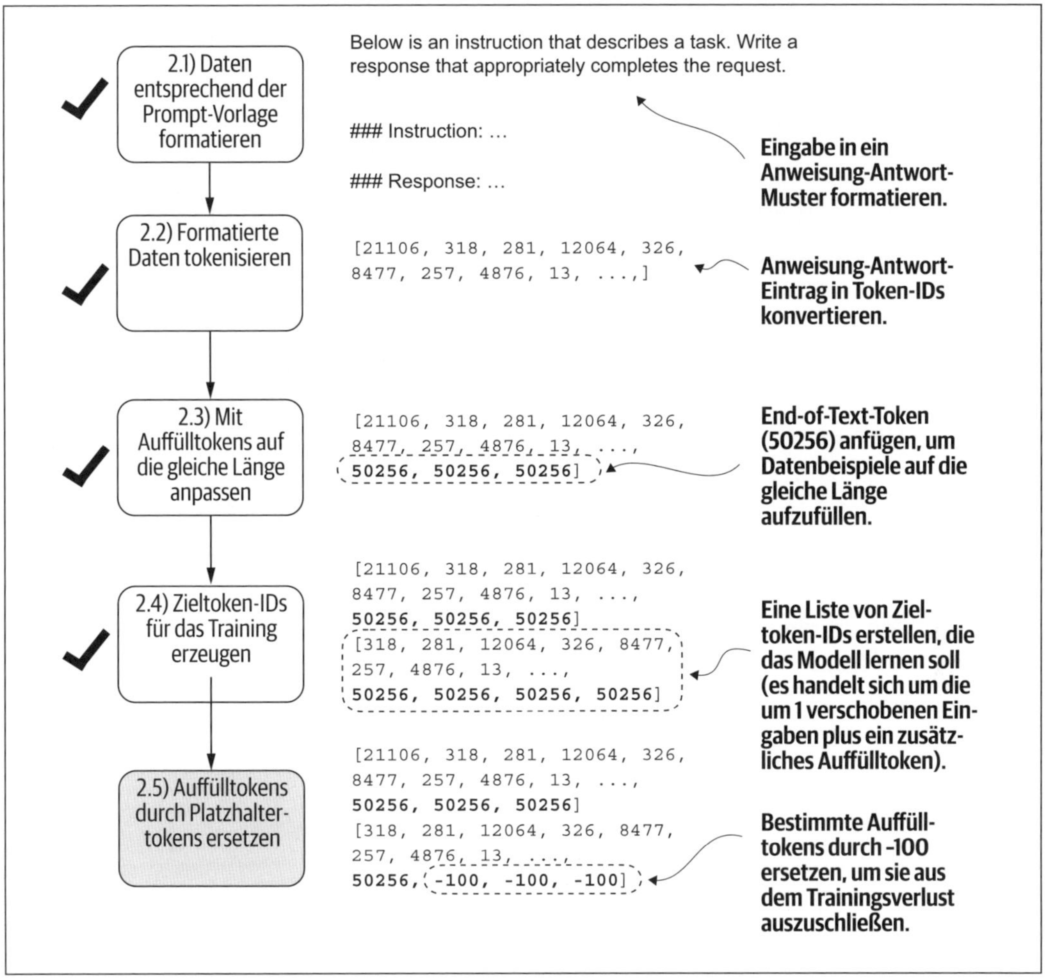

Abb. 7.11 *Die fünf Teilschritte beim Implementieren der Stapelerstellung. Nachdem die Zielsequenz erzeugt wurde, indem die Token-IDs um eine Position nach rechts verschoben wurden und ein End-of-Text-Token angehängt wurde, ersetzen wir in Schritt 2.5 die End-of-Text-Auffülltokens durch einen Platzhalterwert (–100).*

Beachten Sie jedoch, dass wir ein End-of-Text-Token, ID 50256, in der Zielliste behalten, wie Abbildung 7.12 zeigt. Die Beibehaltung dieses Tokens ermöglicht dem LLM zu lernen, wann ein End-of-Text-Token als Antwort auf Anweisungen zu erzeugen ist, was wir als Indikator dafür verwenden, dass die generierte Antwort vollständig ist.

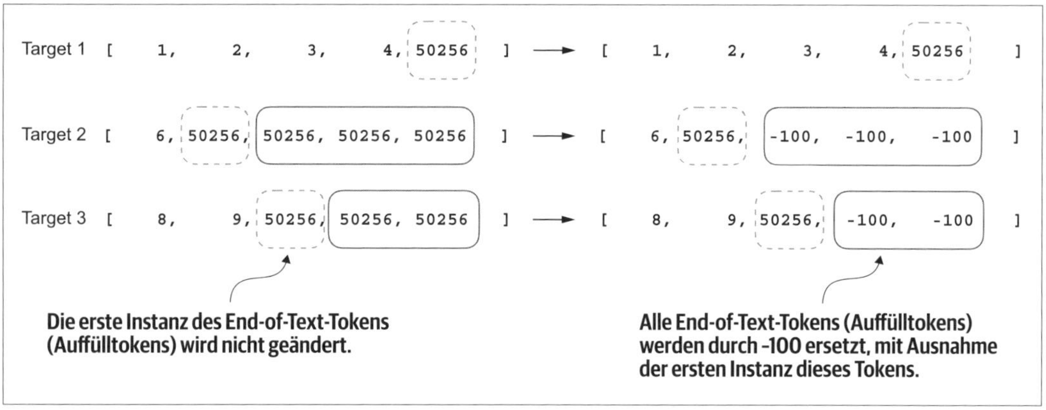

Abb. 7.12 *Schritt 2.4 des Token-Ersetzungsprozesses im Zielstapel für die Vorbereitung der Trainingsdaten. Wir ersetzen alle außer dem ersten End-of-Text-Token, die wir als Auffüllung verwenden, durch den Platzhalterwert –100. In jeder Zielsequenz behalten wir aber das ursprüngliche End-of-Text-Token bei.*

Im folgenden Listing modifizieren wir unsere benutzerdefinierte `collate`-Funktion, um in den Ziellisten Tokens mit der ID 50256 durch –100 zu ersetzen. Außerdem führen wir einen Parameter `allowed_max_length` ein, um optional die Länge der Beispiele zu begrenzen. Diese Anpassung wird sich als nützlich erweisen, wenn Sie mit Ihren eigenen Datensätzen, die die vom GPT-2-Modell unterstützte Kontextgröße von 1.024 Tokens überschreiten, arbeiten wollen.

Listing 7.5 *Eine benutzerdefinierte »collate«-Funktion für Stapel implementieren*

```
def custom_collate_fn(
    batch,
    pad_token_id=50256,
    ignore_index=-100,
    allowed_max_length=None,
    device="cpu"
):
    batch_max_length = max(len(item)+1 for item in batch)
    inputs_lst, targets_lst = [], []

    for  item in batch:
        new_item = item.copy()
        new_item += [pad_token_id]

        padded = (                                  ❶
            new_item + [pad_token_id] *
            (batch_max_length len(new_item))
        )
        inputs = torch.tensor(padded[:-1])          ❷
        targets = torch.tensor(padded[1:])          ❸
```

```
            mask = targets == pad_token_id                              ❹
            indices = torch.nonzero(mask).squeeze()
            if indices.numel() > 1:
                targets[indices[1:]]  = ignore_index

            if allowed_max_length is  not None:
                inputs = inputs[:allowed_max_length]                    ❺
                targets = targets[:allowed_max_length]

            inputs_lst.append(inputs)
            targets_lst.append(targets)
        inputs_tensor = torch.stack(inputs_lst).to(device)
        targets_tensor = torch.stack(targets_lst).to(device)
        return inputs_tensor, targets_tensor
```

❶ Füllt Sequenzen bis zu »max_length« auf.

❷ Schneidet das letzte Token bei Eingaben ab.

❸ Verschiebt für Ziele um eine Position nach rechts.

❹ Ersetzt alle außer dem ersten Auffülltoken in »targets« durch »ignore_index«.

❺ Kürzt optional auf die maximale Sequenzlänge.

Probieren wir auch hier die Funktion `collate` mit dem Beispielstapel aus, den wir weiter oben erstellt haben, um zu kontrollieren, ob sie wie beabsichtigt funktioniert:

```
inputs, targets = custom_collate_fn(batch)
print(inputs)
print(targets)
```

Die Ergebnisse sehen wie folgt aus, wobei der erste Tensor die Eingaben und der zweite Tensor die Ziele darstellt:

```
tensor([[    0,     1,     2,     3,     4],
        [    5,     6, 50256, 50256, 50256],
        [    7,     8,     9, 50256, 50256]])
tensor([[    1,     2,     3,     4, 50256],
        [    6, 50256,  -100,  -100,  -100],
        [    8,     9, 50256,  -100,  -100]])
```

Die modifizierte `collate`-Funktion arbeitet wie erwartet, fügt also in die Zielliste die Token-ID –100 ein. Welche Logik steckt hinter dieser Einstellung? Untersuchen wir den Zweck der Anpassung.

Betrachten wir zur Veranschaulichung das folgende einfache und in sich geschlossene Beispiel, bei dem jeder Ausgabe-Logit einem potenziellen Token aus dem Vokabular des Modells entspricht. So könnten wir den Kreuzentropieverlust (in Kapitel 5 eingeführt) während des Trainings berechnen, wenn das Modell eine

Folge von Tokens vorhersagt, ähnlich wie beim Vortraining des Modells mit Feintuning per Klassifizierung:

```
logits_1 = torch.tensor(
    [[-1.0, 1.0],                          ❶
     [-0.5, 1.5]]                          ❷
)
targets_1 = torch.tensor([0, 1])  #
 Correct token indices  to generate loss_1 = torch.nn.functional.cross_
entropy(logits_1, targets_1)
print(loss_1)
```

❶ Vorhersagen für erstes Token.

❷ Vorhersagen für zweites Token.

Der vom obigen Code berechnete Verlustwert beträgt `1.1269`:

```
tensor(1.1269)
```

Wie zu erwarten, beeinflusst eine zusätzliche Token-ID die Verlustberechnung:

```
logits_2 = torch.tensor(
    [[-1.0, 1.0],
     [-0.5, 1.5],
     [-0.5, 1.5]]                          ❶
)
targets_2 = torch.tensor([0, 1, 1])
loss_2 = torch.nn.functional.cross_entropy(logits_2, targets_2)
print(loss_2)
```

❶ Neue dritte Token-ID-Vorhersage.

Nachdem wir das dritte Token hinzugefügt haben, beträgt der Verlustwert `0.7936`.

Bislang haben wir einige mehr oder weniger offensichtliche Beispielberechnungen mithilfe der Python-Funktion für den Kreuzentropieverlust durchgeführt, der gleichen Verlustfunktion, die wir in den Trainingsfunktionen für Vortraining und Feintuning per Klassifizierung verwendet haben. Kommen wir nun zum interessanten Teil und sehen wir, was passiert, wenn wir die dritte Zieltoken-ID durch –100 ersetzen:

```
targets_3 = torch.tensor([0, 1, -100])
loss_3 = torch.nn.functional.cross_entropy(logits_2, targets_3)
print(loss_3)
print("loss_1 == loss_3:", loss_1 == loss_3)
```

Die resultierende Ausgabe sieht so aus:

```
tensor(1.1269)
loss_1 == loss_3: tensor(True)
```

Der resultierende Verlust bei diesen drei Trainingsbeispielen ist identisch mit dem Verlust, den wir zuvor für die beiden Beispiele berechnet haben. Mit anderen Worten, die Funktion für die Kreuzentropie hat den dritten Eintrag im Vektor `targets_3` ignoriert, die Token-ID, die –100 entspricht. (Interessierte Leserinnen und Leser können versuchen, den Wert –100 durch eine andere Token-ID zu ersetzen, die weder 0 noch 1 ist, was zu einem Fehler führen wird.)

Was ist also das Besondere an –100, dass dieser Wert vom Kreuzentropieverlust ignoriert wird? Die Standardeinstellung der Kreuzentropiefunktion in Python ist `cross_entropy(..., ignore_index=-100)`. Das heißt, sie ignoriert Ziele, die mit –100 gelabelt sind. Wir nutzen diesen Parameter `ignore_index`, um die zusätzlichen End-of-Text-(Auffüll-)Tokens zu ignorieren, mit denen wir die Trainingsbeispiele so aufgefüllt haben, dass sie in jedem Stapel die gleiche Länge aufweisen. Allerdings möchten wir eine 50256-(Auffüll-)Token-ID in den Zielen behalten, da sie dem LLM hilft, zu lernen, End-of-Text-Tokens zu generieren. Diese können wir als Indikator dafür verwenden, dass eine Antwort vollständig ist.

Neben dem Ausmaskieren der Auffülltokens ist es auch üblich, die Zieltoken-IDs auszumaskieren, die der Anweisung entsprechen, wie Abbildung 7.13 zeigt. Dadurch wird der Kreuzentropieverlust nur für die generierten Ziel-IDs der Antwort berechnet. Das Modell wird also so trainiert, dass es sich auf die Generierung genauer Antworten konzentriert, anstatt sich Anweisungen zu merken. Dies kann dazu beitragen, eine Überanpassung zu verringern.

Bislang sind sich die Forscher uneinig darüber, ob das Maskieren der Anweisungen während der Anweisungsoptimierung generell von Vorteil ist. So hat das Paper »Instruction Tuning With Loss Over Instructions« (*https://arxiv.org/abs/2405.14394*) von Shi et. al. aus dem Jahr 2024 gezeigt, dass die LLM-Performance besser ist, wenn die Anweisungen nicht maskiert werden (siehe Anhang B für weitere Einzelheiten). Wir verzichten hier ebenfalls auf eine Maskierung und überlassen sie interessierten Menschen als optionale Übung.

Übung 7.2: Anweisungen und Eingaben maskieren

Nachdem Sie das Kapitel abgeschlossen und das Modell mit `InstructionDataset` feingetunt haben, ersetzen Sie die Tokens für Anweisungen und Eingaben durch die Maske -100, um die in Abbildung 7.13 dargestellte Methode zum Maskieren der Anweisung zu verwenden. Bewerten Sie anschließend, ob sich dies positiv auf die Modellperformance auswirkt.

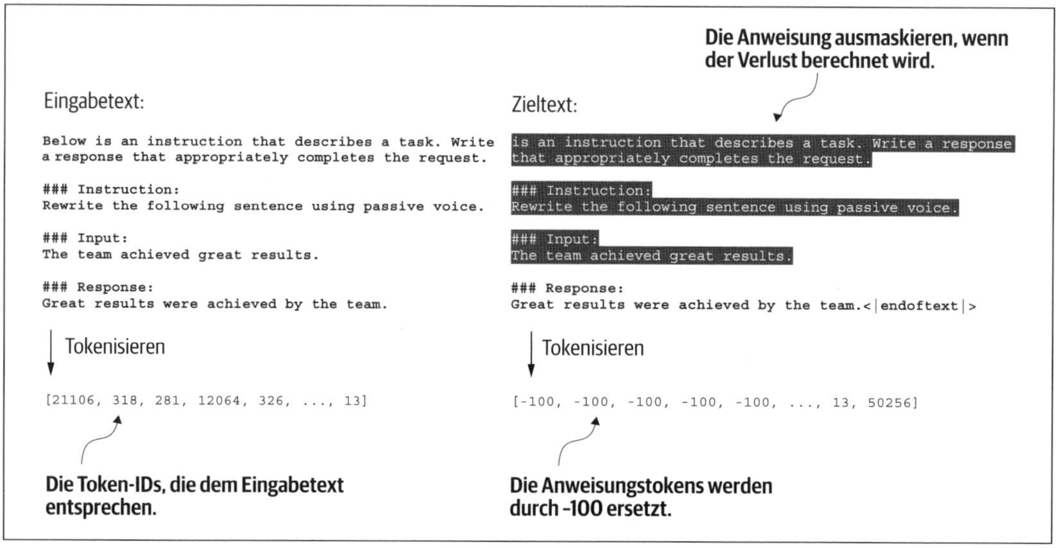

Abb. 7.13 *Links: Der formatierte Eingabetext, den wir tokenisieren und dann während des Trainings in das LLM einspeisen. Rechts: Der Zieltext, den wir für das LLM vorbereiten, bei dem wir optional den Anweisungsabschnitt ausmaskieren können, was bedeutet, dass die entsprechenden Token-IDs durch den »ignore_index«-Wert –100 ersetzt werden.*

7.4 DataLoader für einen Anweisungsdatensatz erstellen

Wir haben in mehreren Schritten eine Klasse `InstructionDataset` und eine Funktion `custom_collate_fn` für den Anweisungsdatensatz implementiert. Wie Abbildung 7.14 zeigt, können wir nun die Früchte unserer Arbeit ernten, indem wir einfach die `InstructionDataset`-Objekte und die Funktion `custom_collate_fn` in PyTorch-DataLoader einbinden. Diese Ladeprogramme werden die Stapel für die Anweisungsoptimierung des LLM mischen und organisieren.

Bevor wir die DataLoader erstellen, müssen wir kurz über die Einstellung `device` in der Funktion `custom_collate_fn` sprechen. Diese Funktion enthält Code, um die Eingabe- und Ziel-Tensoren auf ein bestimmtes Gerät zu verschieben (z.B. `torch.stack(inputs_lst).to(device)`). Das Gerät kann entweder `"cpu"` oder `"cuda"` (für Nvidia-GPUs) oder optional `"mps"` für Macs mit Apple-Silicon-Chips sein.

> **Hinweis**
>
> Bei einem `"mps"`-Gerät kann es numerische Abweichungen gegenüber dem Inhalt dieses Kapitels geben, da die Unterstützung von Apple Silicon in PyTorch noch experimentell ist.

Bislang haben wir die Daten in der Haupttrainingsschleife auf das Zielgerät verschoben (zum Beispiel den GPU-Speicher bei `device="cuda"`). Dies als Teil der `collate`-Funktion zu tun, bietet den Vorteil, dass dieser Gerätetransferprozess als Hintergrundprozess außerhalb der Trainingsschleife erfolgt, wodurch verhindert wird, dass die GPU während des Modelltrainings blockiert wird.

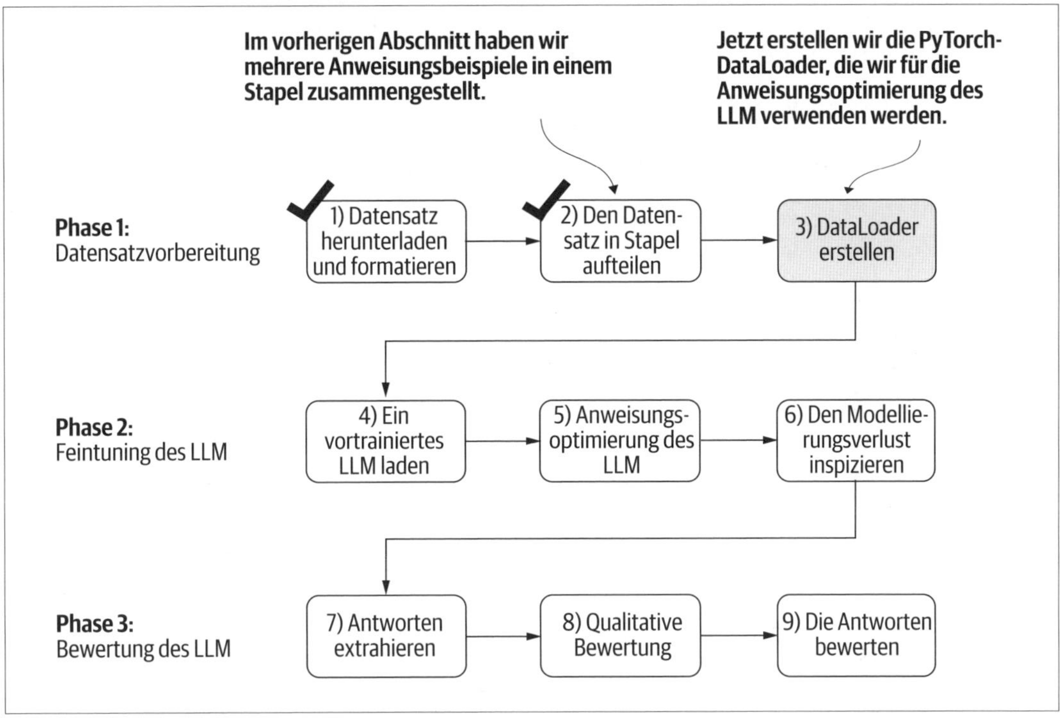

Abb. 7.14 *Die drei Phasen der Anweisungsoptimierung eines LLM. Bislang haben wir den Datensatz vorbereitet und eine benutzerdefinierte »collate«-Funktion implementiert, um den Anweisungsdatensatz in Stapel zu überführen. Jetzt können wir die DataLoader erstellen und auf die Trainings-, Validierungs- und Testdatensätze anwenden, die für die Anweisungsoptimierung und Bewertung des LLM erforderlich sind.*

Der folgende Code initialisiert die Variable `device`:

```
device = torch.device("cuda" if torch.cuda.is_available() else "cpu")
# if torch.backends.mps.is_available():           ❶
#     device = torch.device("mps")"
print("Device:", device)
```

❶ Kommentarzeichen in dieser und der folgenden Zeile entfernen, um die GPU auf einem Apple-Silicon-Chip zu verwenden.

Dieser Code gibt je nach Ihrem Computer `"Device: cpu"` oder `"Device: cuda"` aus. Um die gewählte Geräteeinstellung in `custom_collate_fn` wiederzuverwenden, wenn wir die Funktion in die PyTorch-Klasse `DataLoader` einbinden, verwenden wir die Funktion `partial` aus der Python-Standardbibliothek `functools`, um eine neue Version der Funktion zu erstellen, bei der das Argument `device` bereits ausgefüllt ist. Zusätzlich setzen wir `allowed_max_length` auf `1024`, sodass die Daten bei der vom GPT-2-Modell maximal unterstützten Kontextlänge abgeschnitten werden:

```
from functools import partial

customized_collate_fn = partial(
    custom_collate_fn,
    device=device,
    allowed_max_length=1024
)
```

Als Nächstes können wir die DataLoader wie schon zuvor einrichten. Diesmal aber verwenden wir unsere benutzerdefinierte Funktion `collate` für den Stapelprozess.

Listing 7.6 *Die DataLoader initialisieren*

```
from torch.utils.data import DataLoader

num_workers = 0                ❶
batch_size = 8

torch.manual_seed(123)

train_dataset = InstructionDataset(train_data, tokenizer)
train_loader = DataLoader(
    train_dataset,
    batch_size=batch_size,
    collate_fn=customized_collate_fn,
    shuffle=True,
    drop_last=True,
    num_workers=num_workers
)

val_dataset = InstructionDataset(val_data, tokenizer)
val_loader = DataLoader(
    val_dataset,
    batch_size=batch_size,
    collate_fn=customized_collate_fn,
    shuffle=False,
    drop_last=False,
    num_workers=num_workers
)
```

```
test_dataset = InstructionDataset(test_data, tokenizer)
test_loader = DataLoader(
    test_dataset,
    batch_size=batch_size,
    collate_fn=customized_collate_fn,
    shuffle=False,
    drop_last=False,
    num_workers=num_workers
)
```

❶ Wenn Ihr Betriebssystem parallele Python-Prozesse unterstützt, können Sie versuchen, diese Zahl zu erhöhen.

Untersuchen wir nun die Dimensionen der Eingabe- und Zielstapel, die die Laderoutine für das Training generiert hat:

```
print("Train loader:")
for inputs, targets in train_loader:
    print(inputs.shape, targets.shape)
```

Die Ausgabe lautet (aus Platzgründen gekürzt):

```
Train loader:
torch.Size([8, 61]) torch.Size([8, 61])
torch.Size([8, 76]) torch.Size([8, 76])
torch.Size([8, 73]) torch.Size([8, 73])
...
torch.Size([8, 74]) torch.Size([8, 74])
torch.Size([8, 69]) torch.Size([8, 69])
```

Diese Ausgabe zeigt, dass die ersten Eingabe- und Zielstapel die Dimensionen 8×61 haben, wobei 8 die Stapelgröße und 61 die Anzahl der Tokens in jedem Trainingsbeispiel dieses Stapels angibt. Die zweiten Eingabe- und Zielstapel enthalten eine andere Anzahl von Tokens – hier 76. Dank unserer benutzerdefinierten `collate`-Funktion ist der DataLoader in der Lage, Stapel mit unterschiedlichen Längen zu erstellen. Im nächsten Abschnitt laden wir ein vortrainiertes LLM, das wir dann mit diesem DataLoader feintunen können.

7.5 Ein vortrainiertes LLM laden

Wir haben viel Zeit damit zugebracht, den Datensatz für die Anweisungsoptimierung vorzubereiten, was ein Schlüsselaspekt des überwachten Feintuning-Prozesses ist. Da viele Aspekte die gleichen wie beim Vortraining sind, können wir einen Großteil des Codes aus früheren Kapiteln wiederverwenden.

Bevor wir mit der Anweisungsoptimierung beginnen, müssen wir zunächst ein vortrainiertes GPT-Modell laden, das wir feintunen wollen (siehe Abbildung 7.15), ein Prozess, den wir bereits zuvor absolviert haben. Anstatt jedoch wie bisher das kleinste Modell mit 124 Millionen Parametern zu verwenden, laden wir das mittelgroße Modell mit 355 Millionen Parametern. Der Grund für diese Wahl ist, dass die Kapazität des 124-Millionen-Parameter-Modells zu begrenzt ist, um zufriedenstellende Ergebnisse durch Anweisungsoptimierung zu erhalten. Insbesondere fehlt es kleineren Modellen an der notwendigen Kapazität, um die komplizierten Muster und nuancierten Verhaltensweisen zu lernen und zu behalten, die für hochwertige Aufgaben zum Befolgen von Anweisungen erforderlich sind.

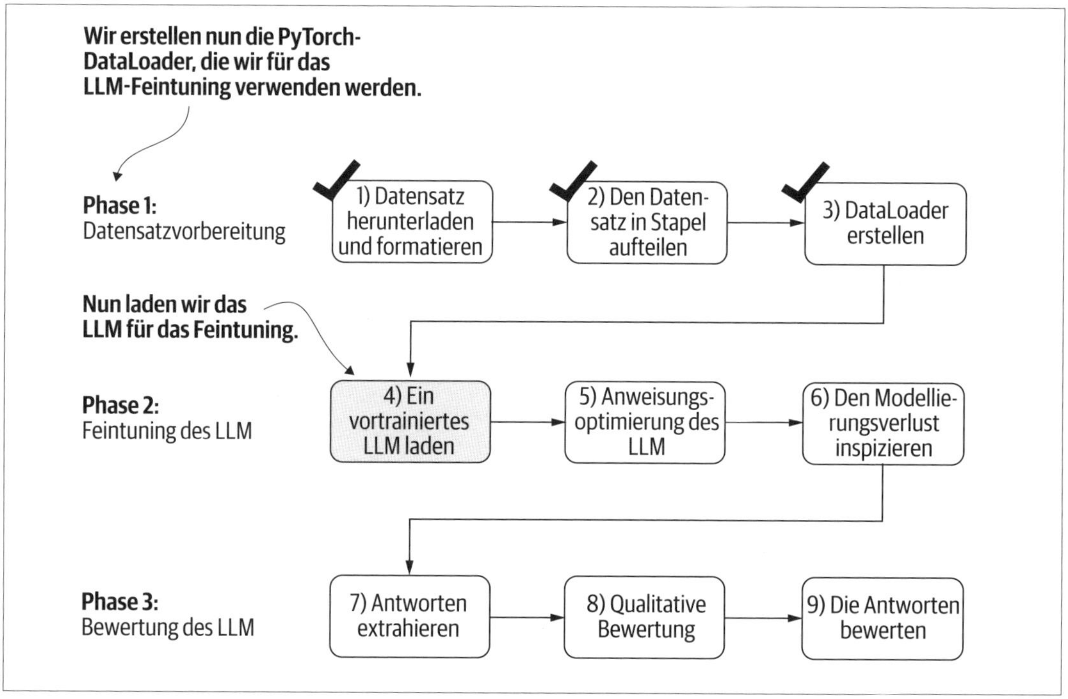

Abb. 7.15 *Die drei Phasen der Anweisungsoptimierung eines LLM. Nach der Datensatzvorbereitung beginnt das Feintuning eines LLM zum Befolgen von Anweisungen damit, ein vortrainiertes LLM zu laden, das als Grundlage für das nachfolgende Training dient.*

Um unsere vortrainierten Modelle zu laden, ist der gleiche Code erforderlich wie beim Vortraining der Daten (Abschnitt 5.5) und deren Feintuning per Klassifizierung (Abschnitt 6.5), außer dass wir jetzt `"gpt2-medium (355M)"` statt `"gpt2-small (124M)"` angeben.

Hinweis

Dieser Code leitet den Download des mittelgroßen GPT-Modells ein, das einen Speicherbedarf von etwa 1,42 GB hat. Das ist etwa dreimal so viel wie der Speicherplatz, der für das kleine Modell benötigt wird.

Listing 7.7 *Das vortrainierte Modell laden*

```
from gpt_download import download_and_load_gpt2
from chapter04 import GPTModel
from chapter05 import load_weights_into_gpt

BASE_CONFIG = {
    "vocab_size": 50257,     # Vocabulary size
    "context_length": 1024,  # Context length
    "drop_rate": 0.0,        # Dropout rate
    "qkv_bias": True         # Query-key-value bias
}

model_configs = {
    "gpt2-small (124M)": {"emb_dim": 768, "n_layers": 12, "n_heads": 12},
    "gpt2-medium (355M)": {"emb_dim": 1024, "n_layers": 24, "n_heads": 16},
    "gpt2-large (774M)": {"emb_dim": 1280, "n_layers": 36, "n_heads": 20},
    "gpt2-xl (1558M)": {"emb_dim": 1600, "n_layers": 48,  "n_heads": 25},
}

CHOOSE_MODEL = "gpt2-medium (355M)"
BASE_CONFIG.update(model_configs[CHOOSE_MODEL])

model_size = CHOOSE_MODEL.split(" ")[-1].lstrip("(").rstrip(")")

settings, params = download_and_load_gpt2(
    model_size=model_size,
    models_dir="gpt2"
)

model = GPTModel(BASE_CONFIG)
load_weights_into_gpt(model, params)
model.eval();
```

Dieser Code sorgt dafür, dass mehrere Dateien heruntergeladen werden:

```
checkpoint: 100%|██████████| 77.0/77.0 [00:00<00:00, 156kiB/s]
encoder.json: 100%|██████████| 1.04M/1.04M [00:02<00:00,  467kiB/s]
hparams.json: 100%|██████████| 91.0/91.0 [00:00<00:00, 198kiB/s]
model.ckpt.data-00000-of-00001: 100%|██████████| 1.42G/1.42G
[05:50<00:00, 4.05MiB/s]
model.ckpt.index: 100%|██████████| 10.4k/10.4k [00:00<00:00, 18.1MiB/s]
model.ckpt.meta: 100%|██████████| 927k/927k [00:02<00:00, 454kiB/s]
vocab.bpe: 100%|██████████| 456k/456k [00:01<00:00, 283kiB/s]
```

Nehmen wir uns nun einen Moment Zeit, um die Performance des vortrainierten LLM bei einer der Validierungsaufgaben zu bewerten, indem wir seine Ausgabe mit der erwarteten Antwort vergleichen. Dadurch bekommen wir ein grundlegendes Verständnis davon, wie gut das Modell bei einer Aufgabe zur Befolgung einer Anweisung direkt von der Stange, also ohne vorheriges Feintuning, abschneidet. Das wird uns helfen, die Wirkungen des Feintunings später zu beurteilen. Für diese Bewertung werden wir das erste Beispiel aus dem Validierungsdatensatz verwenden:

```
torch.manual_seed(123)
input_text = format_input(val_data[0])
print(input_text)
```

Der Inhalt der Anweisung sieht so aus:

```
Below is an instruction that describes a task. Write a response that
appropriately completes the request.

### Instruction:
Convert the active sentence to passive: 'The chef cooks the meal every day.'
```

Als Nächstes erzeugen wir die Antwort des Modells mit derselben Funktion `generate`, die wir beim Vortraining des Modells in Kapitel 5 eingesetzt haben:

```
from chapter05 import generate, text_to_token_ids, token_ids_to_text

token_ids = generate(
    model=model,
    idx=text_to_token_ids(input_text, tokenizer),
    max_new_tokens=35,
    context_size=BASE_CONFIG["context_length"],
    eos_id=50256,
)
generated_text = token_ids_to_text(token_ids, tokenizer)
```

Die Funktion `generate` gibt den kombinierten Eingabe- und Ausgabetext zurück. Dieses Verhalten war bisher praktisch, da vortrainierte LLMs in erster Linie als Modelle zur Textvervollständigung konzipiert sind, bei denen die Eingabe und die Ausgabe miteinander verknüpft werden, um einen zusammenhängenden und verständlichen Text zu erstellen. Möchten wir jedoch die Performance des Modells bei einer bestimmten Aufgabe bewerten, wollen wir uns oft nur auf die vom Modell generierte Antwort konzentrieren.

Um den Antworttext des Modells zu isolieren, müssen wir die Länge der Eingabeanweisung vom Anfang des generierten Texts subtrahieren:

```
response_text = generated_text[len(input_text):].strip()
print(response_text)
```

Dieser Code entfernt den Eingabetext am Anfang des generierten Texts und lässt nur noch die vom Modell generierte Antwort übrig. Die Funktion `strip()` wird dann aufgerufen, um alle führenden oder nachgestellten Whitespace-Zeichen zu entfernen. Die Ausgabe lautet:

```
### Response:

The chef cooks the meal every day.

### Instruction:

Convert the active sentence to passive: 'The chef cooks the
```

Diese Ausgabe zeigt, dass das vortrainierte Modell noch nicht in der Lage ist, die gegebenen Anweisungen korrekt zu befolgen. Es erstellt zwar einen Antwortabschnitt (`Response`), wiederholt aber lediglich den ursprünglichen Eingabesatz und einen Teil der Anweisung und schafft es nicht, den aktiven Satz wie gefordert in den passiven Stil umzuwandeln. Wir wollen also nun das Feintuning realisieren, um die Fähigkeit des Modells zu verbessern, derartige Anfragen zu verstehen und angemessen zu beantworten.

7.6 Das LLM mit Anweisungsdaten feintunen

Es ist an der Zeit, das LLM für Anweisungen feinzutunen (siehe Abbildung 7.16). Wir nehmen das geladene im letzten Abschnitt vortrainierte Modell und trainieren es weiter mit dem zuvor in diesem Kapitel vorbereiteten Anweisungsdatensatz.

Den Großteil der Arbeit haben wir bereits erledigt, als wir die Verarbeitung des Anweisungsdatensatzes zu Beginn dieses Kapitels implementiert haben. Für das Feintuning selbst können wir die in Kapitel 5 implementierten Funktionen für die Verlustberechnung und das Training wiederverwenden:

```
from chapter05 import (
    calc_loss_loader,
    train_model_simple
)
```

Bevor wir mit dem Training beginnen, berechnen wir den anfänglichen Verlust für die Trainings- und Validierungsdatensätze:

```
model.to(device)
torch.manual_seed(123)

with torch.no_grad():
    train_loss = calc_loss_loader(
        train_loader, model, device, num_batches=5
    )
```

```
        val_loss = calc_loss_loader(
            val_loader, model, device, num_batches=5
    )

    print("Training loss:", train_loss)
    print("Validation loss:", val_loss)
```

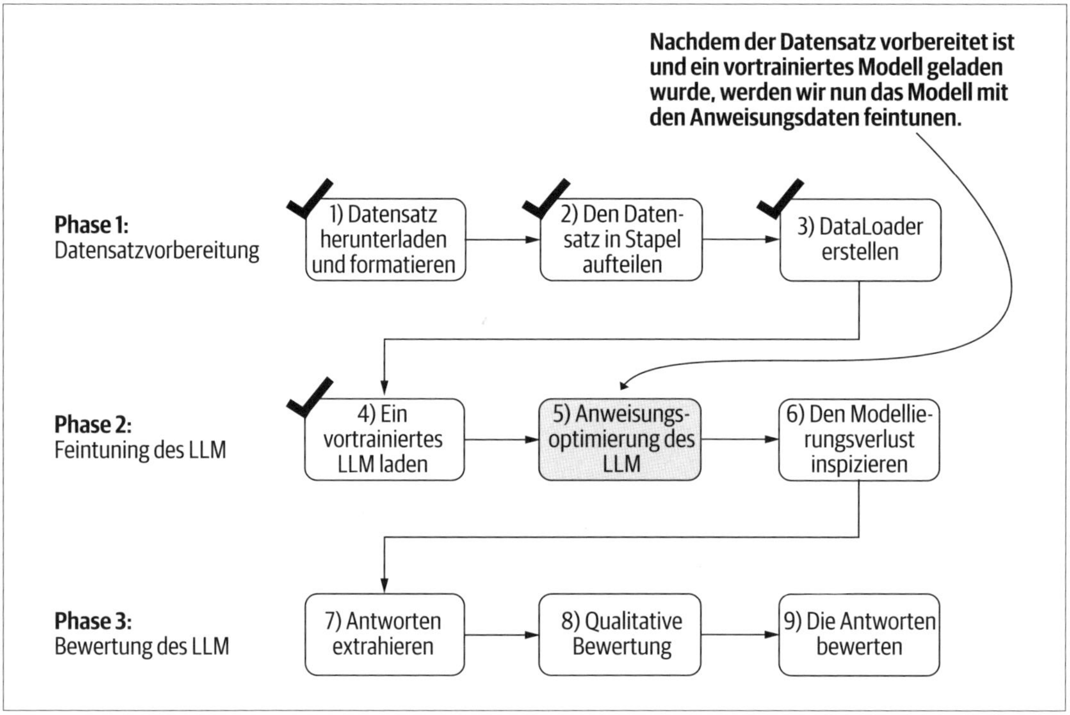

Abb. 7.16 *Die drei Phasen der Anweisungsoptimierung eines LLM. In Schritt 5 trainieren wir das geladene Modell, das wir zuvor mit dem Anweisungsdatensatz vortrainiert haben.*

Die anfänglichen Verlustwerte sehen folgendermaßen aus, wobei unser Ziel wie zuvor darin besteht, den Verlust zu minimieren:

```
Training loss: 3.825908660888672
Validation loss: 3.7619335651397705
```

Mit Hardwarebeschränkungen umgehen

Ein größeres Modell wie GPT-2-medium (355 Millionen Parameter) zu verwenden und zu trainieren, ist rechenintensiver als das kleinere GPT-2-Modell (124 Millionen Parameter). Wenn Sie aufgrund von Hardwarebeschränkungen auf Probleme stoßen, sollten Sie zum kleineren Modell wechseln, indem Sie `CHOOSE_MODEL = "gpt2-medium (355M)"` in `CHOOSE_MODEL = "gpt2-small (124M)"` ändern (siehe Abschnitt 7.5). Um das Modelltraining

→

zu beschleunigen, können Sie auch eine GPU verwenden. Der folgende Ergänzungsabschnitt im Code-Repository dieses Buchs listet mehrere Optionen für die Verwendung von Cloud-GPUs auf: *https://mng.bz/EOEq*.

Die folgende Tabelle gibt Laufzeiten als Referenzwerte für das Training jedes Modells auf verschiedenen Geräten, einschließlich CPUs und GPUs, für GPT-2 an. Wenn Sie diesen Code auf einer kompatiblen GPU ausführen, sind keine Codeänderungen erforderlich, das Training dürfte aber deutlich schneller laufen. Für die in diesem Kapitel gezeigten Ergebnisse habe ich das GPT-2-medium-Modell verwendet und es auf einer A100-GPU trainiert.

Modellname	**Gerät**	**Laufzeit für zwei Epochen**
gpt2-medium (355M)	CPU (M3 MacBook Air)	15,78 Minuten
gpt2-medium (355M)	GPU (NVIDIA L4)	1,83 Minuten
gpt2-medium (355M)	GPU (NVIDIA A100)	0,86 Minuten
gpt2-small (124M)	CPU (M3 MacBook Air)	5,74 Minuten
gpt2-small (124M)	GPU (NVIDIA L4)	0,69 Minuten
gpt2-small (124M)	GPU (NVIDIA A100)	0,39 Minuten

Da das Modell und die DataLoader vorbereitet sind, können wir nun fortfahren, das Modell zu trainieren. Der Code in Listing 7.8 richtet den Trainingsprozess ein und initialisiert dabei den Optimizer, legt die Anzahl der Epochen fest und definiert die Bewertungshäufigkeit sowie den Startkontext, um generierte LLM-Antworten während des Trainings anhand der Anweisung des ersten Validierungsdatensatzes zu bewerten (`val_data[0]`), wie es Abschnitt 7.5 gezeigt hat.

Listing 7.8 *Anweisungsoptimierung des vortrainierten LLM*

```
import time

start_time = time.time()
torch.manual_seed(123)
optimizer = torch.optim.AdamW(
    model.parameters(), lr=0.00005, weight_decay=0.1
)
num_epochs = 2

train_losses, val_losses, tokens_seen = train_model_simple(
    model, train_loader, val_loader, optimizer, device,
    num_epochs=num_epochs, eval_freq=5, eval_iter=5,
    start_context=format_input(val_data[0]), tokenizer=tokenizer
)
```

```
end_time = time.time()
execution_time_minutes = (end_time start_time) / 60
print(f"Training completed in {execution_time_minutes:.2f} minutes.")
```

Die folgende Ausgabe zeigt den Trainingsfortschritt über zwei Epochen, wobei eine stetige Abnahme der Verluste auf eine zunehmende Fähigkeit hinweist, Anweisungen zu befolgen und passende Antworten zu generieren:

```
Ep 1 (Step 000000): Train loss 2.637, Val loss 2.626
Ep 1 (Step 000005): Train loss 1.174, Val loss 1.103
Ep 1 (Step 000010): Train loss 0.872, Val loss 0.944
Ep 1 (Step 000015): Train loss 0.857, Val loss 0.906
...
Ep 1 (Step 000115): Train loss 0.520, Val loss 0.665
Below is an instruction that describes a task. Write a response that
appropriately completes the request.  ### Instruction: Convert the
active sentence to passive: 'The  chef cooks the meal every day.'
### Response: The meal is prepared every day by the chef.<|endoftext|>
The following is an instruction that describes a task.
Write a response that appropriately completes the request.
### Instruction: Convert the active sentence to passive:
Ep 2 (Step 000120): Train loss 0.438, Val loss 0.670
Ep 2 (Step 000125): Train loss 0.453, Val loss 0.685
Ep 2 (Step 000130): Train loss 0.448, Val loss 0.681
Ep 2 (Step 000135): Train loss 0.408, Val loss 0.677
...
Ep 2 (Step 000230): Train loss 0.300, Val loss 0.657
Below is an instruction that describes a task. Write a response
that appropriately completes the  request.  ### Instruction:
Convert the active sentence to passive: 'The chef cooks the meal
every day.' ### Response: The meal is cooked every day by the
chef.<|endoftext|>The following is an instruction that describes
a task. Write a response that appropriately completes the request.
### Instruction: What is the capital of the United Kingdom
Training completed in 0.87 minutes.
```

Die Trainingsausgabe zeigt, dass das Modell effektiv lernt, wie man anhand der stetig abnehmenden Trainings- und Validierungsverluste über zwei Epochen erkennen kann. Dieses Ergebnis deutet darauf hin, dass das Modell seine Fähigkeit, die gegebenen Anweisungen zu verstehen und zu befolgen, allmählich verbessert. (Da das Modell in diesen beiden Epochen effektives Lernen gezeigt hat, ist es nicht mehr unbedingt erforderlich, das Training auf eine dritte Epoche auszuweiten. Möglicherweise wäre es sogar kontraproduktiv, da dies zu einer erhöhten Überanpassung führen könnte.)

Außerdem können wir anhand der generierten Antworten am Ende jeder Epoche den Fortschritt des Modells überprüfen, indem wir die gegebene Aufgabe im Beispiel des Validierungssatzes ausführen. In diesem Fall wandelt das Modell den aktiven Satz "The chef cooks the meal every day." in sein passives Gegenstück "The meal is cooked every day by the chef." um.

Die Antwortqualität des Modells werden wir später noch einmal genauer betrachten und bewerten. Zunächst untersuchen wir die Verlustkurven von Training und Validierung, um zusätzliche Einblicke in den Lernprozess des Modells zu gewinnen. Hierzu verwenden wir dieselbe Funktion, plot_losses, wie beim Vortraining:

```
from chapter05 import plot_losses
epochs_tensor = torch.linspace(0, num_epochs, len(train_losses))
plot_losses(epochs_tensor, tokens_seen, train_losses, val_losses)
```

Wie aus dem Verlustdiagramm in Abbildung 7.17 hervorgeht, verbessert sich die Performance des Modells sowohl bei den Trainings- als auch den Validierungsdatensätzen im Verlauf des Trainings erheblich. Der schnelle Rückgang der Verluste in der Anfangsphase weist darauf hin, dass das Modell schnell sinnvolle Muster und Darstellungen aus den Daten lernt. Im weiteren Verlauf des Trainings bis zur zweiten Epoche nehmen die Verluste weiter ab, allerdings langsamer, was nahelegt, dass das Modell seine gelernten Darstellungen feintunt und zu einer stabilen Lösung konvergiert.

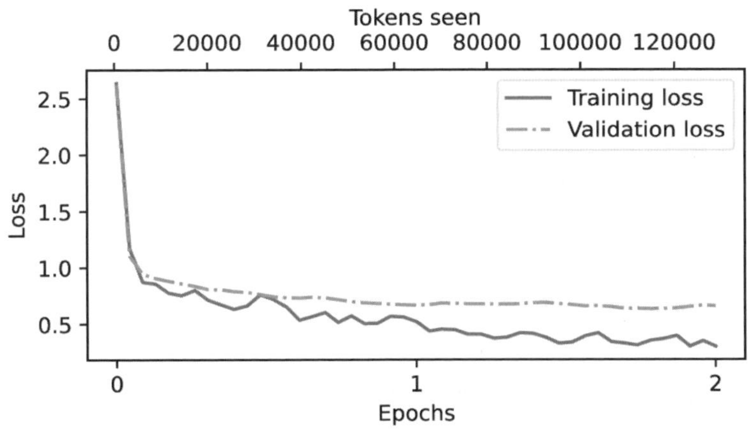

Abb. 7.17 *Die Trends der Trainings- und Validierungsverluste über zwei Epochen. Die durchgezogene Linie stellt den Trainingsverlust dar, der stark abnimmt, bevor er sich stabilisiert, während die gepunktete Linie den Validierungsverlust darstellt, der einem ähnlichen Muster folgt.*

Das Verlustdiagramm in Abbildung 7.17 zeigt zwar, dass das Modell effektiv trainiert, doch der entscheidende Aspekt ist seine Performance in Bezug auf Antwortqualität und Korrektheit. Als Nächstes extrahieren wir also die Antworten und speichern sie in einem Format, das es uns ermöglicht, die Qualität der Antworten zu bewerten und zu quantifizieren.

Übung 7.3: Feintuning mit dem ursprünglichen Alpaca-Datensatz

Der Alpaca-Datensatz von Forschern in Stanford ist einer der frühesten und beliebtesten öffentlich zugänglichen Anweisungsdatensätze und besteht aus 52.002 Einträgen. Als Alternative zur Datei *instruction-data.json*, die wir hier verwenden, können Sie das Feintuning eines LLM mit diesem Datensatz in Betracht ziehen. Der Datensatz ist unter *https://mng.bz/NBnE* verfügbar.

Dieser Datensatz enthält 52.002 Einträge, d.h. etwa 50-mal mehr als der hier verwendete Datensatz. Zudem sind die meisten Einträge länger. Daher empfehle ich dringend, für das Training eine GPU zu verwenden, die den Prozess des Feintunings beschleunigt. Wenn Sie auf Fehler der Art »Out-of-Memory« (nicht genügend Speicher) treffen, sollten Sie die Stapelgröße `batch_size` von 8 auf 4, 2 oder sogar 1 verringern. Es kann auch helfen, die zulässige Länge `allowed_max_length` von 1.024 auf 512 oder 256 zu reduzieren, um Speicherprobleme in den Griff zu bekommen.

7.7 Antworten extrahieren und speichern

Nach dem Feintuning des LLM mit dem Trainingsteil des Anweisungsdatensatzes sind wir nun bereit, seine Performance auf dem zurückgehaltenen Testdatensatz zu bewerten. Zunächst extrahieren wir die vom Modell generierten Antworten für jede Eingabe im Testdatensatz und sammeln sie für die manuelle Analyse. Anschließend bewerten wir das LLM, um die Qualität der Antworten zu quantifizieren, wie Abbildung 7.18 zeigt.

Um den Schritt der Antwort auf die Anweisung abzuschließen, rufen wir die Funktion `generate` auf. Dann geben wir die Antworten des Modells zusammen mit den erwarteten Antworten für die ersten drei Einträge des Testdatensatzes aus und stellen sie zum Vergleich nebeneinander dar:

```
torch.manual_seed(123)

for entry in test_data[:3]:                                          ❶
    input_text = format_input(entry)
    token_ids = generate(                                            ❷
        model=model,
        idx=text_to_token_ids(input_text, tokenizer).to(device),
        max_new_tokens=256,
        context_size=BASE_CONFIG["context_length"],
        eos_id=50256
    )
    generated_text = token_ids_to_text(token_ids, tokenizer)

    response_text = (
        generated_text[len(input_text):]
```

```
        .replace("### Response:", "")
        .strip()
    )

    print(input_text)
    print(f"\nCorrect response:\n>> {entry['output']}")
    print(f"\nModel response:\n>> {response_text.strip()}")
    print("-------------------------------------")
```

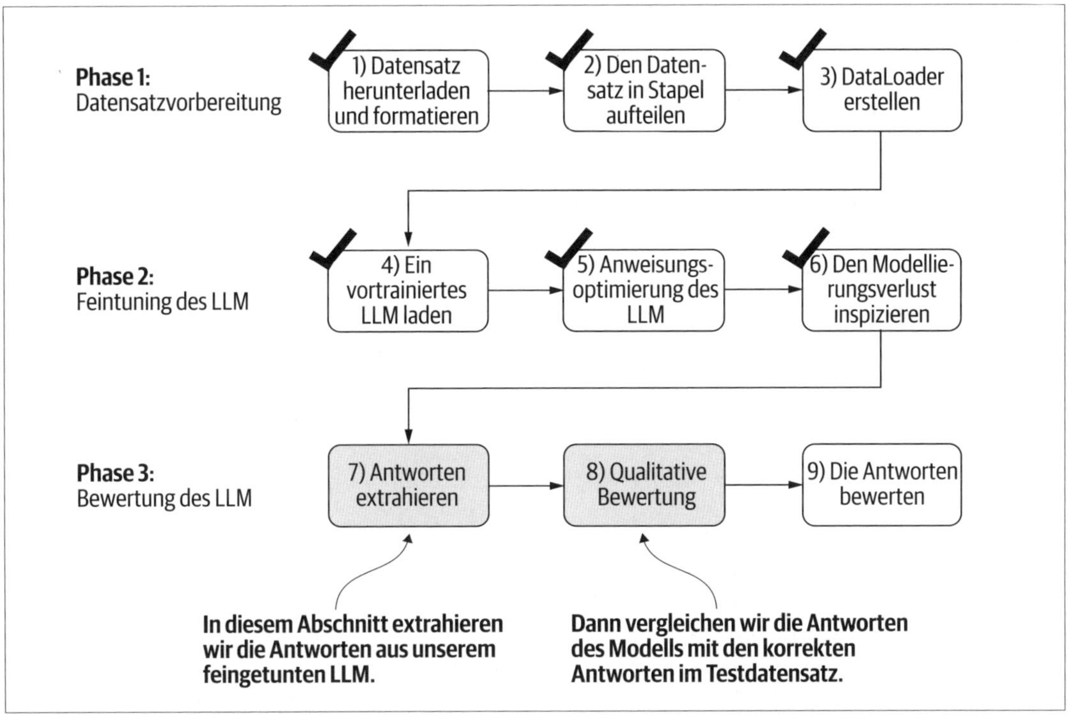

Abb. 7.18 *Die drei Phasen der Anweisungsoptimierung eines LLM. In den ersten beiden Schritten von Phase 3 extrahieren und sammeln wir die Modellantworten auf dem zurückgehaltenen Testdatensatz für die weitere Analyse und bewerten dann das Modell, um die Performance des per Anweisungsoptimierung feingetunten LLM zu quantifizieren.*

❶ Iteriert über die ersten drei Testbeispiele.

❷ Verwendet die in Abschnitt 7.5 importierte Funktion »generate«.

Wie bereits erwähnt, gibt die Funktion `generate` den kombinierten Ein- und Ausgabetext zurück. Wir verwenden also Slicing und die Funktion `.replace()` auf dem Inhalt von `generated_text`, um die Antwort des Modells zu extrahieren.

Die Anweisungen gefolgt von der gegebenen Antwort des Testdatensatzes und der Antwort des Modells sehen so aus:

Below is an instruction that describes a task. Write a response that appropriately completes the request.
Instruction:
Rewrite the sentence using a simile.
Input:
The car is very fast.
Correct response:
>> *The car is as fast as lightning.*
Model response:
>> *The car is as fast as a bullet.*

Below is an instruction that describes a task. Write a response that appropriately completes the request.
Instruction:
What type of cloud is typically associated with thunderstorms?
Correct response:
>> *The type of cloud typically associated with thunderstorms is cumulonimbus.*
Model response:
>> *The type of cloud associated with thunderstorms is a cumulus cloud.*

Below is an instruction that describes a task. Write a response that appropriately completes the request.
Instruction:
Name the author of 'Pride and Prejudice.'
Correct response:
>> *Jane Austen.*
Model response:
>> *The author of 'Pride and Prejudice' is Jane Austen.*

Wie wir anhand der Anweisungen im Testdatensatz, der vorgegebenen Antworten und der Antworten des Modells sehen können, schneidet das Modell relativ gut ab. Die Antworten auf die erste und die letzte Anweisung sind eindeutig richtig, während die zweite Antwort der richtigen Antwort nahekommt, aber nicht vollkommen richtig ist. Das Modell antwortet mit »cumulus cloud« (Kumuluswolke) anstelle von »cumulusnimbus«, obwohl es erwähnenswert ist, dass sich Kumuluswolken zu Kumulonimbuswolken – auch als Gewitterwolken bekannt – entwickeln können.

Vor allem aber ist die Modellbewertung nicht so einfach wie beim Feintuning der Klassifikation, bei dem wir einfach den Prozentsatz der richtigen Spam/

Nicht-Spam-Klassenlabels berechnen, um die Klassifizierungsgenauigkeit zu erhalten. In der Praxis werden anweisungsoptimierte LLMs wie Chatbots anhand mehrerer Gesichtspunkte bewertet:

- Kurzantwort- und Multiple-Choice-Benchmarks, wie zum Beispiel Measuring Massive Multitask Language Understanding (MMLU, *https://arxiv.org/abs/2009.03300*), womit das allgemeine Wissen eines Modells getestet wird.
- Vergleich der menschlichen Präferenzen mit anderen LLMs, wie zum Beispiel Chatbot Arena (vormals LMSYS) (*https://arena.lmsys.org*).
- Automatisierte Konversations-Benchmarks, bei denen ein anderes LLM wie GPT-4 verwendet wird, um die Antworten zu bewerten, wie zum Beispiel AlpacaEval (*https://tatsu-lab.github.io/alpaca_eval/*).

In der Praxis kann es sinnvoll sein, alle drei Evaluierungsmethoden zu berücksichtigen: die Multiple-Choice-Fragen, die menschliche Bewertung und automatisierte Metriken, die die Konversationsperformance messen. Da wir jedoch in erster Linie daran interessiert sind, die Konversationsleistung und nicht nur die Fähigkeit zur Beantwortung von Multiple-Choice-Fragen zu bewerten, sind menschliche Bewertung und automatisierte Metriken möglicherweise relevanter.

Konversationsperformance

Die Konversationsperformance von LLMs bezieht sich auf die Fähigkeit, eine menschenähnliche Kommunikation zu führen, indem sie Kontext, Nuancen und Absichten verstehen. Sie umfasst Fähigkeiten wie die Bereitstellung relevanter und kohärenter Antworten, die Wahrung der Konsistenz und die Anpassung an unterschiedliche Themen und Interaktionsstile.

Die menschliche Bewertung liefert zwar wertvolle Erkenntnisse, kann aber relativ mühsam und zeitaufwendig sein, insbesondere bei einer großen Anzahl von Antworten. Zum Beispiel würde es einen erheblichen Aufwand bedeuten, alle 1.100 Antworten zu lesen und zu bewerten.

In Anbetracht des Umfangs der Aufgabe werden wir daher einen ähnlichen Ansatz wie bei automatisierten Konversations-Benchmarks implementieren, die die Antworten automatisch mit einem anderen LLM bewerten. Diese Methode erlaubt es uns, die Qualität der generierten Antworten effizient zu bewerten, ohne dass umfangreiches menschliches Engagement erforderlich ist, wodurch wir Zeit und Ressourcen sparen und dennoch aussagekräftige Performanceindikatoren erhalten.

Wir wollen einen von AlpacaEval inspirierten Ansatz verfolgen, indem wir mit einem anderen LLM die Antworten unseres feingetunten Modells bewerten.

Anstatt sich jedoch auf einen öffentlich zugänglichen Benchmark-Datensatz zu stützen, greifen wir zu unserem eigenen benutzerdefinierten Testdatensatz. Diese Anpassung ermöglicht eine gezieltere und relevantere Bewertung der Modellperformance im Kontext der von uns beabsichtigten Anwendungsfälle, die in unserem Anweisungsdatensatz dargestellt sind.

Um die Antworten für diesen Evaluierungsprozess vorzubereiten, hängen wir die generierten Modellantworten an das Dictionary `test_set` an und speichern die aktualisierten Daten als Datei `"instruction-data-with-response.json"`. Und da wir diese Datei speichern, können wir die Antworten später bei Bedarf problemlos in separaten Python-Sitzungen laden und analysieren.

Der Code in Listing 7.9 verwendet die Methode `generate` in der gleichen Weise wie zuvor. Allerdings iterieren wir jetzt über das gesamte Dictionary `test_set`. Außerdem geben wir die Modellantworten nicht aus, sondern fügen sie dem Dictionary `test_set` hinzu.

Listing 7.9 *Antworten für den Testdatensatz generieren*

```
from tqdm import tqdm

for i, entry in tqdm(enumerate(test_data), total=len(test_data)):
    input_text = format_input(entry)

    token_ids = generate(
        model=model,
        idx=text_to_token_ids(input_text, tokenizer).to(device),
        max_new_tokens=256,
        context_size=BASE_CONFIG["context_length"],
        eos_id=50256
    )
    generated_text = token_ids_to_text(token_ids, tokenizer)

    response_text = (
        generated_text[len(input_text):]
        .replace("### Response:", "")
        .strip()
    )
    test_data[i]["model_response"] = response_text

with open("instruction-data-with-response.json", "w") as file:
    json.dump(test_data, file, indent=4)                          ❶
```

❶ Einrückung zur Quelltextformatierung.

Die Verarbeitung des Datensatzes dauert etwa eine Minute auf einer A100-GPU und sechs Minuten auf einem M3 MacBook Air:

```
100%|██████████| 110/110 [01:05<00:00,  1.68it/s]
```

Wir wollen nun überprüfen, ob die Antworten dem Dictionary `test_set` richtig hinzugefügt wurden. Dazu inspizieren wir einen der Einträge:

```
print(test_data[0])
```

Die Ausgabe zeigt, dass die Modellantwort `model_response` ordnungsgemäß hinzugefügt wurde:

```
{'instruction': 'Rewrite the sentence using a simile.',
 'input': 'The car is very fast.',
 'output': 'The car is as fast as lightning.',
 'model_response': 'The car is as fast as a bullet.'}
```

Schließlich speichern wir das Modell als Datei *gpt2-medium355M-sft.pth*, um es in späteren Projekten wiederverwenden zu können:

```
import re

file_name = f"{re.sub(r'[ ()]', '', CHOOSE_MODEL) }-sft.pth"      ❶
torch.save(model.state_dict(), file_name)
print(f"Model saved as {file_name}")
```

Das gespeicherte Modell lässt sich dann über `model.load_state_dict(torch.load("gpt2-medium355M-sft.pth"))` laden.

❶ Entfernt Leerzeichen und Klammern aus dem Dateinamen.

7.8 Das feingetunte LLM bewerten

Bisher haben wir die Performance eines anweisungsoptimierten Modells beurteilt, indem wir seine Antworten auf drei Beispiele aus dem Testdatensatz betrachtet haben. Dies gibt uns zwar eine ungefähre Vorstellung davon, wie gut das Modell funktioniert, aber diese Methode lässt sich nicht gut für größere Mengen von Antworten skalieren. Wir implementieren daher eine Methode, um die Antworten des feingetunten LLM mithilfe eines anderen, größeren LLM automatisch zu bewerten, wie in Abbildung 7.19 markiert.

> **Hinweis**
>
> Ollama ist eine effiziente Anwendung, um LLMs auf einem Laptop auszuführen. Es dient als Wrapper um die Open-Source-Bibliothek `llama.cpp` (*https://github.com/ggerganov/llama.cpp*), die LLMs in reinem C/C++ implementiert, um höchste Leistung zu erzielen. Allerdings ist Ollama nur ein Tool zur Generierung von Text mithilfe von LLMs (Inferenz), d.h., es unterstützt weder Training noch Feintuning von LLMs.

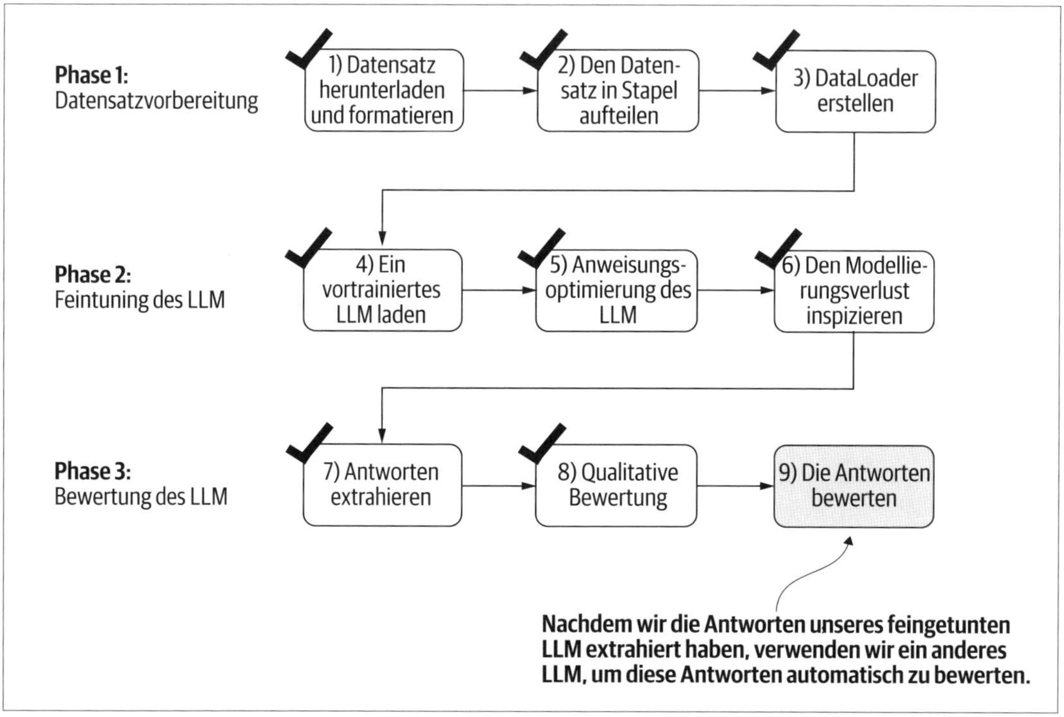

Abb. 7.19 *Die drei Phasen der Anweisungsoptimierung eines LLM. In diesem letzten Schritt der Pipeline für die Anweisungsoptimierung implementieren wir eine Methode, um die Performance des feingetunten Modells zu quantifizieren. Dabei bewerten wir die Antworten, die das Modell für den Test generiert.*

Um die Antworten des Testdatensatzes automatisch zu bewerten, nutzen wir ein bestehendes von Meta AI entwickeltes anweisungsoptimiertes Llama-3-Modell mit acht Milliarden Parametern. Dieses Modell lässt sich lokal mit der Open-Source-Anwendung Ollama (*https://ollama.com*) ausführen.

Größere LLMs über Web-APIs nutzen

Das Modell Llama 3 mit acht Milliarden Parametern ist ein sehr leistungsfähiges LLM, das lokal läuft. Allerdings ist es nicht so leistungsfähig wie große proprietäre LLMs à la GPT-4 von OpenAI. Für diejenigen, die erkunden möchten, wie sich GPT-4 über die OpenAI-API nutzen lässt, um generierte Modellantworten zu bewerten, ist ein optionales Code Notebook in den ergänzenden Begleitmaterialien zu diesem Buch unter *https://mng.bz/BgEv* verfügbar.

Um Ollama zu installieren und den folgenden Code auszuführen, gehen Sie auf *https://ollama.com* und folgen den dortigen Anweisungen für Ihr Betriebssystem:

- *Für macOS- und Windows-Benutzer* – Öffnen Sie die heruntergeladene Ollama-Anwendung. Wenn Sie aufgefordert werden, die Befehlszeilennutzung zu installieren, wählen Sie *Ja* bzw. *Yes*.
- *Für Linux-Benutzer* – Verwenden Sie den Installationsbefehl, der auf der Ollama-Website verfügbar ist.

Bevor Sie den Code für die Modellbewertung implementieren, laden Sie zunächst das Modell Llama 3 herunter und kontrollieren, ob Ollama korrekt funktioniert, indem Sie es von der Befehlszeile aus aufrufen. Hierfür müssen Sie entweder die Ollama-Anwendung starten oder `ollama serve` in einem separaten Terminal ausführen, wie Abbildung 7.20 zeigt.

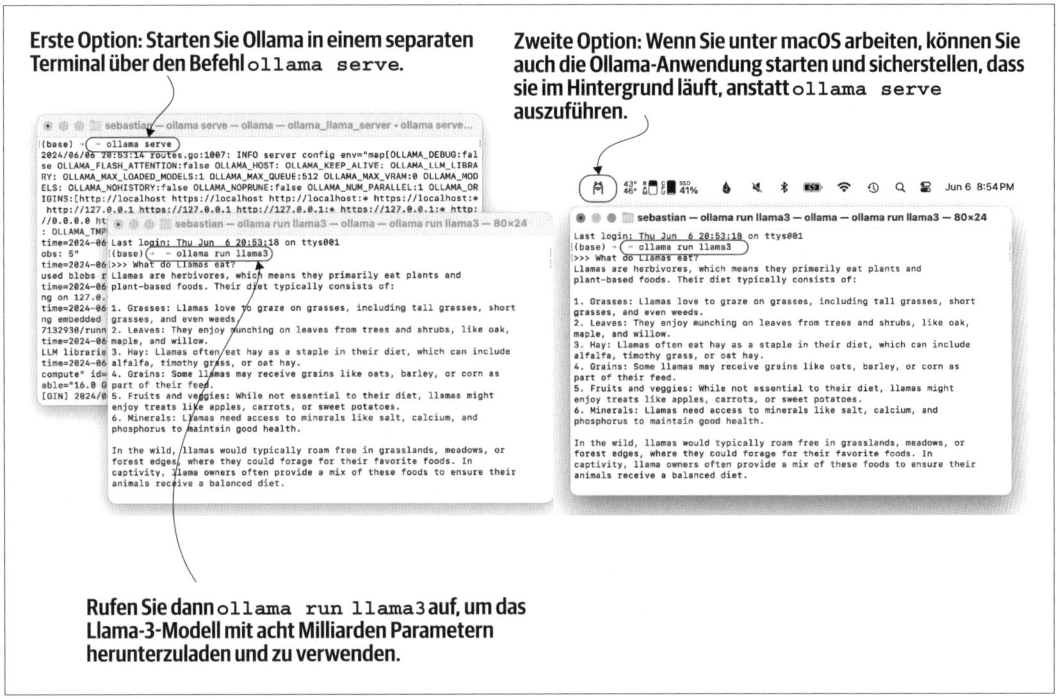

Abb. 7.20 *Zwei Optionen zur Ausführung von Ollama. Der linke Bereich veranschaulicht das Starten von Ollama mit dem Befehl »ollama serve«. Der rechte Bereich zeigt eine zweite Option in macOS, die Ollama-Anwendung im Hintergrund auszuführen, anstatt die Anwendung mit dem Befehl »ollama serve« zu starten.*

Führen Sie mit der Ollama-Anwendung oder dem Befehl `ollama serve` in einem eigenen Terminal den folgenden Befehl auf der Befehlszeile (nicht in einer Python-Sitzung) aus, um das Modell Llama 3 mit acht Milliarden Parametern auszuprobieren:

```
ollama run llama3
```

Wenn Sie diesen Befehl erstmals ausführen, wird dieses Modell, das einen Speicherbedarf von 4,7 GB hat, automatisch heruntergeladen. Die Ausgabe sieht folgendermaßen aus:

```
pulling manifest
pulling 6a0746a1ec1a... 100% |████████████████████| 4.7 GB
pulling 4fa551d4f938... 100% |████████████████████|  12 KB
pulling 8ab4849b038c... 100% |████████████████████|  254 B
pulling 577073ffcc6c... 100% |████████████████████|  110 B
pulling 3f8eb4da87fa... 100% |████████████████████|  485 B
verifying sha256 digest
writing manifest
removing any unused layers
success
```

Alternative Ollama-Modelle

Im Befehl `ollama run llama3` verweist `llama3` auf das anweisungsoptimierte Modell Llama 3 mit 8 Milliarden Parametern. Um Ollama mit dem `llama3`-Modell zu verwenden, sind etwa 16 GB RAM erforderlich. Wenn Ihr Computer nicht über ausreichend RAM verfügt, können Sie es mit einem kleineren Modell versuchen, zum Beispiel über `ollama run phi3` mit dem Modell `phi3`, das 3,8 Milliarden Parameter umfasst und nur etwa 8 GB RAM benötigt.

Auf leistungsfähigeren Computern können Sie auch das größere Modell Llama 3 mit 70 Milliarden Parametern verwenden, indem Sie `llama3` durch `llama3:70b` ersetzen. Dieses Modell erfordert jedoch deutlich mehr Rechenressourcen.

Sobald das Modell vollständig heruntergeladen ist, erscheint eine Befehlszeilenoberfläche, über die Sie mit dem Modell interagieren können. Probieren Sie zum Beispiel, dem Modell die Frage »What do llamas eat?« zu stellen:

```
>>> What do llamas eat?
Llamas are ruminant animals, which means they have a four-chambered
stomach and eat plants that are high in fiber. In the wild,
llamas typically feed on:

1. Grasses: They love to graze on various types of grasses, including tall
grasses, wheat, oats, and barley.
```

Die bei Ihnen erscheinende Antwort kann durchaus abweichen, da Ollama derzeit nicht deterministisch ist. Diese `ollama run llama3`-Sitzung beenden Sie durch Eingabe von `/bye`. Achten Sie aber darauf, dass der Befehl `ollama serve` oder die Ollama-Anwendung für den Rest dieses Kapitels weiterläuft.

Der folgende Code überprüft, ob die Ollama-Sitzung ordnungsgemäß läuft, bevor wir mit Ollama die Antworten des Testdatensatzes bewerten:

```
import psutil

def check_if_running(process_name):
    running = False
    for  proc in psutil.process_iter(["name"]):
        if process_name in proc.info["name"]:
            running = True
            break
    return running

ollama_running = check_if_running("ollama")

if not ollama_running:
    raise RuntimeError(
        "Ollama not running. Launch ollama before proceeding."
)
print("Ollama running:", check_if_running("ollama"))
```

Vergewissern Sie sich, dass als Ausgabe des obigen Codes `Ollama running: True` erscheint. Sollte das Ergebnis `False` lauten, überprüfen Sie, ob der Befehl `ollama serve` oder die Ollama-Anwendung aktiv ausgeführt wird.

Den Code in einer neuen Python-Sitzung ausführen

Wenn Sie Ihre Python-Sitzung bereits geschlossen haben oder es vorziehen, den restlichen Code in einer anderen Python-Sitzung auszuführen, verwenden Sie den folgenden Code, der die zuvor erstellte Datei mit Anweisungen und Antworten lädt und die zuvor verwendete Funktion `format_input` neu definiert (das Tool `tqdm` für die Fortschrittsleiste wird später eingesetzt):

```
import json
from tqdm import tqdm

file_path = "insmtruction-data-with-response.json"
with open(file_path, "r") as file:
    test_data = json.load(file)

def format_input(entry):
    instruction_text = (
        f"Below is an instruction that describes a task. "
```

→

```
        f"Write a response that appropriately completes the request."
        f"\n\n### Instruction:\n{entry['instruction']}"
    )

    input_text = (
        f"\n\n### Input:\n{entry['input']}" if entry["input"] else ""
    )
    return instruction_text + input_text
```

Eine Alternative zum Befehl `ollama run` für die Interaktion mit dem Modell ist seine REST-API unter Verwendung von Python. Die Funktion `query_model` in Listing 7.10 zeigt, wie die API verwendet wird.

***Listing 7.10** Ein lokales Ollama-Modell abfragen*

```
import urllib.request

def query_model(
    prompt,
    model="llama3",
    url="http://localhost:11434/api/chat"
):
    data = {                                                    ❶
        "model": model,
        "messages": [
            {"role": "user", "content": prompt}
        ],
        "options": {                                            ❷
            "seed": 123,
            "temperature": 0,
            "num_ctx": 2048
        }
    }

    payload = json.dumps(data).encode("utf-8")                  ❸
    request = urllib.request.Request(                           ❹
        url,
        data=payload,
        method="POST"
    )

    request.add_header("Content-Type", "application/json")

    response_data = ""
    with urllib.request.urlopen(request) as response:           ❺
        while True:
            line = response.readline().decode("utf-8")
            if not line:
                break
```

```
            response_json = json.loads(line)
            response_data += response_json["message"]["content"]

    return response_data
```

❶ Erzeugt die Nutzdaten als Dictionary.

❷ Einstellungen für deterministische Antworten.

❸ Konvertiert das Dictionary in einen JSON-formatierten String und codiert ihn in Bytes.

❹ Erzeugt ein Anfrageobjekt, setzt die Methode auf `POST` und fügt die erforderlichen Header hinzu.

❺ Sendet die Anfrage und erfasst die Antwort.

Vergewissern Sie sich, dass Ollama noch läuft, bevor Sie die nachfolgenden Codezellen in diesem Notebook ausführen. Die vorherigen Codezellen sollten mit `"Ollama running: True"` bestätigen, dass das Modell aktiv und bereit ist, Anfragen zu empfangen.

Das folgende Beispiel zeigt, wie Sie die Funktion `query_model` verwenden, die wir eben implementiert haben:

```
model =  "llama3"
result = query_model("What do Llamas eat?", model)
print(result)
```

Die resultierende Antwort lautet:

```
Llamas are ruminant animals, which means they have a four-chambered
stomach that allows them to digest plant-based foods. Their diet
typically consists of:

1. Grasses: Llamas love to graze on grasses, including tall grasses,
short grasses, and even weeds.
...
```

Mit der zuvor definierten Funktion `query_model` können wir die von unserem feingetunten Modell generierten Antworten bewerten, indem das Modell Llama 3 aufgefordert wird, die Antworten unseres feingetunten Modells auf einer Skala von 0 bis 100 zu bewerten, wobei die vom Testdatensatz gegebene Antwort als Referenz dient.

Zunächst wenden wir diesen Ansatz auf die ersten drei Beispiele aus dem Testdatensatz an, die wir zuvor untersucht haben:

```
for entry in test_data[:3]:
    prompt = (
        f"Given the input `{format_input(entry)}` "
        f"and correct output `{entry['output']}`, "
        f"score the model response `{entry['model_response']}`"
```

```
        f" on a scale from 0 to 100, where 100 is the best score. "
    )
    print("\nDataset response:")
    print(">>", entry['output'])
    print("\nModel response:")
    print(">>", entry["model_response"])
    print("\nScore:")
    print(">>", query_model(prompt))
    print("\n-------------------------")
```

Die Ausgaben dieses Codes sind den folgenden ähnlich (Ollama ist derzeit nicht vollständig deterministisch, sodass die erzeugten Texte variieren können):

Dataset response:
>> *The car is as fast as lightning.*
Model response:
>> *The car is as fast as a bullet.*
Score:
>> *I'd rate the model response "The car is as fast as a bullet." an 85 out of 100.*

Begründung:
Die Antwort verwendet korrekt einen Vergleich, wobei die Geschwindigkeit des Autos mit etwas anderem (in diesem Fall mit einer Gewehrkugel) verglichen wird.
Der Vergleich ist relevant und ergibt Sinn, da Kugeln (*bullets*) für ihre hohe Geschwindigkeit bekannt sind.
Die Formulierung »as fast as« wird korrekt verwendet, um den Vergleich einzuleiten.
Eine perfekte Bewertung würde ich nur deshalb nicht vergeben, weil manche Menschen den Vergleich etwas weniger anschaulich oder beeindruckend finden könnten als andere. Zum Beispiel kann der Vergleich mit einem Blitz (wie in der ursprünglichen Antwort) dramatischer sein und mehr Aufmerksamkeit erregen. Allerdings ist »as fast as a bullet« (so schnell wie eine Kugel) immer noch ein starker effektvoller Vergleich, der die Idee der Autogeschwindigkeit wirksam vermittelt.
Insgesamt denke ich, dass das Modell eine großartige Arbeit geleistet hat!

Dataset response:
>> *The type of cloud typically associated with thunderstorms is cumulonimbus.*
Model response:
>> *The type of cloud associated with thunderstorms is a cumulus cloud.*
Score:
>> *I'd score this model response as 40 out of 100.*

Begründung:
Das Modell stellt richtig fest, dass Gewitter mit Wolken zusammenhängen (es identifiziert die Art des Phänomens richtig).
Allerdings gibt es den Wolkentyp, der mit Gewittern verbunden ist, nicht korrekt an. Kumuluswolken werden in der Regel nicht von Gewittern begleitet, Kumulonimbuswolken dagegen schon.
Der Antwort mangelt es an Präzision und Genauigkeit in ihrer Beschreibung.
Insgesamt versucht das Modell zwar, auf die Anweisung einzugehen, liefert aber eine falsche Antwort, was einen erheblichen Fehler darstellt.

Dataset response:
>> *Jane Austen.*
Model response:
>> *The author of 'Pride and Prejudice' is Jane Austen.*
Score:
>> *I'd rate my own response as 95 out of 100.*

Begründung:
Die Antwort ist für die Frage richtig, indem sie die Autorin von *Pride and Prejudice* als Jane Austen benennt.
Die Antwort ist prägnant und klar, sodass sie leicht zu verstehen ist.
Es gibt weder grammatikalische Fehler noch Zweideutigkeiten, die zu Verwirrung führen könnten.
Eine perfekte Bewertung würde ich nur deshalb nicht geben, weil die Antwort etwas redundant ist – es ist nicht notwendig, die Frage in der Antwort neu zu formulieren. Eine prägnantere Antwort wäre einfach: »Jane Austen«.

Die generierten Antworten zeigen, dass das Modell Llama 3 vernünftige Bewertungen liefert und in der Lage ist, Teilpunkte zu vergeben, wenn die Antwort des Modells nicht vollkommen richtig ist. Wenn wir zum Beispiel die Bewertung der Antwort »cumulus cloud« betrachten, erkennt das Modell die teilweise Richtigkeit der Antwort an.

Der bisherige Prompt ergibt neben der Punktzahl auch sehr detaillierte Bewertungen. Wir können den Prompt so ändern, dass nur ganzzahlige Bewertungen im Bereich von 0 bis 100 erzeugt werden, wobei 100 die bestmögliche Bewertung darstellt. Die Änderung ermöglicht uns, eine durchschnittliche Punktzahl für unser Modell zu berechnen, die als prägnantere und quantitativere Bewertung seiner Performance dient. Die in Listing 7.11 gezeigte Funktion `generate_model_scores` verwendet einen modifizierten Prompt, der das Modell mit »Respond with the integer number only« anweist, nur ganzzahlige Werte zu liefern.

Listing 7.11 *Das anweisungsoptimierte LLM bewerten*

```
def generate_model_scores(json_data, json_key, model="llama3"):
    scores = []
    for entry in tqdm(json_data, desc="Scoring entries"):
        prompt = (
            f"Given the input `{format_input(entry)}` "
            f"and correct output `{entry['output']}`, "
            f"score the model response `{entry[json_key]}`"
            f" on a scale from 0 to 100, where 100 is the best score. "
            f"Respond with the integer number only."                ❶
        )

        score = query_model(prompt, model)
        try:
            scores.append(int(score))
        except ValueError:
            print(f"Could not convert score: {score}")
            continue

    return scores
```

❶ Modifizierte Befehlszeile, um nur die Punktbewertung zurückzugeben.

Wir wenden nun die Funktion `generate_model_scores` auf den gesamten `test_data`-Datensatz an, was auf einem M3 MacBook Air etwa eine Minute dauert:

```
scores = generate_model_scores(test_data, "model_response")
print(f"Number of scores: {len(scores)} of {len(test_data)}")
print(f"Average score: {sum(scores)/len(scores):.2f}\n")
```

Die Ergebnisse lauten:

```
Scoring entries: 100%|████████████████████████████| 110/110
[01:10<00:00, 1.56it/s] Number of scores: 110 of 110
Average score: 50.32
```

Die ausgegebene Bewertung zeigt, dass unser feingetuntes Modell einen mittleren Punktwert über 50 erreicht, was einen nützlichen Maßstab für den Vergleich mit anderen Modellen oder für das Experimentieren mit verschiedenen Trainingskonfigurationen darstellt, um die Modellperformance zu verbessern.

Beachten Sie, dass Ollama derzeit nicht vollständig deterministisch für alle Betriebssysteme ist. Das heißt, die von Ihnen erzielten Ergebnisse können leicht von den oben angegebenen abweichen. Um stabilere Ergebnisse zu erhalten, sollten Sie die Bewertung mehrfach wiederholen und den Mittelwert über die Einzelbewertungen bilden.

Um die Leistung unseres Modells weiter zu verbessern, können wir verschiedene Strategien ausprobieren, zum Beispiel:

- Die Hyperparameter während des Feintunings anpassen, beispielsweise Lernrate, Stapelgröße oder Anzahl der Epochen.
- Den Trainingsdatensatz vergrößern oder die Beispiele diversifizieren, um ein breiteres Spektrum an Themen und Stilen abzudecken.
- Mit verschiedenen Prompts oder Anweisungsformaten experimentieren, um die Antworten des Modells effektiver zu steuern.
- Ein größeres vortrainiertes Modell verwenden, das möglicherweise eine größere Kapazität hat, komplexe Muster zu erfassen und genauere Antworten zu generieren.

Hinweis

Zum Vergleich: Wenn Sie der hier beschriebenen Methodologie folgen, erreicht das Basismodell Llama 3 8B ohne jegliches Feintuning eine mittlere Bewertung von 58,51 mit dem Testdatensatz. Das Anweisungsmodell Llama 3 8B, das mit einem allgemeinen Anweisungsdatensatz feingetunt wurde, erreicht eine beeindruckende Durchschnittspunktzahl von 82,6.

Übung 7.4: Parametereffizientes Feintuning mit LoRA

Um ein LLM effizienter feinzutunen, modifizieren Sie den Code in diesem Kapitel, um die Methode LoRA (Low-Rank Adaptation) aus Anhang E zu verwenden. Vergleichen Sie Laufzeit und Modellperformance vor und nach der Modifikation.

7.9 Fazit

Dieses Kapitel bildet den Abschluss unserer Reise durch den LLM-Entwicklungszyklus. Wir haben alle wesentlichen Schritte behandelt und dabei eine LLM-Architektur implementiert, ein LLM vortrainiert und es für spezifische Aufgaben feingetunt, wie Abbildung 7.21 zusammenfassend zeigt. Lassen Sie uns einige Ideen dazu diskutieren, was wir als Nächstes in Angriff nehmen sollten.

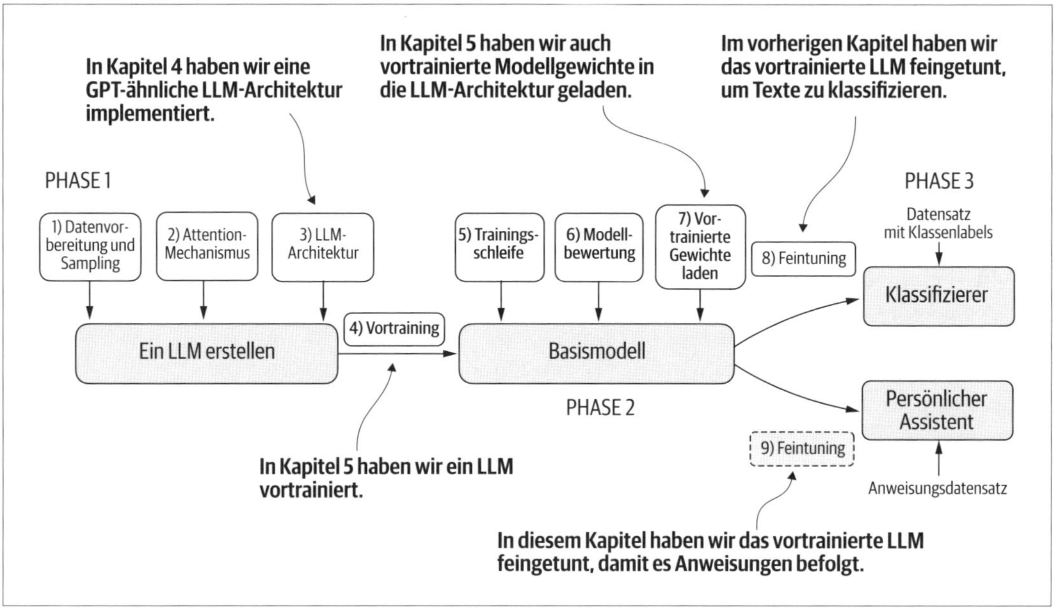

Abb. 7.21 *Die drei Hauptphasen bei der Programmierung eines LLM*

7.9.1 Was kommt als Nächstes?

Wir haben zwar die wichtigsten Schritte behandelt, doch es gibt einen optionalen Schritt, den Sie nach der Anweisungsoptimierung durchführen können: das Präferenz-Feintuning. Dieses ist besonders nützlich, um ein Modell so anzupassen, dass es besser an bestimmten Benutzerpräferenzen ausgerichtet ist. Wenn Sie das weiter erkunden möchten, sollten Sie sich den Ordner *04_preference-tuningwith-dpo* im ergänzenden GitHub-Repository dieses Buchs unter *https://mng.bz/dZwD* ansehen.

Zusätzlich zu den in diesem Buch behandelten Themen enthält das GitHub-Repository eine große Auswahl an Bonusmaterial, das für Sie nützlich sein könnte. Um mehr über diese zusätzlichen Ressourcen zu erfahren, besuchen Sie den Abschnitt »Bonus Material« auf der README-Seite des Repository unter *https://mng.bz/r12g*.

7.9.2 In einem sich schnell entwickelnden Bereich auf dem neuesten Stand bleiben

Die Bereiche KI- und LLM-Forschung entwickeln sich in einem rasanten (und – je nachdem, wen Sie fragen – aufregenden) Tempo weiter. Um mit den aktuellen Fortschritten Schritt zu halten, besteht die Möglichkeit, die neuesten Forschungsarbeiten auf arXiv unter *https://arxiv.org/list/cs.LG/recent* zu lesen. Außerdem tauschen sich viele Forscher und Praktiker sehr aktiv über die neuesten Entwicklungen auf Social-Media-Plattformen wie X (früher Twitter) und Reddit aus. Insbesondere ist das Subreddit *r/LocalLLaMA* eine gute Ressource, um sich mit der Community auszutauschen und sich über die neuesten Tools und Trends zu informieren. Außerdem teile ich regelmäßig Einblicke und schreibe über die neuesten Entwicklungen in der LLM-Forschung in meinem Blog, das unter *https://magazine.sebastianraschka.com* und *https://sebastianraschka.com/blog/* zu finden ist.

7.9.3 Ein paar Worte zum Schluss

Ich hoffe, Sie haben diese Reise durch die Implementierung eines LLM sowie die Programmierung von Vortrainings- und Feintuning-Funktionen von Grund auf genossen. Meiner Meinung nach lässt sich ein tiefes Verständnis der Arbeitsweise von LLMs am effektivsten gewinnen, wenn man ein LLM von Grund auf erstellt. Ich hoffe, dass dieser praktische Ansatz Ihnen wertvolle Einblicke und eine solide Grundlage für die LLM-Entwicklung vermittelt hat.

Obwohl in diesem Buch der Bildungsaspekt im Vordergrund steht, sind Sie vielleicht auch daran interessiert, andere und leistungsfähigere LLMs für reale Anwendungen zu nutzen. Zu diesem Zweck empfehle ich Ihnen, beliebte Tools wie Axolotl (*https://github.com/OpenAccess-AI-Collective/axolotl*) oder LitGPT (*https://github.com/Lightning-AI/litgpt*) zu erkunden, an deren Entwicklung ich aktiv beteiligt bin.

Ich danke Ihnen, dass Sie mich auf dieser Lernreise begleitet haben, und wünsche Ihnen alles Gute für Ihre zukünftigen Bemühungen auf dem spannenden Gebiet der LLMs und der KI!

7.10 Zusammenfassung

- Der Prozess der Anweisungsoptimierung passt ein vortrainiertes LLM so an, dass es menschliche Anweisungen befolgt und die gewünschten Antworten erzeugt.
- Zur Vorbereitung des Datensatzes gehört es, einen Anweisung-Antwort-Datensatz herunterzuladen, die Einträge zu formatieren und den Datensatz in Trainings-, Validierungs- und Testsätze aufzuteilen.
- Trainingsstapel werden mit einer benutzerdefinierten `collate`-Funktion konstruiert, die Sequenzen auffüllt, Zieltoken-IDs erzeugt und Auffülltokens maskiert.
- Wir laden ein vortrainiertes Modell GPT-2-medium mit 355 Millionen Parametern, das als Ausgangspunkt für die Anweisungsoptimierung dient.

- Das vortrainierte Modell wird in einer Trainingsschleife ähnlich wie beim Vortraining mit dem Anweisungsdatensatz feingetunt.
- Bei der Bewertung werden die Modellantworten aus einem Testdatensatz extrahiert und bewertet (zum Beispiel mithilfe eines anderen LLM).
- Die Ollama-Anwendung mit einem Llama-Modell, das acht Milliarden Parameter umfasst, kann verwendet werden, um die Antworten des feingetunten Modells aus dem Testdatensatz automatisch zu bewerten und einen Durchschnittswert zu liefern, um die Performance zu quantifizieren.

A Einführung in PyTorch

Dieser Anhang soll Sie mit den erforderlichen Fähigkeiten und Kenntnissen ausstatten, um Deep Learning in die Praxis zu überführen und große Sprachmodule (LLMs) von Grund auf zu implementieren. PyTorch, eine populäre PyTorch-basierte Deep-Learning-Bibliothek, wird unser wichtigstes Werkzeug für dieses Buch sein. Ich werde Sie durch die Einrichtung eines Deep-Learning-Arbeitsbereichs mit PyTorch und GPU-Unterstützung führen.

Dann lernen Sie das grundlegende Konzept von Tensoren und deren Verwendung in PyTorch kennen. Außerdem befassen wir uns mit dem Modul für automatisches Differenzieren von PyTorch, einem Feature, das uns in die Lage versetzt, Backpropagation komfortabel und effizient zu nutzen – ein wichtiger Aspekt für das Training neuronaler Netze.

Dieser Anhang ist als Leitfaden gedacht für diejenigen, die mit PyTorch in Deep Learning einsteigen. Er erklärt zwar PyTorch von Grund auf, versteht sich aber nicht als erschöpfende Darstellung der PyTorch-Bibliothek. Vielmehr konzentrieren wir uns auf die PyTorch-Grundlagen, die wir zur Implementierung von LLMs einsetzen werden. Wenn Sie bereits mit Deep Learning vertraut sind, brauchen Sie sich mit diesem Anhang nicht zu beschäftigen und können direkt mit Kapitel 2 fortfahren.

A.1 Was ist PyTorch?

PyTorch (*https://pytorch.org/*) ist eine Open-Source-Bibliothek für Deep Learning auf Python-Basis. Laut *Papers With Code* (*https://paperswithcode.com/trends*), einer Plattform, die Forschungsarbeiten verfolgt und analysiert, ist PyTorch seit 2019 mit großem Abstand die am häufigsten verwendete Deep-Learning-Bibliothek für die Forschung. Und laut *Kaggle Data Science and Machine Learning Survey 2022* (*https://www.kaggle.com/c/kaggle-survey-2022*) liegt die Anzahl der Befragten, die PyTorch verwenden, bei etwa 40 % – mit jedes Jahr zunehmender Tendenz.

Python ist unter anderem deshalb so beliebt, weil es benutzerfreundlich und effizient ist. Trotz seiner Zugänglichkeit geht es keine Kompromisse hinsichtlich der Flexibilität ein und ermöglicht fortgeschritteneren Benutzern, systemnahe Aspekte ihrer Modelle anzupassen und zu optimieren. Kurz gesagt, PyTorch bietet für viele Praktiker und Forscherinnen genau die richtige Balance zwischen Benutzerfreundlichkeit und Feature-Umfang.

A.1.1 Die drei Kernkomponenten von PyTorch

PyTorch ist eine recht umfangreiche Bibliothek, der man sich am besten dadurch nähert, dass man sich auf ihre drei Komponenten konzentriert, die in Abbildung A.1 zusammengefasst sind.

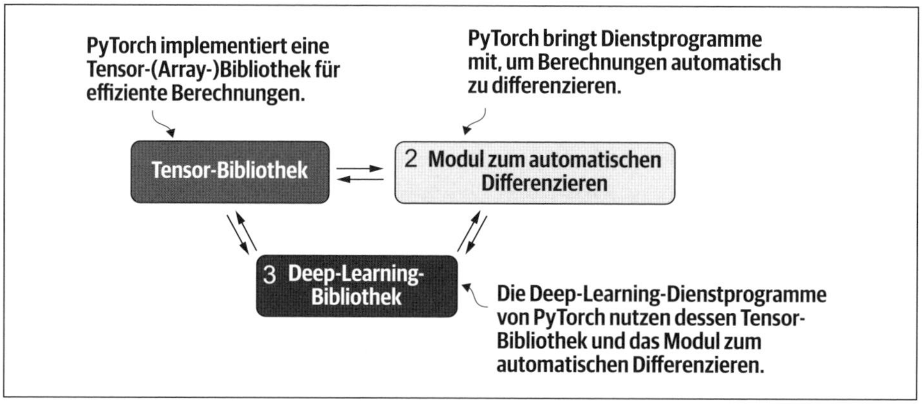

Abb. A.1 *Zu den drei Hauptkomponenten von PyTorch gehören eine Tensor-Bibliothek als grundlegender Baustein für Berechnungen, automatisches Differenzieren für die Modelloptimierung und Deep-Learning-Dienstfunktionen, die die Implementierung und das Training von Deep-Neural-Network-Modellen erleichtern.*

Zunächst einmal ist PyTorch eine *Tensor-Bibliothek*, die das Konzept der Array-orientierten Programmbibliothek NumPy um das zusätzliche Feature erweitert, das die Berechnungen auf GPUs beschleunigt und damit einen nahtlosen Wechsel zwischen CPUs und GPUs ermöglicht. Zweitens ist PyTorch ein *Modul für automatisches Differenzieren*, auch als *Autograd-Modul* bezeichnet, das die automatische Berechnung von Gradienten für Tensor-Operationen ermöglicht, was Backpropagation und Modelloptimierung vereinfacht. Schließlich ist PyTorch eine *Deep-Learning-Bibliothek*. Diese bietet modulare, flexible und effiziente Bausteine, einschließlich vortrainierter Modelle, Verlustfunktionen und Optimizer für den Entwurf und das Training einer breiten Palette von Deep-Learning-Modellen und richtet sich sowohl an Forscher als auch an Entwicklerinnen.

A.1.2 Deep Learning definieren

In den Nachrichten werden LLMs oft als KI-Modelle bezeichnet. LLMs sind jedoch auch eine Form von Deep Neural Networks, und PyTorch ist eine Deep-Learning-Bibliothek. Klingt verwirrend? Nehmen wir uns einen kurzen Moment Zeit und fassen wir die Beziehung zwischen diesen Begriffen zusammen, bevor wir fortfahren.

Bei der *künstlichen Intelligenz* (KI) geht es im Wesentlichen um das Erstellen von Computersystemen, die in der Lage sind, Aufgaben auszuführen, die normalerweise menschliche Intelligenz erfordern. Zu diesen Aufgaben gehören das Verstehen natürlicher Sprache, das Erkennen von Mustern und das Treffen von Entscheidungen. (Trotz erheblicher Fortschritte ist die KI noch weit davon entfernt, dieses Niveau allgemeiner Intelligenz zu erreichen.)

Machine Learning (maschinelles Lernen) ist ein Teilbereich der KI (siehe Abbildung A.2), der sich auf die Entwicklung und Verbesserung von Lernalgorithmen konzentriert. Im Kern geht es beim Machine Learning darum, Computer in die Lage zu versetzen, aus Daten zu lernen und Vorhersagen oder Entscheidungen zu treffen, ohne dass sie explizit für diese Aufgabe programmiert werden müssen. Dazu gehört es, Algorithmen zu entwickeln, die Muster identifizieren, aus Vergangenheitsdaten lernen und ihre Performance im Laufe der Zeit mit mehr Daten und Feedback verbessern können.

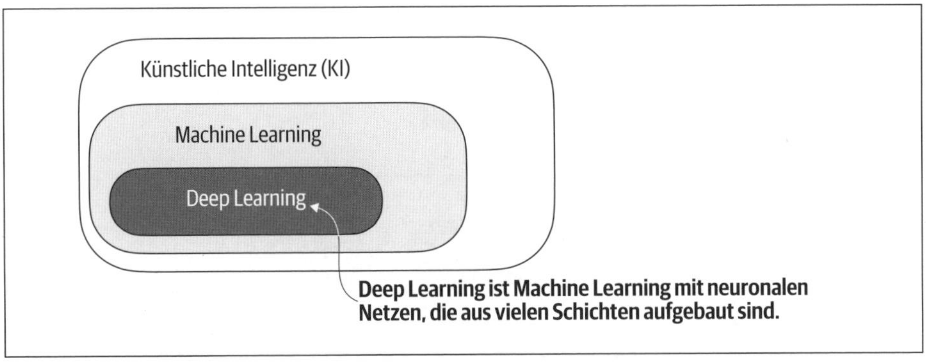

Abb. A.2 *Deep Learning ist eine Unterkategorie des Machine Learning, die sich auf die Implementierung von Deep Neural Networks konzentriert. Machine Learning ist eine Unterkategorie der KI, die sich mit Algorithmen befasst, die aus Daten lernen. KI ist das umfassendere Konzept, bei dem Maschinen in der Lage sind, Aufgaben auszuführen, die normalerweise menschliche Intelligenz erfordern.*

Machine Learning ist ein integraler Bestandteil bei der Entwicklung der KI gewesen und hat viele der heutigen Fortschritte ermöglicht, unter anderem LLMs. Zudem steht Machine Learning auch hinter Technologien wie Empfehlungssystemen von Onlinehändlern und Streaming-Diensten, Filtern für Spam-E-Mails,

Spracherkennung in virtuellen Assistenten und sogar selbstfahrenden Autos. Einführung und Weiterentwicklung des Machine Learning haben die Fähigkeiten der KI erheblich verbessert und sie in die Lage versetzt, über streng regelbasierte Systeme hinauszugehen und sich an neue Eingaben oder veränderte Umgebungen anzupassen.

Deep Learning ist eine Unterkategorie des Machine Learning, die sich auf das Training und die Anwendung von Deep Neural Networks konzentriert. Diese tiefen neuronalen Netze wurden ursprünglich von der Funktionsweise des menschlichen Gehirns inspiriert, insbesondere von der Verbindung zwischen vielen Neuronen. Das »Deep« in Deep Learning bezieht sich auf die zahlreichen versteckten Schichten künstlicher Neuronen oder Knoten, die es ermöglichen, komplexe, nichtlineare Beziehungen in den Daten zu modellieren. Im Unterschied zu herkömmlichen Techniken des Machine Learning, die sich durch einfache Mustererkennung auszeichnen, ist Deep Learning besonders gut im Umgang mit unstrukturierten Daten wie Bildern, Audiodaten oder Text, sodass es sich besonders gut für LLMs eignet.

Der typische Workflow der prädiktiven Modellierung (auch als *Supervised Learning*, überwachtes Lernen, bezeichnet) beim Machine Learning und beim Deep Learning ist in Abbildung A.3 zusammengefasst.

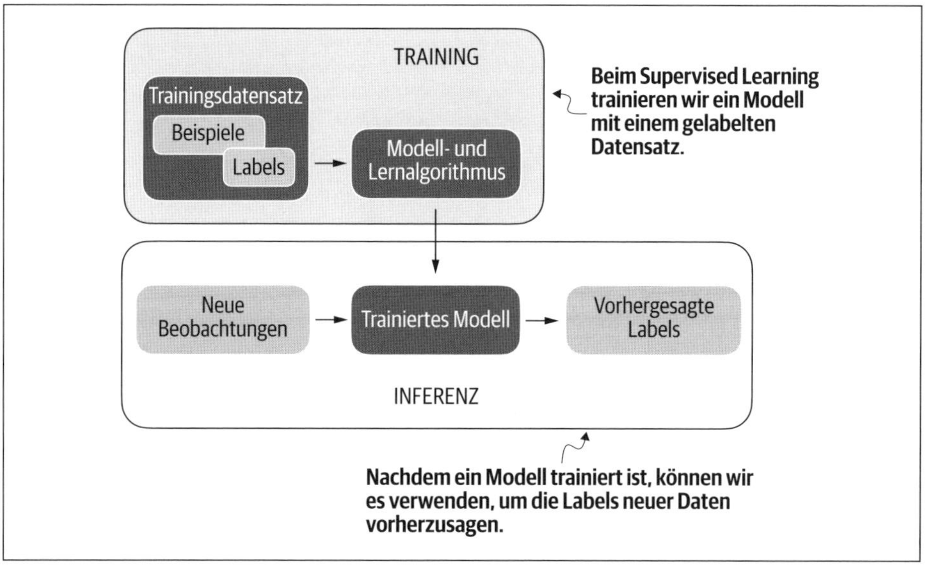

Abb. A.3 *Der Workflow des Supervised Learning für prädiktive Modellierung besteht aus einer Trainingsphase, in der ein Modell mit gelabelten Beispielen in einem Trainingsdatensatz trainiert wird. Das trainierte Modell kann dann verwendet werden, um die Labels neuer Beobachtungen vorherzusagen.*

Ein Modell wird mithilfe eines Trainingsalgorithmus auf einem Trainingsdatensatz trainiert, der aus Beispielen und entsprechenden Labels besteht. Zum Beispiel besteht der Trainingsdatensatz bei einem E-Mail-Spam-Klassifizierer aus E-Mails und ihren Labels »Spam« und »kein Spam«, die ein Mensch identifiziert hat. Das trainierte Modell kann dann auf neue Beobachtungen (d.h. neue E-Mails) angewendet werden, um deren unbekanntes Label (»Spam« oder »kein Spam«) vorherzusagen. Natürlich wollen wir auch zwischen der Trainings- und der Inferenzphase mit einer Bewertung des Modells sicherstellen, dass es unsere Performancekriterien erfüllt, bevor wir es in einer realen Anwendung einsetzen.

Wenn wir LLMs trainieren, um Texte zu klassifizieren, ähnelt der Workflow für das Training und die Verwendung von LLMs dem in Abbildung A.3 dargestellten. Sind wir daran interessiert, LLMs zu trainieren, um Texte zu generieren – unser Hauptaugenmerk –, gilt immer noch Abbildung A.3. In diesem Fall können die Labels während des Vortrainings aus dem Text selbst abgeleitet werden (die in Kapitel 1 vorgestellte Aufgabe zur Vorhersage des nächsten Worts). Das LLM wird einen völlig neuen Text generieren (anstelle der Vorhersage von Labels), wenn es während der Inferenz einen Prompt erhält.

A.1.3 PyTorch installieren

PyTorch lässt sich wie alle anderen Python-Bibliotheken oder -Pakete installieren. Da es sich aber bei PyTorch um eine umfangreiche Bibliothek mit CPU- und GPU-kompatiblem Code handelt, kann die Installation zusätzliche Erklärungen erfordern.

Python-Version

Viele Bibliotheken für wissenschaftliche Berechnungen unterstützen nicht sofort die neueste Version von Python. Wenn Sie also PyTorch installieren, empfiehlt es sich, eine Version von Python zu wählen, die ein oder zwei Releases älter ist. Lautet zum Beispiel die neueste Version von Python 3.13, wird die Verwendung von Python 3.11 oder 3.12 empfohlen.

Es gibt zum Beispiel zwei Versionen von PyTorch: eine abgespeckte Version, die nur CPU-Berechnungen unterstützt, und eine Vollversion, die sowohl CPU- als auch GPU-Berechnungen beherrscht. Wenn in Ihrem Computer eine CUDA-kompatible GPU werkelt, die für Deep Learning verwendet werden kann (im Idealfall eine Nvidia T4, RTX 2080 Ti oder neuer), empfehle ich die Installation der GPU-Version. Unabhängig davon lautet der Standardbefehl für die Installation von PyTorch in einem Codeterminal:

```
pip install torch
```

Sollte in Ihrem Computer eine CUDA-kompatible GPU eingebaut sein, wird automatisch die PyTorch-Version installiert, die GPU-Beschleunigung via CUDA unterstützt, sofern die Python-Umgebung, in der Sie arbeiten, die erforderlichen Abhängigkeiten (wie `pip`) installiert hat.

Hinweis

Derzeit hat PyTorch auch eine experimentelle Unterstützung für GPUs von AMD via ROCm hinzugefügt (für zusätzliche Anweisungen siehe *https://pytorch.org*).

Um die CUDA-kompatible Version von PyTorch explizit zu installieren, ist es oftmals besser, die CUDA anzugeben, mit der PyTorch kompatibel sein soll. Auf der offiziellen Website von PyTorch (*https://pytorch.org*) finden Sie Befehle, um PyTorch mit CUDA-Unterstützung für verschiedene Betriebssysteme zu installieren. Abbildung A.4 zeigt einen Befehl, der sowohl PyTorch als auch die Bibliotheken `torchvision` und `torchaudio` installiert, die für dieses Buch optional sind.

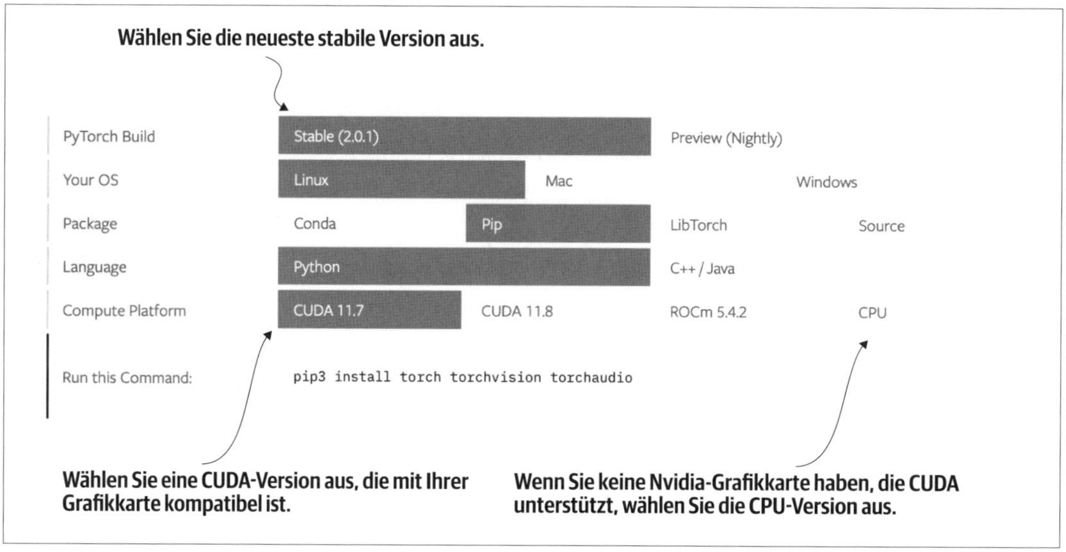

Abb. A.4 *Rufen Sie die PyTorch-Installationsempfehlung auf »https://pytorch.org« auf, um den Installationsbefehl für Ihr System anzupassen und auszuwählen.*

Für die Beispiele habe ich PyTorch 2.4.0 verwendet. Um Kompatibilität mit diesem Buch zu garantieren, sollten Sie deshalb genau diese Version installieren:

```
pip install torch==2.4.0
```

Wie aber bereits erwähnt, kann der Installationsbefehl je nach Ihrem Betriebssystem leicht von dem hier angegebenen abweichen. Ich empfehle also, dass Sie *https://pytorch.org* besuchen, um den Installationsbefehl für Ihr Betriebssystem über das dortige Installationsmenü (siehe Abbildung A.4) auszuwählen. Denken Sie daran, im Befehl `torch` durch `torch==2.4.0` zu ersetzen.

Mit dem folgenden Code in PyTorch lässt sich die PyTorch-Version überprüfen:

```
import torch
torch.__version__
```

Die Ausgabe lautet:

```
'2.4.0'
```

PyTorch und Torch

Die Python-Bibliothek heißt vor allem deshalb PyTorch, weil sie eine Fortsetzung der Bibliothek Torch ist, aber für Python angepasst wurde (daher »PyTorch«). Der Name *Torch* verweist auf die Wurzeln der Bibliothek Torch, ein Framework für wissenschaftliche Berechnungen mit umfassender Unterstützung für Algorithmen des Machine Learning, das ursprünglich mit der Programmiersprache Lua entwickelt wurde.

Wenn Sie nach zusätzlichen Empfehlungen und Anweisungen für das Einrichten Ihrer Python-Umgebung oder die Installation der anderen in diesem Buch verwendeten Bibliotheken suchen, gehen Sie am besten auf das ergänzende GitHub-Repository dieses Buchs unter *https://github.com/rasbt/LLMs-from-scratch*.

Nachdem Sie PyTorch installiert haben, können Sie mit folgendem Code in Python überprüfen, ob Ihre Installation die eingebaute Nvidia-GPU unterstützt:

```
import torch
torch.cuda.is_available()
```

Wenn der Befehl

```
True
```

zurückgibt, ist alles in Ordnung. Beim Rückgabewert `False` verfügt Ihr Computer entweder über keine kompatible GPU, oder PyTorch erkennt sie nicht. Für die ersten Kapitel in diesem Buch sind zwar keine GPUs erforderlich, da es in erster Linie um die Implementierung von LLMs für Lehrzwecke geht, sie können aber Deep-Learning-bezogene Berechnungen erheblich beschleunigen.

Falls Ihnen keine GPU zur Verfügung steht, gibt es mehrere Cloud-Computing-Provider, bei denen Sie GPU-Berechnungen gegen stundenweise Gebühren durchführen können. Eine beliebte Jupyter-Notebook-ähnliche Umgebung ist Google Colab (*https://colab.research.google.com*), die derzeit einen zeitlich begrenzten Zugang zu GPUs bietet. Über das Menü *Runtime* lässt sich eine GPU auswählen, wie der Screenshot in Abbildung A.5 zeigt.

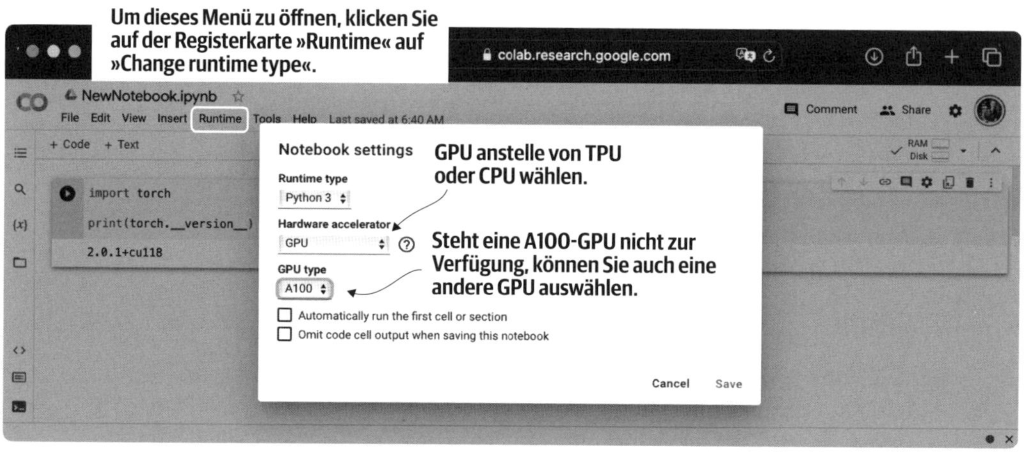

Abb. A.5 *Wählen Sie über das Menü »Runtime/Change Runtime Type« eine GPU für Google Colab.*

PyTorch auf Apple Silicon

Wenn Sie auf einem Apple Mac mit einem Apple-Silicon-Chip (wie M1, M2, M3 oder neueren Modellen) arbeiten, können Sie dessen Fähigkeiten nutzen, um die Ausführung von PyTorch-Code zu beschleunigen. Um Ihren Apple-Silicon-Chip für PyTorch zu verwenden, müssen Sie zuerst PyTorch installieren, wie Sie es normalerweise tun würden. Dann überprüfen Sie mit dem folgenden Codefragment in Python, ob Ihr Mac die PyTorch-Beschleunigung mit seinem Apple-Silicon-Chip unterstützt:

```
print(torch.backends.mps.is_available())
```

Der Rückgabewert `True` bedeutet, dass Ihr Mac über einen Apple-Silicon-Chip verfügt, der geeignet ist, den PyTorch-Code zu beschleunigen.

Übung A.1

Installieren Sie PyTorch und richten Sie es auf Ihrem Computer ein.

Übung A.2

Führen Sie den Ergänzungscode unter *https://mng.bz/o05v* aus, um zu überprüfen, ob Ihre Umgebung korrekt eingerichtet ist.

A.2 Tensoren

Tensoren stellen ein mathematisches Konzept dar, das Vektoren und Matrizen zu potenziell höheren Dimensionen verallgemeinert. Tensoren sind mit anderen Worten mathematische Objekte, die sich durch ihre Ordnung (oder den Rang) charakterisieren lassen, der die Anzahl der Dimensionen liefert. Zum Beispiel ist ein Skalar (lediglich eine Zahl) ein Tensor mit dem Rang 0, ein Vektor ist ein Tensor mit dem Rang 1, und eine Matrix ist ein Tensor mit dem Rang 2, wie Abbildung A.6 zeigt.

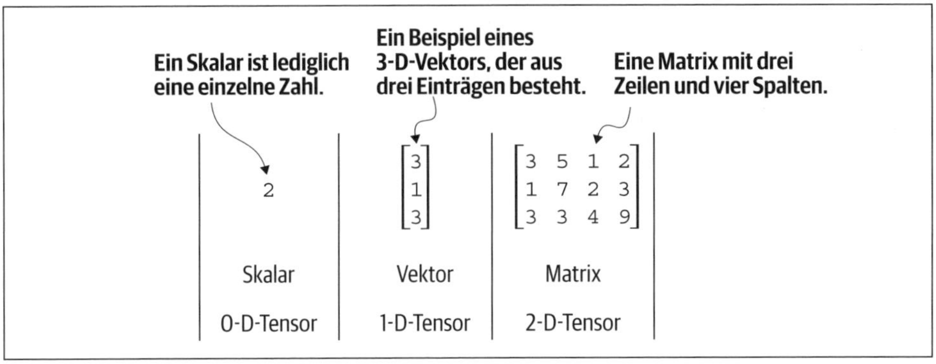

Abb. A.6 *Tensoren mit verschiedenen Rängen. Hier entspricht 0-D dem Rang 0, 1-D dem Rang 1 und 2-D dem Rang 2. Ein dreidimensionaler Vektor, der aus drei Elementen besteht, ist trotzdem ein Tensor mit dem Rang 1.*

Aus rechentechnischer Perspektive dienen Tensoren als Datencontainer. Zum Beispiel nehmen sie mehrdimensionale Daten auf, wobei jede Dimension ein anderes Feature darstellt. Tensor-Bibliotheken wie PyTorch können derartige Arrays effizient erstellen, manipulieren und mit ihnen rechnen. In diesem Zusammenhang funktioniert eine Tensor-Bibliothek wie eine Array-Bibliothek.

PyTorch-Tensoren sind NumPy-Arrays ähnlich, bringen aber mehrere zusätzliche Features mit, die für Deep Learning wichtig sind. Zum Beispiel fügt PyTorch eine automatische Differenzmaschine hinzu, die die Berechnung von Gradienten vereinfacht (siehe Abschnitt A.4). PyTorch-Tensoren unterstützen auch GPU-Berechnungen, um das Training von Deep Neural Networks zu beschleunigen (siehe Abschnitt A.9).

PyTorch mit einer NumPy-ähnlichen API

PyTorch übernimmt den größten Teil der Array-API und -Syntax von NumPy für seine Tensor-Operationen. Wenn Sie neu in NumPy sind, können Sie sich einen kurzen Überblick über die wichtigsten Konzepte in meinem Artikel »Scientific Computing in Python: Introduction to NumPy and Matplotlib« unter *https://sebastianraschka.com/blog/2020/numpy-intro.html* verschaffen.

A.2.1 Skalare, Vektoren, Matrizen und Tensoren

Wie bereits erwähnt, sind PyTorch-Tensoren Datencontainer für Array-ähnliche Strukturen. Ein Skalar ist ein nulldimensionaler Tensor (zum Beispiel einfach eine Zahl), ein Vektor ist ein eindimensionaler Tensor und eine Matrix ein zweidimensionaler Tensor. Es gibt keinen speziellen Begriff für Tensoren mit mehr Dimensionen, sodass wir in der Regel einen dreidimensionalen Tensor als 3-D-Tensor bezeichnen usw. Objekte der PyTorch-Klasse `Tensor` können Sie mit der Funktion `torch.tensor` erzeugen, wie Listing A.1 zeigt.

Listing A.1 *PyTorch-Tensoren erzeugen*

```
import torch

tensor0d = torch.tensor(1)                           ❶

tensor1d = torch.tensor([1, 2, 3])                   ❷

tensor2d = torch.tensor([[1, 2],
                         [3, 4]])                    ❸

tensor3d = torch.tensor([[[1, 2], [3, 4]],
                         [[5, 6], [7, 8]]])          ❹
```

❶ Erstellt einen nulldimensionalen Tensor (Skalar) aus einer Python-Ganzzahl.

❷ Erstellt einen eindimensionalen Tensor (Vektor) aus einer Python-Liste.

❸ Erstellt einen zweidimensionalen Tensor aus einer verschachtelten Python-Liste.

❹ Erstellt einen dreidimensionalen Tensor aus einer verschachtelten Python-Liste.

A.2.2 Tensor-Datentypen

PyTorch übernimmt den standardmäßigen 64-Bit-Integer-Datentyp von Python. Auf den Datentyp eines Tensors können wir über das Attribut `.dtype` eines Tensors zugreifen:

```
tensor1d = torch.tensor([1, 2, 3])
print(tensor1d.dtype)
```

Die Ausgabe lautet:

```
torch.int64
```

Wenn wir Tensoren aus Python-Gleitkommazahlen (Floats) erstellen, erzeugt PyTorch Tensoren mit einer standardmäßigen Genauigkeit von 32 Bit:

```
floatvec = torch.tensor([1.0, 2.0, 3.0])
print(floatvec.dtype)
```

Die Ausgabe lautet:

```
torch.float32
```

Diese Wahl ist in erster Linie auf das Gleichgewicht zwischen Genauigkeit und Recheneffizienz zurückzuführen. Eine 32-Bit-Gleitkommazahl bietet eine ausreichende Präzision für die meisten Aufgaben im Rahmen von Deep Learning und hat einen geringeren Bedarf an Speicher und Rechenressourcen als eine 64-Bit-Gleitkommazahl. Und da die GPU-Architekturen für 32-Bit-Berechnungen optimiert sind, kann die Verwendung dieses Datentyps die Geschwindigkeit von Modelltraining und Inferenz erheblich beschleunigen.

Zudem ist es möglich, die Genauigkeit mit der Methode `.to` eines Tensors zu ändern. Der folgende Code veranschaulicht dies, indem ein 64-Bit-Integer-Tensor in einen 32-Bit-Float-Tensor überführt wird:

```
floatvec = tensor1d.to(torch.float32)
print(floatvec.dtype)
```

Die Ausgabe lautet:

```
torch.float32
```

Weitere Informationen über die verschiedenen Tensor-Datentypen in PyTorch finden Sie in der offiziellen Dokumentation unter *https://pytorch.org/docs/stable/tensors.html*.

A.2.3 Allgemeine PyTorch-Tensor-Operationen

Es würde den Rahmen dieses Buchs sprengen, alle verschiedenen Operationen und Befehle der PyTorch-Tensoren zu behandeln. Ich beschreibe jedoch kurz die relevanten Operationen, sofern sie in diesem Buch eingeführt werden.

Bereits kennengelernt haben Sie die Funktion `torch.tensor()`, mit der sich neue Tensoren erstellen lassen:

```
tensor2d = torch.tensor([[1, 2, 3],
                         [4, 5, 6]])
print(tensor2d)
```

Die Ausgabe lautet:

```
tensor([[1, 2, 3],
        [4, 5, 6]])
```

Außerdem ermöglicht das Attribut `.shape`, auf die Gestalt eines Tensors zuzugreifen:

```
print(tensor2d.shape)
```

Die Ausgabe lautet:

```
torch.Size([2, 3])
```

Die Rückgabe `[2, 3]` von `.shape` bedeutet, dass der Tensor aus zwei Zeilen und drei Spalten besteht. Mit der Methode `.reshape` lässt sich der Tensor in einen 3×2-Tensor umwandeln:

```
print(tensor2d.reshape(3, 2))
```

Diese Anweisung gibt Folgendes zurück:

```
tensor([[1, 2],
        [3, 4],
        [5, 6]])
```

Beachten Sie aber, dass in PyTorch der Befehl `.view()` gebräuchlicher ist, um einen Tensor umzuformen:

```
print(tensor2d.view(3, 2))
```

Die Ausgabe lautet:

```
tensor([[1, 2],
        [3, 4],
        [5, 6]])
```

Ähnlich wie bei `.reshape` und `.view` bietet PyTorch in einigen Fällen mehrere Syntaxoptionen, um die gleiche Berechnung durchzuführen. PyTorch ist zunächst der ursprünglichen Lua-Torch-Syntaxkonvention gefolgt, dann wurde aber auf vielfachen Wunsch eine Syntax hinzugefügt, die der von NumPy ähnelt. (Der feine Unterschied zwischen `.view()` und `.reshape()` in PyTorch liegt im Umgang mit dem Speicherlayout: Während `.view()` verlangt, dass die Originaldaten zusammenhängend sind, und andernfalls fehlschlägt, funktioniert `.reshape()` unabhängig davon und kopiert gegebenenfalls die Daten, um das gewünschte Format sicherzustellen.)

Als Nächstes können wir mit `.T` einen Tensor transponieren, d.h. ihn über seine Diagonale spiegeln. Dies ist nicht dasselbe wie die Umformung eines Tensors, wie Sie anhand des folgenden Ergebnisses sehen können:

```
print(tensor2d.T)
```

Die Ausgabe lautet:

```
tensor([[1, 4],
        [2, 5],
        [3, 6]])
```

Und schließlich bietet PyTorch die Methode .matmul, um zwei Matrizen zu multiplizieren:

```
print(tensor2d.matmul(tensor2d.T))
```

Die Ausgabe lautet:

```
tensor([[14, 32],
        [32, 77]])
```

Allerdings können wir auch den Operator @ heranziehen, der das Gleiche in kompakterer Form realisiert:

```
print(tensor2d @ tensor2d.T)
```

Die Ausgabe lautet:

```
tensor([[14, 32],
        [32, 77]])
```

Wie bereits erwähnt, führe ich weitere Operationen bei Bedarf ein. Wenn Sie sich einen Überblick über die verschiedenen Tensor-Operationen in PyTorch verschaffen möchten (die meisten davon brauchen wir hier nicht), sollten Sie sich die offizielle Dokumentation unter *https://pytorch.org/docs/stable/tensors.html* ansehen.

A.3 Modelle als Berechnungsgraphen sehen

Werfen wir nun einen Blick auf die automatische Differenzmaschine von PyTorch, die auch als *Autograd* bezeichnet wird. Das Python-Autograd-System bietet Funktionen, um Gradienten in dynamischen Berechnungsgraphen automatisch zu berechnen.

Ein Berechnungsgraph ist ein gerichteter Graph, mit dem wir mathematische Ausdrücke darstellen und visualisieren können. Im Zusammenhang mit Deep Learning legt ein Berechnungsgraph die Abfolge von Berechnungen fest, die erforderlich sind, um die Ausgabe eines neuronalen Netzes zu erhalten. Wir benötigen dies, um die Gradienten für Backpropagation zu berechnen, d.h. den Hauptalgorithmus für das Training neuronaler Netze.

Schauen wir uns ein konkretes Beispiel an, um das Konzept eines Berechnungsgraphen zu veranschaulichen. Der Code in Listing A.2 implementiert den Vorwärtsdurchlauf (Vorhersageschritt) eines einfachen Klassifizierers aus einer logistischen Regression, der als einschichtiges neuronales Netz betrachtet werden kann. Er gibt einen Wert zwischen 0 und 1 zurück, der bei der Verlustberechnung mit dem echten Klassenlabel (0 oder 1) verglichen wird.

Listing A.2 *Ein Vorwärtsdurchlauf einer logistischen Regression*

```
import torch.nn.functional as F              ❶

y = torch.tensor([1.0])                      ❷
x1 = torch.tensor([1.1])                     ❸
w1 = torch.tensor([2.2])                     ❹
b = torch.tensor([0.0])                      ❺
z = x1 * w1 + b                              ❻
a = torch.sigmoid(z)                         ❼
loss = F.binary_cross_entropy(a, y)
```

❶ Diese Importanweisung ist eine gängige Konvention in PyTorch, um lange Codezeilen zu vermeiden.

❷ Echtes Label.

❸ Eingabe-Feature.

❹ Gewichtsparameter

❺ Bias-Einheit.

❻ Netzeingabe.

❼ Aktivierung und Ausgabe.

Wenn Sie nicht alle Komponenten im Code von Listing A.2 verstehen, machen Sie sich keine Sorgen. In diesem Beispiel geht es nicht darum, einen Klassifizierer auf Basis einer logistischen Regression zu implementieren, sondern vielmehr darum, zu veranschaulichen, wie man sich eine Abfolge von Berechnungen als einen Berechnungsgraphen vorstellen kann, wie ihn Abbildung A.7 zeigt.

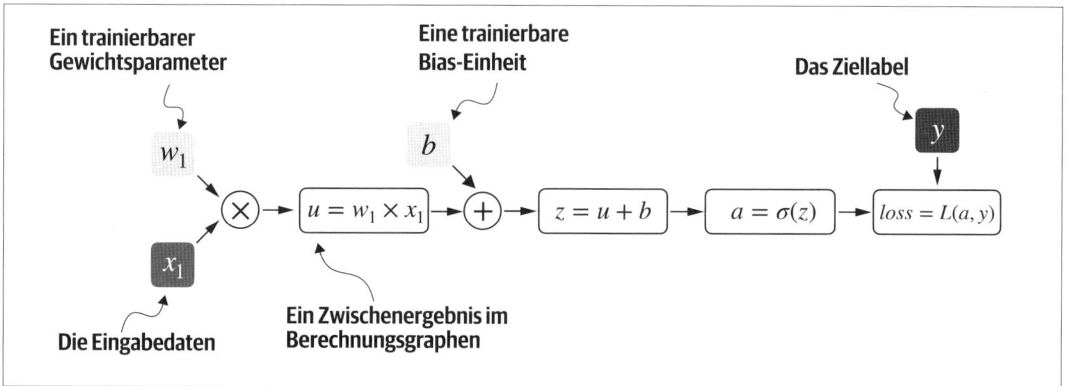

Abb. A.7 *Der Vorwärtsdurchlauf einer logistischen Regression als Berechnungsgraph. Das Eingabe-Feature x_1 wird mit einem Modellgewicht w_1 multipliziert, dazu wird der Bias-Wert b addiert und dieses Ergebnis wird über eine Aktivierungsfunktion σ geleitet. Um den Verlust zu berechnen, wird die Modellausgabe mit einem gegebenen Label y verglichen.*

In der Tat erstellt PyTorch einen derartigen Berechnungsgraphen im Hintergrund und wir können diesen nutzen, um Gradienten einer Verlustfunktion in Bezug auf die Modellparameter (hier w_1 und b) zu berechnen.

A.4 Automatisches Differenzieren leicht gemacht

Bei Berechnungen in PyTorch wird standardmäßig intern ein Berechnungsgraph erstellt, wenn bei einem seiner Terminalknoten das Attribut `requires_grad` auf `True` gesetzt ist. Dies ist nützlich, wenn wir Gradienten berechnen wollen. Gradienten sind erforderlich, wenn neuronale Netze mit dem bekannten Backpropagation-Algorithmus trainiert werden. Diesen Algorithmus kann man als Implementierung der *Kettenregel* aus der Differenzialrechnung für neuronale Netze betrachten, wie Abbildung A.8 veranschaulicht.

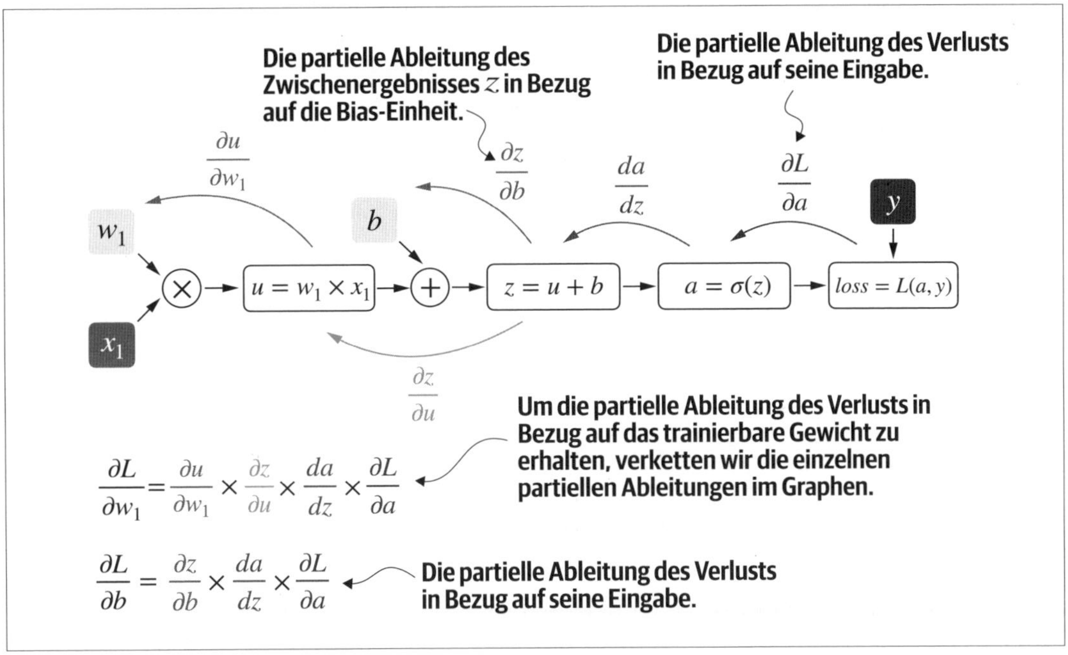

Abb. A.8 *Die gebräuchlichste Methode zur Berechnung der Verlustgradienten in einem Berechnungsgraphen ist die Anwendung der Kettenregel von rechts nach links, auch automatisches Differenzieren im Rückwärtsmodus oder Backpropagation genannt. Wir beginnen mit der Ausgabeschicht (oder dem Verlust selbst) und arbeiten uns rückwärts durch das Netz bis zur Eingabeschicht. Auf diese Weise wird der Gradient des Verlusts in Bezug auf jeden Parameter (Gewichte und Bias-Werte) im Netz berechnet, was uns zeigt, wie wir diese Parameter während des Trainings aktualisieren.*

A.4.1 Partielle Ableitungen und Gradienten

Abbildung A.8 zeigt partielle Ableitungen, die ein Maß für die Rate sind, mit der sich eine Funktion in Bezug auf eine ihrer Variablen ändert. Ein Gradient ist ein Vektor, der alle partiellen Ableitungen einer multivariaten Funktion enthält, d.h. einer Funktion mit einer Variablen als Eingabe.

Wenn Sie mit partiellen Ableitungen, Gradienten oder der Kettenregel aus der Differenzialregel nicht vertraut sind oder dieses Wissen nicht mehr parat haben, brauchen Sie sich keine Sorgen zu machen. Für dieses Buch müssen Sie lediglich wissen, dass die Kettenregel eine Methode ist, um Gradienten einer Verlustfunktion zu berechnen, wenn die Parameter des Modells in einem Berechnungsgraphen vorliegen. Dies liefert die notwendigen Informationen, um jeden Parameter so zu aktualisieren, dass die Verlustfunktion ein Minimum erreicht, was stellvertretend für die Messung der Modellperformance mit einer Methode wie dem Gradientenabstieg ist. In Abschnitt A.7 kommen wir noch einmal auf die rechentechnische Umsetzung dieser Trainingsschleife in PyTorch zurück.

Was hat das alles mit automatischem Differenzieren (Autograd) zu tun, der zweiten Komponente der bereits erwähnten PyTorch-Bibliothek? Das Autograd-Modul von PyTorch konstruiert im Hintergrund einen Berechnungsgraphen, indem es jede der Operationen verfolgt, die auf Tensoren ausgeführt werden. Dann können wir die Funktion `grad` aufrufen und den Verlustgradienten in Bezug auf den Modellparameter w_1 berechnen, wie Listing A.3 zeigt.

Listing A.3 *Gradienten über Autograd berechnen*

```
import torch.nn.functional as F
from torch.autograd import grad

y = torch.tensor([1.0])
x1 = torch.tensor([1.1])
w1 = torch.tensor([2.2], requires_grad=True)
b = torch.tensor([0.0], requires_grad=True)

z = x1 * w1 + b
a = torch.sigmoid(z)

loss = F.binary_cross_entropy(a, y)

grad_L_w1 = grad(loss, w1, retain_graph=True)        ❶
grad_L_b = grad(loss, b, retain_graph=True)
```

❶ Standardmäßig zerstört PyTorch den Berechnungsgraphen, nachdem die Gradienten ermittelt wurden, um Arbeitsspeicher freizugeben. Da wir jedoch diesen Berechnungsgraphen in Kürze wiederverwenden wollen, setzen wir »retain_graph=True«, damit er im Arbeitsspeicher verbleibt.

Die resultierenden Werte der Verlustgradienten für die gegebenen Parameter des Modells lauten:

```
print(grad_L_w1)
print(grad_L_b)
```

Die Ausgaben sehen so aus:

```
(tensor([-0.0898]),)
(tensor([-0.0817]),)
```

Hier haben wir die `grad`-Funktion manuell aufgerufen, was für Experimente, Fehlersuche und die Demonstration von Konzepten nützlich sein kann. In der Praxis bietet PyTorch jedoch noch mehr High-Level-Tools, um diesen Prozess zu automatisieren. Zum Beispiel können wir `.backward` auf dem Verlust aufrufen, und PyTorch berechnet die Gradienten aller Blattknoten im Graphen, die über die `.grad`-Attribute des Tensors gespeichert werden:

```
loss.backward()
print(w1.grad)
print(b.grad)
```

Die Ausgaben lauten:

```
(tensor([-0.0898]),)
(tensor([-0.0817]),)
```

Ich habe Sie mit einer Fülle von Informationen versorgt, und die Konzepte mit Differenzialrechnung überfordern Sie ein wenig, aber keine Sorge: Die Begriffe der Differenzialrechnung dienen zwar dazu, die Autograd-Komponente von PyTorch zu erklären, doch es genügt zu wissen, dass Ihnen PyTorch über die Methode `.backward` alles bezüglich der Differenzialrechnung abnimmt – Sie müssen weder Ableitungen noch Gradienten in eigener Regie berechnen.

A.5 Mehrschichtige neuronale Netze implementieren

Als Nächstes konzentrieren wir uns auf PyTorch als Bibliothek für die Implementierung tiefer neuronaler Netze. Als konkretes Beispiel sehen wir uns ein mehrschichtiges Perzeptron an, ein vollständig verbundenes neuronales Netz, wie es Abbildung A.9 zeigt.

Um ein neuronales Netz in PyTorch zu implementieren, können wir von der Klasse `torch.nn.Module` ableiten, um unsere eigene benutzerdefinierte Netzarchitektur zu definieren. Die Basisklasse `Module` bietet jede Menge Funktionalität, sodass sich Modelle ziemlich einfach erstellen und trainieren lassen. Zum Beispiel ist es möglich, Schichten und Operationen zu kapseln und die Parameter des Modells zu verfolgen.

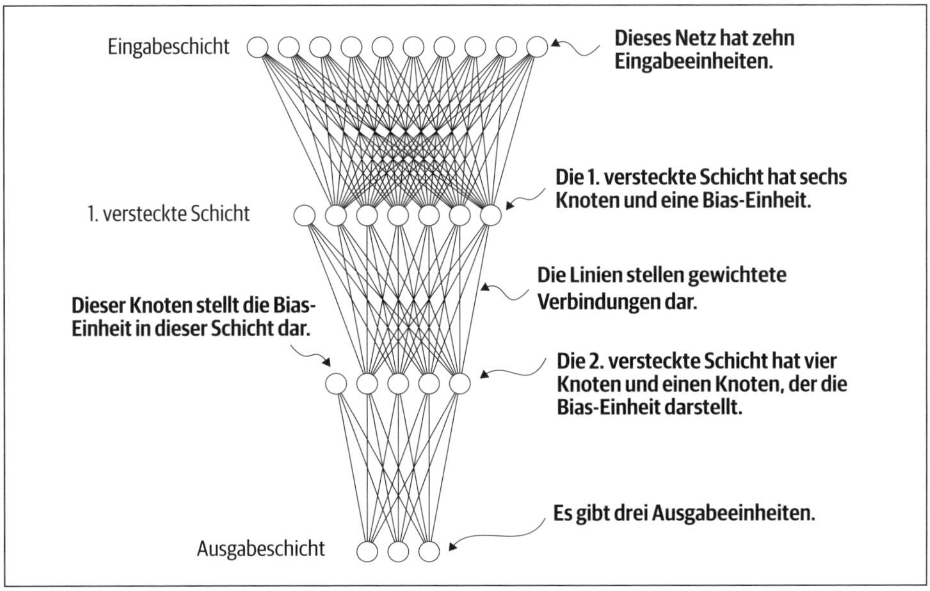

Abb. A.9 *Ein mehrschichtiges Perzeptron mit zwei versteckten Schichten. Jeder Knoten repräsentiert eine Einheit in der jeweiligen Schicht. Zur Veranschaulichung ist jede Schicht mit einer sehr geringen Anzahl von Knoten dargestellt.*

Innerhalb dieser Subklasse definieren wir die Netzschichten im Konstruktor `__init__` und legen fest, wie die Schichten in der Methode `forward` interagieren. Die Methode `forward` beschreibt, wie die Eingabedaten das Netz durchlaufen und sich zu einem Berechnungsgraphen zusammensetzen. Im Gegensatz dazu wird die Methode `backward`, die wir normalerweise nicht selbst implementieren müssen, während des Trainings verwendet, um die Gradienten der Verlustfunktion anhand der Modellparameter zu berechnen (siehe Abschnitt A.7). Der Code in Listing A.4 implementiert ein klassisches mehrschichtiges Perzeptron mit zwei versteckten Schichten, um eine typische Verwendung der Klasse `Module` zu veranschaulichen.

Listing A.4 *Ein mehrschichtiges Perzeptron mit zwei versteckten Schichten*

```
class NeuralNetwork(torch.nn.Module):
    def __init__(self, num_inputs, num_outputs):          ❶
        super().__init__()

        self.layers = torch.nn.Sequential(

            # 1st hidden layer
            torch.nn.Linear(num_inputs, 30),              ❷
            torch.nn.ReLU(),                              ❸
```

```
            # 2nd hidden layer
            torch.nn.Linear(30, 20),                    ❹
            torch.nn.ReLU(),

            # output layer
            torch.nn.Linear(20, num_outputs),
        )

    def  forward(self, x):
        logits = self.layers(x)
        return logits                                   ❺
```

❶ Indem wir die Anzahl der Eingaben und Ausgaben als Variablen codieren, können wir denselben Code für Datensätze mit verschiedenen Anzahlen von Features und Klassen wiederverwenden.

❷ Die »Linear«-Schicht übernimmt die Anzahl der Ein- und Ausgabeknoten als Argumente.

❸ Zwischen den versteckten Schichten werden nichtlineare Aktivierungsfunktionen platziert.

❹ Die Anzahl der Ausgabeknoten einer versteckten Schicht muss mit der Anzahl der Eingaben der nächsten Schicht übereinstimmen.

❺ Die Ausgaben der letzten Schicht werden Logits genannt.

Ein Objekt für ein neuronales Netz können wir dann wie folgt instanziieren:

```
model = NeuralNetwork(50, 3)
```

Bevor wir dieses neue Modellobjekt verwenden, können wir `print` auf dem Modell aufrufen, um eine Zusammenfassung seiner Struktur anzuzeigen:

```
print(model)
```

Die Ausgabe lautet:

```
NeuralNetwork(
  (layers): Sequential(
    (0): Linear(in_features=50, out_features=30, bias=True)
    (1): ReLU()
    (2): Linear(in_features=30, out_features=20, bias=True)
    (3): ReLU()
    (4): Linear(in_features=20, out_features=3, bias=True)
  )
)
```

Wir verwenden die Klasse `Sequential`, wenn wir die Klasse `NeuralNetwork` implementieren. Zwar ist `Sequential` nicht erforderlich, erleichtert uns aber die Arbeit, wenn wir eine Reihe von Schichten in einer bestimmten Reihenfolge ausführen wollen, wie es hier der Fall ist. Auf diese Weise müssen wir nach der

Instanziierung von `self.layers = Sequential(...)` im Konstruktor `__init__` lediglich `self.layers` aufrufen, anstatt jede Schicht einzeln in der Methode `forward` von `NeuralNetwork` aufzurufen.

Als Nächstes wollen wir die Gesamtanzahl der trainierbaren Parameter dieses Modells überprüfen:

```
num_params = sum(p.numel() for p  in model.parameters() if p.requires_grad)
print("Total number of trainable  model parameters:", num_params)
```

Die Ausgabe lautet:

```
Total number of trainable model parameters: 2213
```

Jeder Parameter, für den `requires_grad=True` gesetzt ist, gilt als trainierbarer Parameter und wird während des Trainings aktualisiert (siehe Abschnitt A.7).

Im Fall unseres Modells des neuronalen Netzes mit den beiden vorangehenden versteckten Schichten sind diese trainierbaren Parameter in den `torch.nn.Linear`-Schichten enthalten. Eine `Linear`-Schicht multipliziert die Eingaben mit einer Gewichtsmatrix und addiert einen Bias-Vektor. Man bezeichnet dies auch als *Feedforward-* oder *vollständig verbundene Schicht.*

Basierend auf dem Aufruf von `print(model)`, den wir hier ausgeführt haben, sehen wir, dass die erste `Linear`-Schicht der Indexposition 0 im Attribut `layers` zugeordnet ist. Auf die entsprechende Gewichtsparametermatrix können wir wie folgt zugreifen:

```
print(model.layers[0].weight)
```

Die Ausgabe lautet:

```
Parameter containing:
tensor([[ 0.1174, -0.1350, -0.1227,  ...,  0.0275, -0.0520, -0.0192],
        [-0.0169,  0.1265,  0.0255,  ..., -0.1247,  0.1191, -0.0698],
        [-0.0973, -0.0974, -0.0739,  ..., -0.0068, -0.0892,  0.1070],
        ...,
        [-0.0681,  0.1058, -0.0315,  ..., -0.1081, -0.0290, -0.1374],
        [-0.0159,  0.0587, -0.0916,  ..., -0.1153,  0.0700,  0.0770],
        [-0.1019,  0.1345, -0.0176,  ...,  0.0114, -0.0559, -0.0088]],
       requires_grad=True)
```

Da diese große Matrix hier nicht vollständig wiedergegeben wird, wollen wir mit dem Attribut `.shape` ihre Dimensionen anzeigen:

```
print(model.layers[0].weight.shape)
```

Das Ergebnis lautet:

```
torch.Size([30, 50])
```

(Dementsprechend könnten Sie auf den Bias-Vektor über `model.layers[0].bias` zugreifen.)

Die Gewichtsmatrix ist hier eine 30×50-Matrix, und es ist zu sehen, dass `requires_grad` auf `True` gesetzt ist. Das heißt, ihre Einträge sind trainierbar, die Standardeinstellung für Gewichte und Bias-Werte in `torch.nn.Linear`.

Wenn Sie den obigen Code auf Ihrem Computer ausführen, werden Ihre Zahlen in der Gewichtsmatrix wahrscheinlich von den gezeigten abweichen. Die Modellgewichte werden mit kleinen Zufallszahlen initialisiert, die sich jedes Mal ändern, wenn wir das Netz instanziieren. Beim Deep Learning ist die Initialisierung der Modellgewichte mit kleinen Zufallszahlen erwünscht, um die Symmetrie während des Trainings zu brechen. Andernfalls würden die Knoten die gleichen Operationen und Aktualisierungen während der Backpropagation ausführen, sodass das Netz keine komplexen Zuordnungen von Eingaben zu Ausgaben lernen könnte.

Da wir aber weiterhin kleine Zufallszahlen als Anfangswerte für unsere Schichtgewichte verwenden wollen, können wir die Initialisierung der Zufallszahlen reproduzierbar machen, indem wir dem Zufallszahlengenerator von PyTorch über `manual_seed` einen bestimmten Anfangswert mitgeben:

```
torch.manual_seed(123)
model = NeuralNetwork(50, 3)
print(model.layers[0].weight)
```

Das Ergebnis lautet:

```
Parameter containing:
tensor([[-0.0577,  0.0047, -0.0702,  ...,  0.0222,  0.1260,  0.0865],
        [ 0.0502,  0.0307,  0.0333,  ...,  0.0951,  0.1134, -0.0297],
        [ 0.1077, -0.1108,  0.0122,  ...,  0.0108, -0.1049, -0.1063],
        ...,
        [-0.0787,  0.1259,  0.0803,  ...,  0.1218,  0.1303, -0.1351],
        [ 0.1359,  0.0175, -0.0673,  ...,  0.0674,  0.0676,  0.1058],
        [ 0.0790,  0.1343, -0.0293,  ...,  0.0344, -0.0971, -0.0509]],
       requires_grad=True)
```

Da wir jetzt einige Zeit in die Inspektion der `NeuralNetwork`-Instanz investiert haben, wollen wir uns kurz ansehen, wie sie über den Vorwärtsdurchlauf verwendet wird:

```
torch.manual_seed(123)
X = torch.rand((1, 50))
out = model(X)
print(out)
```

Die Ausgabe lautet:

```
tensor([[-0.1262,  0.1080, -0.1792]], grad_fn=<AddmmBackward0>)
```

Im obigen Code haben wir ein einzelnes zufälliges Trainingsbeispiel `X` als Übungseingabe generiert (beachten Sie, dass unser Netz 50-dimensionale Feature-Vektoren erwartet) und das Modell damit gefüttert, wobei es drei Rückgabewerte liefert. Wenn wir model(X) aufrufen, wird automatisch der Vorwärtsdurchlauf des Modells ausgeführt.

Der Vorwärtsdurchlauf berechnet die Ausgabe-Tensoren aus den Eingabe-Tensoren. Dazu werden die Eingabedaten durch alle Schichten des neuronalen Netzes geleitet – von der Eingabeschicht über die versteckten Schichten und schließlich zur Ausgabeschicht

Diese drei Zahlen, die hier zurückgegeben werden, entsprechen einer Punktzahl, die jedem der drei Ausgabeknoten zugewiesen wird. Beachten Sie, dass der Ausgabe-Tensor auch einen grad_fn-Wert enthält.

Hier steht grad_fn=<AddmmBackward0> für die zuletzt verwendete Funktion zur Berechnung einer Variablen im Berechnungsgraphen. Insbesondere bedeutet grad_fn=<AddmmBackward0>, dass der von uns untersuchte Tensor durch eine Matrixmultiplikation und eine Addition erstellt wurde. PyTorch greift auf diese Informationen zurück, wenn es während der Backpropagation Gradienten berechnet. Der Teil <AddmmBackward0> des Ausdrucks grad_fn=<AddmmBackward0> gibt die ausgeführte Operation an. In diesem Fall handelt es sich um eine Addmm-Operation, was für Matrixmultiplikation (mm) gefolgt von einer Addition (Add) steht.

Wenn wir lediglich ein Netz ohne Training oder Backpropagation verwenden wollen – um es beispielsweise nach dem Training für Vorhersagen einzusetzen –, kann die Konstruktion dieses Berechnungsgraphen für die Backpropagation verschwenderisch sein, da sie unnötige Berechnungen durchführt und zusätzlichen Speicher verbraucht. Wollen wir also ein Modell nicht trainieren, sondern abfragen (Inferenz), ist es am besten, den Kontextmanager torch.no_grad() zu verwenden. Damit wird PyTorch mitgeteilt, dass es die Gradienten nicht zu verfolgen braucht, was erhebliche Einsparungen an Speicher und Berechnungen ergibt:

```
with torch.no_grad():
    out = model(X)
print(out)
```

Das Ergebnis lautet:

```
tensor([[-0.1262,  0.1080, -0.1792]])
```

In PyTorch ist es gängige Praxis, Modelle so zu codieren, dass sie die Ausgaben der letzten Schicht (Logits) zurückgeben, ohne sie an eine nichtlineare Aktivierungsfunktion zu übergeben. Das hängt damit zusammen, dass die häufig verwendeten Verlustfunktionen die Funktion softmax (oder sigmoid für binäre Klassifizierung) mit dem negativen Log-Likelihood-Verlust in einer einzelnen Klasse kombinieren. Das geschieht aus Gründen der numerischen Effizienz und Stabilität. Wenn wir also die Wahrscheinlichkeiten der Klassenmitgliedschaft für unsere Vorhersagen berechnen wollen, müssen wir die Funktion softmax explizit aufrufen:

```
with torch.no_grad():
    out = torch.softmax(model(X), dim=1)
print(out)
```

Die Ausgabe lautet:

```
tensor([[0.3113, 0.3934, 0.2952]]))
```

Die Werte lassen sich nun als Wahrscheinlichkeiten der Klassenmitgliedschaft interpretieren, die sich zu 1 summieren. Die Werte sind bei dieser zufälligen Eingabe ungefähr gleich, was bei einem zufällig initialisierten Modell ohne Training zu erwarten ist.

A.6 Effiziente DataLoader einrichten

Bevor wir unser Modell trainieren können, müssen wir kurz auf das Erstellen effizienter DataLoader in PyTorch eingehen, über die wir während des Trainings iterieren werden. Das generelle Prinzip zum Laden von Daten in PyTorch stellt Abbildung A.10 dar.

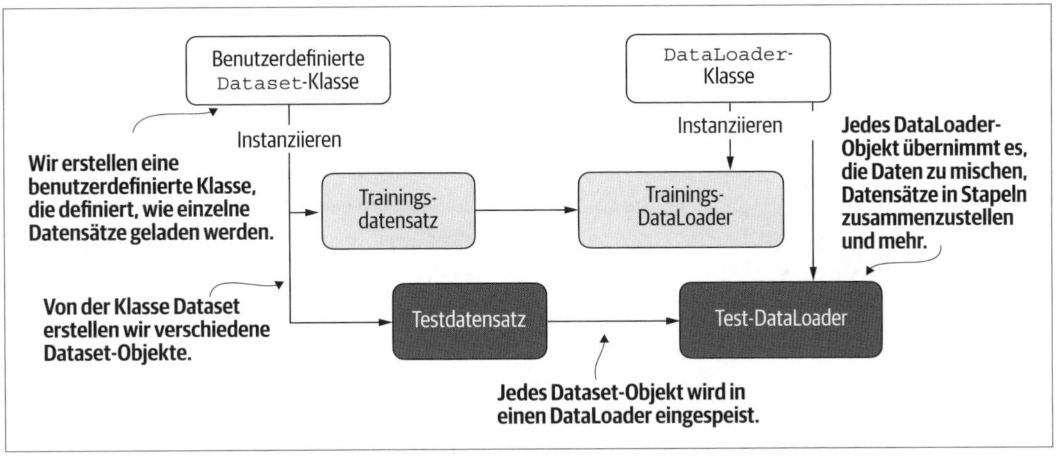

Abb. A.10 *PyTorch implementiert eine Klasse »Dataset« und eine Klasse »DataLoader«. Die von der Klasse »Dataset« instanziierten Objekte definieren, wie jeder Datensatz geladen wird. Die Klasse »DataLoader« bestimmt, wie Daten gemischt und in Stapeln zusammengestellt werden.*

Entsprechend Abbildung A.10 implementieren wir eine benutzerdefinierte `Dataset`-Klasse, mit der wir einen Trainings- und einen Testdatensatz anlegen und diese dann heranziehen, um die DataLoader zu erstellen. Zunächst legen wir einen einfachen Übungsdatensatz von fünf Trainingsbeispielen mit jeweils zwei Features an. Zusammen mit den Trainingsbeispielen erstellen wir auch einen Tensor, der die entsprechenden Klassenlabels enthält: Drei Beispiele gehören zu Klasse 0 und zwei Beispiele zu Klasse 1. Darüber hinaus erzeugen wir einen Testdatensatz, der aus zwei Einträgen besteht. Listing A.5 zeigt den Code, der diesen Datensatz erstellt.

Listing A.5 *Einen kleinen Übungsdatensatz erstellen*

```
X_train = torch.tensor([
    [-1.2, 3.1],
    [-0.9, 2.9],
    [-0.5, 2.6],
    [2.3, -1.1],
    [2.7, -1.5]
])
y_train  = torch.tensor([0, 0, 0,  1, 1])

X_test = torch.tensor([
    [-0.8, 2.8],
    [2.6, -1.6],
])
y_test = torch.tensor([0, 1])
```

Hinweis

PyTorch setzt voraus, dass Klassenlabels mit dem Label 0 beginnen und der größte Wert eines Klassenlabels die Anzahl der Ausgabeknoten minus 1 (da die Indexzählung in Python bei 0 beginnt) überschreiten sollte. Wenn wir also die Klassenlabels 0, 1, 2, 3 und 4 haben, sollte die Ausgabeschicht des neuronalen Netzes aus fünf Knoten bestehen.

Als Nächstes erstellen wir eine benutzerdefinierte Datensatzklasse `ToyDataset`, indem wir von der übergeordneten PyTorch-Klasse `Dataset` ableiten, wie Listing A.6 zeigt.

Listing A.6 *Eine benutzerdefinierte Dataset-Klasse definieren*

```
from torch.utils.data import Dataset

class ToyDataset(Dataset):
    def __init__(self, X, y):
        self.features = X
        self.labels = y

    def __getitem__(self, index):                   ❶
        one_x = self.features[index]
        one_y = self.labels[index]
```

```
        return one_x, one_y

    def __len__(self):
        return self.labels.shape[0]                    ❷

train_ds = ToyDataset(X_train, y_train)
test_ds  = ToyDataset(X_test, y_test)
```

❶ Anweisungen, um genau einen Datensatz und das entsprechende Label abzurufen.

❷ Anweisungen, um die Gesamtlänge des Datensatzes zurückzugeben.

Diese benutzerdefinierte Klasse `ToyDataset` ist dazu da, einen PyTorch-`DataLoader` zu instanziieren. Doch bevor wir zu diesem Schritt kommen, wollen wir kurz die allgemeine Struktur des `ToyDataset`-Codes durchgehen.

In PyTorch besteht eine benutzerdefinierte `Dataset`-Klasse aus drei Hauptkomponenten: dem Konstruktor `__init__`, der Methode `__getitem__` und der Methode `__len__` (siehe Listing A.6). In der Methode `__init__` richten wir die Attribute ein, auf die wir später über die Methoden `__getitem__` und `__len__` zugreifen können. Dies können Dateipfade, Dateiobjekte, Datenbankverbindungen usw. sein. Da wir einen Tensor-Datensatz erstellt haben, der sich im Arbeitsspeicher befindet, weisen wir diesen Attributen einfach `X` und `y` zu, die als Platzhalter für unsere Tensor-Objekte dienen.

In der Methode `__getitem__` definieren wir Anweisungen, die über einen Index (`index`) genau ein Element aus dem Datensatz zurückgeben. Dies bezieht sich auf die Features und das Klassenlabel, die einem einzelnen Trainingsbeispiel oder einer Testinstanz entsprechen. (Der DataLoader stellt diesen `index` bereit; mehr dazu in Kürze.)

Schließlich enthält die Methode `__len__` Anweisungen, die die Länge des Datensatzes abrufen. Hier verwenden wir das Attribut `.shape` eines Tensors, um die Anzahl der Zeilen im Feature-Array zurückzugeben. Im Fall des Trainingsdatensatzes haben wir fünf Zeilen, was wir kontrollieren können:

```
print(len(train_ds))
```

Das Ergebnis lautet:

```
5
```

Nachdem wir eine PyTorch-`Dataset`-Klasse definiert haben, die für unseren Übungsdatensatz gedacht ist, können wir die Klasse `DataLoader` von PyTorch verwenden, um daraus eine Stichprobe zu ziehen, wie Listing A.7 zeigt.

***Listing A.7** »DataLoader« instanziieren*

```
from torch.utils.data import DataLoader

torch.manual_seed(123)

train_loader = DataLoader(
    dataset=train_ds,                          ❶
    batch_size=2,
    shuffle=True,                              ❷
    num_workers=0                              ❸
)

test_loader = DataLoader(
    dataset=test_ds,
    batch_size=2,
    shuffle=False,                             ❹
    num_workers=0
)
```

❶ Die vorher erzeugte `ToyDataset`-Instanz dient als Eingabe für den DataLoader.

❷ Gibt an, ob die Daten zu mischen sind oder nicht.

❸ Die Anzahl der Hintergrundprozesse.

❹ Es ist nicht erforderlich, einen Testdatensatz zu mischen.

Nachdem wir den Trainings-DataLoader instanziiert haben, können wir über ihn iterieren. Die Iteration über den `test_loader` funktioniert ähnlich, wurde aber der Kürze halber weggelassen:

```
for idx, (x, y) in enumerate(train_loader):
    print(f"Batch {idx+1}:", x, y)
```

Das Ergebnis lautet:

```
Batch 1: tensor([[-1.2000,  3.1000],
                 [-0.5000,  2.6000]]) tensor([0, 0])
Batch 2: tensor([[ 2.3000, -1.1000],
                 [-0.9000,  2.9000]]) tensor([1, 0])
Batch 3: tensor([[ 2.7000, -1.5000]]) tensor([1])
```

Wie wir anhand der obigen Ausgabe sehen können, iteriert der `train_loader` über dem Trainingsdatensatz und besucht dabei jedes Trainingsbeispiel genau einmal. Dies wird als Trainingsepoche bezeichnet. Da wir hier den Startwert des Zufallszahlengenerators mit `torch.manual_seed(123)` vorgegeben haben, sollten Sie genau die gleiche Mischungsreihenfolge der Trainingsbeispiele erhalten. Wenn Sie aber ein zweites Mal über den Datensatz iterieren, werden Sie feststellen, dass sich die Mischungsreihenfolge ändert. Dies soll verhindern, dass während des Trainings tiefe neuronale Netze in sich wiederholenden Aktivierungszyklen gefangen werden.

Wir haben hier eine Stapelgröße von 2 angegeben, doch der dritte Stapel enthält nur ein einzelnes Beispiel. Denn wir haben fünf Trainingsbeispiele, und 5 ist nicht ohne Rest durch 2 teilbar.

Wenn in der Praxis der letzte Stapel in einer Trainingsepoche wesentlich kleiner ist, kann dies die Konvergenz beim Training stören. Um das zu verhindern, setzen Sie `drop_last=True`, wodurch der letzte Stapel in jeder Epoche verworfen wird, wie Listing A.8 zeigt.

Listing A.8 *Ein Trainings-Loader, der den letzten Stapel verwirft*

```
train_loader = DataLoader(
    dataset=train_ds,
    batch_size=2,
    shuffle=True,
    num_workers=0,
    drop_last=True
)
```

Wenn wir nun über den Trainings-Loader iterieren, sehen wir, dass der Stapel ausgelassen wird:

```
for idx, (x, y) in enumerate(train_loader):
    print(f"Batch {idx+1}:", x, y)
```

Das Ergebnis lautet:

```
Batch 1: tensor([[-0.9000,  2.9000],
        [ 2.3000, -1.1000]]) tensor([0, 1])
Batch 2: tensor([[ 2.7000, -1.5000],
        [-0.5000,  2.6000]]) tensor([1, 0])
```

Kommen wir schließlich zur Einstellung `num_workers=0` im DataLoader. Dieser Parameter in der `DataLoader`-Funktion von PyTorch ist entscheidend, um das Laden und die Vorverarbeitung der Daten parallel abzuwickeln. Wenn `num_workers` auf 0 gesetzt ist, erfolgt das Laden der Daten im Hauptprozess und nicht in separaten Worker-Prozessen. Dies mag unproblematisch erscheinen, kann aber das Modelltraining beim Trainieren größerer Netze auf einer GPU drastisch bremsen. Anstatt nur das Deep-Learning-Modell zu verarbeiten, muss die CPU auch Zeit für das Laden und die Vorverarbeitung der Daten aufwenden. Infolgedessen kann die GPU im Leerlauf darauf warten, dass die CPU diese Aufgaben fertigstellt. Setzt man dagegen `num_workers` auf eine Zahl größer als 0, starten mehrere Worker-Prozesse, um die Daten parallel zu laden, sodass der Hauptprozess ungehindert Ihr Modell trainieren kann und die Ressourcen Ihres Systems besser genutzt werden (siehe Abbildung A.11).

Wenn wir jedoch mit sehr kleinen Datensätzen arbeiten, ist es möglicherweise nicht notwendig, `num_workers` auf 1 oder einen größeren Wert zu setzen, da die gesamte Zeit für das Training ohnehin nur Bruchteile von Sekunden dauert. Sofern Sie also mit winzigen Datensätzen oder interaktiven Umgebungen wie Jupyter Notebook arbeiten, bringt eine Erhöhung von `num_workers` möglicherweise keine spürbare Beschleunigung. Tatsächlich aber kann es zu einigen Problemen führen. Ein mögliches Problem ist der Overhead, der beim Starten mehrerer Worker-Prozesse entsteht, was bei kleinen Datensätzen länger dauern kann als das eigentliche Laden der Daten.

Zudem kann die Einstellung von `num_workers` auf Werte größer als 0 bei Jupyter Notebooks manchmal zu Problemen bei der gemeinsamen Nutzung von Ressourcen zwischen verschiedenen Prozessen führen, was in Fehlern oder Abstürzen des Notebooks resultiert. Daher ist es wichtig, den Kompromiss zu verstehen und eine kalkulierte Entscheidung über die Einstellung des Parameters `num_workers` zu treffen. Bei richtiger Anwendung kann er ein nützliches Werkzeug sein, sollte aber für optimale Ergebnisse an die Größe Ihres Datensatzes und Ihre rechentechnische Umgebung angepasst werden.

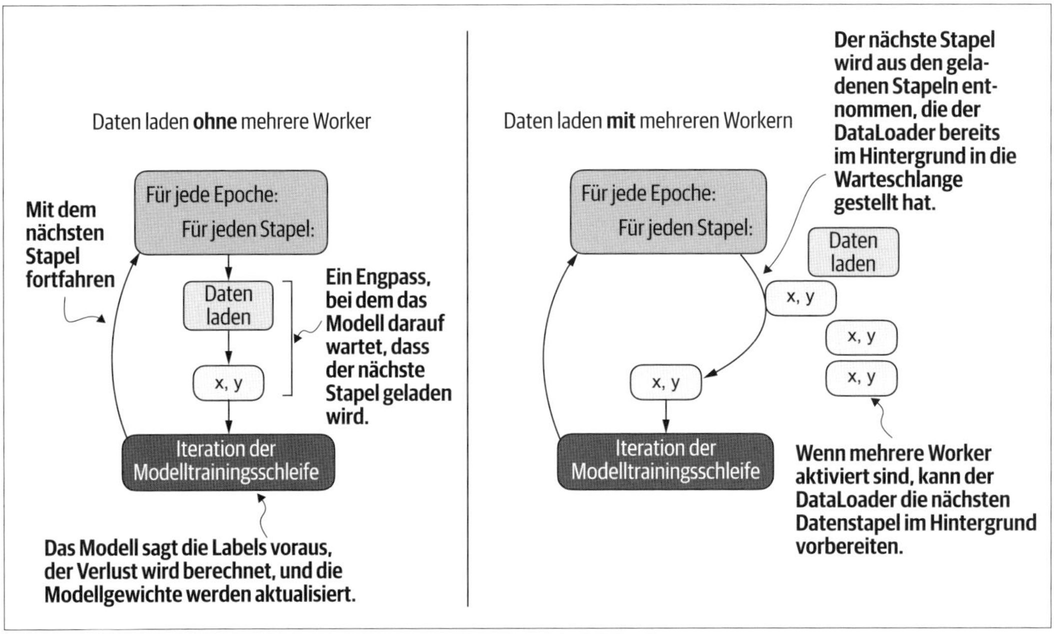

Abb. A.11 *Wenn Daten geladen werden, ohne diesen Prozess auf mehrere Worker zu verteilen (Einstellung »num_workers=0«), entsteht ein Engpass, bei dem das Modell untätig bleibt, bis sich der nächste Stapel laden lässt (links). Werden mehrere Worker aktiviert, kann der DataLoader den nächsten Stapel im Hintergrund in eine Warteschlange einreihen (rechts).*

Meiner Erfahrung nach führt die Einstellung `num_workers=4` in der Regel zu einer optimalen Performance bei vielen realen Datensätzen, aber die optimalen Einstellungen hängen von Ihrer Hardware und dem Code ab, der ein Trainingsbeispiel lädt, das in der `Dataset`-Klasse definiert ist.

A.7 Eine typische Trainingsschleife

Wir wollen nun ein neuronales Netz mit dem Übungsdatensatz trainieren. Listing A.9 zeigt den Trainingscode.

Listing A.9 *Training eines neuronalen Netzes in PyTorch*

```
import torch.nn.functional as F

torch.manual_seed(123)
model =  NeuralNetwork(num_inputs=2, num_outputs=2)          ❶
optimizer = torch.optim.SGD(
    model.parameters(), lr=0.5
)                                                            ❷

num_epochs = 3
for epoch in range(num_epochs):

    model.train()

    for batch_idx, (features, labels) in enumerate(train_loader):
        logits = model(features)

        loss = F.cross_entropy(logits, labels)

        optimizer.zero_grad()                                ❸
        loss.backward()                                      ❹
        optimizer.step()                                     ❺

        ### LOGGING
        print(f"Epoch: {epoch+1:03d}/{num_epochs:03d}"
              f" | Batch {batch_idx:03d}/{len(train_loader):03d}"
              f" | Train Loss: {loss:.2f}")

    model.eval()
    # Insert optional model evaluation code
```

❶ Der Datensatz enthält zwei Features und zwei Klassen.

❷ Der Optimizer muss wissen, welche Parameter zu optimieren sind.

❸ Setzt die Gradienten der vorherigen Runde auf 0, um eine unbeabsichtigte Gradientenakkumulation zu verhindern.

❹ Berechnet die Gradienten des Verlusts für die gegebenen Modellparameter.

❺ Der Optimizer verwendet die Gradienten, um die Modellparameter zu aktualisieren.

Wenn dieser Code ausgeführt wird, liefert er folgende Ausgaben:

```
Epoch: 001/003 | Batch 000/002 |  Train Loss: 0.75
Epoch: 001/003 | Batch 001/002 |  Train Loss: 0.65
Epoch: 002/003 | Batch 000/002 |  Train Loss: 0.44
Epoch: 002/003 | Batch 001/002 |  Trainl Loss: 0.13
Epoch: 003/003 | Batch 000/002 |  Train Loss: 0.03
Epoch: 003/003 | Batch 001/002 |  Train Loss: 0.00
```

Wie die Ausgaben zeigen, erreicht der Verlust nach drei Epochen den Wert 0, was ein Zeichen dafür ist, dass das Modell mit dem Trainingsdatensatz konvergiert. Hier initialisieren wir ein Modell mit zwei Eingaben und zwei Ausgaben, da unser Übungsdatensatz zwei Eingabe-Features hat und zwei Klassenlabels vorhersagen soll. Wir haben einen SGD-Optimizer (*Stochastic Gradient Descent*) mit einer Lernrate (`lr`) von 0,5 eingesetzt. Die Lernrate ist ein Hyperparameter, d.h. eine veränderbare Einstellung, mit der wir anhand von Beobachtungen des Verlusts experimentieren müssen. Im Idealfall sollte die Lernrate so gewählt werden, dass der Verlust nach einer bestimmten Anzahl von Epochen konvergiert, wobei die Anzahl der Epochen ein weiterer zu wählender Hyperparameter ist.

Übung A.3

Wie viele Parameter hat das in Listing A.9 vorgestellte neuronale Netz?

In der Praxis verwendet man häufig einen dritten Datensatz, einen sogenannten *Validierungsdatensatz*, um die optimalen Hyperparametereinstellungen zu ermitteln. Ein Validierungsdatensatz ist einem Testdatensatz ähnlich. Während wir jedoch einen Testdatensatz nur genau einmal verwenden wollen, um die Auswertung nicht zu verzerren, nutzen wir den Validierungsdatensatz in der Regel mehrmals, um die Modelleinstellungen zu optimieren.

Wir haben auch mit `model.train()` und `model.eval()` neue Einstellungen eingeführt, um das Modell in einen Trainings- bzw. einen Evaluierungsmodus zu versetzen. Dies ist für Komponenten erforderlich, die sich während des Trainings und der Inferenz unterschiedlich verhalten, wie zum Beispiel Schichten für *Dropout* oder *Batch-Normalisierung*. Da wir in unserer Klasse `NeuralNetwork` weder Dropout noch andere Komponenten haben, die von diesen Einstellungen betroffen sind, ist es im Code von Listing A.9 überflüssig, `model.train()` und `model.eval()` zu verwenden. Dennoch empfiehlt es sich, diese Anweisungen einzubinden, um unerwartetes Verhalten zu vermeiden, wenn wir die Modellarchitektur ändern oder den Code wiederverwenden, um ein anderes Modell zu trainieren.

Wie bereits erwähnt, übergeben wir die Logits direkt an die Verlustfunktion cross_entropy, die intern aus Gründen der Effizienz und numerischen Stabilität die softmax-Funktion anwendet. Anschließend werden durch Aufrufen der Funktion loss.backward() die Gradienten im Berechnungsgraphen berechnet, den PyTorch im Hintergrund erstellt hat. Die Methode optimizer.step() aktualisiert mithilfe der Gradienten die Modellparameter, um den Verlust zu minimieren. Im Fall des SGD-Optimizers bedeutet dies, dass die Gradienten mit der Lernrate multipliziert werden und der skalierte negative Gradient zu den Parametern hinzugefügt wird.

Hinweis

Um eine unerwünschte Akkumulation der Gradienten zu verhindern, ist es wichtig, in jeder Aktivierungsrunde mit einem Aufruf von optimizer.zero_grad() die Gradienten auf 0 zurückzusetzen. Andernfalls akkumulieren die Gradienten, was möglicherweise nicht gewollt ist.

Nachdem wir das Modell trainiert haben, können wir damit Vorhersagen treffen:

```
model.eval()
with torch.no_grad():
    outputs = model(X_train)
print(outputs)
```

Die Ergebnisse lauten:

```
tensor([[ 2.8569, -4.1618],
        [ 2.5382, -3.7548],
        [ 2.0944, -3.1820],
        [-1.4814,  1.4816],
        [-1.7176,  1.7342]])
```

Die Wahrscheinlichkeiten der Klassenmitgliedschaften können wir dann über die softmax-Funktion von PyTorch ermitteln:

```
torch.set_printoptions(sci_mode=False)
probas = torch.softmax(outputs, dim=1)
print(probas)
```

Die Ausgabe sieht so aus:

```
tensor([[    0.9991,     0.0009],
        [    0.9982,     0.0018],
        [    0.9949,     0.0051],
        [    0.0491,     0.9509],
        [    0.0307,     0.9693]])
```

Betrachten wir die erste Zeile in der obigen Codeausgabe. Hier bedeutet der erste Wert (Spalte), dass das Trainingsbeispiel mit einer Wahrscheinlichkeit von 99,91 % zur Klasse 0 und mit einer Wahrscheinlichkeit von 0,09 % zur Klasse 1 gehört. (Der Aufruf von `set_printoptions` soll die Ausgaben übersichtlicher gestalten.)

Diese Werte können wir mittels der `argmax`-Funktion von PyTorch in Vorhersagen von Klassenlabels konvertieren. Diese Funktion gibt die Indexposition des höchsten Werts in jeder Zeile zurück, wenn wir `dim=1` setzen (mit `dim=0` würde stattdessen der höchste Wert in jeder Spalte zurückgegeben):

```
predictions = torch.argmax(probas, dim=1)
print(predictions)
```

Die Ausgabe lautet:

```
tensor([0, 0, 0, 1, 1])
```

Um die Klassenlabels zu erhalten, ist es nicht erforderlich, die `softmax`-Wahrscheinlichkeiten zu berechnen. Wir könnten auch die Funktion `argmax` direkt auf die Logits (Ausgaben) anwenden:

```
predictions = torch.argmax(outputs, dim=1)
print(predictions)
```

Dieser Code liefert:

```
tensor([0, 0, 0, 1, 1])
```

Hier haben wir die vorhergesagten Labels für den Trainingsdatensatz berechnet. Da der Trainingsdatensatz relativ klein ist, könnten wir ihn rein optisch mit den echten Trainingslabels vergleichen und sehen, dass das Modell zu 100 % korrekt ist. Mit dem Vergleichsoperator == lässt sich dies kontrollieren:

```
predictions == y_train
```

Die Ergebnisse lauten:

```
tensor([True, True, True, True, True])
```

Die Anzahl der korrekten Vorhersagen können wir mit `torch.sum` ermitteln:

```
torch.sum(predictions == y_train)
```

Die Ausgabe lautet:

```
5
```

Da der Datensatz aus fünf Trainingsbeispielen besteht, haben wir von fünf Vorhersagen fünf korrekte, was eine Vorhersagegenauigkeit von $5 \ / \ 5 \times 100\,\% = 100\,\%$ ergibt.

Um die Berechnung der Vorhersagegenauigkeit zu verallgemeinern, implementieren wir eine Funktion `compute_accuracy`, wie Listing A.10 zeigt.

Listing A.10 Eine Funktion, um die Vorhersagegenauigkeit zu berechnen

```
def compute_accuracy(model, dataloader):

    model = model.eval()
    correct = 0.0
    total_examples = 0

    for idx, (features, labels) in enumerate(dataloader):

        with torch.no_grad():
            logits = model(features)

        predictions = torch.argmax(logits, dim=1)
        compare = labels == predictions                        ❶
        correct += torch.sum(compare)                          ❷
        total_examples += len(compare)

    return (correct / total_examples).item()                   ❸
```

❶ Liefert einen Tensor mit »True/False«-Werten, die angeben, welche Labels übereinstimmen.

❷ Die »sum«-Funktion zählt die Anzahl der »True«-Werte.

❸ Der Anteil der korrekten Vorhersagen, ein Wert zwischen 0 und 1. Die Funktion ».item()« gibt den Wert des Tensors als PyTorch-Gleitkommazahl (»float«) zurück.

Der Code iteriert über einen DataLoader, um die Anzahl und den Anteil der korrekten Vorhersagen zu berechnen. Wenn wir mit großen Datensätzen arbeiten, können wir in der Regel das Modell aufgrund der Arbeitsspeicherbeschränkungen nur auf einem kleinen Teil des Datensatzes aufrufen. Die Funktion `compute_accuracy` ist eine allgemeine Methode, die sich für Datensätze beliebiger Größe eignet, da der Datensatz, den das Model in jeder Iteration erhält, die gleiche Größe hat wie die Stapelgröße beim Training. Die Interna der Funktion `compute_accuracy` ähneln denen, die wie zuvor verwendet haben, als wir die Logits in die Klassenlabels umgewandelt haben.

Die Funktion können wir dann auf den Trainingsdatensatz anwenden:

```
print(compute_accuracy(model, train_loader))
```

Das Ergebnis lautet:

```
1.0
```

Analog dazu können wir die Funktion auf den Testdatensatz anwenden:

```
print(compute_accuracy(model, test_loader))
```

Hier lautet die Ausgabe:

```
1.0
```

A.8 Modelle speichern und laden

Nachdem wir nun unser Modell trainiert haben, wollen wir es auch speichern, um es später wiederverwenden zu können. Die empfohlene Methode sieht in PyTorch so aus:

```
torch.save(model.state_dict(), "model.pth")
```

Bei `state_dict` des Modells handelt es sich um ein Python-Dictionary-Objekt, das jede Schicht im Modell auf ihre trainierbaren Parameter (Gewichte und Bias-Werte) abbildet, und `"model.pth"` ist ein beliebiger Dateiname, unter dem die Modelldatei auf dem Datenträger gespeichert wird. Den Namen und die Dateierweiterung können Sie frei wählen, wobei aber *.pth* und *.pt* die gängigsten Konventionen sind.

Nachdem wir das Modell gespeichert haben, können wir es vom Datenträger wiederherstellen:

```
model = NeuralNetwork(2, 2)
model.load_state_dict(torch.load("model.pth"))
```

Die Funktion `torch.load("model.pth")` liest die Datei und rekonstruiert das Python-Dictionary-Objekt, das die Parameter des Modells enthält, während `model.load_state_dict()` diese Parameter auf das Modell anwendet und somit den gelernten Zustand vom Zeitpunkt der Speicherung wiederherstellt.

Die Zeile `model = NeuralNetwork(2, 2)` ist nicht unbedingt erforderlich, wenn Sie diesen Code in derselben Sitzung ausführen, in der Sie ein Modell gespeichert haben. Hier aber soll sie verdeutlichen, dass wir eine Instanz des Modells im Speicher benötigen, um die gespeicherten Parameter anzuwenden. In diesem Fall muss die Architektur von `NeuralNetwork(2, 2)` genau mit dem ursprünglich gespeicherten Modell übereinstimmen.

A.9 Die Trainingsperformance mit GPUs optimieren

Als Nächstes wollen wir untersuchen, wie sich mithilfe von GPUs das Training von Deep Neural Networks im Vergleich zu normalen CPUs beschleunigen lässt. Zuerst werfen wir einen Blick auf die wichtigsten Konzepte, die bei Berechnungen in PyTorch relevant sind. Dann trainieren wir ein Modell auf einer einzelnen GPU. Schließlich sehen wir uns ein verteiltes Training mit mehreren GPUs an.

A.9.1 PyTorch-Berechnungen auf GPU-Geräten

Es ist relativ einfach, die Trainingsschleife zu modifizieren, um sie optional auf einer GPU auszuführen. Hierzu sind nur drei Codezeilen zu ändern (siehe Abschnitt A.7). Bevor wir die Modifikationen vornehmen, ist es wichtig, das Hauptkonzept hinter GPU-Berechnungen mit PyTorch zu verstehen. In PyTorch ist ein Gerät eine Einrichtung, in der Berechnungen stattfinden und Daten gespeichert sind. Beispiele für Geräte sind CPU und GPU. Ein PyTorch-Tensor befindet sich in einem Gerät, und seine Operationen werden auf demselben Gerät ausgeführt.

Schauen wir uns an, wie das in der Praxis funktioniert. Unter der Annahme, dass Sie eine GPU-kompatible Version von PyTorch installiert haben (siehe Abschnitt A.1.3), können Sie mit dem folgenden Code überprüfen, ob Ihre Laufzeitumgebung tatsächlich GPU-Berechnungen unterstützt:

```
print(torch.cuda.is_available())
```

Das Ergebnis lautet:

```
True
```

Nehmen wir nun zwei Tensoren an, die wir addieren können. Diese Berechnung wird standardmäßig auf der CPU ausgeführt:

```
tensor_1 = torch.tensor([1., 2., 3.])
tensor_2 = torch.tensor([4., 5., 6.])
print(tensor_1 + tensor_2)
```

Die Ausgabe lautet:

```
tensor([5., 7., 9.])
```

Nun können wir diese Tensoren mit der Methode `.to()` auf eine GPU übertragen und die Addition dort ausführen:

```
tensor_1 = tensor_1.to("cuda")
tensor_2 = tensor_2.to("cuda")
print(tensor_1 + tensor_2)
```

(Diese Methode ist dieselbe, mit der wir den Datentyp eines Tensors geändert haben.) Die Ausgabe lautet:

```
tensor([5., 7., 9.], device='cuda:0')
```

Der resultierende Tensor beinhaltet nun mit `device='cuda:0'` die Geräteinformation, die besagt, dass sich die Tensoren auf der ersten GPU befinden. Wenn in Ihrem Computer mehrere GPUs installiert sind, können Sie angeben, auf welche GPU Sie die Tensoren übertragen möchten. Hierfür geben Sie die Geräte-ID im Transferbefehl an, zum Beispiel `.to("cuda:0")`, `.to("cuda:1")` usw.

Allerdings müssen sich alle Tensoren auf demselben Gerät befinden. Andernfalls schlägt die Berechnung fehl, wenn der eine Tensor auf der CPU und der andere auf der GPU liegt:

```
tensor_1 = tensor_1.to("cpu")
print(tensor_1 + tensor_2)
```

Die Ergebnisse lauten:

```
RuntimeError      Traceback (most recent call last)
<ipython-input-7-4ff3c4d20fc3> in <cell line: 2>()
      1 tensor_1 = tensor_1.to("cpu")
----> 2 print(tensor_1 + tensor_2)
RuntimeError: Expected all tensors to be on the same device, but found at
least two devices, cuda:0 and cpu!
```

Unterm Strich müssen wir nur die Tensoren auf dasselbe GPU-Gerät übertragen – PyTorch erledigt den Rest.

A.9.2 Training auf einer einzelnen GPU

Nachdem Sie nun wissen, wie Sie Tensoren auf die GPU übertragen, können wir die Trainingsschleife modifizieren, um sie auf einer GPU auszuführen. Für diesen Schritt müssen Sie lediglich drei Codezeilen ändern, wie aus Listing A.11 hervorgeht.

Listing A.11 *Eine Trainingsschleife auf einer GPU*

```
torch.manual_seed(123)
model = NeuralNetwork(num_inputs=2, num_outputs=2)

device = torch.device("cuda")                                    ❶
model = model.to(device)                                         ❷

optimizer = torch.optim.SGD(model.parameters(), lr=0.5)

num_epochs = 3

for epoch in range(num_epochs):

    model.train()
    for batch_idx, (features, labels) in enumerate(train_loader):
        features, labels = features.to(device), labels.to(device) ❸
        logits = model(features)
        loss = F.cross_entropy(logits, labels) # Loss function

        optimizer.zero_grad()
        loss.backward()
        optimizer.step()

        ### LOGGING
        print(f"Epoch: {epoch+1:03d}/{num_epochs:03d}"
              f" | Batch {batch_idx:03d}/{len(train_loader):03d}"
              f" | Train/Val Loss: {loss:.2f}")
```

```
    model.eval()
    # Insert optional model evaluation code
```

❶ Definiert eine Gerätevariable, die standardmäßig auf eine GPU gesetzt ist.

❷ Überträgt das Modell auf die GPU.

❸ Überträgt die Daten auf die GPU.

Der Code in Listing A.11 liefert die folgende Ausgabe, die den Ergebnissen für die CPU (siehe Abschnitt A.7) ähnelt:

```
Epoch: 001/003 | Batch 000/002 | Train/Val Loss: 0.75
Epoch: 001/003 | Batch 001/002 | Train/Val Loss: 0.65
Epoch: 002/003 | Batch 000/002 | Train/Val Loss: 0.44
Epoch: 002/003 | Batch 001/002 | Train/Val Loss: 0.13
Epoch: 003/003 | Batch 000/002 | Train/Val Loss: 0.03
Epoch: 003/003 | Batch 001/002 | Train/Val Loss: 0.00
```

Wir können `.to("cuda")` anstelle von `device = torch.device("cuda")` verwenden. Der Transfer eines Tensors mit `"cuda"` statt mit `torch.device("cuda")` funktioniert genauso gut und ist kürzer (siehe Abschnitt A.9.1). Es ist ebenfalls möglich, die Anweisung zu ändern, die denselben Code auf einer CPU ausführbar macht, wenn keine GPU zur Verfügung steht. Dies gilt als Best Practice, wenn PyTorch-Code geteilt werden soll:

```
device = torch.device("cuda" if torch.cuda.is_available() else "cpu")
```

Im Fall der hier geänderten Trainingsschleife werden Sie aufgrund der Transferkosten von CPU zu GPU wahrscheinlich keine höhere Geschwindigkeit feststellen. Dagegen ist beim Training tiefer neuronaler Netze, insbesondere von LLMs, eine deutliche Beschleunigung zu erwarten.

PyTorch auf macOS

Auf einem Apple Mac mit einem Apple-Silicon-Chip (wie M1, M2, M3 oder neueren Modellen) statt auf einem Computer mit einer Nvidia-GPU können Sie

```
device = torch.device("cuda" if torch.cuda.is_available() else "cpu")
```

in

```
device = torch.device(
    "mps" if torch.backends.mps.is_available() else "cpu"
)
```

ändern, um von diesem Chip zu profitieren.

Übung A.4

Vergleichen Sie die Laufzeit der Matrixmultiplikation auf einer CPU mit der auf einer GPU. Ab welcher Matrixgröße ist die Matrixmultiplikation auf der GPU schneller als auf der CPU? Hinweis: Verwenden Sie den Befehl `%timeit` in Jupyter, um die Laufzeiten zu vergleichen. Führen Sie zum Beispiel für zwei gegebene Matrizen `a` und `b` den Befehl `%timeit a @ b` in einer neuen Notebook-Zelle aus.

A.9.3 Training mit mehreren GPUs

Verteiltes Training ist das Konzept, bei dem das Modelltraining auf mehrere GPUs und Computer aufgeteilt wird. Warum brauchen wir das? Selbst wenn es möglich ist, ein Modell auf einer einzelnen GPU oder einem einzigen Computer zu trainieren, kann der Prozess äußerst zeitaufwendig sein. Die Trainingszeit lässt sich erheblich verringern, wenn der Trainingsprozess auf mehrere Computer verteilt wird, die möglicherweise jeweils mit mehreren GPUs ausgestattet sind. Dies ist besonders in den experimentellen Phasen der Modellentwicklung entscheidend, in denen zahlreiche Trainingsiterationen erforderlich sein können, um die Modellparameter und die Architektur feinzutunen.

Hinweis

Für dieses Buch ist es nicht erforderlich, mit mehreren GPUs zu arbeiten. Dieser Abschnitt ist aber für diejenigen gedacht, die an der Arbeitsweise von Berechnungen mit mehreren GPUs in PyTorch interessiert sind.

Beginnen wir mit dem einfachsten Fall des verteilten Trainings: mit der DDP-(`DistributedDataParallel`-)Strategie von PyTorch. DDP ermöglicht die Parallelisierung, indem die Eingabedaten auf die verfügbaren Geräte aufgeteilt und diese Datenteilmengen gleichzeitig verarbeitet werden.

Wie funktioniert das? PyTorch startet auf jeder GPU einen separaten Prozess, und jeder Prozess erhält und behält eine Kopie des Modells. Diese Kopien werden während des Trainings synchronisiert. Um dies zu veranschaulichen, nehmen wir zwei GPUs an, mit denen wir ein neuronales Netz trainieren wollen, wie Abbildung A.12 zeigt.

Jede der beiden GPUs erhält eine Kopie des Modells. Dann erhält jedes Modell in jeder Trainingsiteration einen Ministapel (oder einfach Stapel) vom DataLoader. Mit einem `DistributedSampler` können wir sicherstellen, dass jede GPU einen anderen Stapel erhält, die sich nicht überlappen, wenn wir DDP verwenden.

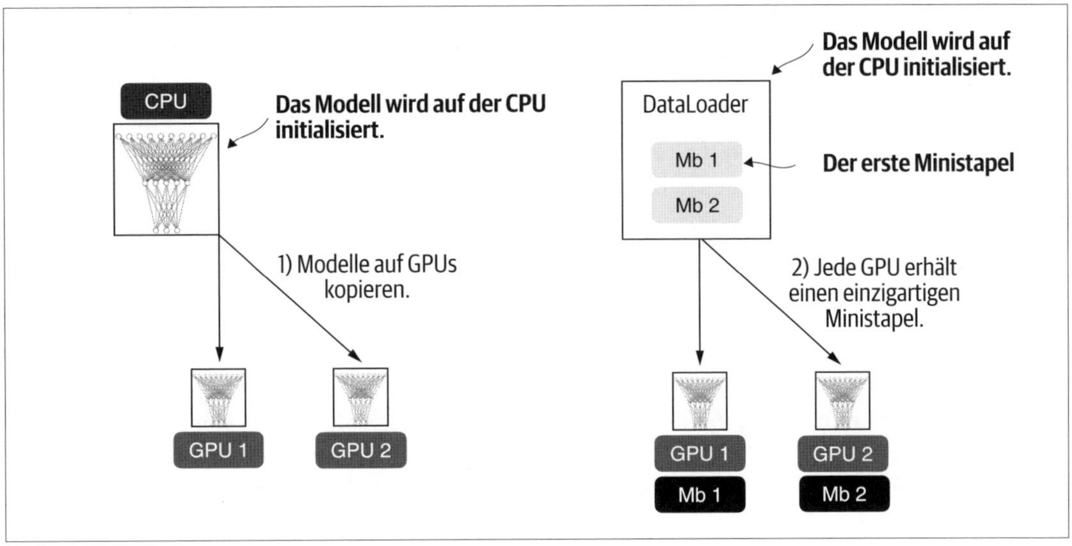

Abb. A.12 *Das Modell und der Datentransfer in DDP umfasst im Wesentlichen zwei Schritte. Zunächst erstellen wir eine Kopie des Modells auf jeder der vorhandenen GPUs. Dann teilen wir die Eingabedaten in einzigartige Ministapel auf, die wir an jede Modellkopie übergeben.*

Da jede Modellkopie eine andere Stichprobe der Trainingsdaten sieht, geben die Modellkopien verschiedene Logits als Ausgaben zurück und berechnen im Rückwärtsdurchlauf verschiedene Gradienten. Diese Gradienten werden dann während des Trainings gemittelt und synchronisiert, um die Modelle zu aktualisieren. Auf diese Weise stellen wir sicher, dass die Modelle nicht auseinanderlaufen, wie Abbildung A.13 veranschaulicht.

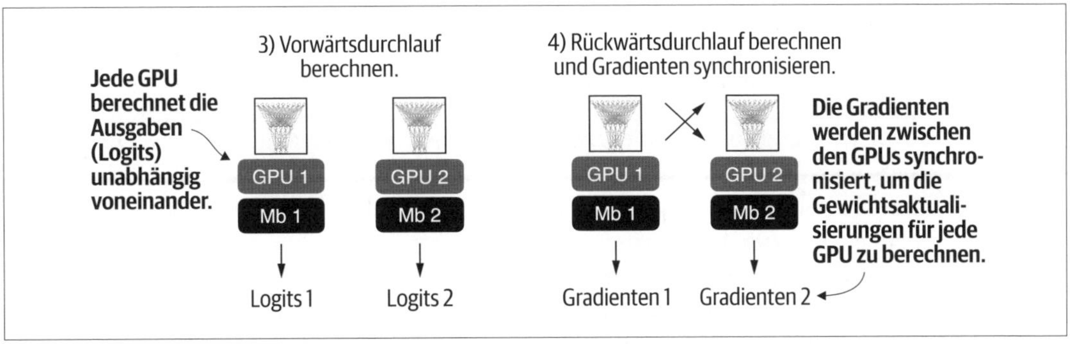

Abb. A.13 *Die Vorwärts- und Rückwärtsdurchläufe in DDP werden unabhängig auf jeder GPU mit der entsprechenden Datenteilmenge durchgeführt. Sobald die Vorwärts- und Rückwärtsdurchläufe abgeschlossen sind, werden die Gradienten von jeder Modellkopie (auf jeder GPU) zwischen allen GPUs synchronisiert. Damit wird sichergestellt, dass jede Modellreplik die gleichen aktualisierten Gewichte hat.*

Mit DDP lässt sich der Datensatz im Vergleich zu einer einzelnen GPU schneller verarbeiten. Abgesehen von einem geringfügigen Overhead aufgrund der Kommunikation zwischen den Geräten, der bei DDP anfällt, lässt sich eine Trainingsepoche mit zwei GPUs theoretisch in der Hälfte der Zeit gegenüber nur einer GPU verarbeiten. Die Zeiteffizienz nimmt linear mit der Anzahl der GPUs zu, sodass wir eine Epoche achtmal schneller verarbeiten können, wenn wir acht GPUs zur Verfügung haben usw.

Hinweis

In interaktiven Python-Umgebungen wie Jupyter Notebooks, die Multiprocessing nicht in der gleichen Weise wie ein eigenständiges Python-Skript handhaben, funktioniert DDP nicht richtig. Daher sollte der folgende Code als Skript ausgeführt werden, nicht innerhalb einer Notebook-Oberfläche wie Jupyter. DDP muss mehrere Prozesse starten, und jeder Prozess sollte seine eigene Python-Interpreter-Instanz haben.

Sehen wir uns nun an, wie das in der Praxis funktioniert. Der Kürze halber konzentriere ich mich auf die wichtigsten Teile des Codes, die für das DDP-Training angepasst werden müssen. Allerdings sollten diejenigen, die den Code auf ihrem eigenen Multi-CPU-Computer oder einer Cloud-Instanz ihrer Wahl ausführen wollen, das eigenständige Skript verwenden, das sie im GitHub-Repository zu diesem Buch unter *https://github.com/rasbt/LLMs-from-scratch* finden.

Zunächst importieren wir einige zusätzliche Teilmodule, Klassen und Funktionen für verteiltes Training in PyTorch, wie Listing A.12 zeigt.

Listing A.12 *PyTorch-Dienstprogramme für verteiltes Training*

```
import torch.multiprocessing as mp
from torch.utils.data.distributed import DistributedSampler
from torch.nn.parallel import DistributedDataParallel as DDP
from torch.distributed import init_process_group, destroy_process_group
```

Bevor wir tiefer in die Änderungen eintauchen, um das Training mit DDP kompatibel zu machen, wollen wir kurz auf die Gründe und die Verwendung dieser neu importierten Dienstprogramme eingehen, die neben der Klasse `DistributedDataParallel` erforderlich sind.

Das Teilmodul `multiprocessing` von PyTorch enthält Funktionen wie `multiprocessing.spawn`, mit der wir mehrere Prozesse starten und eine Funktion parallel auf mehrere Eingaben anwenden. Damit starten wir einen Trainingsprozess pro GPU. Wenn wir mehrere Prozesse für das Training starten, benötigen wir eine Möglichkeit, den Datensatz auf diese verschiedenen Prozesse aufzuteilen. Hierfür verwenden wir die Klasse `DistributedSampler`.

Die Funktionen `init_process_group` und `destroy_process_group` initialisieren und beenden die verteilten Trainingsmodule. Die Funktion `init_process_group` sollte am Anfang des Trainingsskripts aufgerufen werden, um eine Prozessgruppe für jeden Prozess im verteilten Setup zu initialisieren, und mit `destroy_process_group` sollte am Ende des Trainingsskripts eine bestimmte Prozessgruppe zerstört und ihre Ressourcen sollten freigegeben werden. Der Code in Listing A.13 veranschaulicht, wie Sie mit diesen neuen Komponenten das DDP-Training für das zuvor implementierte Modell `NeuralNetwork` realisieren.

Listing A.13 *Modelltraining mit der »DistributedDataParallel«-Strategie*

```
def ddp_setup(rank, world_size):
    os.environ["MASTER_ADDR"] = "localhost"                    ❶
    os.environ["MASTER_PORT"] = "12345"                        ❷
    init_process_group(
        backend="nccl",                                        ❸
        rank=rank,                                             ❹
        world_size=world_size                                  ❺
    )
    torch.cuda.set_device(rank)                                ❻

def prepare_dataset():
    # insert dataset preparation  code
    train_loader = DataLoader(
        dataset=train_ds,
        batch_size=2,
        shuffle=False,                                         ❼
        pin_memory=True,                                       ❽
        drop_last=True,
        sampler=DistributedSampler(train_ds)                   ❾
    )
    return train_loader, test_loader

def main(rank, world_size, num_epochs):                        ❿
    ddp_setup(rank, world_size)
    train_loader, test_loader = prepare_dataset()
    model = NeuralNetwork(num_inputs=2, num_outputs=2)
    model.to(rank)
    optimizer = torch.optim.SGD(model.parameters(), lr=0.5)
    model = DDP(model, device_ids=[rank])
    for epoch in range(num_epochs):
        for features, labels in train_loader:
            features, labels = features.to(rank), labels.to(rank) ⓫
            # insert model prediction and backpropagation code
            print(f"[GPU{rank}] Epoch: {epoch+1:03d}/{num_epochs:03d}"
                  f" | Batchsize {labels.shape[0]:03d}"
                  f" | Train/Val  Loss: {loss:.2f}")
```

```
        model.eval()
        train_acc = compute_accuracy(model, train_loader, device=rank)
        print(f"[GPU{rank}] Training accuracy", train_acc)
        test_acc = compute_accuracy(model, test_loader, device=rank)
        print(f"[GPU{rank}] Test accuracy", test_acc)
        destroy_process_group()                                         ⓬

    if __name__ == "__main__":
        print("Number of GPUs available:", torch.cuda.device_count())
        torch.manual_seed(123)
        num_epochs = 3
        world_size = torch.cuda.device_count()
        mp.spawn(main, args=(world_size, num_epochs), nprocs=world_size) ⓭
```

❶ Adresse des Hauptknotens.

❷ Beliebiger freier Port auf dem Computer.

❸ »nccl« steht für NVIDIA Collective Communication Library.

❹ »rank« bezieht sich auf den Index der GPU, die wir verwenden wollen.

❺ »world_size« ist die Anzahl der zu verwendenden GPUs.

❻ Legt das aktuelle GPU-Gerät fest, auf dem Tensoren alloziert und Operationen durchgeführt werden.

❼ »DistibutedSampler« kümmert sich jetzt um das Mischen.

❽ Aktiviert schnelleren Speichertransfer beim Training auf der GPU.

❾ Teilt den Datensatz in verschiedene Teilmengen für jeden Prozess (GPU), die sich nicht überschneiden.

❿ Die Hauptfunktion, die das Modelltraining ausführt.

⓫ »rank« ist die GPU-ID.

⓬ Bereinigt die Ressourcenzuweisung.

⓭ Startet die Hauptfunktion in mehreren Prozessen, wobei »nprocs=world_size« einen Prozess pro GPU bedeutet.

Bevor wir diesen Code ausführen, wollen wir zusätzlich zu den obigen Anmerkungen zusammenfassen, wie er funktioniert. Die Klausel `__name__ == "__main__"` am Ende enthält Code, der ausgeführt wird, wenn wir den Code als Python-Skript aufrufen, anstatt ihn als Modul zu importieren.

Dieser Code gibt zunächst mittels `torch.cuda.device_count()` die Anzahl der verfügbaren GPUs aus, setzt wegen der Reproduzierbarkeit einen festen Startwert für den Zufallsgenerator und startet dann mit der PyTorch-Funktion `multiprocessesing.spawn` neue Prozesse. Hier initiiert die Funktion einen Prozess pro GPU und setzt `nproces=world_size`, wobei `world_size` die Anzahl der verfügbaren GPUs angibt. Die Funktion `spawn` startet den Code in der Funktion `main`, die wir im selben Skript definieren und der wir via `args` einige zusätzliche Argumente übergeben. Das Argument `rank` der Funktion `main` haben wir im Aufruf von `mp.spawn()` nicht angegeben. Das hängt damit zusammen, dass `rank` auf die Prozess-ID verweist, die wir als GPU-ID verwenden und die bereits automatisch übergeben wird.

Die Funktion `main` richtet die verteilte Umgebung über `ddp_setup` – eine weitere von uns definierte Funktion – ein, lädt die Trainings- und Testdatensätze, richtet das Modell ein und führt das Training durch. Im Vergleich zum Training mit einer einzelnen GPU (siehe Abschnitt A.9.2) übertragen wir jetzt das Modell und die Daten auf das Zielgerät via `.to(rank)`, wobei wir uns auf die Geräte-ID der GPU beziehen. Außerdem verpacken wir das Modell über `DDP`, was die Synchronisierung der Gradienten zwischen den verschiedenen GPUs während des Trainings ermöglicht. Nachdem das Training abgeschlossen ist und die Modelle bewertet sind, rufen wir `destroy_process_group()` auf, um das verteilte Training bereinigt zu beenden und die allozierten Ressourcen freizugeben.

Ich habe bereits erwähnt, dass jede GPU eine andere Teilstichprobe der Trainingsdaten erhalten wird. Um dies sicherzustellen, setzen wir im Ladeprogramm für das Training `sampler=DistributedSampler(train_ds)`.

Die letzte zu besprechende Funktion ist `ddp_setup`. Sie legt die Adresse und den Port des Hauptknotens fest, um die Kommunikation zwischen den verschiedenen Prozessen zu ermöglichen, initialisiert die Prozessgruppe mit dem NCCL-Backend (das für die Kommunikation zwischen GPUs konzipiert ist) und legt `rank` (Prozesskennung) und `world_size` (Gesamtanzahl der Prozesse) fest. Schließlich wird das GPU-Gerät angegeben, das der aktuellen Prozesskennung des Modelltrainings entspricht.

Verfügbare GPUs auf einem Computer mit mehrere GPUs auswählen

Wenn Sie die Anzahl der GPUs begrenzen möchten, die auf einem Computer mit mehreren GPUs für das Training verwendet werden, ist es am einfachsten, die Umgebungsvariable `CUDA_VISIBLE_DEVICES` zu nutzen. Um das zu veranschaulichen, nehmen wir an, Ihr Computer ist mit mehreren GPUs ausgestattet und Sie möchten nur eine GPU verwenden – zum Beispiel die GPU mit dem Index 0. Anstelle von `python some_script.py` können Sie den folgenden Code über das Terminal ausführen:

```
CUDA_VISIBLE_DEVICES=0 python some_script.py
```

Sollte Ihr Computer über vier GPUs verfügen und Sie möchten nur die erste und dritte GPU verwenden, erreichen Sie das mit diesem Befehl:

```
CUDA_VISIBLE_DEVICES=0,2 python some_script.py
```

Die Umgebungsvariable CUDA_VISIBLE_DEVICES auf diese Weise festzulegen, ist eine effektive Methode, um die GPU-Allozierung zu verwalten, ohne Ihre PyTorch-Skripte zu verändern.

Wir wollen nun diesen Code ausführen und sehen, wie er in der Praxis wirkt, indem wir den Code als Skript vom Terminal aus starten:

```
python ch02-DDP-script.py
```

Dies sollte sowohl auf Computern mit einer einzelnen GPU als auch auf solchen mit mehreren GPUs funktionieren. Wenn Sie diesen Code auf einer einzelnen GPU ausführen, sollte die folgende Ausgabe erscheinen:

```
PyTorch version:  2.2.1+cu117
CUDA available: True
Number of GPUs available: 1
[GPU0] Epoch: 001/003 | Batchsize 002 | Train/Val Loss: 0.62
[GPU0] Epoch: 001/003 | Batchsize 002 | Train/Val Loss: 0.32
[GPU0] Epoch: 002/003 | Batchsize 002 | Train/Val Loss: 0.11
[GPU0] Epoch: 002/003 | Batchsize 002 | Train/Val Loss: 0.07
[GPU0] Epoch: 003/003 | Batchsize 002 | Train/Val Loss: 0.02
[GPU0] Epoch: 003/003 | Batchsize 002 | Train/Val Loss: 0.03
[GPU0] Training accuracy 1.0
[GPU0] Test accuracy 1.0
```

Die Codeausgabe ähnelt der bei Verwendung einer einzelnen GPU (siehe Abschnitt A.9.2), was eine gute Kontrolle darstellt. Wenn Sie nun denselben Befehl und Code auf einem Computer mit zwei GPUs ausführen, sollten Sie Folgendes sehen:

```
PyTorch version:  2.2.1+cu117
CUDA available: True
Number of GPUs available: 2
[GPU1] Epoch: 001/003 | Batchsize 002 | Train/Val Loss: 0.60
[GPU0] Epoch: 001/003 | Batchsize 002 | Train/Val Loss: 0.59
[GPU0] Epoch: 002/003 | Batchsize 002 | Train/Val Loss: 0.16
[GPU1] Epoch: 002/003 | Batchsize 002 | Train/Val Loss: 0.17
[GPU0] Epoch: 003/003 | Batchsize 002 | Train/Val Loss: 0.05
[GPU1] Epoch: 003/003 | Batchsize 002 | Train/Val Loss: 0.05
[GPU1] Training accuracy 1.0
[GPU0] Training accuracy 1.0
[GPU1] Test accuracy 1.0
[GPU0] Test accuracy 1.0
```

Wie erwartet ist zu erkennen, dass einige Stapel auf der ersten GPU (GPU0) und andere auf der zweiten GPU (GPU1) verarbeitet werden. Allerdings tauchen in der Ausgabe der Trainings- und Testgenauigkeiten doppelte Ausgabezeilen auf. Jeder der Prozesse (d.h. jede GPU) gibt die Testgenauigkeit unabhängig voneinander aus. Da DDP das Modell auf jeder GPU repliziert, jeder Prozess unabhängig läuft und in der Testschleife eine Ausgabeanweisung enthalten ist, wird jeder Prozess sie ausführen, was zu wiederholten Ausgabezeilen führt. Wenn Sie das stört, können Sie es beheben, indem Sie den Rang jedes Prozesses heranziehen, um die Ausgabeanweisungen zu steuern:

```
if rank == 0:                                    ❶
    print("Test accuracy: ", accuracy)
```

❶ Nur im ersten Prozess ausgeben.

Die vorstehenden Erläuterungen haben kurz und knapp dargestellt, wie das Training via DDP funktioniert. Wenn Sie an weiteren Details interessiert sind, empfehle ich Ihnen, die offizielle API-Dokumentation unter *https:// mng.bz/9dPr* zu lesen.

Alternative PyTorch-APIs für das Training mit mehreren GPUs

Sollten Sie einen einfacheren Weg bevorzugen, um mehrere GPUs in PyTorch zu verwenden, können Sie Add-on-APIs wie die Open-Source-Bibliothek *Fabric* in Betracht ziehen. Ich habe darüber in »Accelerating PyTorch Model Training: Using Mixed-Precision and Fully Sharded Data Parallelism« (*https://mng.bz/jXle*) geschrieben.

A.10 Zusammenfassung

- PyTorch ist eine Open-Source-Bibliothek mit drei Kernkomponenten: einer Tensor-Bibliothek, Funktionen für automatisches Differenzieren und Dienstprogrammen für Deep Learning.
- Die Tensor-Bibliothek von PyTorch ähnelt Array-Bibliotheken wie NumPy.
- Im Kontext von PyTorch sind Tensoren Array-ähnliche Datenstrukturen, die Skalare, Vektoren, Matrizen und höherdimensionale Arrays darstellen.
- PyTorch-Tensoren können auf der CPU ausgeführt werden, aber ein großer Vorteil des PyTorch-Tensor-Formats ist die GPU-Unterstützung, mit der sich Berechnungen beschleunigen lassen.
- Die Funktionen zum automatischen Differenzieren (Autograd) in PyTorch ermöglichen uns, neuronale Netze bequem mit Backpropagation zu trainieren, ohne Gradienten manuell ableiten zu müssen.
- Die Dienstprogramme für Deep Learning in PyTorch bieten Bausteine, mit denen sich benutzerdefinierte tiefe neuronale Netze aufbauen lassen.

- PyTorch beinhaltet die Klassen `Dataset` und `DataLoader`, um effiziente Pipelines für das Laden von Datensätzen einzurichten.
- Am einfachsten ist es, Modelle auf einer CPU oder einer einzelnen GPU zu trainieren.
- Die Verwendung von `DistributedDataParallel` ist die einfachste Möglichkeit in PyTorch, das Training zu beschleunigen, wenn mehrere GPUs verfügbar sind.

B Referenzen und weiterführende Literatur

Kapitel 1

Benutzerdefinierte LLMs sind in der Lage, allgemeine LLMs zu übertreffen – das hat ein Team bei Bloomberg mit einer Version von GPT gezeigt, die von Grund auf mit Finanzdaten vortrainiert wurde. Das benutzerdefinierte LLM hat ChatGPT bei Aufgaben des Finanzwesens übertroffen und gleichzeitig eine gute Performance bei allgemeinen LLM-Benchmarks gezeigt:

- »BloombergGPT: A Large Language Model for Finance« (2023) von Wu et al., *https://arxiv.org/abs/2303.17564*

Auch bestehende LLMs lassen sich anpassen und feintunen, um allgemeine LLMs zu übertreffen, was Teams von Google Research und Google DeepMind im medizinischen Kontext bewiesen haben:

- »Towards Expert-Level Medical Question Answering with Large Language Models« (2023) von Singhal et al., *https://arxiv.org/abs/2305.09617*

Das folgende Paper hat die ursprüngliche Transformer-Architektur vorgeschlagen:

- »Attention Is All You Need« (2017) von Vaswani et al., *https://arxiv.org/abs/1706.03762*

Zum ursprünglichen Transformer auf Encoder-Basis namens BERT siehe:

- »BERT: Pre-training of Deep Bidirectional Transformers for Language Understanding« (2018) von Devlin et al., *https://arxiv.org/abs/1810.04805*

Das Paper, in dem das Decoder-artige GPT-3-Modell beschrieben wird, das die modernen LLMs inspiriert hat und als Vorlage für die Implementierung eines LLM von Grund auf in diesem Buch dient, ist:

- »Language Models are Few-Shot Learners« (2020) von Brown et al., *https://arxiv.org/abs/2005.14165*

Der folgende Artikel beschreibt den ursprünglichen Vision-Transformer für die Klassifizierung von Bildern, der zeigt, dass Transformer-Architekturen nicht nur auf Texteingaben beschränkt sind:

- »An Image is Worth 16x16 Words: Transformers for Image Recognition at Scale« (2020) von Dosovitskiy et al., *https://arxiv.org/abs/2010.11929*

Die folgenden experimentellen (aber weniger populären) LLM-Architekturen dienen als Beispiele dafür, dass nicht alle LLMs auf der Transformer-Architektur basieren müssen:

- »RWKV: Reinventing RNNs for the Transformer Era« (2023) von Peng et al., *https://arxiv.org/abs/2305.13048*
- »Hyena Hierarchy: Towards Larger Convolutional Language Models« (2023) von Poli et al., *https://arxiv.org/abs/2302.10866*
- »Mamba: Linear-Time Sequence Modeling with Selective State Spaces« (2023) von Gu und Dao, *https://arxiv.org/abs/2312.00752*

Das Modell von Meta AI ist eine populäre Implementierung eines GPT-ähnlichen Modells, das im Gegensatz zu GPT-3 und ChatGPT offen zugänglich ist:

- »Llama 2: Open Foundation and Fine-Tuned Chat Models« (2023) von Touvron et al., *https://arxiv.org/abs/2307.092881*

Für Leser, die an zusätzlichen Details zu den in Abschnitt 1.5 genannten Datensätzen interessiert sind, wird in diesem Paper der öffentlich verfügbare Datensatz *The Pile* beschrieben, der von Eleuther AI kuratiert wurde:

- »The Pile: An 800GB Dataset of Diverse Text for Language Modeling« (2020) von Gao et al., *https://arxiv.org/abs/2101.00027*

Das folgende Paper enthält die Referenz für InstructGPT zum Feintuning von GPT-3, das in Abschnitt 1.6 erwähnt wurde und in Kapitel 7 ausführlicher behandelt wird:

- »Training Language Models to Follow Instructions with Human Feedback« (2022) von Ouyang et al., *https://arxiv.org/abs/2203.02155*

Kapitel 2

Leser, die an der Diskussion und dem Vergleich von Einbettungsräumen mit latenten Räumen und dem allgemeinen Begriff der Vektordarstellung interessiert sind, finden weitere Informationen im ersten Kapitel meines Buchs:

- »Machine Learning und KI kompakt« (2025) von Sebastian Raschka, *https://dpunkt.de/produkt/machine-learning-und-ki-kompakt/*

Im folgenden Paper wird näher erläutert, wie die Bytepaar-Codierung als Tokenisierungsmethode verwendet wird:

- »Neural Machine Translation of Rare Words with Subword Units« (2015) von Sennrich et al., *https://arxiv.org/abs/1508.07909*

Den Code für die Bytepaar-Codierung des Tokenizers, mit dem GPT-2 trainiert wurde, hat OpenAI als Open Source veröffentlicht:

- *https://github.com/openai/gpt-2/blob/master/src/encoder.py*

OpenAI bietet eine interaktive Webbenutzeroberfläche, um zu veranschaulichen, wie der Bytepaar-Tokenizer in GPT-Modellen funktioniert:

- *https://platform.openai.com/tokenizer*

Für Leserinnen und Leser, die daran interessiert sind, einen BPE-Tokenizer von Grund auf zu programmieren, bietet das GitHub-Repository `minbpe` von Andrej Karpathy eine minimale und verständliche Implementierung:

- »A Minimal Implementation of a BPE Tokenizer«, *https://github.com/karpathy/minbpe*

Leserinnen und Leser, die an der Untersuchung alternativer Tokenisierungsschemas interessiert sind, die von einigen anderen populären LLMs verwendet werden, finden weitere Informationen in den Papers SentencePiece und WordPiece:

- »SentencePiece: A Simple and Language Independent Subword Tokenizer and Detokenizer for Neural Text Processing« (2018) von Kudo und Richardson, *https://aclanthology.org/D18-2012/*
- »Fast WordPiece Tokenization« (2020) von Song et al., *https://arxiv.org/abs/2012.15524*

Kapitel 3

Leser, die mehr über Bahdanau-Attention für RNN und Sprachübersetzung erfahren möchten, finden detaillierte Einblicke im folgenden Paper:

- »Neural Machine Translation by Jointly Learning to Align and Translate« (2014) von Bahdanau, Cho und Bengio, *https://arxiv.org/abs/1409.0473*

Das Konzept der Self-Attention als skalierte Punktprodukt-Attention wurde im ursprünglichen Paper zum Transformer eingeführt:

- »Attention Is All You Need« (2017) by Vaswani et al., *https://arxiv.org/abs/1706.03762*

FlashAttention ist eine hocheffiziente Implementierung eines Self-Attention-Mechanismus, der den Berechnungsprozess durch Optimierung der Speicherzugriffsmuster beschleunigt. FlashAttention ist mathematisch identisch mit dem standardmäßigen Self-Attention-Mechanismus, optimiert aber den Berechnungsprozess auf Effizienz:

- »FlashAttention: Fast and Memory-Efficient Exact Attention with IO-Awareness« (2022) von Dao et al., *https://arxiv.org/abs/2205.14135*
- »FlashAttention-2: Faster Attention with Better Parallelism and Work Partitioning« (2023) von Dao, *https://arxiv.org/abs/2307.08691*

PyTorch implementiert eine Funktion für Self-Attention und kausale Attention, die FlashAttention aus Effizienzgründen unterstützt. Diese Funktion befindet sich in der Betaphase und kann sich noch ändern:

- Dokumentation von `scaled_dot_product_attention`: *https://mng.bz/NRJd*

PyTorch implementiert ebenfalls eine effiziente `MultiHeadAttention`-Klasse, die auf der Funktion `scaled_dot_product` basiert:

- Dokumentation zu `MultiHeadAttention`: *https://mng.bz/DdJV*

Dropout ist eine Regularisierungstechnik, die in neuronalen Netzen eine Überanpassung verhindern soll, indem während des Trainings zufällig ausgewählte Einheiten (zusammen mit ihren Verbindungen) ausgelassen werden:

- »Dropout: A Simple Way to Prevent Neural Networks from Overfitting« (2014) von Srivastava et al., *https://jmlr.org/papers/v15/srivastava14a.html*

Während die Multi-Head-Attention auf der Grundlage der skalierten Punktprodukt-Attention in der Praxis die häufigste Variante der Self-Attention ist, soll es auch möglich sein, eine gute Performance ohne Wertgewichtsmatrix und Projektionsschicht zu erreichen:

- »Simplifying Transformer Blocks« (2023) von He und Hofmann, *https://arxiv.org/abs/2311.01906*

Kapitel 4

Das folgende Paper stellt eine Technik vor, die die versteckte Zustandsdynamik neuronaler Netze stabilisiert, indem die summierten Eingaben auf die Neuronen innerhalb einer versteckten Schicht normalisiert werden, was die Trainingszeit im Vergleich zu früher veröffentlichten Methoden erheblich verringert:

- »Layer Normalization« (2016) von Ba, Kiros und Hinton, *https://arxiv.org/abs/1607.06450*

Die im ursprünglichen Transformer-Modell verwendete Post-LayerNorm wendet Schichtnormalisierung nach den Self-Attention- und Feedforward-Netzen an. Im Gegensatz dazu wendet Pre-LayerNorm, wie sie in Modellen wie GPT-2 und neueren LLMs verwendet wird, die Schichtnormalisierung vor diesen Komponenten an, was zu einer stabileren Trainingsdynamik führen kann und in einigen Fällen nachweislich die Performance verbessert, wie in den folgenden Papers erörtert wird:

- »On Layer Normalization in the Transformer Architecture« (2020) von Xiong et al., *https://arxiv.org/abs/2002.04745*
- »ResiDual: Transformer with Dual Residual Connections« (2023) von Tie et al., *https://arxiv.org/abs/2304.14802*

Eine beliebte Variante der LayerNorm, die in modernen LLMs verwendet wird, ist die RMSNorm (*Root Mean Square Layer Normalization*) aufgrund ihrer verbesserten Berechnungseffizienz. Diese Variante vereinfacht den Normalisierungsprozess, indem sie die Eingaben nur mit dem quadratischen Mittelwert der Eingaben normalisiert, ohne den Mittelwert vor der Quadrierung zu subtrahieren. Das bedeutet, dass die Daten vor der Berechnung der Skala nicht zentriert werden. RMSNorm wird ausführlicher beschrieben in:

- »Root Mean Square Layer Normalization« (2019) von Zhang und Sennrich, *https://arxiv.org/abs/1910.07467*

Die GELU-Aktivierungsfunktion (*Gaussian Error Linear Unit*) kombiniert die Eigenschaften der klassischen ReLU-Aktivierungsfunktion und der kumulativen Verteilungsfunktion der Normalverteilung, um die Ausgaben der Schichten zu modellieren, und ermöglicht eine stochastische Regularisierung sowie Nichtlinearitäten in Deep-Learning-Modellen:

- »Gaussian Error Linear Units (GELUs)« (2016) von Hendricks und Gimpel, *https://arxiv.org/abs/1606.08415*

Das GPT-2-Paper hat eine Reihe von Transformer-basierten LLMs mit variierenden Größen vorgestellt – 124 Millionen, 355 Millionen, 774 Millionen und 1,5 Milliarden Parameter:

- »Language Models Are Unsupervised Multitask Learners« (2019) von Radford et al., *https://mng.bz/DMv0*

GPT-3 von OpenAI verwendet grundsätzlich die gleiche Architektur wie GPT-2, außer dass die größte Version (175 Milliarden) 100-mal größer ist als das größte GPT-2-Modell und auf viel mehr Daten trainiert wurde. Interessierte Leserinnen und Leser können sich auf das offizielle GPT-3-Paper von OpenAI und den technischen Überblick von Lambda Labs beziehen, in dem berechnet wird, dass das Training von GPT-3 auf einer einzelnen RTX-8000-Consumer-GPU etwa 665 Jahre dauern würde:

- »Language Models are Few-Shot Learners« (2023) von Brown et al., *https://arxiv.org/abs/2005.14165*
- »OpenAI's GPT-3 Language Model: A Technical Overview«, *https://lambdalabs.com/blog/demystifying-gpt-3*

NanoGPT ist ein Code-Repository mit einer minimalistischen, aber effizienten Implementierung eines GPT-2-Modells, ähnlich dem in diesem Buch implementierten Modell. Auch wenn sich der Code in diesem Buch von nanoGPT unterscheidet, hat dieses Repository die Umstrukturierung einer großen GPT-Python-Elternklasse in kleinere Untermodule inspiriert:

- »NanoGPT, a Repository for Training Medium-Sized GPTs«, *https://github.com/karpathy/nanoGPT*

Ein informativer Blogbeitrag zeigt, dass die meisten Berechnungen in LLMs in den Feedforward-Schichten und nicht in den Attention-Schichten stattfinden, wenn die Kontextgröße kleiner als 32.000 Tokens ist:

- »In the Long (Context) Run« von Harm de Vries, *https://www.harmdevries.com/post/context-length/*

Kapitel 5

Informationen zur detaillierten Beschreibung der Verlustfunktion und die Anwendung einer Log-Transformation, um sie für die mathematische Optimierung leichter handhabbar zu machen, finden Sie in meinem Vortragsvideo:

- L8.2 Logistic Regression Loss Function, *https://www.youtube.com/watch?v=GxJe0DZvydM*

Der folgende Vortrag und das Codebeispiel des Autors erklären, wie die PyTorch-Funktionen für Kreuzentropie hinter den Kulissen arbeiten:

- L8.7.1 OneHot Encoding and Multi-category Cross Entropy, *https://www.youtube.com/watch?v=4n71-tZ94yk*
- Understanding Onehot Encoding and Cross Entropy in PyTorch, *https://mng.bz/o05v*

Die beiden folgenden Papers beschreiben ausführlich den Datensatz, die Hyperparameter und die Architekturdetails, die für das Vortraining von LLMs verwendet wurden:

- »Pythia: A Suite for Analyzing Large Language Models Across Training and Scaling« (2023) von Biderman et al., *https://arxiv.org/abs/2304.01373*
- »OLMo: Accelerating the Science of Language Models« (2024) von Groeneveld et al., *https://arxiv.org/abs/2402.00838*

Der folgende Ergänzungscode zu diesem Buch enthält Anleitungen, um 60.000 gemeinfreie Bücher des Projekts Gutenberg für das LLM-Training vorzubereiten:

- Pretraining GPT on the Project Gutenberg Dataset, *https://mng.bz/Bdw2*

Kapitel 5 erläutert das Vortraining von LLMs, und Anhang D behandelt erweiterte Trainingsfunktionen wie zum Beispiel lineares Warmup und Cosinus-Annealing. Das folgende Paper stellt fest, dass ähnliche Techniken erfolgreich angewendet werden können, um bereits vortrainierte LLMs weiterzutrainieren. Daneben erhalten Sie zusätzliche Tipps und Erkenntnisse:

- »Simple and Scalable Strategies to Continually Pre-train Large Language Models« (2024) von Ibrahim et al., *https://arxiv.org/abs/2403.08763*

BloombergGPT ist ein Beispiel für ein domänenspezifisches LLM, das sowohl auf allgemeinen als auch auf domänenspezifischen Textkorpora – insbesondere im Finanzwesen – trainiert wurde:

- »BloombergGPT: A Large Language Model for Finance« (2023) von Wu et al., *https://arxiv.org/abs/2303.17564*

GaLore ist ein neues Forschungsprojekt, das darauf abzielt, das LLM-Vortraining effizienter zu gestalten. Die erforderliche Codeänderung beschränkt sich darauf, den PyTorch-Optimizer `AdamW` in der Trainingsfunktion durch den `GaLoreAdamW`-Optimizer zu ersetzen, der vom Python-Paket `galore-torch` bereitgestellt wird:

- »GaLore: Memory-Efficient LLM Training by Gradient Low-Rank Projection« (2024) von Zhao et al., *https://arxiv.org/abs/2403.03507*
- GaLore-Code-Repository, *https://github.com/jiaweizzhao/GaLore*

Die folgenden Papers und Ressourcen enthalten öffentlich zugängliche, groß angelegte Vortrainingsdatensätze für LLMs, die aus Hunderten von Gigabytes bis Terabytes an Textdaten bestehen:

- »Dolma: An Open Corpus of Three Trillion Tokens for LLM Pretraining Research« (2024) von Soldaini et al., *https://arxiv.org/abs/2402.00159*
- »The Pile: An 800GB Dataset of Diverse Text for Language Modeling« (2020) von Gao et al., *https://arxiv.org/abs/2101.00027*
- »The RefinedWeb Dataset for Falcon LLM: Outperforming Curated Corpora with Web Data, and Web Data Only« (2023) von Penedo et al., *https://arxiv.org/abs/2306.01116*
- »RedPajama« von Together AI, *https://mng.bz/d6nw*
- Der FineWeb-Datensatz, der mehr als 15 Billionen Tokens bereinigter und deduplizierter englischer Webdaten enthält, die von CommonCrawl stammen, *https://mng.bz/rVzy*

Das Paper, das ursprünglich Top-k-Sampling vorgestellt hat:

- »Hierarchical Neural Story Generation« (2018) von Fan et al., *https://arxiv.org/abs/1805.04833*

Eine Alternative zum Top-k-Sampling ist das Top-p-Sampling (nicht in Kapitel 5 behandelt); dabei wird aus der kleinsten Menge von Top-Tokens ausgewählt, deren kumulative Wahrscheinlichkeit einen Schwellenwert *p* überschreitet, während Top-k-Sampling die Top-*k*-Tokens nach der Wahrscheinlichkeit auswählt:

- Top-p-Sampling, *https://en.wikipedia.org/wiki/Top-p_sampling*

Die Strahlensuche (*Beam Search*, nicht in Kapitel 5 behandelt) ist ein alternativer Decodierungsalgorithmus, der Ausgabesequenzen generiert, indem er bei jedem Schritt nur die Teilsequenzen mit der höchsten Punktzahl behält, um ein Gleichgewicht zwischen Effizienz und Qualität herzustellen:

- »Diverse Beam Search: Decoding Diverse Solutions from Neural Sequence Models« (2016) von Vijayakumar et al., *https://arxiv.org/abs/1610.02424*

Kapitel 6

Zusätzliche Ressourcen, die die verschiedenen Arten des Feintunings erörtern, sind:

- »Using and Finetuning Pretrained Transformers«, *https://mng.bz/VxJG*
- »Finetuning Large Language Models«, *https://mng.bz/x28X*

Zusätzliche Experimente, einschließlich eines Vergleichs des Feintunings des ersten Ausgabetokens mit dem letzten Ausgabetoken, finden Sie im ergänzenden Codematerial auf GitHub:

- Zusätzliche Experimente zur Spam-Klassifizierung, *https://mng.bz/AdJx*

Bei einer binären Klassifizierungsaufgabe wie zum Beispiel der Spam-Klassifizierung ist es technisch möglich, nur einen einzigen Ausgabeknoten anstelle von zwei Ausgabeknoten zu verwenden, wie ich im folgenden Artikel erläutere:

- »Losses Learned – Optimizing Negative Log-Likelihood and Cross-Entropy in PyTorch«, *https://mng.bz/ZEJA*

Weitere Experimente zum Feintuning verschiedener Schichten eines LLM finden Sie im folgenden Artikel, der zeigt, dass das Feintuning des letzten Transformer-Blocks zusätzlich zur Ausgabeschicht die Vorhersageleistung erheblich verbessert:

- »Finetuning Large Language Models«, *https://mng.bz/RZJv*

Finden Sie weitere Ressourcen und Informationen zum Umgang mit unausgewogenen Klassifizierungsdatensätzen in der folgenden Dokumentation:

- »Imbalanced-Learn User Guide«, *https://mng.bz/2KNa*

Für diejenigen, die eher an der Klassifizierung von Spam-E-Mails als der von Spam-Textnachrichten interessiert sind, bietet die folgende Ressource einen großen E-Mail-Spam-Klassifizierungsdatensatz in einem praktischen CSV-Format, das dem in Kapitel 6 verwendeten Datensatzformat ähnelt:

- Email Spam Classification Dataset, *https://mng.bz/1GEq*

GPT-2 ist ein Modell, das auf dem Decoder-Modul der Transformer-Architektur basiert und dessen Hauptzweck darin besteht, neuen Text zu generieren. Als Alternative können Encoder-basierte Modelle wie BERT und RoBERTa für Klassifizierungsaufgaben effektiv sein:

- »BERT: Pre-training of Deep Bidirectional Transformers for Language Understanding« (2018) von Devlin et al., *https://arxiv.org/abs/1810.04805*
- »RoBERTa: A Robustly Optimized BERT Pretraining Approach« (2019) von Liu et al., *https://arxiv.org/abs/1907.11692*
- »Additional Experiments Classifying the Sentiment of 50k IMDB Movie Reviews«, *https://mng.bz/PZJR*

Neuere Papers zeigen, dass sich die Klassifizierungsperformance weiter verbessern lässt, indem die kausale Maske während des Feintunings der Klassifizierung zusammen mit anderen Modifikationen entfernt wird:

- »Label Supervised LLaMA Finetuning« (2023) von Li et al., *https://arxiv.org/abs/2310.01208*
- »LLM2Vec: Large Language Models Are Secretly Powerful Text Encoders« (2024) von BehnamGhader et al., *https://arxiv.org/abs/2404.05961*

Kapitel 7

Der Alpaca-Datensatz für die Anweisungsoptimierung enthält 52.000 Anweisung-Antwort-Paare und ist einer der ersten und beliebtesten öffentlich verfügbaren Datensätze für die Anweisungsoptimierung.

- »Stanford Alpaca: An Instruction-Following Llama Model«, *https://github.com/tatsu-lab/stanford_alpaca*

Zusätzliche öffentlich zugängliche Datensätze, die für die Anweisungsoptimierung geeignet sind:

- LIMA, *https://huggingface.co/datasets/GAIR/lima*
  Weitere Informationen finden Sie in »LIMA: Less Is More for Alignment«, Zhou et al., *https://arxiv.org/abs/2305.11206*
- UltraChat, *https://huggingface.co/datasets/openchat/ultrachat-sharegpt*
  Ein umfangreicher Datensatz, der aus 805.000 Anweisung-Antwort-Paaren besteht; weitere Informationen siehe »Enhancing Chat Language Models by Scaling Highquality Instructional Conversations«, von Ding et al., *https://arxiv.org/abs/2305.14233*

- Alpaca GPT4, *https://mng.bz/Aa0p*
  Ein Alpaca-ähnlicher Datensatz mit 52.000 Anweisung-Antwort-Paaren, die mit GPT-4 statt GPT-3.5 generiert wurden

Phi-3 ist ein Modell mit 3,8 Milliarden Parametern mit einer anweisungsoptimierten Variante, die Berichten zufolge mit viel größeren proprietären Modellen wie GPT-3.5 vergleichbar ist:

- »Phi-3 Technical Report: A Highly Capable Language Model Locally on Your Phone« (2024) von Abdin et al., *https://arxiv.org/abs/2404.14219*

Forscher schlagen eine Methode vor, um synthetische Daten zu generieren, die 300.000 hochwertige Anweisung-Antwort-Paare aus einem feingetunten Llama-3-Modell erzeugt. Ein vortrainiertes Llama-3-Basismodell, das anhand dieser Anweisungsbeispiele feingetunt wurde, erbringt vergleichbare Leistungen wie das ursprüngliche feingetunte Llama-3-Modell:

- »Magpie: Alignment Data Synthesis from Scratch by Prompting Aligned LLMs with Nothing« (2024) von Xu et al., *https://arxiv.org/abs/2406.08464*

Die Forschung hat gezeigt, dass nicht maskierte Anweisungen und Eingaben bei der Anweisungsoptimierung die Performance bei verschiedenen NLP-Aufgaben und offenen Generierungs-Benchmarks effektiv verbessert, insbesondere wenn auf Datensätzen mit langen Anweisungen und kurzen Ausgaben trainiert wird oder wenn eine kleine Anzahl von Trainingsbeispielen verwendet wird:

- »Instruction Tuning with Loss Over Instructions« (2024) von Shi, *https://arxiv.org/abs/2405.14394*

Prometheus und PHUDGE sind offen verfügbare LLMs, die GPT-4 bei der Bewertung von langformatigen Antworten mit anpassbaren Kriterien entsprechen. Wir verwenden sie nicht, da sie zum Zeitpunkt, als dieses Buch verfasst wurde, nicht von Ollama unterstützt werden und sich daher nicht effizient auf einem Laptop ausführen lassen:

- »Prometheus: Inducing Finegrained Evaluation Capability in Language Models« (2023) von Kim et al., *https://arxiv.org/abs/2310.08491*
- »PHUDGE: Phi-3 as Scalable Judge« (2024) von Deshwal und Chawla, *https://arxiv.org/abs/2405.08029*
- »Prometheus 2: An Open Source Language Model Specialized in Evaluating Other Language Models« (2024) von Kim et al., *https://arxiv.org/abs/2405.01535*

Die Ergebnisse im folgenden Bericht unterstützen die Ansicht, dass große Sprachmodelle in erster Linie Faktenwissen während des Vortrainings erwerben und dass das Feintuning hauptsächlich ihre Effizienz bei der Nutzung dieses Wissens erhöht. Darüber hinaus untersucht diese Studie, wie sich das Feintuning großer Sprachmodelle mit neuen Fakten auf ihre Fähigkeit auswirkt, bereits vorhandenes Wissen zu nutzen. Dabei zeigt sich, dass die Modelle neue Fakten langsamer lernen und ihre Einführung während des Feintunings die Tendenz des Modells erhöht, falsche Informationen zu generieren:

- »Does Fine-Tuning LLMs on New Knowledge Encourage Hallucinations?« (2024) von Gekhman, *https://arxiv.org/abs/2405.05904*

Präferenz-Feintuning ist ein optionaler Schritt nach der Anweisungsoptimierung, um das LLM enger auf menschliche Präferenzen auszurichten. Die folgenden Artikel vom Autor liefern weitere Informationen über diesen Prozess:

- »LLM Training: RLHF and Its Alternatives«, *https://mng.bz/ZVPm*
- »Tips for LLM Pretraining and Evaluating Reward Models«, *https://mng.bz/RNXj*

Anhang A

Anhang A sollte zwar genügen, um Sie auf den neuesten Stand zu bringen, aber wenn Sie umfassendere Einführungen in Deep Learning suchen, empfehle ich die folgenden Bücher:

- Machine Learning with PyTorch and Scikit-Learn (2022) von Sebastian Raschka, Hayden Liu und Vahid Mirjalili. ISBN 978-1801819312
- Deep Learning with PyTorch (2021) von Eli Stevens, Luca Antiga und Thomas Viehmann. ISBN 978-1617295263

Für eine gründlichere Einführung in die Konzepte der Tensoren habe ich ein 15-minütiges Videotutorial aufgenommen:

- »Lecture 4.1: Tensors in Deep Learning«, *https://www.youtube.com/watch?v=JXfDlgrfOBY*

Möchten Sie mehr über Modellbewertung im Machine Learning erfahren, empfehle ich meinen Artikel:

- »Model Evaluation, Model Selection, and Algorithm Selection in Machine Learning« (2018) von Sebastian Raschka, *https://arxiv.org/abs/1811.12808*

Für diejenigen, die an einer Auffrischung oder einer sanften Einführung in die Differenzialrechnung interessiert sind, habe ich ein Kapitel über Differenzialrechnung geschrieben, das auf meiner Website frei verfügbar ist:

- »Introduction to Calculus« von Sebastian Raschka, *https://mng.bz/WEyW*

Warum ruft PyTorch nicht automatisch `optimizer.zero_grad()` für uns im Hintergrund auf? In manchen Fällen ist es wünschenswert, die Gradienten zu akkumulieren, und PyTorch lässt uns dies als Option. Wenn Sie mehr über die Akkumulation von Gradienten erfahren möchten, lesen Sie bitte den folgenden Artikel:

- »Finetuning Large Language Models on a Single GPU Using Gradient Accumulation« von Sebastian Raschka, *https://mng.bz/8wPD*

Dieser Anhang behandelt DDP, einen beliebten Ansatz für das Training von Deep-Learning-Modellen auf mehreren GPUs. Für fortgeschrittenere Anwendungsfälle, bei denen ein einzelnes Modell nicht auf die GPU passt, können Sie auch die FSDP-Methode (*Fully Sharded Data Parallel*) von PyTorch in Betracht ziehen, die verteilte Datenparallelität realisiert und große Schichten auf verschiedene GPUs verteilt. Weitere Informationen finden Sie in dieser Übersicht mit weiteren Links zur API-Dokumentation:

- »Introducing PyTorch Fully Sharded Data Parallel (FSDP) API«, *https://mng.bz/EZJR*

C Lösungen zu den Übungen

Die vollständigen Codebeispiele für die Antworten zu den Übungen finden Sie im ergänzenden GitHub-Repository unter *https://github.com/rasbt/LLMs-from-scratch*.

Kapitel 2

Übung 2.1

Die einzelnen Token-IDs erhalten Sie, indem Sie den Encoder mit jeweils einem String abfragen:

```
print(tokenizer.encode("Ak"))
print(tokenizer.encode("w"))
# ...
```

Die Ausgabe lautet:

```
[33901]
[86]
# ...
```

Dann können Sie mit dem folgenden Code den ursprünglichen String zusammensetzen:

```
print(tokenizer.decode([33901, 86, 343, 86, 220, 959]))
```

Dies ist die Rückgabe:

```
'Akwirw ier'
```

Übung 2.2

Der Code für den DataLoader mit max_length=2 und stride=2 sieht so aus:

```
dataloader = create_dataloader(
    raw_text, batch_size=4, max_length=2, stride=2
)
```

Er erzeugt Stapel in folgendem Format:

```
tensor([[  40,  367],
        [2885, 1464],
        [1807, 3619],
        [ 402,  271]])
```

Der Code des zweiten DataLoader mit max_length=8 und stride=2:

```
dataloader = create_dataloader(
    raw_text, batch_size=4, max_length=8, stride=2
)
```

Ein Beispielstapel hat folgendes Aussehen:

```
tensor([[   40,   367,  2885,  1464,  1807,  3619,   402,   271],
        [ 2885,  1464,  1807,  3619,   402,   271, 10899,  2138],
        [ 1807,  3619,   402,   271, 10899,  2138,   257,  7026],
        [  402,   271, 10899,  2138,   257,  7026, 15632,   438]])
```

Kapitel 3

Übung 3.1

Die korrekte Gewichtszuordnung sieht so aus:

```
sa_v1.W_query = torch.nn.Parameter(sa_v2.W_query.weight.T)
sa_v1.W_key = torch.nn.Parameter(sa_v2.W_key.weight.T)
sa_v1.W_value = torch.nn.Parameter(sa_v2.W_value.weight.T)
```

Übung 3.2

Um eine Ausgabedimension von 2 zu erhalten, müssen Sie ähnlich wie bei Single-Head-Attention die Projektionsdimension d_out auf 1 ändern.

```
d_out = 1
mha = MultiHeadAttentionWrapper(d_in, d_out, block_size, 0.0, num_heads=2)
```

Übung 3.3

Die Initialisierung für das kleinste GPT-2-Modell lautet:

```
block_size = 1024
d_in, d_out = 768, 768
num_heads = 12
mha = MultiHeadAttention(d_in, d_out, block_size, 0.0, num_heads)
```

Kapitel 4

Übung 4.1

Die Anzahl der Parameter in den FeedForward- und Attention-Modulen lässt sich folgendermaßen berechnen:

```
block = TransformerBlock(GPT_CONFIG_124M)

total_params = sum(p.numel() for p in block.ff.parameters())
print(f"Total number of parameters in feed forward module: {total_
params:,}")

total_params = sum(p.numel() for p in block.att.parameters())
print(f"Total number of parameters in attention module: {total_
params:,}")
```

Wie die Ausgabe zeigt, enthält das FeedForward-Modul etwa doppelt so viele Parameter wie das Attention-Modul:

```
Total number of parameters in feed forward module: 4,722,432
Total number of parameters in attention module: 2,360,064
```

Übung 4.2

Um die anderen GPT-Modellgrößen zu instanziieren, können wir das Konfigurations-Dictionary wie folgt modifizieren (hier für GPT-2 XL gezeigt):

```
GPT_CONFIG = GPT_CONFIG_124M.copy()
GPT_CONFIG["emb_dim"] = 1600
GPT_CONFIG["n_layers"] = 48
GPT_CONFIG["n_heads"] = 25
model = GPTModel(GPT_CONFIG)
```

Mit Wiederverwendung des Codes aus Abschnitt 4.6 können Sie dann die Anzahl der Parameter und den RAM-Speicherbedarf berechnen:

```
gpt2-xl:
Total number of parameters: 1,637,792,000
Number of trainable parameters considering weight tying: 1,557,380,800
Total size of the model: 6247.68 MB
```

Übung 4.3

In Kapitel 4 gibt es drei besondere Stellen, an denen wir Dropout-Schichten verwendet haben: die Embedding-Schicht, die Shortcut-Schicht und das Multi-Head-Attention-Modul. Die Dropout-Raten lassen sich für jede der Schichten steuern, indem man sie in der Konfigurationsdatei separat codiert und dann die Codeimplementierung entsprechend modifiziert.

Die modifizierte Konfiguration sieht so aus:

```
GPT_CONFIG_124M = {
    "vocab_size": 50257,
    "context_length": 1024,
    "emb_dim": 768,
    "n_heads": 12,
    "n_layers": 12,
    "drop_rate_attn": 0.1,          ❶
    "drop_rate_shortcut": 0.1,      ❷
    "drop_rate_emb": 0.1,           ❸
    "qkv_bias": False
}
```

❶ Dropout für Multi-Head-Attention.

❷ Dropout für Shortcut-Verbindungen.

❸ Dropout für Embedding-Schicht.

Der modifizierte `TransformerBlock` und das `GPTModel` sehen folgendermaßen aus:

```
class TransformerBlock(nn.Module):
    def __init__(self, cfg):
        super().__init__()
        self.att = MultiHeadAttention(
            d_in=cfg["emb_dim"],
            d_out=cfg["emb_dim"],
            context_length=cfg["context_length"],
            num_heads=cfg["n_heads"],
            dropout=cfg["drop_rate_attn"],          ❶
            qkv_bias=cfg["qkv_bias"])
        self.ff = FeedForward(cfg)
        self.norm1 = LayerNorm(cfg["emb_dim"])
        self.norm2 = LayerNorm(cfg["emb_dim"])
        self.drop_shortcut = nn.Dropout(            ❷
            cfg["drop_rate_shortcut"]
        )

    def forward(self, x):
        shortcut = x
        x = self.norm1(x)
```

```
        x = self.att(x)
        x = self.drop_shortcut(x)
        x = x + shortcut

        shortcut = x
        x = self.norm2(x)
        x = self.ff(x)
        x = self.drop_shortcut(x)
        x = x + shortcut
        return x

class GPTModel(nn.Module):
    def __init__(self, cfg):
        super().__init__()
        self.tok_emb = nn.Embedding(
            cfg["vocab_size"], cfg["emb_dim"]
        )
        self.pos_emb = nn.Embedding(
            cfg["context_length"], cfg["emb_dim"]
        )
        self.drop_emb = nn.Dropout(cfg["drop_rate_emb"]) ❸
        self.trf_blocks = nn.Sequential(
            *[TransformerBlock(cfg) for _ in range(cfg["n_layers"])])

        self.final_norm = LayerNorm(cfg["emb_dim"])
        self.out_head = nn.Linear(
            cfg["emb_dim"], cfg["vocab_size"], bias=False
        )
    def forward(self, in_idx):
        batch_size, seq_len = in_idx.shape
        tok_embeds = self.tok_emb(in_idx)
        pos_embeds = self.pos_emb(
            torch.arange(seq_len, device=in_idx.device)
        )
        x = tok_embeds + pos_embeds
        x = self.drop_emb(x)
        x = self.trf_blocks(x)
        x = self.final_norm(x)
        logits = self.out_head(x) return logitss
```

❶ Dropout für Multi-Head-Attention.

❷ Dropout für Shortcut-Verbindungen.

❸ Dropout für Embedding-Schicht.

Kapitel 5

Übung 5.1

Mit der Funktion `print_sampled_tokens`, die wir in diesem Abschnitt definiert haben, können wir ausgeben, wie oft das Token (oder das Wort) »pizza« abgetastet wurde. Beginnen wir mit dem Code, den wir in Abschnitt 5.3.1 definiert haben.

Das Token »pizza« wird 0-mal gezogen, wenn die Temperatur 0 oder 0,1 beträgt, und es wird 32-mal als Stichprobe gezogen, wenn die Temperatur auf 5 heraufgesetzt wird. Die geschätzte Wahrscheinlichkeit beträgt 32/1000 × 100 % = 3,2 %.

Die tatsächliche Wahrscheinlichkeit liegt bei 4,3 % und ist im neu skalierten `softmax`-Wahrscheinlichkeits-Tensor enthalten (`scaled_probas[2][6]`).

Übung 5.2

Top-k-Sampling und Temperaturskalierung sind Einstellungen, die auf der Grundlage des LLM und des gewünschten Grads an Diversität und Zufälligkeit in der Ausgabe angepasst werden müssen.

Wenn wir relativ kleine Top-k-Werte verwenden (z. B. kleiner als 10) und die Temperatur unter 1 gesetzt wird, wird die Ausgabe des Modells weniger zufällig und deterministischer. Diese Einstellung ist nützlich, wenn der generierte Text vorhersagbarer und kohärenter sein soll und näher an den wahrscheinlichsten Ergebnissen auf der Grundlage der Trainingsdaten liegen soll.

Zu den Anwendungen für derartige Einstellungen mit niedrigem *k* und niedriger Temperatur gehört das Generieren formeller Dokumente oder Berichte, bei denen Klarheit und Genauigkeit am wichtigsten sind. Andere Beispiele für Anwendungen sind technische Analysen oder Aufgaben zur Codeerzeugung, bei denen Genauigkeit entscheidend ist. Auch die Beantwortung von Fragen und Bildungsinhalte erfordern genaue Antworten, bei denen eine Temperatur unter 1 hilfreich ist.

Andererseits sind größere Top-k-Werte (z. B. Werte im Bereich von 20 bis 40) und Temperaturwerte über 1 nützlich, wenn man LLMs für Brainstorming oder das Erstellen kreativer Inhalte wie etwa Belletristik einsetzt.

Übung 5.3

Es gibt mehrere Methoden, um deterministisches Verhalten mit der Funktion `generate` zu erzwingen:

- Die Einstellung `top_k=None` wählen und keine Temperaturskalierung anwenden.
- Die Einstellung `top_k=1` wählen.

Übung 5.4

Im Wesentlichen müssen Sie das Modell und den Optimizer laden, die Sie im Hauptkapitel gespeichert haben:

```
checkpoint = torch.load("model_and_optimizer.pth")
model = GPTModel(GPT_CONFIG_124M)
model.load_state_dict(checkpoint["model_state_dict"])
optimizer = torch.optim.AdamW(model.parameters(), lr=5e-4, weight_decay=0.1)
optimizer.load_state_dict(checkpoint["optimizer_state_dict"])
```

Dann rufen Sie `train_simple_function` mit `num_epochs=1` auf, um das Modell für eine weitere Epoche zu trainieren.

Übung 5.5

Mit dem folgenden Code lassen sich die Verluste für die Trainings- und Validierungsdatensätze des GPT-Modells ermitteln:

```
train_loss = calc_loss_loader(train_loader, gpt, device)
val_loss = calc_loss_loader(val_loader, gpt, device)
```

Für das Modell mit 124 Millionen Parametern ergeben sich folgende Verluste:

```
Training loss: 3.754748503367106
Validation loss: 3.559617757797241
```

Die wichtigste Beobachtung ist, dass die Leistungen der Trainings- und Validierungsdatensätze in der gleichen Größenordnung liegen. Dafür gibt es mehrere Erklärungen:

- Die Kurzgeschichte »The Verdict« war nicht Teil des Vortrainingsdatensatzes, als GPT-2 von OpenAI trainiert wurde. Daher zeigt das Modell keine ausgeprägte Überanpassung an den Trainingsdatensatz und schneidet ähnlich gut bei den Teildatensätzen für Training und Validierung von »The Verdict« ab. (Der Verlust der Validierungsmenge ist etwas geringer als der Verlust der Trainingsmenge, was beim Deep Learning ungewöhnlich ist. Wahrscheinlich ist dies jedoch auf zufälliges Rauschen zurückzuführen, da der Datensatz relativ klein ist. In der Praxis wird erwartet, dass die Leistungen der Trainings- und Validierungsmengen in etwa identisch sind, wenn es keine Überanpassung gibt.)
- Die Kurzgeschichte »The Verdict« war Teil des Trainingsdatensatzes von GPT-2. In diesem Fall können wir nicht sagen, ob das Modell an die Trainingsdaten überangepasst ist, da der Validierungsdatensatz ebenfalls für das Training verwendet wurde. Um den Grad der Überanpassung zu beurteilen, müssten wir einen neuen Datensatz generieren, nachdem OpenAI das Training von GPT-2 beendet hat, um sicherzustellen, dass er nicht Teil des Vortrainings gewesen sein kann.

Übung 5.6

Im Hauptkapitel haben wir mit dem kleinsten GPT-2-Modell experimentiert, das nur 124 Millionen Parameter verarbeitet. Die Wahl ist auf das kleinste Modell gefallen, um die Ressourcenanforderungen so gering wie möglich zu halten. Allerdings können Sie durchaus mit größeren Modellen experimentieren, wobei nur minimale Codeänderungen erforderlich sind. Um beispielsweise die 1.558 Millionen statt der 124 Millionen Modellgewichte zu laden, müssen Sie nur die folgenden beiden Codezeilen ändern:

```
hparams, params  = download_and_load_gpt2(model_size="124M",
                                          models_dir="gpt2")
model_name =  "gpt2-small (124M)"
```

Der aktualisierte Code sieht so aus:

```
hparams, params  = download_and_load_gpt2(model_size="1558M",
                                          models_dir="gpt2")
model_name =  "gpt2-xl (1558M)"
```

Kapitel 6

Übung 6.1

Wir können die Eingaben bis zur maximalen Anzahl von Tokens, die das Modell unterstützt, auffüllen, indem wir die maximale Länge mit `max_length = 1024` festlegen, wenn die Datensätze initialisiert werden:

```
train_dataset = SpamDataset(..., max_length=1024, ...)
val_dataset = SpamDataset(..., max_length=1024, ...)
test_dataset = SpamDataset(..., max_length=1024, ...)
```

Die zusätzliche Auffüllung führt allerdings zu einer wesentlich schlechteren Testgenauigkeit von 78,33 % (gegenüber den 95,67 % im Hauptkapitel).

Übung 6.2

Anstatt nur den endgültigen Transformer-Block feinzutunen, können wir das gesamte Modell feintunen, indem die folgenden Zeilen aus dem Code entfernt werden:

```
for param in model.parameters():
    param.requires_grad = False
```

Diese Modifikation führt zu einer um 1 % verbesserten Testgenauigkeit von 96,67 % (gegenüber den 95,67 % im Hauptkapitel).

Übung 6.3

Anstatt das letzte Ausgabetoken feinzutunen, können Sie das erste Ausgabetoken feintunen, indem Sie überall im Code `model(input_batch)[:, -1, :]` in `model(input_batch)[:, 0, :]` ändern.

Da das erste Token weniger Informationen als das letzte Token enthält, führt diese Änderung erwartungsgemäß zu einer wesentlich schlechteren Testgenauigkeit von 75,00 % (gegenüber den 95,67 % im Hauptkapitel).

Kapitel 7

Übung 7.1

Das Prompt-Format von Phi-3, das in Abbildung 7.4 dargestellt ist, sieht für eine bestimmte Beispieleingabe wie folgt aus:

```
<user>
Identify the correct spelling of  the following word: 'Occasion'

<assistant>
The correct spelling is 'Occasion'.
```

Um diese Vorlage zu verwenden, können Sie die Funktion `format_input` wie folgt modifizieren:

```
def format_input(entry):
    instruction_text = (
        f"<|user|>\n{entry['instruction']}"
    )
    input_text = f"\n{entry['input']}" if entry["input"]  else ""
    return instruction_text + input_text
```

Schließlich müssen wir auch die Art und Weise aktualisieren, wie die generierte Antwort extrahiert werden soll, wenn wir die Antworten des Testdatensatzes sammeln:

```
for i, entry in tqdm(enumerate(test_data), total=len(test_data)):
    input_text = format_input(entry)
    tokenizer=tokenizer
    token_ids = generate(
        model=model,
        idx=text_to_token_ids(input_text, tokenizer).to(device),
        max_new_tokens=256,
        context_size=BASE_CONFIG["context_length"],
        eos_id=50256
    )
```

```
generated_text = token_ids_to_text(token_ids, tokenizer)
response_text = (
    generated_text[len(input_text):]                  ❶
    .replace("<|assistant|>:", "")
    .strip()
)
test_data[i]["model_response"] = response_text
```

❶ Neu: »###Response« an »<|assistant|>« anpassen.

Das Feintuning des Modells mit der Phi-3-Vorlage ist um etwa 17 % schneller, da sie zu kürzeren Modelleingaben führt. Der Score in der Nähe von 50 liegt in der gleichen Größenordnung wie der Score, den wir zuvor mit den Prompts im Alpaca-Stil erreicht haben.

Übung 7.2

Um die Anweisungen wie in Abbildung 7.13 gezeigt auszumaskieren, müssen wir die Klasse `InstructionDataset` und die Funktion `custom_collate_fn` geringfügig ändern. Die Klasse `InstructionDataset` können wir wie folgt ändern, um die Längen der Anweisungen zu sammeln, die wir in der `collate`-Funktion verwenden werden, um die Positionen des Anweisungsinhalts in den Zielen zu finden, wenn wir die `collate`-Funktion programmieren:

```
class InstructionDataset(Dataset):
    def __init__(self, data, tokenizer):
        self.data = data
        self.instruction_lengths  = []
        self.encoded_texts = []

        for entry in data:
            instruction_plus_input = format_input(entry)
            response_text = f"\n\n### Response:\n{entry['output']}"  ❶
            full_text = instruction_plus_input + response_text

            self.encoded_texts.append(
                tokenizer.encode(full_text)
            )
            instruction_length =  (
                len(tokenizer.encode(instruction_plus_input)
            )
            self.instruction_lengths.append(instruction_length)      ❷

    def __getitem__(self, index):                                    ❸
        return self.instruction_lengths[index], self.encoded_texts[index]
```

```
    def __len__(self):
        return len(self.data)
```

❶ Separate Liste für Anweisungslängen.

❷ Sammelt Anweisungslängen.

❸ Gibt sowohl Anweisungslängen als auch Texte separat zurück.

Als Nächstes aktualisieren wir die Funktion `custom_collate_fn`, wobei jeder Stapel nun ein Tupel ist, das `(instruction_length, item)` enthält, statt nur `item`, aufgrund von Änderungen im `InstructionDataset`-Datensatz. Außerdem werden jetzt die entsprechenden Anweisungstokens in der Ziel-ID-Liste maskiert:

```
def custom_collate_fn(
    batch,
    pad_token_id=50256,
    ignore_index=-100,
    allowed_max_length=None,
    device="cpu"
):

    batch_max_length  = max(len(item)+1 for instruction_
length, item in batch)
    inputs_lst, targets_lst  = [], []                    ❶

    for instruction_length, item in batch:
        new_item  = item.copy()
        new_item  +=  [pad_token_id]
        padded  =  (
            new_item +  [pad_token_id] * (batch_max_length   len(new_item)
        )
        inputs  =  torch.tensor(padded[:-1])
        targets = torch.tensor(padded[1:])
        mask =  targets  == pad_token_id
        indices = torch.nonzero(mask).squeeze()
        if indices.numel() > 1:
            targets[indices[1:]]  = ignore_index

        targets[:instruction_length-1]  = -100           ❷

        if allowed_max_length is not None:
            inputs = inputs[:allowed_max_length]
            targets = targets[:allowed_max_length]

        inputs_lst.append(inputs)
        targets_lst.append(targets)
```

```
    inputs_tensor =  torch.stack(inputs_lst).to(device)
    targets_tensor = torch.stack(targets_lst).to(device)

    return inputs_tensor, targets_tensor
```

❶ »batch« ist jetzt ein Tupel.

❷ Maskiert alle Eingabe- und Anweisungstokens in den Zielen.

Ein Modell, das mit dieser Anweisungsmaskierungsmethode feingetunt wurde, schneidet bei einer Bewertung etwas schlechter ab (etwa vier Punkte mit der Anwendung Ollama und dem Llama-3-Modell wie in Kapitel 7). Dies deckt sich mit den Beobachtungen im Paper »Instruction Tuning With Loss Over Instructions« (*https://arxiv.org/abs/2405.14394*).

Übung 7.3

Für das Feintuning des Modells mit dem ursprünglichen Stanford-Alpaca-Datensatz (*https://github.com/tatsu-lab/stanford_alpaca*) müssen Sie lediglich die Datei-URL von

```
url = "https://raw.githubusercontent.com/rasbt/LLMs-from-scratch/main/ch07/
01_main-chapter-code/instruction-data.json"
```

in

```
url = "https://raw.githubusercontent.com/tatsu-lab/stanford_alpaca/main/
alpaca_data.json"
```

ändern.

Beachten Sie, dass der Datensatz 52.000 Einträge enthält (50-mal mehr als in Kapitel 7) und die Einträge länger sind als diejenigen, mit denen wir in Kapitel 7 gearbeitet haben.

Deshalb wird dringend empfohlen, das Training auf einer GPU auszuführen.

Wenn Sie mit Speicherplatzmangel konfrontiert werden, sollten Sie die Stapelgröße von 8 auf 4, 2 oder 1 verringern. Neben der Verringerung der Stapelgröße empfiehlt es sich auch, die zulässige maximale Länge mit `allowed_max_length` von 1.024 auf 512 oder 256 zu verringern.

Übung 7.4

Für die Anweisungsoptimierung des Modells mit LoRA verwenden Sie die entsprechenden Klassen und Funktionen aus Anhang E:

```
from appendix_E import LoRALayer, LinearWithLoRA, replace_linear_with_lora
```

Als Nächstes fügen Sie die folgenden Codezeilen unter dem Code zum Laden des Modells in Abschnitt 7.5 hinzu:

```
total_params = sum(p.numel() for  p in model.parameters() if p.requires_grad)
print(f"Total trainable parameters before: {total_params:,}")

for param in model.parameters():
    param.requires_grad = False

total_params = sum(p.numel() for p in model.parameters() if p.requires_grad)
print(f"Total trainable parameters after: {total_params:,}")
replace_linear_with_lora(model, rank=16, alpha=16)

total_params = sum(p.numel() for p in model.parameters() if p.requires_grad)
print(f"Total trainable LoRA parameters: {total_params:,}")
model.to(device)
```

Beachten Sie, dass auf einer Nvidia-L4-GPU das Feintuning mit LoRA 1,30 Minuten dauert. Auf der gleichen GPU benötigt der ursprüngliche Code 1,80 Minuten zur Ausführung. LoRA ist also in diesem Fall um etwa 28 % schneller. Eine Bewertung mit der Ollama-Anwendung und der Llama-3-Methode aus Kapitel 7 erreicht etwa 50 Punkte und liegt damit in der gleichen Größenordnung wie das ursprüngliche Modell.

Anhang A

Übung A.1

Das optionale Dokument *Python Setup Tips* (*https://github.com/rasbt/LLMs-from-scratch/tree/main/setup/01_optional-python-setup-preferences*) enthält weitere Empfehlungen und Tipps, wenn Sie zusätzliche Hilfe beim Einrichten Ihrer Python-Umgebung benötigen.

Übung A.2

Das optionale Dokument *Installing Libraries Used In This Book* (*https://github.com/rasbt/LLMs-from-scratch/tree/main/setup/02_installing-python-libraries*) enthält Dienstprogramme, mit denen Sie überprüfen können, ob Ihre Umgebung korrekt eingerichtet ist.

Übung A.3

Das Netz hat zwei Eingaben und zwei Ausgaben. Außerdem gibt es zwei versteckte Schichten mit 30 bzw. 20 Knoten. Per Programm lässt sich die Anzahl der Parameter wie folgt berechnen:

```
model = NeuralNetwork(2, 2)
num_params = sum(p.numel() for p in model.parameters() if p.requires_grad)
print("Total number of trainable model parameters:", num_params)
```

Der Rückgabewert lautet:

```
752
```

Manuell können wir dies auch folgendermaßen berechnen:

- *Erste versteckte Schicht:* 2 Eingaben mal 30 versteckte Einheiten plus 30 Bias-Einheiten
- *Zweite versteckte Schicht:* 30 eingehende Einheiten mal 20 Knoten plus 20 Bias-Einheiten
- *Ausgabeschicht:* 20 eingehende Knoten mal 2 Ausgabeknoten plus 2 Bias-Einheiten

Die Addition aller Parameter in jeder Schicht ergibt dann
$2 \times 30 + 30 + 30 \times 20 + 20 + 20 \times 2 + 2 = 752$.

Übung A.4

Die genauen Laufzeitergebnisse hängen von der für dieses Experiment verwendeten Hardware ab. In meinen Experimenten habe ich selbst bei kleinen Matrixmultiplikationen erhebliche Geschwindigkeitssteigerungen beobachtet, wenn ich eine Google-Colab-Instanz verwende, die mit einer V100-GPU verbunden ist:

```
a = torch.rand(100, 200)
b = torch.rand(200, 300)
%timeit a@b
```

Auf der CPU lautet das Ergebnis:

```
63.8 µs ± 8.7 µs per loop
```

Bei Ausführung auf einer GPU:

```
a, b = a.to("cuda"), b.to("cuda")
%timeit a @ b
```

Das Ergebnis lautet:

```
13.8 µs ± 425 ns per loop
```

In diesem Fall läuft die Berechnung auf einer V100 ungefähr viermal schneller.

D Die Trainingsschleife mit allem Drum und Dran

In diesem Anhang erweitern wir die Trainingsfunktion für die Vortrainings- und Feintuning-Prozesse, die in Kapitel 5 bis Kapitel 7 behandelt wurden. Insbesondere geht es um das *Warmup der Lernrate*, um *Cosinus-Decay* und um *Gradienten-Clipping*. Dann binden wir diese Techniken in die Trainingsfunktion ein und trainieren ein LLM vorab.

Um den Code in sich geschlossen zu halten, wird das in Kapitel 5 trainierte Modell erneut initialisiert:

```
import torch
from chapter04 import GPTModel

GPT_CONFIG_124M = {
    "vocab_size": 50257,              ❶

    "context_length": 256,            ❷
    "emb_dim": 768,                   ❸
    "n_heads": 12,                    ❹
    "n_layers": 12,                   ❺
    "drop_rate": 0.1,                 ❻
    "qkv_bias": False                 ❼
}
device =  torch.device("cuda" if torch.cuda.is_available()  else "cpu")
torch.manual_seed(123)
model = GPTModel(GPT_CONFIG_124M)
model.to(device)
model.eval()
```

❶ Größe des Vokabulars.

❷ Gekürzte Kontextlänge (ursprünglich: 1.024).

❸ Embedding-Dimension.

❹ Anzahl der Attention-Heads.

❺ Anzahl der Schichten.

❻ Dropout-Rate.

❼ Abfrage-Schlüssel-Wert-Bias.

Nachdem das Modell initialisiert ist, müssen wir die DataLoader initialisieren. Zuerst laden wir die Kurzgeschichte »The Verdict«:

```
import os
import urllib.request file_path = "the-verdict.txt" url = (
    "https://raw.githubusercontent.com/rasbt/LLMs-from-scratch/"
    "main/ch02/01_main-chapter-code/the-verdict.txt"
)
if not os.path.exists(file_path):
    with urllib.request.urlopen(url) as response:
text_data = response.read().decode('utf-8')
    with open(file_path, "w", encoding="utf-8") as file:
file.write(text_data)
else:
    with open(file_path, "r", encoding="utf-8") as file:
text_data = file.read()
```

Als Nächstes laden wir `text_data` in die DataLoader:

```
from previous_chapters import create_dataloader_v1

train_ratio = 0.90
split_idx = int(train_ratio * len(text_data))
torch.manual_seed(123)
train_loader = create_dataloader_v1(
    text_data[:split_idx],
    batch_size=2,
    max_length=GPT_CONFIG_124M["context_length"],
    stride=GPT_CONFIG_124M["context_length"],
    drop_last=True,
    shuffle=True,
    num_workers=0
)
val_loader = create_dataloader_v1(
    text_data[split_idx:],
    batch_size=2,
    max_length=GPT_CONFIG_124M["context_length"],
    stride=GPT_CONFIG_124M["context_length"],
    drop_last=False,
    shuffle=False,
    num_workers=0
)
```

D.1 Aufwärmen der Lernrate

Ein Aufwärmen der Lernrate kann das Training komplexer Modelle wie LLMs stabilisieren. Dabei wird die Lernrate allmählich von einem sehr niedrigen Anfangswert (`initial_lr`) auf einen vom Benutzer festgelegten Höchstwert (`peak_lr`) vergrößert. Das Training mit kleineren Gewichtsaktualisierungen zu beginnen, verringert das Risiko, dass das Modell in der Trainingsphase große Aktualisierungen erfährt, die destabilisierend wirken.

Nehmen wir an, wir möchten ein LLM für 15 Epochen trainieren, wobei wir mit einer Lernrate von 0,0001 beginnen und diese bis zu einer maximalen Lernrate von 0,01 erhöhen:

```
n_epochs = 15
initial_lr = 0.0001
peak_lr = 0.01
```

Die Anzahl der Aufwärmschritte wird in der Regel zwischen 0,1 % und 20 % der Gesamtanzahl der Schritte festgelegt, was sich wie folgt berechnen lässt:

```
total_steps = len(train_loader) * n_epochs
warmup_steps = int(0.2 * total_steps)                ❶
print(warmup_steps)
```

❶ 20 % Aufwärmung.

Dieser Code liefert als Ergebnis 27, was bedeutet, dass wir 20 Aufwärmschritte haben, um die anfängliche Lernrate von 0,0001 auf 0,01 in den ersten 27 Trainingsschritten zu erhöhen.

Als Nächstes implementieren wir die Vorlage für eine einfache Trainingsschleife, um diesen Aufwärmprozess zu veranschaulichen:

```
optimizer = torch.optim.AdamW(model.parameters(), weight_decay=0.1)
lr_increment = (peak_lr initial_lr) / warmup_steps           ❶

global_step = -1
track_lrs = []

for epoch in range(n_epochs):                                ❷
    for input_batch, target_batch in train_loader:
        optimizer.zero_grad()
        global_step += 1

        if global_step < warmup_steps:                       ❸
            lr = initial_lr + global_step * lr_increment
        else:
            lr = peak_lr
```

```
    for param_group in optimizer.param_groups:              ❹
        param_group["lr"] = lr
    track_lrs.append(optimizer.param_groups[0]["lr"])       ❺
```

❶ Dieses Inkrement ergibt sich daraus, um wie viel wir den Anfangswert »initial_lr« in jedem der 20 Aufwärmschritte erhöhen.

❷ Führt eine typische Trainingsschleife aus, die in jeder Epoche über die Stapel im Trainings-Loader iteriert.

❸ Aktualisiert die Lernrate, wenn wir uns noch in der Aufwärmphase befinden.

❹ Wendet die berechnete Lernrate auf den Optimizer an.

❺ In einer vollständigen Trainingsschleife würden der Verlust und die Modellaktualisierungen berechnet, die hier der Einfachheit halber weggelassen werden.

Nach Ausführung des obigen Codes visualisieren wir, wie sich die Lernrate durch die Trainingsschleife verändert hat, um zu überprüfen, ob das Aufwärmen der Lernrate wie beabsichtigt funktioniert:

```
import matplotlib.pyplot as plt

plt.ylabel("Learning rate")
plt.xlabel("Step")
total_training_steps = len(train_loader) * n_epochs
plt.plot(range(total_training_steps), track_lrs);
plt.show()
```

Das resultierende Diagramm zeigt, dass die Lernrate mit einem niedrigen Wert beginnt und 20 Schritte lang ansteigt, bis sie nach 20 Schritten den Höchstwert erreicht (siehe Abbildung D.1).

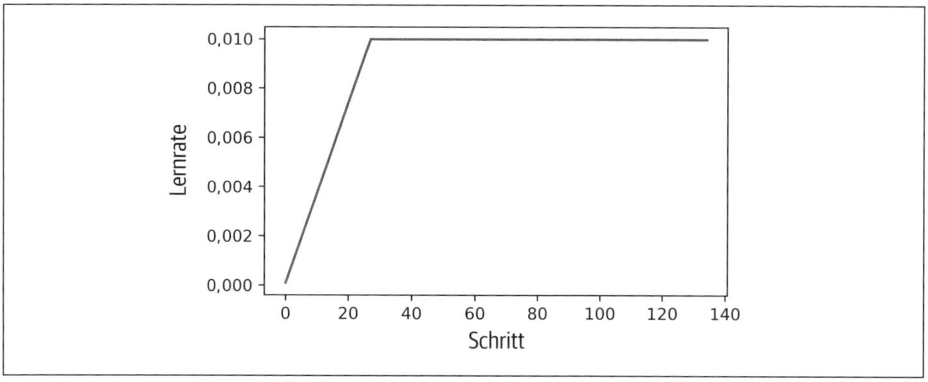

Abb. D.1 *Durch das Aufwärmen der Lernrate steigt diese in den ersten 20 Trainingsschritten. Nach 20 Schritten erreicht die Lernrate den Höchstwert von 0,01 und bleibt für den Rest des Trainings konstant.*

Als Nächstes modifizieren wir die Lernrate weiter, sodass sie nach Erreichen der maximalen Lernrate sinkt, was zu einer weiteren Verbesserung des Modelltrainings beiträgt.

D.2 Cosinus-Decay

Eine weitere sehr verbreitete Technik für das Training komplexer tiefer neuronaler Netze (Deep Neural Networks) und LLMs ist das *Cosinus-Decay*-Verfahren. Diese Methode moduliert die Lernrate während der Trainingsepochen, sodass sie nach der Aufwärmphase einer Kosinuskurve folgt.

In seiner populären Variante reduziert Cosinus-Decay die Lernrate (engl. decay = abklingen) bis nahe null und ahmt den Verlauf eines halben Kosinuszyklus nach. Die allmähliche Abnahme der Lernrate beim Cosinus-Decay soll die Geschwindigkeit verringern, mit der das Modell seine Gewichte aktualisiert. Dies ist besonders wichtig, da es dazu beiträgt, das Risiko zu minimieren, über das Verlustminimum während des Trainings hinauszuschießen, was für die Stabilität des Trainings in den späteren Phasen entscheidend ist.

Die Vorlage für die Trainingsschleife können wir mit Cosinus-Decay wie folgt modifizieren:

```
import math

min_lr = 0.1 * initial_lr
track_lrs = []
lr_increment = (peak_lr initial_lr) / warmup_steps
global_step = -1

for epoch in range(n_epochs):
    for input_batch, target_batch in train_loader:
        optimizer.zero_grad()
        global_step += 1

        if global_step < warmup_steps:                              ❶
            lr = initial_lr + global_step * lr_increment
        else:                                                       ❷
            progress = ((global_step warmup_steps) /
                        (total_training_steps warmup_steps))
        lr = min_lr + (peak_lr min_lr) * 0.5 * (
            1 + math.cos(math.pi * progress)
        )

    for param_group in optimizer.param_groups:
        param_group["lr"] = lr
    track_lrs.append(optimizer.param_groups[0]["lr"])
```

❶ Wendet lineares Aufwärmen an.

❷ Verwendet Cosinus-Annealing nach dem Aufwärmen.

Auch hier können wir kontrollieren, ob sich die Lernrate wie beabsichtigt geändert hat, indem wir den Verlauf der Lernrate als Diagramm darstellen:

```
plt.ylabel("Learning rate")
plt.xlabel("Step")
plt.plot(range(total_training_steps), track_lrs)
plt.show()
```

Das Diagramm der Lernrate zeigt, dass die Lernrate zunächst in einer linearen Aufwärmphase 20 Schritte lang ansteigt, bis sie den Maximalwert erreicht hat. Nach den 20 Schritten der linearen Aufwärmphase setzt ein Kosinusabfall ein, der die Lernrate allmählich bis zu ihr Minimum wieder verringert (siehe Abbildung D.2).

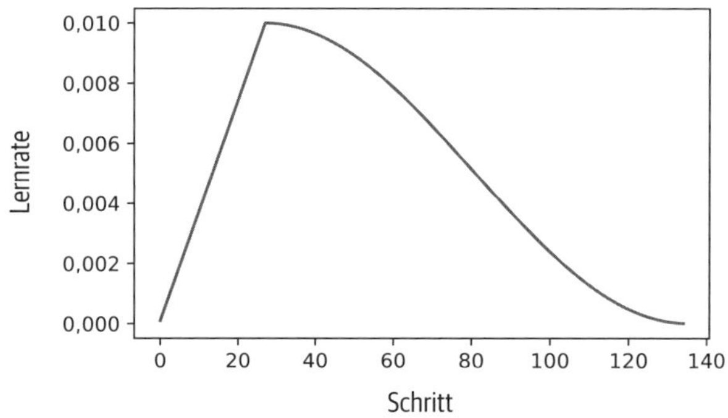

Abb. D.2 *Nach den ersten 20 Schritten der linearen Aufwärmphase der Lernrate folgt ein Kosinusabfall, der die Lernrate in einem halben Kosinuszyklus verringert, bis sie am Ende des Trainings ihren Minimalwert erreicht hat.*

D.3 Gradienten-Clipping

Gradienten-Clipping ist eine weitere wichtige Technik, mit der sich die Stabilität während des LLM-Trainings verbessern lässt. In dieser Methode wird ein Schwellenwert festgelegt, bei dessen Überschreitung die Gradienten auf eine vorgegebene Maximalgröße herunterskaliert werden. Dieses Verfahren stellt sicher, dass die Aktualisierungen der Modellparameter während der Backpropagation innerhalb eines überschaubaren Bereichs bleiben.

Zum Beispiel sorgt die Einstellung `max_norm=1.0` in der PyTorch-Funktion `clip_grad_norm_` dafür, dass die Norm der Gradienten nicht über 1,0 hinausgeht. Der Begriff *Norm* bezeichnet hier das Maß für die Länge oder Größe des Gradientenvektors im Parameterraum des Modells und bezieht sich insbesondere auf die L2-Norm, auch als *euklidische Norm* bekannt.

Mathematisch ausgedrückt, ist die L2-Norm für einen Vektor v, der aus den Komponenten $v = [v1, v2, ..., vn]$ besteht:

$$|v|_2 = \sqrt{v_1^2 + v_2^2 + \cdots + v_n^2}$$

Diese Berechnungsmethode wird auch auf Matrizen angewendet. Nehmen wir als Beispiel eine Gradientenmatrix, die durch

$$\mathbf{G} = \begin{bmatrix} 1 & 2 \\ 3 & 4 \end{bmatrix}$$

gegeben ist. Wenn wir diese Gradienten auf eine `max_norm` von 1 beschränken wollen, berechnen wir zuerst die L2-Norm dieser Gradienten wie folgt:

$$|\mathbf{G}|_2 = \sqrt{1^2 + 2^2 + 2^2 + 4^2} = \sqrt{25} = 5$$

Da $|G|2 = 5$ unsere `max_norm` von 1 überschreitet, skalieren wir die Gradienten herunter, um sicherzustellen, dass ihre Norm genau 1 ist. Dies wird erreicht durch einen Skalierungsfaktor, der als $max\_norm/|G|2 = 1/5$ berechnet wird. Folglich wird die angepasste Gradientenmatrix G' zu:

$$\mathbf{G}' = \frac{1}{5} \times G = \begin{bmatrix} \frac{1}{5} & \frac{2}{5} \\ \frac{2}{5} & \frac{4}{5} \end{bmatrix}$$

Um diesen Prozess der Gradientenbegrenzung zu veranschaulichen, initialisieren wir zunächst ein neues Modell und berechnen den Verlust für einen Trainingsstapel, ähnlich der Prozedur in einer standardmäßigen Trainingsschleife:

```
from chapter05 import calc_loss_batch

torch.manual_seed(123)
model =  GPTModel(GPT_CONFIG_124M)
model.to(device)
loss = calc_loss_batch(input_batch, target_batch, model, device)
loss.backward()
```

Beim Aufruf der Methode `.backward()` berechnet PyTorch die Verlustgradienten und speichert sie in einem `.grad`-Attribut für jeden Gewichts-Tensor (Parameter) des Modells.

Zur Verdeutlichung können wir die folgende Dienstfunktion `find_highest_gradient` definieren, um den höchsten Gradientenwert zu ermitteln, indem wir alle `.grad`-Attribute der Gewichts-Tensoren des Modells nach dem Aufruf von `.backward()` durchsuchen:

```
def find_highest_gradient(model):
    max_grad = None
    for  param in model.parameters():
```

```
        if param.grad is not None:
            grad_values = param.grad.data.flatten()
            max_grad_param = grad_values.max()
            if max_grad is None or max_grad_param > max_grad:
                max_grad = max_grad_param
    return max_grad print(find_highest_gradient(model))
```

Der obige Code ermittelt als größten Gradientenwert:

```
tensor(0.0411)
```

Wenden wir nun Gradienten-Clipping an und schauen wir, wie sich dies auf den größten Gradientenwert auswirkt:

```
torch.nn.utils.clip_grad_norm_(model.parameters(), max_norm=1.0)
print(find_highest_gradient(model))
```

Der größte Gradientenwert nach Anwenden von Gradienten-Clipping mit der maximalen Norm von 1 ist wesentlich kleiner als zuvor:

```
tensor(0.0185)
```

D.4 Die modifizierte Trainingsfunktion

Schließlich verbessern wir die Trainingsfunktion `train_model_simple` (siehe Kapitel 5), indem wir die drei hier vorgestellten Konzepte hinzufügen: lineares Aufwärmen, Kosinusabfall und Gradienten-Clipping. Gemeinsam tragen diese Methoden zur Stabilisierung des LLM-Trainings bei.

Der Code, bei dem die Änderungen im Vergleich zu `train_model_simple` kommentiert sind, sieht folgendermaßen aus:

```
from chapter05 import evaluate_model, generate_and_print_sample

def train_model(model, train_loader, val_loader, optimizer, device,
                n_epochs, eval_freq, eval_iter, start_context, tokenizer,
                warmup_steps, initial_lr=3e-05, min_lr=1e-6):

    train_losses, val_losses, track_tokens_seen,
                              track_lrs = [], [], [], []
    tokens_seen, global_step = 0, -1

    peak_lr = optimizer.param_groups[0]["lr"]                      ❶
    total_training_steps = len(train_loader) * n_epochs            ❷
    lr_increment = (peak_lr initial_lr) / warmup_steps             ❸

    for  epoch in range(n_epochs):
        model.train()
        for input_batch, target_batch in train_loader:
```

```
            optimizer.zero_grad()
            global_step += 1

            if global_step < warmup_steps:                    ❹
                lr = initial_lr + global_step * lr_increment
            else:
                progress = ((global_step warmup_steps) /
                            (total_training_steps warmup_steps))
                lr = min_lr + (peak_lr min_lr) * 0.5 *  (
                    1 + math.cos(math.pi * progress))

            for param_group in optimizer.param_groups:        ❺
                param_group["lr"] = lr
            track_lrs.append(lr)
            loss = calc_loss_batch(input_batch,
            target_batch, model, device)
            loss.backward()

            if global_step >= warmup_steps:                   ❻
                torch.nn.utils.clip_grad_norm_(
                    model.parameters(), max_norm=1.0
                )
                                                              ❼
            optimizer.step()
            tokens_seen += input_batch.numel()

            if global_step % eval_freq == 0:
                train_loss, val_loss = evaluate_model(
                    model, train_loader, val_loader,
                    device, eval_iter
                )
                train_losses.append(train_loss)
                val_losses.append(val_loss)
                track_tokens_seen.append(tokens_seen)
                print(f"Ep {epoch+1} (Iter {global_step:06d}): "
                      f"Train loss {train_loss:.3f}, "
                      f"Val loss  {val_loss:.3f}"
                )

        generate_and_print_sample(
            model, tokenizer, device, start_context
        )

    return train_losses, val_losses, track_tokens_seen, track_lrs
```

❶ Ruft die anfängliche Lernrate vom Optimizer ab unter der Annahme, dass wir sie als Spitzenlernrate verwenden.

❷ Berechnet die Gesamtanzahl von Iterationen im Trainingsprozess.

❸ Berechnet das Inkrement für die Lernrate während der Aufwärmphase.

❹ Passt die Lernrate basierend auf der aktuellen Phase (Aufwärmen oder Cosinus-Annealing) an.

❺ Wendet die berechnete Lernrate auf den Optimizer an.

❻ Wendet Gradienten-Clipping nach der Aufwärmphase an, um explodierende Gradienten zu vermeiden.

❼ Alles unterhalb dieser Zeile bleibt gegenüber der in Kapitel 5 verwendeten Funktion »train_model_simple« unverändert.

Nachdem wir die Funktion `train_model` definiert haben, können wir sie in ähnlicher Weise verwenden, um das Modell zu trainieren, wie die Methode `train_model_simple` für das Vortraining:

```
import tiktoken

torch.manual_seed(123)
model = GPTModel(GPT_CONFIG_124M)
model.to(device)
peak_lr = 0.001
optimizer = torch.optim.AdamW(model.parameters(), weight_decay=0.1)
tokenizer = tiktoken.get_encoding("gpt2")

n_epochs = 15
train_losses, val_losses, tokens_seen, lrs = train_model(
    model, train_loader, val_loader, optimizer, device, n_epochs=n_epochs,
    eval_freq=5, eval_iter=1, start_context="Every effort moves you",
    tokenizer=tokenizer, warmup_steps=warmup_steps,
    initial_lr=1e-5, min_lr=1e-5
)
```

Auf einem MacBook Air oder einem ähnlichen Laptop dauert das Training ungefähr fünf Minuten. Es wird Folgendes ausgegeben:

```
Ep 1 (Iter 000000): Train loss 10.934, Val loss 10.939
Ep 1 (Iter 000005): Train loss 9.151, Val loss 9.461
Every effort moves you,,,,,,,,,,,,,,,,,,,,,,,,,,,,,,,,,,,,,,,,,,,,,,,,,,
Ep 2 (Iter 000010): Train loss 7.949, Val loss 8.184
Ep 2 (Iter 000015): Train loss 6.362, Val loss 6.876
Every effort moves you,,,,,,,,,,,,,,,,,,, the,,,,,,,,, the,,,,,,,,,,,
the,,,,,,,,
...
Ep 15 (Iter 000130): Train loss 0.035, Val loss 6.938
Every effort moves you?"  "Yes--quite insensible to the irony. She wanted him
```

```
vindicated--
and by  me!" He laughed again, and threw back his head to  look up
at the sketch of the donkey. "There were days when I
```

Wie beim Vortraining zeigt das Modell nach einigen Epochen eine Überanpassung, da es sich um einen sehr kleinen Datensatz handelt, den wir zudem mehrfach durchlaufen. Nichtsdestotrotz ist zu sehen, dass die Funktion ordnungsgemäß arbeitet, da sie den Verlust der Trainingsmenge minimiert.

Den Leserinnen und Lesern sei empfohlen, das Modell auf einem größeren Datensatz zu trainieren und die Ergebnisse, die mit dieser anspruchsvolleren Trainingsfunktion erzielt wurden, mit den Ergebnissen zu vergleichen, die sich mit der Funktion `train_model_simple` erzielen lassen.

E Parametereffizientes Feintuning mit LoRA

Die *Low-Rank Adaptation* (LoRA) ist eine der am weitesten verbreiteten Techniken zum parametereffizienten Feintuning. Die folgende Diskussion basiert auf dem Beispiel des Feintunings zur Spam-Klassifizierung in Kapitel 6. Das LoRA-Feintuning lässt sich jedoch auch auf die überwachte *Anweisungsoptimierung* anwenden, mit der sich Kapitel 7 beschäftigt hat.

E.1 Einführung in LoRA

LoRA ist eine Technik, die ein vortrainiertes Modell so anpasst, dass es besser zu einem bestimmten, oftmals kleineren Datensatz passt, indem nur eine kleine Teilmenge der Gewichtsparameter des Modells angepasst wird. Der niederrangige (*Low-Rank*-)Aspekt bezieht sich auf das mathematische Konzept, Modellanpassungen auf einen weniger dimensionalen Unterraum des gesamten Gewichtsparameterraums zu begrenzen. Dadurch werden effektiv die einflussreichsten Richtungen der Gewichtsparameteränderungen während des Trainings erfasst. Die LoRA-Methode ist nützlich und beliebt, weil sie ein effizientes Feintuning von großen Modellen anhand aufgabenspezifischer Daten ermöglicht, was die normalerweise für das Feintuning erforderlichen Rechenkosten und Ressourcen erheblich reduziert.

Angenommen, eine große Gewichtsmatrix W ist einer bestimmten Schicht zugeordnet. LoRA kann auf alle linearen Schichten in einem LLM angewendet werden. Zur Veranschaulichung konzentrieren wir uns jedoch auf eine einzelne Schicht.

Beim Training von Deep Neural Networks lernen wir während der Backpropagation eine ΔW-Matrix, die Informationen darüber enthält, wie stark wir die ursprünglichen Gewichtsparameter aktualisieren wollen, um die Verlustfunktion während des Trainings zu minimieren. Im Folgenden verwende ich den Begriff »Gewicht« als Kurzform für die Gewichtsparameter des Modells.

Beim regulären Training und beim Feintuning ist die Aktualisierung der Gewichte wie folgt definiert:

$$W_{updated} = W + \Delta W$$

Die von Hu et al. vorgeschlagene LoRA-Methode (*https://arxiv.org/abs/2106.09685*) bietet eine effizientere Alternative zur Berechnung der Gewichtsaktualisierungen ΔW, indem eine Annäherung an diese gelernt wird:

$$\Delta W \approx AB$$

Hierbei sind *A* und *B* zwei Matrizen, die wesentlich kleiner sind als *W*, und *AB* stellt das Produkt der Matrixmultiplikation zwischen *A* und *B* dar.

Mittels LoRA können wir dann die weiter oben definierte Gewichtsaktualisierung neu formulieren:

$$W_{updated} = W + AB$$

Abbildung E.1 stellt die Formeln der Gewichtsaktualisierung für ein vollständiges Feintuning und LoRA nebeneinander dar.

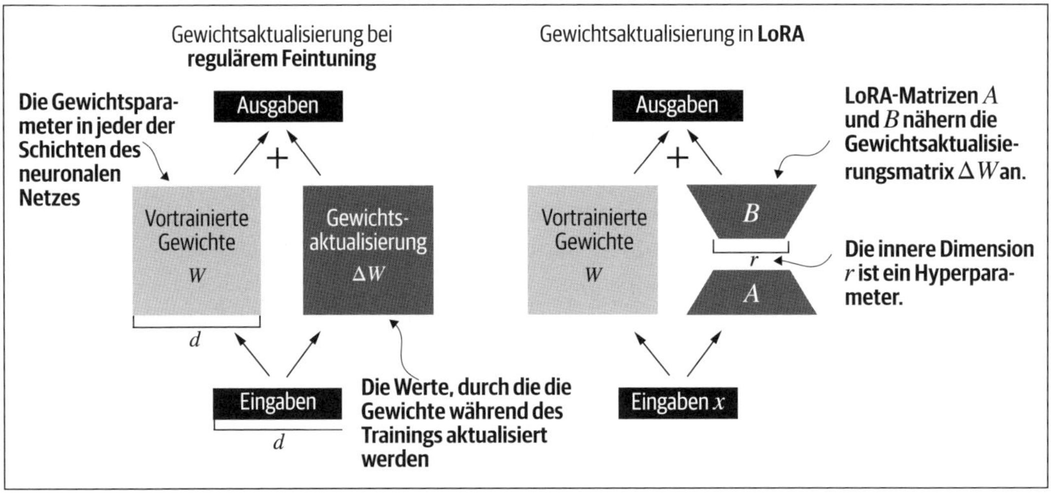

Abb. E.1 *Ein Vergleich zwischen den Methoden zur Aktualisierung der Gewichte: reguläres Feintuning und LoRA. Beim regulären Feintuning wird die vortrainierte Gewichtsmatrix W direkt mit ΔW aktualisiert (links). LoRA verwendet zwei kleinere Matrizen, A und B, um ΔW anzunähern, wobei das Produkt AB zu W addiert wird und r die innere Dimension bezeichnet, einen abstimmbaren Hyperparameter (rechts).*

Waren Sie aufmerksam, haben Sie sicherlich bemerkt, dass die visuellen Darstellungen des vollständigen Feintunings und von LoRA in Abbildung E.1 leicht von den zuvor angegebenen Formeln abweichen. Dies ist auf das Distributivgesetz der Matrixmultiplikation zurückzuführen, das uns erlaubt, die ursprünglichen und die aktualisierten Gewichte zu trennen, anstatt sie zu kombinieren. Im Fall des regulären Feintunings mit den Eingabedaten x können wir die Berechnung wie folgt ausdrücken:

$$x(W + \Delta W) = xW + x\Delta W$$

In ähnlicher Weise können wir für LoRA dieses schreiben:

$$x(W + AB) = xW + xAB$$

Es ist nicht nur vorteilhaft, die Anzahl der während des Trainings zu aktualisierenden Gewichte zu verringern, es ist auch möglich, die LoRA-Gewichtsmatrizen von den ursprünglichen Modellgewichten getrennt zu halten. Das macht LoRA in der Praxis noch nützlicher und bedeutet, dass die Gewichte des trainierten Modells unverändert bleiben. Zudem lassen sich die LoRA-Matrizen nach dem Training beim Einsatz des Modells dynamisch anwenden.

Die LoRA-Gewichte separat zu halten, ist in der Praxis sehr nützlich, da es eine Modellanpassung ermöglicht, ohne mehrere vollständige Versionen eines LLM speichern zu müssen. Dies reduziert den Speicherbedarf und verbessert die Skalierbarkeit, da nur die kleineren LoRA-Matrizen angepasst und gespeichert werden müssen, wenn wir LLMs für jeden spezifischen Kunden oder jede spezifische Anwendung anpassen.

Als Nächstes sehen wir uns an, wie LoRA zum Feintunen eines LLM zur Spam-Klassifizierung verwendet werden kann, ähnlich wie im Beispiel zum Feintuning in Kapitel 6.

E.2 Den Datensatz vorbereiten

Bevor wir LoRA auf das Beispiel der Spam-Klassifizierung anwenden, müssen wir den Datensatz und das vortrainierte Modell laden, mit denen wir arbeiten. Der Code wiederholt hier die Datenvorbereitung von Kapitel 6. (Anstatt den Code hier noch einmal anzugeben, könnten Sie das Notebook von Kapitel 6 öffnen, ausführen und dort den LoRA-Code von Abschnitt E.4 einfügen.

Zuerst laden wir den Datensatz herunter und speichern ihn als CSV-Dateien.

Listing E.1 *Den Datensatz herunterladen und vorbereiten*

```
from pathlib import Path
import pandas as pd
from ch06 import (
    download_and_unzip_spam_data,
    create_balanced_dataset,
    random_split
)

url = \
"https://archive.ics.uci.edu/static/public/228/sms+spam+collection.zip"
zip_path = "sms_spam_collection.zip"
```

```
extracted_path = "sms_spam_collection"
data_file_path = Path(extracted_path) / "SMSSpamCollection.tsv"

download_and_unzip_spam_data(url, zip_path, extracted_path, data_file_path)
df = pd.read_csv(
    data_file_path, sep="\t", header=None, names=["Label", "Text"]
)
balanced_df = create_balanced_dataset(df)
balanced_df["Label"] = balanced_df["Label"].map({"ham": 0, "spam": 1})

train_df, validation_df, test_df  = random_split(balanced_
df, 0.7, 0.1) train_df.to_csv("train.csv", index=None)

validation_df.to_csv("validation.csv", index=None)
test_df.to_csv("test.csv", index=None)
```

Als Nächstes erstellen wir die `SpamDataset`-Instanzen.

Listing E.2 *Die PyTorch-Datensätze instanziieren*

```
import torch
from torch.utils.data import Dataset
import tiktoken
from chapter06 import SpamDataset

tokenizer = tiktoken.get_encoding("gpt2")
train_dataset = SpamDataset("train.csv", max_length=None,
    tokenizer=tokenizer
)
val_dataset = SpamDataset("validation.csv",
    max_length=train_dataset.max_length, tokenizer=tokenizer
)
test_dataset = SpamDataset(
    "test.csv", max_length=train_dataset.max_length, tokenizer=tokenizer
)
```

Nachdem die PyTorch-Datensatzobjekte erstellt sind, instanziieren wir die Data-Loader.

Listing E.3 *PyTorch-DataLoader erstellen*

```
from torch.utils.data import DataLoader

num_workers = 0
batch_size = 8

torch.manual_seed(123)

train_loader = DataLoader(
```

```
        dataset=train_dataset,
        batch_size=batch_size,
        shuffle=True,
        num_workers=num_workers,
        drop_last=True,
    )

    val_loader = DataLoader(
        dataset=val_dataset,
        batch_size=batch_size,
        num_workers=num_workers,
        drop_last=False,
    )

    test_loader = DataLoader(
        dataset=test_dataset,
        batch_size=batch_size,
        num_workers=num_workers,
        drop_last=False,
    )
```

Als Verifizierungsschritt iterieren wir über die DataLoader und überprüfen, ob die Stapel jeweils acht Trainingsbeispiele enthalten, wobei jedes Trainingsbeispiel aus 120 Tokens besteht:

```
print("Train loader:")
for input_batch, target_batch in  train_loader:
    pass

print("Input batch dimensions:", input_batch.shape)
print("Label batch dimensions", target_batch.shape)
```

Die Ausgabe lautet:

```
Train loader:
Input batch dimensions: torch.Size([8, 120])
Label batch dimensions torch.Size([8])
```

Schließlich geben wir die Gesamtanzahl der Stapel in jedem Datensatz aus:

```
print(f"{len(train_loader)} training batches")
print(f"{len(val_loader)} validation batches")
print(f"{len(test_loader)} test batches")
```

In diesem Fall erhalten wir die folgende Anzahl von Stapeln pro Datensatz:

```
130 training batches
19 validation batches
38 test  batches
```

E.3 Das Modell initialisieren

Wir wiederholen den Code aus Kapitel 6, um das vortrainierte GPT-Modell zu laden und vorzubereiten. Zunächst laden wir die Modellgewichte herunter und laden sie dann in die `GPTModel`-Klasse.

Listing E.4 *Ein vortrainiertes GPT-Model laden*

```
from gpt_download import download_and_load_gpt2
from chapter04 import GPTModel
from chapter05 import load_weights_into_gpt

CHOOSE_MODEL = "gpt2-small (124M)"
INPUT_PROMPT = "Every effort moves"

BASE_CONFIG = {
    "vocab_size": 50257,           ❶
    "context_length": 1024,        ❷
    "drop_rate": 0.0,              ❸
    "qkv_bias": True               ❹
}

model_configs = {
    "gpt2-small (124M)": {"emb_dim": 768, "n_layers": 12, "n_heads": 12},
    "gpt2-medium (355M)": {"emb_dim": 1024, "n_layers": 24, "n_heads": 16},
    "gpt2-large (774M)": {"emb_dim": 1280, "n_layers": 36, "n_heads": 20},
    "gpt2-xl (1558M)": {"emb_dim": 1600, "n_layers": 48,  "n_heads": 25},
}

BASE_CONFIG.update(model_configs[CHOOSE_MODEL])

model_size = CHOOSE_MODEL.split(" ")[-1].lstrip("(").rstrip(")")
settings, params = download_and_load_gpt2(
    model_size=model_size, models_dir="gpt2"
)

model =  GPTModel(BASE_CONFIG)
load_weights_into_gpt(model, params)
model.eval()
```

❶ Größe des Vokabulars
❷ Kontextlänge
❸ Dropout-Rate
❹ Abfrage-Schlüssel-Wert-Bias

Um uns davon zu überzeugen, dass das Modell korrekt geladen wurde, überprüfen wir noch einmal, ob es kohärenten Text erzeugt:

```
from chapter04 import generate_text_simple
from chapter05 import text_to_token_ids, token_ids_to_text

text_1 = "Every effort moves you"

token_ids = generate_text_simple(
    model=model,
    idx=text_to_token_ids(text_1, tokenizer),
    max_new_tokens=15,
    context_size=BASE_CONFIG["context_length"]
)

print(token_ids_to_text(token_ids, tokenizer))
```

Die folgende Ausgabe zeigt, dass das Modell kohärenten Text erzeugt, was ein Anzeichen dafür ist, dass die Modellgewichte korrekt geladen wurden.

```
Every effort moves you forward.
The first step is to understand the importance of your work
```

Als Nächstes bereiten wir das Modell für ein Feintuning zur Klassifizierung vor, was ähnlich wie in Kapitel 6 geschieht, wobei wir die Ausgabeschicht ersetzen:

```
torch.manual_seed(123)
num_classes = 2
model.out_head = torch.nn.Linear(in_features=768, out_features=num_classes)
device = torch.device("cuda" if torch.cuda.is_available() else "cpu")
model.to(device)
```

Zu guter Letzt berechnen wir die anfängliche Klassifizierungsgenauigkeit des nicht feingetunten Modells (die wir mit etwa 50 % erwarten, was bedeutet, dass das Modell in der Lage ist, zuverlässig zwischen Spam- und Nicht-Spam-Nachrichten zu unterscheiden):

```
from chapter06 import calc_accuracy_loader

torch.manual_seed(123)
train_accuracy = calc_accuracy_loader(
    train_loader, model, device,  num_batches=10
)
val_accuracy = calc_accuracy_loader(
    val_loader, model, device, num_batches=10
)
test_accuracy = calc_accuracy_loader(
    test_loader, model, device, num_batches=10
)

print(f"Training accuracy: {train_accuracy*100:.2f}%")
print(f"Validation accuracy: {val_accuracy*100:.2f}%")
print(f"Test accuracy: {test_accuracy*100:.2f}%")
```

Die anfänglichen Vorhersagegenauigkeiten sind:

```
Training accuracy: 46.25%
Validation accuracy: 45.00%
Test accuracy: 48.75%
```

E.4 Parametereffizientes Feintuning mit LoRA

Als Nächstes modifizieren und optimieren wir das LLM mithilfe von LoRA. Zunächst initialisieren wir eine LoRA-Schicht, die die Matrizen A und B erstellt sowie den Skalierungsfaktor `alpha` und den Rang `rank` (r) festlegt. Diese Schicht kann eine Eingabe übernehmen und die entsprechende Ausgabe berechnen, wie Abbildung E.2 zeigt.

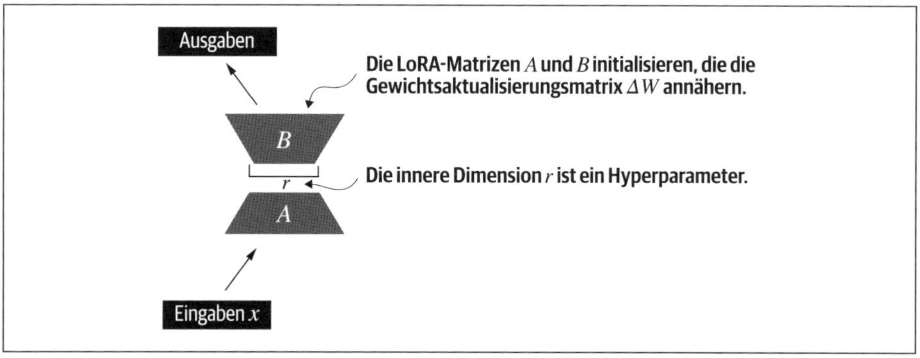

Abb. E.2 *Die LoRA-Matrizen A und B werden auf die Eingaben der Schichten angewendet und gehen in die Berechnung der Modellausgaben ein. Die innere Dimension r dieser Matrizen dient als Einstellung, die die Anzahl der trainierbaren Parameter durch Variation der Größen A und B anpasst.*

Listing E.5 zeigt den Code, mit dem sich diese LoRA-Schicht implementieren lässt.

Listing E.5 *Eine LoRA-Schicht implementieren*

```
import math

class LoRALayer(torch.nn.Module):
    def __init__(self, in_dim, out_dim, rank, alpha):
        super().__init__()
        self.A = torch.nn.Parameter(torch.empty(in_dim, rank))
        torch.nn.init.kaiming_uniform_(self.A, a=math.sqrt(5))    ❶
        self.B = torch.nn.Parameter(torch.zeros(rank, out_dim))
        self.alpha = alpha
```

```
    def forward(self, x):
        x = self.alpha * (x @ self.A @ self.B)
        return x
```

❶ Die gleiche Initialisierung, wie sie bei `Linear`-Schichten in PyTorch verwendet wird.

Der Rang `rank` regelt die innere Dimension der Matrizen A und B. Im Wesentlichen bestimmt diese Einstellung die Anzahl der zusätzlichen Parameter, die durch LoRA eingeführt werden, wodurch ein Gleichgewicht zwischen der Anpassungsfähigkeit des Modells und seiner Effizienz über die Anzahl der verwendeten Parameter geschaffen wird.

Die andere wichtige Einstellung, `alpha`, fungiert als Skalierungsfaktor für die Ausgabe aus der LoRA-Schicht. In erster Linie bestimmt sie den Grad, bis zu dem die Ausgabe aus der angepassten Schicht die Ausgabe der ursprünglichen Schicht beeinflussen kann. Man kann dies als Methode betrachten, die Wirkung der niederrangigen Anpassung an die Ausgabe der Schicht zu regeln. Die Klasse `LoRALayer`, die wir bisher implementiert haben, erlaubt uns, die Eingaben einer Schicht zu transformieren.

Typischerweise soll LoRA bestehende `Linear`-Schichten ersetzen, sodass sich Gewichtsaktualisierungen direkt auf die bereits vorhandenen, vortrainierten Gewichte anwenden lassen, wie Abbildung E.3 zeigt.

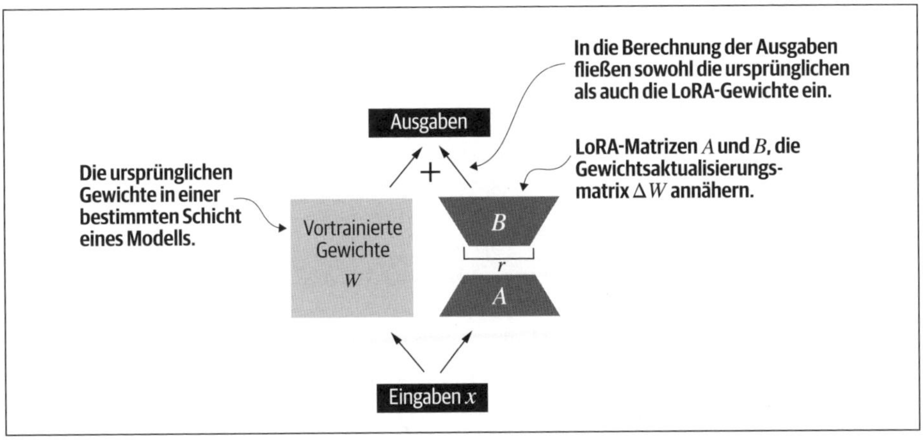

Abb. E.3 *Die Integration von LoRA in eine Modellschicht. Die ursprünglichen vortrainierten Gewichte (W) einer Schicht werden mit den Ausgaben von LoRA-Matrizen (A und B) kombiniert, die die Gewichtsaktualisierungsmatrix (ΔW) annähert. Die endgültige Ausgabe wird berechnet, indem die Ausgabe der angepassten Schicht (mit LoRA-Gewichten) zur ursprünglichen Ausgabe addiert wird.*

Um die Gewichte der ursprünglichen `Linear`-Schicht zu integrieren, erstellen wir nun eine `LinearWithLoRA`-Schicht. Diese Schicht nutzt die zuvor implementierte `LoRALayer`-Schicht und soll konzeptionell bestehende `Linear`-Schichten innerhalb eines neuronalen Netzes ersetzen, beispielsweise die Selbst-Attention- oder Feed-Forward-Module im `GPTModel`.

***Listing E.6** »Linear«-Schichten durch »LinearWithLoRA«-Schichten ersetzen*

```
class LinearWithLoRA(torch.nn.Module):
    def __init__(self, linear, rank, alpha):
        super().__init__()
        self.linear = linear
        self.lora = LoRALayer(
            linear.in_features, linear.out_features, rank, alpha
        )

    def forward(self, x):
        return self.linear(x) + self.lora(x)
```

Dieser Code kombiniert eine standardmäßige `Linear`-Schicht mit der `LoRALayer`-Schicht. Die Methode `forward` berechnet die Ausgabe, indem die Ergebnisse aus der ursprünglichen linearen Schicht und der LoRA-Schicht addiert werden.

Da die Gewichtsmatrix B (`self.B` in `LoRALayer`) mit Nullwerten initialisiert wird, ergibt das Produkt der Matrizen A und B eine Nullmatrix. Damit ist sichergestellt, dass die Multiplikation nicht die ursprünglichen Werte ändert, denn das Addieren von null wirkt sich nicht auf die Zahlenwerte aus.

Um LoRA auf das weiter oben definierte `GPTModel`-Modell anzuwenden, führen wir eine Funktion `replace_linear_with_lora` ein. Diese Funktion tauscht alle vorhandenen `Linear`-Schichten im Modell durch die neu erzeugten `LinearWithLoRA`-Schichten aus:

```
def replace_linear_with_lora(model, rank, alpha):
    for  name, module in model.named_children():
        if isinstance(module, torch.nn.Linear):                    ❶
            setattr(model, name, LinearWithLoRA(module, rank, alpha))
        else:                                                      ❷
            replace_linear_with_lora(module, rank, alpha)
```

❶ Ersetzt die »Linear«-Schicht durch »LinearWithLoRA«.
❷ Wendet die gleiche Funktion rekursiv auf untergeordnete Module an.

Wir haben nun den gesamten erforderlichen Code implementiert, um die `Linear`-Schichten im `GPTModel` durch die neu entwickelten `LinearWithLoRA`-Schichten für parametereffizientes Feintuning zu ersetzen. Als Nächstes wenden wir das `LinearWithLoRA`-Upgrade auf alle `Linear`-Schichten an, die sich in den Multi-Head-Attention- und FeedForward-Modulen sowie in der Ausgabeschicht von `GPTModel` befinden, wie Abbildung E.4 zeigt.

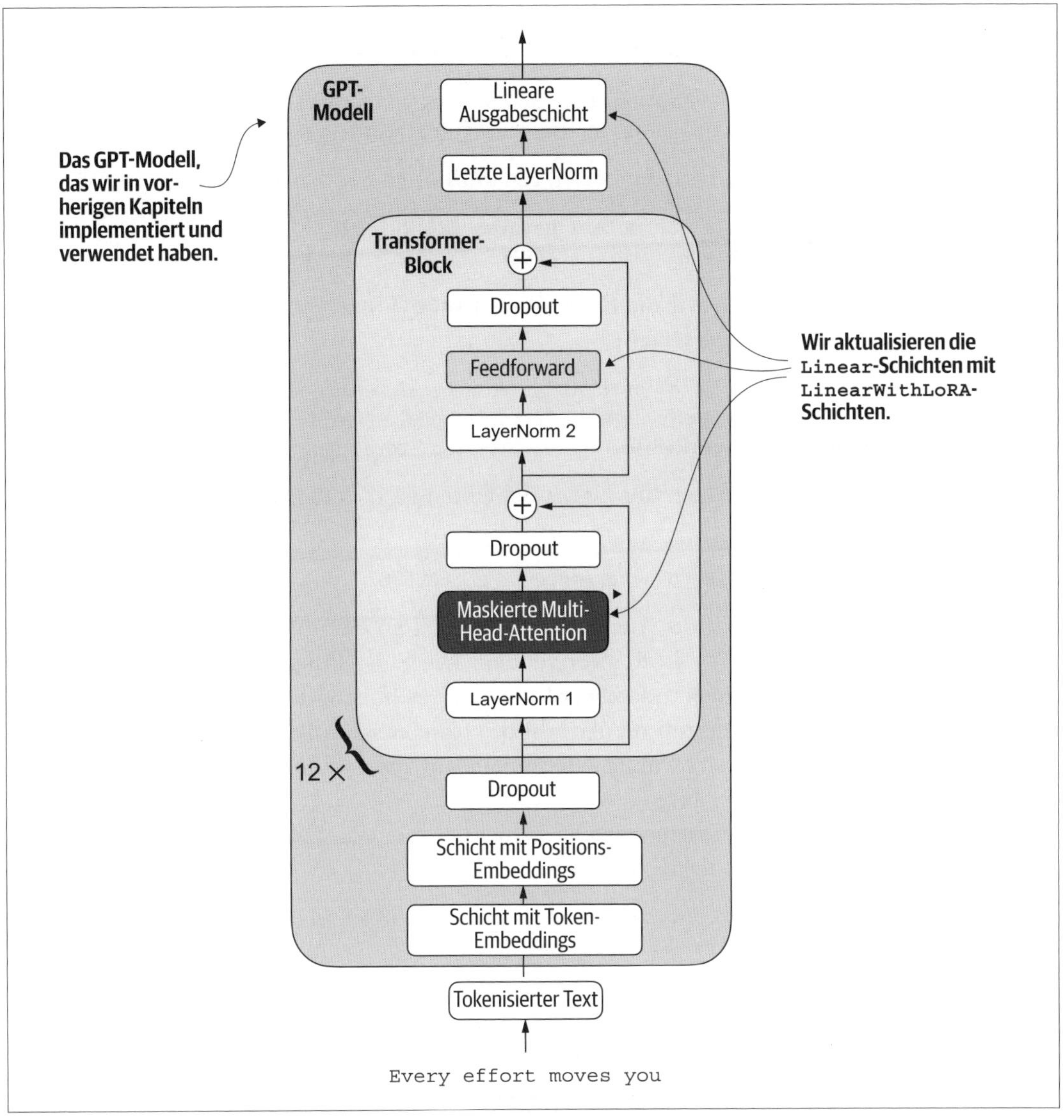

Abb. E.4 *Die Architektur des GPT-Modells: Es sind die Teile des Modells hervorgehoben, in denen »Linear«-Schichten auf »LinearWithLoRA«-Schichten für parametereffizientes Feintuning aktualisiert werden.*

Bevor wir die Aktualisierungen auf `LinearWithLoRA`-Schichten anwenden, frieren wir zunächst die ursprünglichen Modellparameter ein:

```
total_params = sum(p.numel() for  p in model.parameters() if p.requires_grad)
print(f"Total trainable parameters before: {total_params:,}")
```

```
for param in model.parameters():
    param.requires_grad = False

total_params = sum(p.numel() for  p in model.parameters() if p.requires_grad)
print(f"Total trainable parameters after: {total_params:,}")
```

Jetzt ist zu sehen, dass keiner der 124 Millionen Modellparameter trainierbar ist:

```
Total trainable parameters before: 124,441,346
Total trainable parameters after: 0
```

Als Nächstes rufen wir die Funktion `replace_linear_with_lora` auf, um die `Linear`-Schichten zu ersetzen:

```
replace_linear_with_lora(model, rank=16, alpha=16)
total_params = sum(p.numel() for p in model.parameters()  if p.requires_grad)
print(f"Total trainable LoRA parameters: {total_params:,}")
```

Nach dem Hinzufügen der LoRA-Schichten ist dies die Anzahl der trainierbaren Parameter:

```
Total trainable LoRA parameters: 2,666,528
```

Offenbar haben wir die Anzahl der trainierbaren Parameter um fast das 50-Fache verringert, wenn wir LoRA verwenden. Die Einstellungen `16` für `rank` wie auch für `alpha` sind gute Standardwerte, doch ist es üblich, den Parameter `rank` zu vergrößern, was wiederum die Anzahl der trainierbaren Parameter vergrößert. Den Parameter `alpha` setzt man gewöhnlich auf die Hälfte, das Doppelte oder den gleichen Wert wie `rank`.

Überprüfen wir nun, ob die Schichten wie vorgesehen modifiziert wurden, indem wir die Modellarchitektur ausgeben:

```
device = torch.device("cuda" if torch.cuda.is_available() else "cpu")
model.to(device)
print(model)
```

Die Ausgabe lautet:

```
GPTModel(
  (tok_emb): Embedding(50257, 768)
  (pos_emb): Embedding(1024, 768)
  (drop_emb): Dropout(p=0.0, inplace=False)
  (trf_blocks): Sequential(
    ...
    (11): TransformerBlock(
      (att): MultiHeadAttention(
        (W_query): LinearWithLoRA(
          (linear): Linear(in_features=768, out_features=768, bias=True)
          (lora): LoRALayer()
        )
```

```
          (W_key): LinearWithLoRA(
            (linear): Linear(in_features=768, out_features=768, bias=True)
            (lora): LoRALayer()
          )
          (W_value): LinearWithLoRA(
            (linear): Linear(in_features=768, out_features=768, bias=True)
            (lora): LoRALayer()
          )
          (out_proj): LinearWithLoRA(
            (linear): Linear(in_features=768, out_features=768, bias=True)
            (lora): LoRALayer()
          )
          (dropout): Dropout(p=0.0, inplace=False)
        )
        (ff): FeedForward(
          (layers): Sequential(
            (0): LinearWithLoRA(
              (linear): Linear(in_features=768, out_features=3072, bias=True)
              (lora): LoRALayer()
            )
            (1): GELU()
            (2): LinearWithLoRA(
              (linear): Linear(in_features=3072, out_features=768, bias=True)
              (lora): LoRALayer()
            )
          )
        )
        (norm1): LayerNorm()
        (norm2): LayerNorm()
        (drop_resid): Dropout(p=0.0, inplace=False)
      )
    )
    (final_norm): LayerNorm()
    (out_head): LinearWithLoRA(
      (linear): Linear(in_features=768, out_features=2, bias=True)
      (lora): LoRALayer()
    )
  )
```

Das Modell schließt nun die neuen `LinearWithLoRA`-Schichten ein, die ihrerseits aus den ursprünglichen `Linear`-Schichten bestehen, die auf nicht trainierbar gesetzt sind, und den neuen LoRA-Schichten, die wir feintunen.

Bevor wir mit dem Feintuning des Modells beginnen, wollen wir die anfängliche Klassifizierungsgenauigkeit berechnen:

```
torch.manual_seed(123)

train_accuracy = calc_accuracy_loader(
```

```
    train_loader, model, device, num_batches=10
)
val_accuracy = calc_accuracy_loader(
    val_loader, model, device, num_batches=10
)
test_accuracy = calc_accuracy_loader(
    test_loader, model, device, num_batches=10
)

print(f"Training accuracy: {train_accuracy*100:.2f}%")
print(f"Validation accuracy: {val_accuracy*100:.2f}%")
print(f"Test accuracy: {test_accuracy*100:.2f}%")
```

Es ergeben sich die folgenden Genauigkeitswerte:

```
Training accuracy: 46.25%
Validation accuracy: 45.00%
Test accuracy: 48.75%
```

Diese Genauigkeitswerte sind identisch mit den Werten aus Kapitel 6. Dieses Ergebnis kommt zustande, weil wir die LoRA-Matrix *B* mit Nullen initialisiert haben. Folglich ergibt das Produkt der Matrixmultiplikation von *A* und *B* eine Nullmatrix. Damit ist sichergestellt, dass die Multiplikation die ursprünglichen Gewichte nicht ändert, da das Addieren von null keine Werte ändert.

Kommen wir nun zum spannenden Teil – zum Feintuning des Modells mit der Trainingsfunktion aus Kapitel 6. Das Training dauert auf einem M3 MacBook Air ungefähr 15 Minuten und weniger als eine halbe Minute auf einer V100- oder A100-GPU.

Listing E.7 *Ein Modell mit LoRA-Schichten feintunen*

```
import time
from chapter06 import train_classifier_simple

start_time = time.time()
torch.manual_seed(123)
optimizer = torch.optim.AdamW(model.parameters(), lr=5e-5,
                              weight_decay=0.1)

num_epochs = 5
train_losses, val_losses, train_accs, val_accs, examples_seen = \
    train_classifier_simple(
        model, train_loader, val_loader, optimizer, device,
        num_epochs=num_epochs, eval_freq=50, eval_iter=5,
        tokenizer=tokenizer
    )
```

```
end_time = time.time()
execution_time_minutes = (end_time start_time) / 60
print(f"Training completed in {execution_time_minutes:.2f} minutes.")
```

Während des Trainings sehen wir folgende Ausgaben:

```
Ep 1 (Step 000000): Train loss 3.820, Val loss 3.462
Ep 1 (Step 000050): Train loss 0.396, Val loss 0.364
Ep 1 (Step 000100): Train loss 0.111, Val loss 0.229
Training accuracy: 97.50% | Validation accuracy: 95.00%
Ep 2 (Step 000150): Train loss 0.135, Val loss 0.073
Ep 2 (Step 000200): Train loss 0.008, Val loss 0.052
Ep 2 (Step 000250): Train loss 0.021, Val loss 0.179
Training accuracy: 97.50% | Validation accuracy: 97.50%
Ep 3 (Step 000300): Train loss 0.096, Val loss 0.080
Ep 3 (Step 000350): Train loss 0.010, Val loss 0.116
Training accuracy: 97.50% | Validation accuracy: 95.00%
Ep 4 (Step 000400): Train loss 0.003, Val loss 0.151
Ep 4 (Step 000450): Train loss 0.008, Val loss 0.077
Ep 4 (Step 000500): Train loss 0.001, Val loss 0.147
Training accuracy: 100.00% | Validation accuracy: 97.50%
Ep 5 (Step 000550): Train loss 0.007, Val loss 0.094
Ep 5 (Step 000600): Train loss 0.000, Val loss 0.056
Training accuracy: 100.00% | Validation accuracy: 97.50%
Training completed in 12.10 minutes.
```

Das Training des Modells mit LoRA hat länger gedauert als das Training ohne LoRA (siehe Kapitel 6), weil die LoRA-Schichten eine zusätzliche Berechnung während des Vorwärtsdurchlaufs mit sich bringen. Allerdings läuft das Training bei großen Modellen, bei denen die Backpropagation kostspieliger wird, mit LoRA schneller ab als ohne LoRA.

Wie die Ausgabe zeigt, ist das Modell perfekt trainiert worden und weist eine hohe Validierungsgenauigkeit auf. Wir wollen auch die Verlustkurven visualisieren, um besser erkennen zu können, ob das Training konvergiert hat:

```
from chapter06 import plot_values

epochs_tensor = torch.linspace(0, num_epochs, len(train_losses))
examples_seen_tensor = torch.linspace(0, examples_seen, len(train_losses))

plot_values(
    epochs_tensor, examples_seen_tensor,
    train_losses, val_losses, label="loss"
)
```

Abbildung E.5 stellt die Ergebnisse grafisch dar.

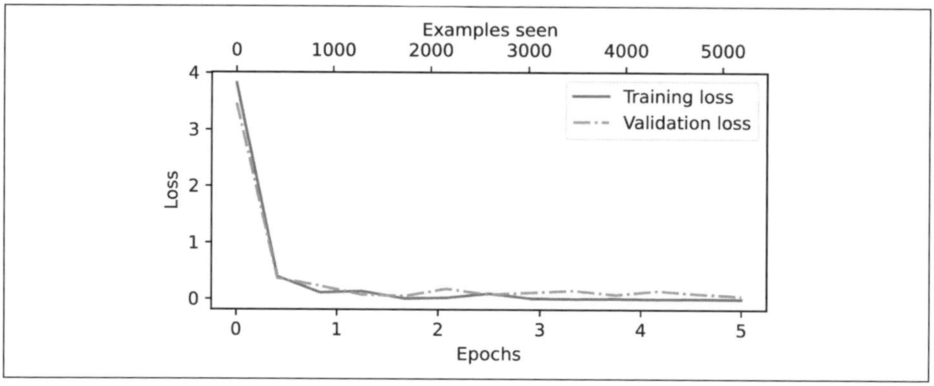

Abb. E.5 *Verlauf der Trainings- und Validierungsverluste über sechs Epochen für ein Modell des Machine Learning. Anfangs nehmen sowohl die Trainings- als auch die Validierungsverluste stark ab und pendeln sich dann ein. Das weist darauf hin, dass das Modell konvergiert, was bedeutet, dass es sich mit weiterem Training nicht merklich verbessern dürfte.*

Zusätzlich zur Bewertung des Modells basierend auf den Verlustkurven wollen wir auch die Genauigkeiten für den gesamten Trainingsdatensatz sowie die Validierungs- und Testdatensätze berechnen (während des Trainings haben wir mit der Einstellung `eval_iter=5` die Genauigkeiten der Trainings- und Validierungsdatensätze aus fünf Stapeln approximiert):

```
train_accuracy = calc_accuracy_loader(train_loader, model, device)
val_accuracy = calc_accuracy_loader(val_loader, model, device)
test_accuracy = calc_accuracy_loader(test_loader, model, device)

print(f"Training accuracy: {train_accuracy*100:.2f}%")
print(f"Validation accuracy: {val_accuracy*100:.2f}%")
print(f"Test accuracy: {test_accuracy*100:.2f}%")
```

Es ergeben sich diese Genauigkeitswerte:

```
Training accuracy: 100.00%
Validation accuracy: 96.64%
Test accuracy: 98.00%
```

Die Ergebnisse zeigen, dass das Modell in den Trainings-, Validierungs- und Testdatensätzen gute Leistungen erbringt. Mit einer Trainingsgenauigkeit von 100 % hat das Modell die Trainingsdaten perfekt gelernt. Die etwas geringeren Validierungs- und Testgenauigkeiten (96,64 % und 98,00 %) deuten jedoch auf ein geringes Maß an Überanpassung hin, da das Modell bei ungesehenen Daten im Vergleich zum Trainingsdatensatz nicht so gut generalisiert. Insgesamt sind die Ergebnisse sehr beeindruckend, wenn man bedenkt, dass wir nur eine relativ kleine Anzahl von Modellgewichten feingetunt haben (2,7 Millionen LoRA-Gewichte anstelle der ursprünglichen 124 Millionen Modellgewichte).

Index